JN409198

향내나는 숲속의 시인들

국립중앙도서관 출판시도서목록(CIP)

향내나는 숲속의 시인들 : 조남익 시론집 = Poet in fragrant forest /
지은이: 조남익. -- 대전 : 오늘의문학사, 2013
p. ; cm

대전문화재단, 한국문화예술위원회에서 사업비 일부를 지원받음.
ISBN 978-89-5669-550-1 03810 : ₩20000

시론[詩論]
한국 현대시[韓國 現代詩]

810.906-KDC5
895.709-DDC21 CIP2013001368

향내나는 숲속의 시인들

조남익 詩論集

오늘의문학사

| 서론 |

문학에서 시처럼 누구나 접근할 수 있고, 평이한 듯 난해하게 이해되며 감동을 함께 하는 것도 없을 것이다. 삶의 본질에 대한 향수의 샘물처럼 때로는 정서적 갈등의 해소가 되고, 지적 만족감에 이르며, 어떤 구원의 마력을 준다. 누구나 시를 사랑하고 열광하는 시의 근원이 여기 있다.

그러나 오늘날 현대시는 갈수록 평가를 통해서 비로소 가치가 생겨난다고 해도 과언이 아니다. 시의 학문적 연구나 평가적 비평같은 것의 비중이 아주 높아졌다. 이런 현상은 가령 근대문학 과정 같은 데서는 거의 보기가 어려웠던 일이라고 할 수 있었다.

시는 지식을 생산하고 가치를 창조하면서 어떤 정신적 성숙을 향한 예술작품이다. 일정한 재료와 양식, 기교 등에 의하여 미를 창조하고 표현한다. 모두들 아시는 것처럼 문학 음악 회화 조각 연극 영화 따위의 분야에서는 언제든지 예술성이 좌우되었다. 가령 영화 '워낭소리'(2009)가 흥행에 성공한 것은 그 예술의식 때문이었다.

시를 음성구조와 의미구조로 보려는 것은 신비평 이후 지배적인 견해일 것이다. 실제로 리듬과 내용은 아주 불가피한 시 생성의 기본이지만, 여기에서 예술성의 가치기준은 엄연하지 않을 수 없다.

시에 대한 최종적인 판단과 가치부여의 논평이 이 예술성의 느낌, 매력, 천의무봉한 기교 등에서 비롯되는 것이라고 하겠다.

특히 시는 시인의 주관적인 사상과 감정을 표현하되, 그 표현방법은 얼마든지 달리할 수 있다는 사실이다. 시에서 설명된 내용 즉 이야기되어진 무엇이 아니고 어떠한 방법으로 이야기되었는가 하는 표현방법이 문제된다. 살아있는 형식, 그것이 시의 독자성을 갖게 한다. "시는 의미하는 것이 아니라, 존재하는 것"이란 매클리쉬의 지적도 여기서 비롯된다.

그러나 시가 시인과 독자가 주고받는 담론의 하나이며, 의미있는 의미의 절창성도 여전히 유효한 것이라고 하겠다.

이 책에 실린 글들은 대개 다른 용도로 쓰게 되어 각기 다른 자리에서 발표된 것들이다. 이 방면의 내 책으로는 『시와 유혹』(2004) 등이 있다. 그러나 본격적인 시 평가서로는 『현대시 해설』(세운문화사,1977)을 비롯하여 『한국현대시해설』(미래문화사,1993) 등이 앞서 있었다.

비재천학인 필자가 시인을 자처하면서 한편으로 이와 같은 시론에 관심을 갖게 된 것은 아마도 시교육의 현장에 부딪치면서였을 것이다. 70년대까지만 해도 시 교육은 시 감상에 머물러 있었다. 흔히 가치평가와 감상, 해석, 비평 등을 유사한 것으로 보려고 하지만, 엄밀한 뜻에서는 구별되어야 한다. 그것은 가치평가의 기준 때문이다. 필자의 해설서가 적지 않은 반향을 일으킨 바 있었고, 지금도 찾는 이가 있는 것은 이런 사정일 것이다.

감상이란 관조적 태도로 미적 가치를 파악하고 즐기는 행위로써 가장 전통적인 취향에 기초한다. 그러나 가치평가에서는 작품의 가치, 상대적 우열 등을 검토하며, 어떤 것은 배제하고 어떤 것은 권장하는 기능을 하게 된다. 말하자면 가치평가는 작품의 주관적 반응을 객관화하는 활동인 것이다.

가치평가에 의한 작품의 해석은 작품의 구조와 의미를 분석하며, 작품에 존재하는 비문법적 초사전적 의미까지도 조율을 성취시킨다. 시의 감상 과정을 반성하고 작품에 대한 이해를 고양시키면서 비판적 평가의 이해가 전제된다.

이러한 추세는 신비평의 영향이 컸을 것이다. 신비평은 시의 이해란 "비평으로서의 설명"을 표방한다. 비평이자 평가가 곧 설명이란 뜻으로 전통적 인문주의적인 경향을 합리화한다. 20세기를 '비평의 시대'라고 했듯이 바야흐로 21세기는 아마도 '시인의 시대'라고 할 지 모른다. 그만큼 문학의 대중화가 보편적으로 이루어져 가고 있는 것이 세계적인 추세라고 할 것이다.

신문과 잡지, 책이 대량으로 생산되면서 문학인 특히 시인, 수필가 등의 경계가 허물어져 많은 사람들이 '문인의 지위'를 획득하게 된다. 이에 따라 일부에서는 문학작품의 초고급화의 실상도 심화되어 간다고 하겠다.

이 책은 현재 내가 거주하고, 또 고향이기도 한 충청도, 곧 내 이웃에 바치는 조그만 선물이었으면 한다. 지방화 시대에 내 충청도를 중심으로 쓴 글이 대부분이기 때문이다. 또한 문인도 대전문협, 충남문협, 대전 · 충남작가회의를 중심으로 거의 천여 명의 규모로서 결코 만만치 않은 집단이라고 하겠다. 그것은 하나의 숲과 같은 것이었다. 사실 지방화 시대란 바로 한국시 원형질로서의 향토적 환경이 숨쉬고 있는 곳이 아니겠는가.

이 책은 3부로 나누어져 있다.

제 1부는 "명시의 숲" 이란 소제목이 시사하는 바와 같이 이미 정평이 나 있는 시인들에 대하여 쓴 글이다. 월북시인 임학수를 비롯하여 김춘수 박용래 신동엽 진헌성 등의 시인론이라고 할 수 있다. 이 중에서 김춘수는 많은 이른바 '무의미의 시'가 있지만, 초기의 작품에서 '명시'가 선정되었음을 밝힌다.

제 2부에서는 "다시 읽고 싶은 시"란 테마로 충청도 현역 시인들의 대표작을 탐색한 글이 모아졌다. 모두 10명의 시인이다. 내 개인적인 편의도 어쩔 수 없지만, 이들의 시가 어떤 배경과 특성이 있어 논의의 대상을 삼았는가 하는 것을 볼 수 있을 것이다. 최소한도 깨어있는 시혼을 추적하고자 했음을 밝힌다. 앞에서 말한 바와 같이 우리 충청도에서만 천여명의 문인이 있고 이른바 '시인의 시대'에 이런 논의는 얼마든지 있어야 할 일인 것이다.

제 3부에서는 시인의 출간 시집에 대하여 내가 집필했던 15편의 '작품 해설'이다. 주로 대전의 시인들이지만 멀리 제주도에 사는 시인도 있다. 나는 이런 글을 쓸 때, 감상적인 서술을 아주 기피할 수는 없지만, 작품성과에 대한 나름대로의 탐색을 주안점으로 한다.

그것은 "비평으로서의 설명"에 값하려고 하는 것이다. 인용하는 시도 대표성이 있는 작품을 선정하며, 특별한 경우를 제외하곤 '전문' 인용을 원칙으로 한다. 독자와 끝까지 작품의 질을 놓지 않으려는 의도인 것이다.

앞에서 말한 바와 같이 이 『향내나는 숲속의 시인들』은 거의가 나의 고향을 사랑하고 존중하는 마음에서 쓴 글이라고 말하고 싶다. 어쩌면 그만큼 귀한 면도 없지 않을 것이다. 보시는 분들의 따뜻한 배려가 있었으면 한다.

2013년 3월
寶文山下 趙南翼

| 목차 |

서론 ‖ 12

제1부 명시의 숲

민족의식과 야광주의 은어 —임학수론 23
김춘수의 명시 41
토속적인 풍물과 정채(精彩)의 미학 —박용래의 시세계 62
신동엽 시정신의 파노라마 67
현대시의 확장, 무신론의 수평 —진헌성론 95

제2부 다시 읽고 싶은 시

정상순의 「초월(初月)」 147
홍희표의 「아침의 노래」 157
김영배의 「지등(紙燈) 하나 걸어 놓고」 170
주근옥의 「공 굴리기」 183
김광순의 「뼈마디 하얀 시」 193
김창현의 「대장간 협주곡」 200
장덕천의 「자연법(自然法)」 207
홍순갑의 「섬강에서」 218
황희순의 「새가 날아간 자리」 228
윤순정의 「계백의 달」 238

제3부 시집의 숲

성숙된 통찰과 정신주의의 지평 —金基良 시선집『김기양의 허수아비』 …… 251
향토적 서정과 삶의 메시지 —金宗昊 시집『뻐꾸기 울고 있다』 …… 265
영혼의 희열과 해방 —朴大淳 시집『축복이 되고 싶다』 …… 278
인동초의 꽃, 죽지 않는 인간정신 —白明子 시집『죽지않는 나로 살게하소서』 …… 290
모성적 대지의 사랑 풀이 —徐榮子 시조집『손 끝에 묻은 향기』 …… 307
지성적 새싹들, 주지론의 수심 —徐源生 시집『존재의 파수꾼』 …… 320
영성(靈性)과 신성(神性)에 노닐다 —梁貞子 시집『쌀개봉에서』 …… 340
생산현장의 시학적 지평선 —玉賓 시집『흔들렸던 추억은 아름답다』 …… 352
고전적 향기와 사실적 묘출(描出) —禹濟鮮 시조집『솔바람 푸른소리』 …… 365
주부의 사회미학에 눈 뜨다 —李思羅 시집『강물에 시를 쓰다』 …… 379
심미적 감성과 초월적 기법 —李英玉 시집『길눈』 …… 393
떠오른 신서정(新抒情)의 수평선 —李庸珠 시집『반전 튕기는 흐뭇한 하늘이 있다』 …… 407
신앙인의 시적 진실과 감동 —李暢範 시집『서풍이 부는 날은』 …… 421
불교적 은유와 순수 서정의 격조미 —李夏順 시집『해 잡으러 간다』 …… 432
자연과 시의 신성(神性)을 찾아서 —趙奉濟 시집『민초들의 숨결』 …… 444

제1부 명시의 숲

민족의식과 야광주의 은어

— 林學洙론

1 임학수의 시세계

임학수의 첫 시집 『석류』(1937)의 제호가 된 「석류」를 보면, 그 대상처럼 사물에 대한 묘사나 또는 단순한 구성을 취하지 않는다. 30년대의 시는 다양한 전개를 보이는 때이지만, 임학수는 나름의 시적 모놀로그에 의하여 짧지 않은 5연의 형태미를 취한다.

부제(서브타이틀)로 표현된 "내가 자란 남쪽 옛집의 후원에는 늙은 석류나무 하나가 있었나니, 거기 그네 매고 따스한 햇볕에 나는 이따금 어린 꿈을 맺었나니라"의 소박한 제시에도 불구하고 이 시는 다양한 층의 이미지를 구사한다.

가령 "기나긴 인류의 역사가 음울히 조을고 있는 듯한/ 저 동굴에서 가늘게 흘러 내려"(1연), 또는 "저 투명한 그러나 가여웁도록 온정스런/ 은어(銀魚)보다도 이는 더욱 윤기 있는 눈초리!"(2연) 등의 표현을 보면, 그의 자연관찰이나 그 동화에는 이미 상당한 지적 체취가 묻어 있다. 자연의 신비나 구원을 노래하면서도 결곡성이 야무진 것이다.

임학수는 1911년 전남 순천의 사족(士族) 집안에서 출생한다. 16세 때 순천공립보통학교에서 69명 중 2등으로 졸업하고(1926), 그 해 경성제일고보(현 경기고교)에 입학한다. 그리고 경성제국대학(현 서울대) 법문학부 영문과에 진학하게 되는 21세 때는 동아일보에 시 「우울

」(1931. 5.23), 「여름의 일순(一瞬)」(1931. 7. 2)을 발표한다.

시집 『석류』는 등단 후 6년 만에 나온 시집이다. 이후 『팔도풍물시집』(1938), 『후조(候鳥)』(1939), 『전선시집』(1939), 『필부의 노래』(1948) 등이 나온다.

그의 초기시는 「석류」에서 보듯이 전남 순천의 남단 바닷가와 자연환경이 시신(詩神)의 고향이었다. 그의 시세계는 영문학을 전공한 서구적 삶과 고향의 자연 풍물이 맞닿는 곳에서 길게 포물선을 긋고 있다고 할 수 있을 것이다.

임학수의 친일행위 관련은 아마도 북지전선(北支戰線)을 방문한 경험을 토대로 쓴 『전선시집』의 부일(附日)이 가장 두드러진 것일 것이다. 김동인 박영희 등 선배 문인들과 함께 위문작가로 선정되어 위문품세 상자를 갖고 간 것인데, 돌아와서는 황군의 위문 경험과 전쟁에 관련된 내용을 시와 산문으로 발표하게 된다. 예를 들면 「대황하반(大黃河畔)을 찾아」(「삼천리」1939. 6), 또는 「북지(北支) 견문록」(「문장」1939. 7~8) 등이 그것이다.

김동인 박영희 양씨의 작품이 나오면, 지나사변에 관한 조선 문인의 최초의 전쟁문학 3부작이 되는 것이라고 했다. 임학수의 『전선시집』은 같은 해 이광수의 서문을 얻어 출간된다.[1)]

질식 직전에 처했던 일제 말 소위 암흑기란 1939년 말부터 1945년 전반기에 걸쳐 조선인 문학자에게 전개된 치욕의 상혼(傷魂)을 가리킨다. 일제는 창씨개명, 신사참배의 강요는 물론 특히 일본어로써의 작품 창작을 문인들에게 요구한다. 문학어로서 조선어가 공식적으로 부정

1) 민족문제연구소 『친일인명사전』제3권(2009)p.296~297

된 것은 1942년 5월에 발표된 「국어보급 운동요강」이었다.[2)]

이는 당시 조선의 유일한 문예지였던 ≪국민문학≫(주간 최재서)의 전면적인 일본어 사용을 가져온다.

≪국민문학≫은 그동안 "연4회 국어판(일본어판), 연8회 언문판"으로 했지만, 이마저도 사라지게 된다. 임학수의 친일 관련은 거의 혹독한 이 시기의 산물이라 해도 과언이 아닐 것이다.

임학수의 시집 가운데 『팔도풍물시집』은 조선족 말살정책을 실시하던 그 암담한 시기에 나온 것이다. 그는 북한산, 낙화암, 남해에서, 고려자기 석굴암 등 우리의 국토와 문화재를 찾아다니며, 조국의 숨결에 적으나마 애정어린 시혼을 달랜다.

이 시집의 「후기」에서 임학수는 "나에게는 잊지 못할 반년이었다. 적은 틈을 타서 산수 넘어 푸른 하늘을 바랄 제, 내 눈의 뜨거움을 누가 알랴?"고 했다.

시 「한산도」에 서는 "이통사(李統使)의 거짓 패해/ 병선을 감쳤던 곳/ 해는 빛나고 물새 나른다/ 거울 같은 바다/ 흔적없는 선로(船路)/ 섬 끝을 돌아서 망망한 구름밖에 /한산도" 등 나라 사랑이 표현된다.

임학수의 시에는 많은 자연이 등장한다. 그러나 그것이 자연예찬 또는 자연귀의로 전통적인 개념으로 주저앉지 않는다. 오히려 황혼 밤 숲 봄 장미 물 길 등이 감각적 에스프리에 의하여 관념의 세계와 자리 잡는다. 그에게 시적 정서는 관념과의 입력이 있어야 하고, 예술과정의 깊이를 거쳐야 비로소 한 편의 시가 탄생되는 것이라고 할 수 있다. 그는 내면의 고독을 보며, 시대의식에 눈짓하는 시인이었다.

가령 그의 시에 많은 빈도를 보이는 '장미'는 화려한 이미지의 꽃이

2) 윤대석 『식민지 국민문학론』(역락.2009)p.120

지만, 긍정적인 정념의 분출이 있는 반면에, 어딘가 상처받기 쉬운 비극의 참담한 상황으로 대치된다. 암담한 시대를 사는 불안정한 시인 의 식구조라 할 수 있다.

임학수의 눈뜬 민족의식은 아픈 시대의식을 안고 숨어있는 야광주(夜光珠)에 비유할 수 있을 것이다. 그의 시에는 주로 어둠이 깔려있는 공간이었다. 그는 섬광과 같은 야광주에 의하여 이 땅에 시를 남긴 시인이다. 일제말 삶의 살얼음판의 위험 앞에 노출할 수 없는 경계심을 갖고 그는 홀로 야광주를 바라보아야 했다.

임학수의 시에는 민족의식이 어떤 은어처럼 나타난다. 은어란 본래가 특수한 집단이나 계층 또는 사회에서 남이 모르게 자기네끼리만 쓰는 곧 변말인 것이다. 특수어이기 때문에 그 구성원이 아닌 사람은 이해하기가 어렵게 된다.

시에서는 물론 사물의 본뜻을 숨기고 다만 겉으로 비유하는 은유법을 구사할 때, 이와 비슷한 과정이 되기도 한다. 그러나 은어는 조선인이 조선인에게만 주고 싶은 은근하고 절실한 언어였다.

밤이 걸어온다 아득히 지평선(地平線)밖에서
――사분 사분 밤그늘이 걸어온다.
이윽고 내 창에 와 가만히 얼굴을 대이면
그 가슴속에는 빛나는 불 하나
멀리 산모퉁이에서 깜박거리는 양등(洋燈) 하나.

밤이 걸어온다 아득히 지평원(地平原)을 넘어
――사분 사분 씨뿌리며 걸어온다.
이윽고 아랫목에 와 우두커니 앉았으면
그 눈동자 속에는 빛나는 바다소리
멀리 섬뒤로 쓸려가는 새 울음

―「밤그늘」 전문(「카톨릭청년」, 1935. 1)

오늘도 졌다.
어제도 졌다.
내일도 또 나는 지리라.
나의 역사는
패전자(敗戰者)의 역사 —
그러나 원한도 없다.
눈물 짓지도 않았다.
찢기고 밟히고 피흘리면서도
여전히 살아있는
나 자신에 웃었다!

—「싸움」 전문(시집「필부의 노래」, 1948)

「밤그늘」이 첫 시집에 수록된 초기작품이라면, 「싸움」은 해방 이후에 나온 작품이다. 민족의식의 노출에서도 강약의 차이를 볼 수 있다.

「밤그늘」은 "밤이 걸어온다"를 서두로 해서 "빛나는 불 하나"(1연), "빛나는 바다소리"(2연)로 각기 정점을 잡는다. 식민지 시대의 민족의식이 호소하고픈 정서적 은어가 숨어 있다. 무섭지 않게 걸어오는 밤을 맞으며 '불'을 보는가 하면, '바다소리'를 듣는다. 우리가 끝내는 구원되리라는 믿음을 조용히 전한다.

「싸움」은 "패전자의 역사"로서 직설적이지만, 이는 "평화를 사랑하는 백의민족"이란 다분히 자위 섞인 고정관념을 배척하고 있는 작품이다. 그러나 "오늘도 졌다 /어제도 졌다 /내일도 또 나는 지리라"(서두)에서 보듯이 자학적 정취가 더 깊이 우리의 심금을 울린다. 민족의 '패전자' 설움에 호소하고 있는 민족적 은어를 통하여 패배의식의 자화상을 읽게 되기 때문이다.

임학수의 시에는 식민지 시대를 사는 이런 표현을 곳곳에서 보게 된다. 「님의 가라치심」에 서는 '진주'로 나타나며, 「주인은 어데가고」에서는 '주인'으로 나온다. 또 「벙어리」에서는 '별'인데 "나는 그를 말할 수도 없다"는 별로 되고, 「사자」에서는 사자가 백수의 왕이지만, "사자 일성(一聲) /달빛만 휘영청 밝아라"고 민족적 절망의식을 전한다.

식민지 시대의 시문학은 승리의 예찬은 거의 없다. 고독한 자의식속에 시인들의 민족의식은 조국의 이데아를 찾으며 우울한 자신과 부딪치고, 오히려 슬픔을 함께 나누는 시적 위무가 더 많이 쓰여지고 환영받았다고 해야 할 것이다.

그러한 사례를 윤동주와 이육사의 이른바 민족시에서도 본다. 윤동주는 「별 헤는 밤」의 주제연이 되는 제10연에서 "그러나 겨울이 지나고 나의 별에도 봄이 오면 /무덤 위에 파란 잔디가 피어나듯이 /내 이름자 묻힌 언덕 위에도 /자랑처럼 풀이 무성할 거외다"고 부활의 이미지로써 맺는다. 여기의 '별'은 그리움, 상념, 조국으로 확산되며, 민족의 정서에 울림을 준다. 예언자의 모습이 이 주제연의 감동이라고 할 수 있을 것이다.

많이 애송되고 있는 윤동주의 「서시」는 '부끄러움'의 선언이다. "죽는 날까지 하늘을 우러러 /한 점 부끄럼이 없기"를 비는 결백한 양심이 어디서 왔겠는가. 민족적 자아와 만나는 곳이기 때문에 공감도가 높은 것이라고 하겠다.

이육사의 「청포도」「절정」「광야」 등도 여러 논의가 있지만, 민족의식이 야기된 야광주의 은어에서 성취된 감동이다. 「광야」의 '초인', 「청포도」의 '손님', 「절정」의 "겨울~강철~무지개" 등의 이미지는 시인의 사적 정황을 넘어선 데서 울림을 준다. 민족의식에 눈 뜬 야광주는 역사의식이었고, 거기 어두운 시대를 지키는 불빛이 있었다.

임학수의 어법은 조선어의 풍취나 감수성이 성숙한 세련도 면에서는 약간 미흡한 것을 느끼게 한다. 광대에 미당 어법, 지용 시학, 백석 어법 등과 비교하지 않을 수 없기 때문이다. 일부이긴 하지만, 간혹 '도다 · 로다' 등의 옛 투의 어미가 보이고, 맞춤법이나 부자연스런 어법 등이 있다. 임학수는 훌륭한 영문학자이기도 했다. 10여 권의 역시집을 남겼다. 『현대영시선』(학예사.1939)타고르의 『초생달』(문조사.1945) 등이 그것이다. 그의 어법은 영문학 쪽에서 영향을 받았을 것으로 생각된다.

임학수는 문학단체에서 드러난 활동을 한 적은 거의 없다. 1947년 월북한 이른바 '2차 월북작가'로 알려졌으나, 가족 측의 증언에 따르면, 6 · 25전쟁을 서울 자택에서 맞았고 피난하지도 못했다. 1951년 1.4후퇴 때에 피난을 목적으로 차녀(채강)와 3녀(채문)를 부산의 작은 고모집으로 먼저 보내놓고 있었는데, 임학수는 이호순 부인과 장녀(채윤) 4녀(채령)와 함께 집에서 납북되었다는 것이다.

그들이 돌발적으로 이산가족이 된 배경이 여기 있었다.[3)]

임학수를 납북이 아닌 월북으로 보게 된 문헌은 아마도 다음과 같은 기록일 것이다.

1947년 봄에서 이듬해 48년 봄에 걸쳐 임화, 김남천, 이원조 등과 그 계열(주로 조선문화단체총연맹)의 문학예술인들이 북한 지역에 모습을 나타냈다. 임화, 김남천, 李源朝, 安懷南, 林學洙, 朴世永, 朴泰珉, 金東錫, 李東珪, 趙靈出, 윤기정, 송영, 이근영, 엄홍섭, 趙碧岩, 吳章煥, 黃民, 신구현, 허준, 함세덕, 주동인, 金常民, 安英一, 申鼓頌, 김승구, 나웅, 김귀연, 지하연(林和 妻) 등 모두가 다 쟁쟁한 모습이었다.[4)]

---

3) 임채문(3녀) 「나의 아버지 임학수」(「문예운동」 2005년 가을호)
4) 朴基奉 『북의 문학과 예술인』(思杜研 1986)p.224~5

2 포박된 독수리

덜그럭,
황혼의 만보(漫步)를 마치고
쇠사슬이
절망의 심해에 닻을 내린다.

어깨를 쫑긋
영맹(獰猛)한 발톱으로
마침내 지붕 난간에
일화석(一化石)하는 독수리여!

이제 암벽을 내려 솟친 흑풍(黑風)이
자욱히 가등(街燈)을 휩쓸을 즈음

저 태허(太虛) 잿빛 하늘에는
찬연한 성군(星群)이 얼크러지나니,

오, 별 별
난란(爛爛)한 눈초리의 달리는 곳—
저 구름 너머
검은 숲 그림자와 만년설(萬年雪)!
아 그러나,

다시는
모진 분노에 타오르는 일도 없고
날려다 떨어져
그 칼날같은 주둥뿌리로
스스로의 발목을 끊으려하지도 않았다.

이윽고 또 날이 새면,
일편(一片)의 부육(腐肉)과
아이들의 돌멩이질에 몸을 맡기려는
이 다만 추한 맹수일 뿐.

—≪문장≫제16호(1940. 5)

이 시의 소재는 독수리인데, 그것도 쇠사슬에 묶인 독수리이다. 독수리는 날개 길이가 1m를 훨씬 넘는 큰 맹조이며, 우리 나라에서는 드문 겨울새이다.

기승전결의 구성을 보이는 7연의 이 시는 매우 특이한 상황을 제시한다. 처참한 독수리의 모습에서 다시 민족의식의 자화상을 만나기 때문이다.

임학수의 시에는 이 「포박된 독수리」에 앞서 또 한편의 「독수리」가 첫 시집 『석류』에 실려있다. 임학수의 시에서는 드물게 광막한 호연지기를 구가한 이 작품들은 그 발상이 거의 같은 데에 있음을 보게 한다. 상당한 분량을 이루고 있는 『석류』에 있는 「독수리」의 내용을 먼저 요약하면 다음과 같다.

1) 히말라야 마(魔)의 메뿌리에 보라. 독수리 한 놈이 나는 듯 쪼그렸다.
2) 오, 날아라. 천겹 암흑을 뚫고 새벽종 울려오듯 우렁차게 날아라.
3) 구비치는 에테르 성운, 만년설 위에 웅크리고 구만리 구비구비
   내 눈이 이르는 곳
4) 처참한 죽음이 쇠사슬 덜그렁거리며 독수리 한 놈이 덩실 떠 흐른다.

이상의 내용에서 보듯이 「포박된 독수리」는 앞의 이 「독수리」의 자매편 또는 속편이라 해도 좋을 것이다. 「독수리」는 지구의 상상봉인 히말라야에서 날듯이 쪼그려 앉아 북극성 만년설 은하수 등 끝없는 우주 공간을 응시한다.

그러나 이 망망한 시야에서 독수리는 쇠사슬과 꺾여진 쭉지 등의 불완전한 몸으로 덩실 떠 흐른다고 끝을 맺는다. 인간 세계가 아닌 또 하나 천상의 세계가 독수리의 시야에서 노래된다고 하겠다.

7연인 「포박된 독수리」의 내용을 요약해 보면 다음과 같이 될 것이다.

1연 : 쇠사슬에 포박된 독수리

2연 : 영맹한 발톱이지만 지붕에서 화석이 되는 독수리

3연 : 거친 흑풍이 가로등을 휩쓸을 즈음

4연 : 저 태허의 잿빛 하늘에는 빛나는 별들이 서로 얽히나니

5연 : 오 별이여, 저 구름 너머에는 검은 숲 그림자 만년설이 있네. 그러나

6연 : 다시는 분노도 없고 스스로 발목을 끊으려 하지도 않았다.

7연 : 한 조각의 썩은 고기와 아이들의 돌멩이에 몸 맡기려는 추한 맹수일 뿐이다.

임학수의 시 테마는 거의가 비애 또는 비극성으로 떨어지며, 거기서 시의 감수성과 만난다. 시의 직관에는 비애의 달콤한 인자가 훨씬 감동적이다. 만일 '해피엔딩'으로 끝난다면 깊은 매력은 반감되고 말 것이다. 하물며 서러운 민족의식이 잠들어 있는 비애에 있어서랴.

미상불 임학수의 시에는 불과 4행의 「비애」가 있다. "창을 두드리는 아침 해보다도/ 가을마다 익어 붉는 과실보다도/ 더 정확히, 어김없이/ 눈 뜨면 벌써 찾아오는 이 손님!"이 그것이다.

민족의식은 본래 무소불위의 개념이라 할 수 있다. 그러나 그것이 불가능한 사태로 벽에 부딪쳤을 때, '독수리', 그것도 쇠사슬에 얽매인 독수리로 시적 상징물을 얻는다. 비탄과 절망의식에서 시인의 야광주, 곧 밤에도 빛나는 구슬은 은어 기능의 빛을 내쏘고 있다. 그리고 독자와의 공감대를 형성한다.

'독수리'는 우주를 호흡하며 용맹스럽기 그지없는 조국의 얼이 이제

는 '추한 맹수일 뿐'인 데서 망국민의 카타르시스에 이른다. 억압된 감정의 응어리가 정화되어 정신의 균형이나 안정을 찾게 된다.

시가 인간의 감정에 끼치는 영향은 여러 가지로 설명될 수 있을 것이다. 시가 갖고 있는 정서적 호소력이나, 언어적 리듬 감각에서 시는 단연 강렬한 느낌의 힘을 감추고 있다. 문학의 장르에서 시의 독특한 위치가 여기 있다.

식민지 시대에 김소월의 애수의 시편들, 한용운의 절대자 상실의 비애 등이 널리 읽히고 대중의 호응을 얻게 된 데는 무엇보다도 식민지 시대의 민족 정서와 카타르시스의 기능에서 고조된 바를 찾을 수 있을 것이다. 일종의 대중적 위무가 숨어있던 셈이다.

임학수의 「포박된 독수리」는 일제 말 이른바 암흑기에 발표된 작품이다. 민족적 이념은 파탄되고, 민족문학의 전통이 혼미에 빠져 있을 때, 결연한 의지를 가지고 겨레의 모습을 '독수리'에서 찾는다. 그것은 겨레의 영웅상이다. 상처받은 겨레의 영웅상에서 겨레의 구원을 구하고 있다고 하겠다.

3 새가 된다면

내가 만일 새가 된다면
저 황금 바구니에 담긴
이쁘장스런 카나리아가 되지는 않겠습니다.
장미화 향기 뿜어오는 포도 넝쿨에 걸리어
복스런 색시들의 고은 목소리와
노래 맞추지는 않겠습니다.

내가 만일 새가 된다면
저 구름 피어 오르는 바다 뒤에

애달피 떠나는 갈매기가 되지는 않겠습니다.
물결따라 쓸려오고 물결따라 밀려가며
뼈만 앙상한 검은 바위위에
집도 없이 폭풍을 우짖는
저 가엾은 갈매기가 되지는 않겠습니다.

내가 만일 새가 된다면
이른 봄 뒷수풀에
밤새워 호올로 우는 두견이 되겠습니다.
고달픈 이 서러운 이
산기슭에 쉬는 나그네에게
하루밤 아름다운 꿈을 맺게 하겠습니다.

— 첫시집 『석류』(1937)

이 시는 비교적 쉽게 읽을 수 있는 작품이다. '내가 만일 새가 된다면'을 시발점으로 설정된 가정의 명제 아래에 (1) 카나리아(1연), (2) 갈매기(2연)는 되지 않고 (3) 밤새워 호올로 우는 두견이 되겠다고 한다.

카나리아는 카나리아 섬 원산의 자그마한 애완용 새로, 털빛은 노란 빛깔의 것이 흔하고, 수컷의 울음소리가 아름답다. 이에 비하여 갈매기는 바닷새로 쉽게 접할 수 있는 새이다.

두견은 뻐꾸기와 비슷하나, 좀 작은 편이다. 딴 새의 둥지에 알을 낳아 놓고, 생육을 떠맡기는 것으로 유명하다. 우리 고전에 더러 나오는 '두견'은 사무친 원한의 새로 흔히 등장한다. 옛날 중국 촉나라의 망제(望帝)라는 임금이 신하의 아내를 범하고 마침내 왕위를 빼앗기며 쫓겨나 죽었는데, 그 혼이 두견이 되었다는 전설 때문이다.

「새가 된다면」의 주제연은 제3연이다. 두견이 되어 "고달픈 이, 서러운 이 /산기슭에 쉬는 나그네에게 /하루밤 아름다운 꿈을 맺게 하겠습니다."의 종결은 바로 나라 잃은 겨레에게 주는 위로이며 망국한(亡國

恨)인 것이다. 이와 같이 이 시 또한 민족의식의 깊은 거울이 숨어 있다고 할 수 있다.

임학수의 시의 어법은 매우 다양하게 응용되고 있는 편이다. 아주 짧은 단행이 있는가 하면, 일반적인 서정시가 주류를 이룬다. 시집 『후조』에 는 11편의 산문시가 있다. 첫 시집 『석류』에 는 서사시 「견우」가 수록되어 있다. 392행에 이르는 「견우」는 '견우와 직녀'의 전설을 창조적으로 변형한 작품으로, 인간의 윤리적 타락을 비판한다.

이 작품은 '서사시'로 일컬어져 당시 "남성적 힘의 문학으로서의 서사시의 부흥"이라는 호평을 받는다.

그러나 「견우」가 서사시라 하기에는 적지 않은 의문점이 제기된다. 소재가 견우와 직녀의 전설에서 가져온 것 이외에는 객관적 기술이 미흡한 편이라고 하겠다. 다시 말하면 스토리의 진행이 거의 없는 것이다. 이 시는 3부로 구성되어 있는데, 서두를 보이면 다음과 같다. 이 작품의 흐름을 짐작할 수 있을 것이다.

때는 첫봄, 자욱히 안개에 덮여
기슭의 기다란 곳은 분별하기도 어렵고
풀끝에 새맑은 이슬방울이 맺혀
나려질 듯 나려질 듯 차마 나려지지 못할 즈음,
젖은 클로버 위에는 꿀벌 두엇이 벌써 나래 펴고
무거히 드리운 찔레나무 덤불에서는
밤새에 돋은 잎과 잎의 새론 향기 풍겨오며,
일천의 새떼 모여 우짖은 곳 울창한 가지 위에는
이따금 나래 처 서서히 떠도는 비들기 하나. —
잠 깬 물결은 웃음 날리며 속삭거리며
서늘하게도 가볍게도 남으로 남으로 흘러가나니.
여기는 은하! 한해에 한번 다리 놓이고
젊은 두 사랑의 눈물로 나뉘는 곳

견우는 목동으로 직녀는 비너스로 묘사되고 있거니와, 이 시는 화려한 낭만적 시풍이 풍부한 작품이다. 사건의 진행은 큰 축을 형성하지 못한다. 참고로 이 시의 내용을 요약해 보면 다음과 같이 될 것이다.

제1부 : 목동인 견우가 피리를 불며 아름다운 직녀에 대한 회상과 찬양
제2부 : 두 연인의 사무치는 그리움이 상봉을 앞두고 견우의 사설과 직녀의 화답으로 되풀이 되며, 해가 기울어 오작교가 반공에 묵묵히 걸려 있음을 노래한다.
제3부 : 호화로운 오작교에 그러나 반쯤 이르러 쓰러진 견우는 멀리 지구로 추락하고, 황촉불 옆에 직녀는 아무 것도 모르고 기다리고 있네.

이 시의 서문을 보면 "견우 있어 흰 날개에 의지하여 창천에 원을 그리고, 두 손으로 받들은 큰 잔, 붉은 과즙이 넘칠 듯 유혹하고, 흰 거품 상서로이 뛰놀다 마시니 달가운 잠" 등이 있다. 낭만과 탐미의 의욕을 짐작할 수 있게 한다.

이 서문 끝에는 "甲戌 秋九月 望日"이라고 서명 일자를 밝히고 있는데 이는 "1934년 9월 15일"이다. 이 시는 ≪신가정≫(1935년 4월호)에 발표된다.

4 자화상(自畵像)

너희 웃음은
긴 절벽 위
수반(水畔)에
소리없이 흩어지는

백합 송이.

너의 머리는
저 먼 고산(高山)
한낮의 푸른 정적이
쌓이고 쌓여 방울 듣는 그늘.

폭풍과
대양과
흐린 날씨와……
이제는 귓가에 없고,

눈은 수리갠 듯
대공(大空)을 달리다가
다시 원을 그리고
창황히 돌아와
잿빛 안개에 덮이나니.

아, 정열의 종언(終焉)
높이 하늘가에
소소아 도사리고 앉은 이 고독!

너의 이마에 오직
아침 저녁
안개가 와 걸리고
또 걷히도다.

—≪국민문학≫창간호(1941.11)

「자화상」은 해방 후에 나온 시집『필부의 노래』에 수록되어 있는 작품이다. 해방이 되면서 시에 나타난 임학수의 심경은 매우 혼란스러운 것으로 표현된다. 아마도 친일의 행적, 그리고 격동하는 이데올로기의 소용돌이에서 그도 어쩔 수 없었을 것이다. 시집『필부의 노래』에는 다음과 같은 짤막한 서문이 있다.(편의상 한자는 괄호에 넣음)

> 여기 모인 노래 32, I은 칠야(漆夜) 한등(寒燈) 어수선하던 꿈의 조각이요, II는 효전(曉箭)이 나타나기 전 필부(匹夫)의 초조한 기원일러라. 戊子 新正 / 著者

시집에 수록된 32편에는 「불을 켜라」「동방의 영산」「새날을 맞음」「나의 태양」「쾌청」 등 사회의식이 강한 시들이 주류를 이룬다. 「데모크라씨」에 서는 "알았오, 여러분의 정부는 반드시 /여러분 인민 의사의 토대 위에 설 것이오…… 꽃다발 고맙소!" 등 김일성의 말을 직접 인용한 것이 있다. 『필부의 노래』는 자기 자신을 '필부'라는 말로 낮추고 있는 비애의 자화상이다.

여기의 작품 「자화상」은 임학수의 시세계를 상징적으로 보여 주는 바가 있다. 이 시는 자신의 외면적인 모습을 그린 것이 아니라, 내면세계 곧 '시정신'을 형상화한 자화상이다. "스물 세 해 동안 나를 키운 건 8할이 바람이다"고 한 서정주의 「자화상」, "산모퉁이를 돌아 논 가 외딴 우물을 홀로 찾아가선 가만히 들여다봅니다."의 윤동주의 「자화상」 등에서 볼 수 있는 것처럼, 시작품에서의 '자화상'은 거의가 자신의 시정신을 특징적으로 표출한다.

임학수의 「자화상」은 '백합 송이'(1연)로 나타나고, 그것은 '긴 절벽 위'의 절망 앞에 노출되어 있다. 그러나 광막한 천지자연을 호흡하면서 고고한 시정신을 추구하고 있는 시인의 고독을 그 내용으로 하고 있다. 마치 심심유곡에서 수도하는 고승의 모습을 연상시키는 바가 없지 않다.

이 시를 전반부와 후반부로 나누어 정리하면 다음과 같을 것이다.

전반부(1~3연) : 천지자연 속에서 높은 명상에 빠져 자연의 온갖 변화로부터 초연해지는 자신을 노래하고 있다. 자연과의 동화를 통하여 막힘이나 거침이 없는 '무애(無碍)의 경지'인 것이다.

후반부(4~6연) : '아. 정열의 종언 /높이 하늘가에 /소소아 도사리고 앉는 이 고독!'(5연)의 절대적 고독에 다다름을 표현한다. 5연은 이 시의 주제연. 한 인간의 희로애락에 대한 모든 정열은 끝장이 나고, '높이 하늘가에 /소소아('솟고 솟아'의 뜻) 도사리고 앉는 이 고독!'에 이르는 것이다.

이는 자신의 '시정신의 본체'이기도 하고 시정신의 지향점이기도 한 것이다. 이 시는 사람의 신체 부위가 특징적으로 제시된 것을 볼 수 있다.

1연 : 웃음(표정) ⇒ '백합 송이'로 순화된다.
2연 : 머리(고산) ⇒ '정적의 그늘'로 덮인다.
4연 : 눈(수리개의 눈. '수리개'는 '소리개'의 방언) ⇒ 대공에서 원을 그림
6연 : 이마(고독) ⇒ 안개가 걸리기도 하고 걷히기도 한다.

첫 시집 『석류』가 출간되었을 때, 최재서는 그의 「시와 도덕과 생활」에서 "임학수는 그 단시에 있어서 평범무이(平凡無異)한 자연을 즐겨 명상하고, 또 그 뒤에 영원과 신비를 상상하기를 잊지 않는다. 그는 적은 미(美) 가운데서 우주의 신비를 찾으려는 탐미주의자다."라 하였고, 이 시집에 수록된 서사시 「견우」에 대하여 집중적인 호평을 한다.

또한 최재서는 일찍이 "이 시인의 비범한 상상력과 미에 대한 경건한 노력을 높이 평가한다."(≪문학과 지성≫193쪽)고 한 바 있거니와, 이 시에서도 풍부한 상상력과 남성적인 시인의식이 뒷받침되어 있음을 볼 수 있을 것이다.

임학수는 월북해서 김일성종합대학 초대 어문학부 강좌장(교수)·학장 등을 지내면서 영문학을 강의한다. 그러나 1953년 8월 임화 숙청 이후 1955년 어문학부 교수에서 도태당한 것으로 알려진다. 임학수는 1982년 6월 21일 71세로 별세하였으며, 북에서 출생한 자녀로는 5녀 채성과 장남 채호가 더 있는 것으로 임채문(3녀, 사위 이재호)은 밝히고 있다.

한편 1996년에는 순천문인협회에서 임학수의 생가터인 금곡동에 "임학수 생가터" 표지석을 세워 찾는 이의 발걸음을 멈추게 하고 있다.

— ≪시문학≫(2012년 12월호)

김춘수의 명시

김춘수(1922~2004)는 난해의 시인이며, 가장 첨단적인 현대시의 기법을 구사하는 시인으로 일컬어졌다. 이 점에서 그는 30년대의 이상(李箱), 제2의 이상이라고 할 수 있을지도 모른다. 이상이 난해한 초현실주의 속에 유미주의를 번득이었듯이 김춘수는 시의 무의미 속에 관념과 허무의 지평으로 나아간 순수시 · 절대시가 펼쳐진다. 특히 그는 탁월한 시론가의 한 사람이었다.

그의 문학적 출발은 조향 김수돈 등과 마산에서 시지 ≪낭만파≫(1946)를 내면서였다. 첫 시집 『구름과 장미』(1947)에 이어 『늪』(1949), 『기(旗)』(1951) 등 시집을 내면서 50년대에 이르러 그의 문단적 지위가 확실해진다. 그의 초기의 시는 그가 사숙했던 릴케의 영향이 짙었고, 형이상학적인 인식의 세계를 나타낸다.

시 「부다페스트에서의 소녀의 죽음」(1957)을 고비로 50년대의 말에서부터 60년대 전반에 걸쳐 이른바 '말의 트레이닝(traning)'에 들어간다. 그것은 관습적인 언어의 속박으로부터 벗어나 의식과 무의식의 세계에서 사물의 의미와 질서에 대한 시적 재구성을 해가는 작업이었다. 그에 의하면 비유적 이미지를 버리고, 이미지를 위한 이미지로써 시의 일종 순수한 상태를 이룩해 가는 것이라고 하였다. 『타령조(打令調)·기타(其他)』(1969) 『처용(處容)』(1974) 『남천(南天)』(1977) 등 시집으로 오는 동안 그의 영향은 컸다.

그 동안 그의 '무의미 시론(無意味 詩論)' 을 밝히는 〈대상(對象) · 무의미(無意味) · 자유(自由)〉(1973년≪시문학≫4월호), 〈의미(意味)에서 무의미(無意味)까지〉(1973년≪문학사상≫9월호), 〈대상(對象)의 붕괴(崩壞)〉(1975년≪심상≫6월호) 등 시론을 통하여 그의 입장을 밝히기도 했다.

그에 대한 평가는 여러 가지 면에서 제기되고 있는 터이지만 요는 그의 시가 '말의 장난'에 있다는 점일 것이다. 이상이 시를 하나의 유희로 했던 것처럼, '예술=장난'이라는 오락예술론의 재천명에 지나지 않는다는 것이다. 그러니까, 그의 시는 무엇인가를 말하려고 쓰는 시가 아니라, 무념무상의 세계로서 의미는 없고, '한 폭의 그림, 한 폭의 사진, 혹은 한 폭의 글씨 앞에서 만나게 되는 전체적이며 동시적인 어떤 연상의 순간과 흡사한 것'(金柱演, 「瞑想的 集中과 追憶」)의 '강요해 낸 아름다운 말의 행진'으로 보았다.

메콩강은 흘러서 바다로 가나
메콩강은 흘러서 바다로 가나
부산 제일 부두에서
귀뚜라미 한 마리 울고 있다
가을이 오면 어디로 가나
가을이 오면 어디로 가나
여름을 먼저 울라, 여름을 먼저 울라

—「잠자는 허공」

이 시의 이미지들은 의미의 해석이나 사물의 재현이 없다. 제목인 잠자는 허공 속에 메콩강, 부산 부두, 귀뚜라미 등이 서로의 관계가 없이 저마다 자유를 누린다. 다만 시행의 반복 속에 리듬을 거느리고 메콩강, 귀뚜라미 등이 존재할 뿐이다. 시인의 상상이 거느린 세계, 절대적 이미지만 있고 그것은 논리와 의미를 상실하고 하나의 사물이 되어있다.

신비평 이후 시에 대한 견해가 음성구조와 의미구조로 보는 것이 지배적이다. 김춘수는 의미가 배제되는 탈이미지의 세계이며 곧 리듬만이 존재한다.

가령 김소월의 「엄마야 누나야」는 거의 완벽한 서정시의 음악화에 성공한 작품이다. "엄마야 누나야 강변살자 / 뜰에는 반짝이는 금모래 빛"에는 그 단출한 리듬과 함께 가족적 단란한 평화경의 갈망이 있다. 그러나 김춘수는 기존의 질서를 탈피하려는 '무의미'의 형식을 고수한다.

현대의 시인들에게 무의식 세계의 이미지를 혼합해서 현대시의 기법으로 쓰는 것은 많고 적음의 차이는 있지만, 거의 공통된 현상이라고 할 수 있다. 60년대 현대시사(現代詩史)의 주목할 만한 수확으로 일컬어지는 김춘수와 김수영의 시는 이 점에서 예외가 아니다. 그러나 김수영이 소시민의 끈질긴 생명력을 시에서 분출시키고 의미와 결합시키고 있을 때, 김춘수는 말의 '묘사의 시'에 열중하고 있었다. 김춘수는 가장 압력을 느낀 시인이 김수영이었다면서 '소심한 기교파들의 간담을 서늘케 하는 그런 대담한 일'(「의미와 무의미」13쪽)이었다고 술회하였다.

김춘수의 공적은 우리나라의 현대시의 진폭을 새로이 개척 · 확대시켰다는 점에서 큰 의의가 있다. 시란 어렵게 써야 좋은 시가 된다는 그릇된 영향만 충분히 경계된다면, 우리 나라에서는 가장 새로운 시에 속하는 그의 시에서 우리는 '말라르메의 무한(無限)'을 볼 수 있을지도 모른다. 서구의 상징주의 이래 꾸준히 발달해 온 인간 내면에 대한 탐구 작업은 새로운 시적 진실성의 영역이다. 김춘수와 가까운 시인으로는 김종삼, 이승훈 등이 있다.

1 꽃

내가 그의 이름을 불러 주기 전에는
그는 다만
하나의 몸짓에 지나지 않았다.

내가 그의 이름을 불러 주었을 때
그는 나에게로 와서
꽃이 되었다.

내가 그의 이름을 불러 준 것처럼
나의 이 빛깔과 향기에 알맞는
누가 나의 이름을 불러다오.
그에게로 가서 나도
그의 꽃이 되고 싶다.

우리들은 모두
무엇이 되고 싶다.
너는 나에게 나는 너에게
잊혀지지 않는 하나의 의미가 되고 싶다.

「꽃」은 김춘수의 절창으로 알려진 대표작의 하나이다. 이 시는 언어로써 부재(不在)의 존재를 끌어내고 점화해 주는 '인식의 시'로 평가되었다.

제1연 : 내가 그의 이름을 '꽃'이라고 불러주기 전에는 그는 다만 하나의 몸짓에 지나지 않았다.[인식하기 전의 사물].

제2연 : 내가 '꽃'이라고 불러 주었을 때, 그는 비로소 나에게로 와서 '꽃'이 되었다[인식으로서의 꽃].

이름조차 붙일 수 없는 어떤 사물과 대면하여, 내가 인식을 하고 이름을 불러주기 전에는 이름도 없는 존재에 지나지 않는다. 그러니까, '꽃'은 인식의 세계에서 창조된 언어이다. 김춘수의 시평가에 적극성을 보인 김현은 그의 〈존재(存在)의 탐구(探究)로서의 언어(言語)〉에서 "그 언어는 주술적인 힘으로 그것을 부재(不在)로부터 이끌어 내어 '무엇'이 된다. 나도 마찬가지이다. 정말로 누군가가 나의 빛깔과 향기에 맞는 이름으로 나를 부재에서 이끌어 준다면 그에게로 가서 나도 '꽃'이 되고 싶다. '무엇'이 되고 싶다. 그 과정을 가능하게 하는 것이 시적 언어이다."(「상상력과 인간」 153쪽)라고 하였다.

제3연 : 나에게도 내 빛깔과 향기에 알맞는 이름을 누군가가 불러다오. 나도 그에게로 가서 꽃이 되고 싶다[시인의 소망].

제4연 : 우리들은 모두 무엇이 되고 싶다. 잊혀지지 않는 의미가 되고 싶다[의미가 되고 싶은 소망].

이 시는 '나, 그, 이름' 등 세 개의 지주(支柱)로 되어 있다. '나'와 '그'의 가교는 '이름'이다. 비재(非在)의 세계에서 생명을 획득하는 것은 '이름'이라는 인식인 것이다. 존재론적 고뇌의 시이다.

그러나 이 시는 이런 사변적(思辨的)인 풀이가 아니라도 자연스런 연상의 공감을 높게 지니는 작품이다. 가령, 하나의 애인(이 시의 '너'는 여자이다)은 내가 사랑하게 됨으로써 참다운 '꽃'이 될 수가 있고, 나도 그로부터 '꽃'이 되고픈 사랑의 열망을 상기할 수도 있기 때문이다. 정신적 사랑의 세계, 그것을 연상해서 이해해도 좋은 시이다.

2 꽃을 위한 서시(序詩)

나는 시방 위험한 짐승이다.
나의 손이 닿으면 너는
미지(未知)의 까마득한 어둠이 된다.

존재(存在)의 흔들리는 가지 끝에서
너는 이름도 없이 피었다 진다.
눈시울에 젖어드는 이 무명의 어둠에
추억의 한 접시 불을 밝히고
나는 한밤에 운다.

나의 울음은 차츰 아닌 밤 돌개바람이 되어
탑을 흔들다가
돌에까지 스미면 금이 될 것이다.

…… 얼굴을 가리운 나의 신부여.

—≪문학예술≫(1957년 7월호)

꽃은 김춘수의 시에 있어서 중요한 소재이며 또한 이미지다. 그는 「꽃」·「꽃을 위한 서시(序詩)」·「꽃의 소묘(素描)」·「꽃 I」·「꽃 II」 등 여러 가편들을 꽃에서 남기었는데, 빛깔조차 거의 밝혀지지 않는 이 꽃의 이미지는 어떤 존재의 절정의 이미지를 보이는 듯하다.

「꽃을 위한 서시」에서 '꽃'은 '신부'로 집약되어 나타나고 있다. 그러나 그 신부는 눈앞에 나타난 '꽃'이 아니고, '얼굴을 가리운 나의 신부', 즉 비재(非在)의 대상으로 되어 있다. 그의 시간 존재론적(存在論的) 고뇌의 산물이며, 그가 '세상 모든 것을 환원과 제일인(第一因)으로 파악해야 하는 집념의 포로'(「의미와 무의미」 62쪽) 가 되어 실재(實在)를 놓치고, 감각을 놓치고 지적으로는 불가지론(不可知論)에 빠져들어 끝내는 허무를 안고 뒹굴 수밖에 없다고 술회한 것은 이런 사정을 말한 것이리라.

제1연 : (사물의 내면에 편재한 내면적 의미, 곧 릴케의 범신론적 사물의 신을 파악하지 못한) 나는 지금 한 마리 위험한 짐승이나 마찬가지이다. 이런 나의 손이 닿기만 하면, 너(꽃)는 미지의 까마득한 어둠이 된다.

'미지의 까마득한 어둠'—그것은 지은이가 말한 허무일 수도 있고, 무(無)의 세계일 수도 있으리라. 이 시는 추구의 결과가 아니라, 추구의 과정을 나타낸 시이다. 사물에 대하여 인간으로서 아직 대오(大悟)의 경지에 들지 못한 자신의 고뇌 어린 모습, 그것이 '위험한 짐승'이라면, 그 짐승이 만지는 사물이란 무의 세계에 떨어질 수밖에 없을 것이다.

제2연 : 잡히지 않는 존재의 흔들리는 가지 끝에서 꽃은 이름도 없이 피었다 진다. 즉 의미 없는 존재로 살아간다. 나는 고뇌 어린 이 무명의 어둠에 이것을 깨치기 위하여(내 살아온 과거의) 추억에다 한 접시의 불을 밝히고(그것을 등불 삼아) 한밤내 운다.

시인의 열망과 추구의 정신이 가열성(苛烈性)을 보이는 연. 그러면서도 섬세한 시어에 의하여 표현은 구체성을 얻어 빛난다. 그의 시가 난해한 시이면서 사람들에게 매력을 주는 것은 이 때문이다.

제3연 : 나의 울음은 광적으로 돌개바람(회오리바람)이 되어 탑을 흔들며 울다가(그것이 더 가열해져서) 돌에까지 스미기만 한다면, 금이 될 수도 있을 것이다. (금과 같이 귀중하고도 보람 있는 것이 될 것이다.)

제4연 : 끝끝내 내 앞에 나타나지 않은 나의 신부여.

이 시는 사물의 존재에 대한 탐구의 정신을 읊은 것이다. 추구의 결과가 아니라, 그 과정이기 때문에 '서시'였으리라. 시인들이 시적 진실에 대한 탐구를 보이는 시편은 매우 많다. 그러나 대부분이 인간 정신의 성숙 · 종교 · 평화 · 구원 등으로 특징 지워진다. 이 시의 지은이는 사물의 존재에 대한 탐구를 시의 구조로 하고 있으면서(여기에는 역사도 세태도 없는 세계이다), 그것이 치열한 시정신에 가늠되어 있을 뿐만 아니라 구김살 없는 시적 표현미에 도달되어 있는 것이다. 그를 가리켜 '묘사의 시인', '식물적 상상력' 등 말을 쓰는 것은 이 때문이다.

3 처용단장(處容斷章) (제1부)

| 의 |

바다가 왼 종일
새앙쥐 같은 눈을 뜨고 있었다.
이따금
바람은 한려수도(閑麗水道)에서 불어오고
느릅나무 어린 잎들이
가늘게 몸을 흔들곤 하였다.

날이 저물자
내 늑골(肋骨)과 늑골 사이
홈을 파고
거머리가 우는 소리를 나는 들었다.
베꼬니아의
붉고 붉은 꽃잎이 지고 있었다.

그런가 하면 다시 또 아침이 오고
바다가 또 한번
새앙쥐 같은 눈을 뜨고 있었다.
뚝 뚝 뚝 천(阡)의 사과알이
하늘로 깊숙이 떨어지고 있었다.

가을이 가고 또 밤이 와서
잠자는 내 어깨 위
그 해의 새눈이 내리고 있었다.
어둠의 한쪽이 조금 열리고
개동백의 붉은 열매가 익고 있었다.
잠을 자면서도 나는
내리는 그
희디흰 눈발을 보고 있었다.

I 의 II

3월에도 눈이 오고 있었다.
눈은
라일락의 새순을 적시고
피어나는 산다화(山茶花)를 적시고 있었다.

미처 벗지 못한 겨울 털옷 속의
일찍 눈을 뜨는 남쪽 바다.
그날 밤 잠들기 전에
물개의 수컷이 우는 소리를 나는 들었다.
삼월에 오는 눈은 송이가 크고,
깊은 수렁에서처럼
피어나는 산다화의
보얀 목덜미를 적시고 있었다.

I 의 III

벽(壁)이 걸어오고 있었다.
늙은 홰나무가 걸어오고 있었다.

한밤에 눈을 뜨고 보면
호주 선교사네 집
회랑(廻廊)의 벽에 걸린 청동시계가
겨울도 다 갔는데
검고 긴 망토를 입고 걸어오고 있었다.
내 곁에는
바다가 잠을 자고 있었다.
잠자는 바다를 보면
바다는 또 제 품에
숭어새끼를 한 마리 잠재우고 있었다.
다시 또 잠을 자기 위하여 나는
검고 긴
한밤의 망토 속으로 들어가곤 하였다.
바다를 품에 안고
한 마리 숭어새끼와 함께 나는
다시 또 잠이 들곤 하였다.

*

호주 선교사네 집에는
호주에서 가지고 온 해와 바람이
따로 또 있었다.
탱자나무 울 사이로
겨울에 죽두화가 피어 있었다.
주(主)님 생일날 밤에는
눈이 내리고,
내 눈섶과 내 눈섶 사이 보이지 않는 하늘을
나비가 날고 있었다.
한 마리 두 마리.

Ⅰ의 Ⅳ

눈보다도 먼저
겨울에 비가 오고 있었다.
바다는 가라앉고
바다가 있던 자리에

군함이 한 척 닻을 내리고 있었다.
여름에 본 물새는
죽어 있었다.

물새는 죽은 다음에도 울고 있었다.
한결 어른이 된 소리로 울고 있었다.
눈보다도 먼저
겨울에 비가 오고 있었다.
바다는 가라앉고
바다가 없는 해안선을
한 사나이가 이리로 오고 있었다.
한쪽 손에 죽은 바다를 들고 있었다.

I 의 V

아침에 내린
복동(福童)이의 눈과 수동(壽童)이의 눈은
두 마리의 금송아지가 되어
하늘로 갔다가
해질 무렵
저희 아버지의 외발 달구지에 실려
금간 쇠방울 소리를 내며
돌아오곤 하였다.
한밤에 내린
복동이의 눈과 수동이의 눈은 또
잠자는 내 닫힌 눈꺼풀을
더운 물로 적시고 또 적시다가
동이 트긴 전
저희 아버지의 외발 달구지에 실려
금간 쇠방울 소리를 내며
돌아가곤 하였다.

*

눈이 내리고 있었다.
눈은 아침을 뭉개고

바다를 뭉개고 있었다.
먼저 핀 산다화 한 송이가
시들고 있었다.
눈이 내리고 있었다.
아이들이 서넛 둘러앉아
불을 지피고 있었다.
아이들의 목덜미에도 불 속으로도
눈이 내리고 있었다.

Ⅰ의 Ⅵ

모과나무 그늘로
느린 햇발의 땅거미가 지고 있었다.
지는 석양을 받은
적은 비탈 위
구기자 몇 알이 올리브빛으로 타고 있었다.
금붕어의 지느러미를 쉬게 하는
어항에는 크낙한 바다가
저물고 있었다.
Vou하고 뱃고동이 두 번 울었다.
모과나무 그늘로
느린 햇발의 땅거미가 지고 있었다.
장난감 분수의 물보래가
솟았다간
하얗게 쓰러지곤 하였다.

Ⅰ의 Ⅶ

새장에는 새똥 냄새도 오히려 향긋한
저녁이 오고 있었다.
잡혀 온 산새의 눈은
꿈을 꾸고 있었다.
눈 속에서 눈을 먹고 겨울에 익는 열매
붉은 열매,
봄은 한잎 두잎 벚꽃이 지고 있었다.

입에 바람개비를 물고 한 아이가
비 개인 해안통을 달리고 있었다.
한 계집아이는 고운 목소리로
산토끼 토끼야를 부르면서
잡목림 너머 보리밭 위에 깔린
노을 속으로 사라지고 있었다.
거짓말처럼 사라지고 있었다.

I 의 VIII

내 손바닥에 고인 바다,
그때의 어리디어린 바다는 밤이었다.
새끼 무수리가 처음의 깃을 치고 있었다.
봄이 가고 여름이 오는 동안
바다는 많이 자라서
허리까지 가슴까지 내 살을 적시고
내 살에 테 굵은 얼룩을 지우곤 하였다.
바다에 젖은
바다의 새하얀 모래톱을 달릴 때
즐겁고도 슬픈 빛나는 노래를
나는 혼자서만 부르고 있었다.
여름이 다한 어느 날이었던가 나는
커다란 해바라기가 한 송이
다 자란 바다의 가장 살찐 곳에 떨어져
점점점 바다를 덮는 것을 보았다.

I 의 IX

팔다리를 뽑힌 게가 한 마리
길게 파인 수렁을 가고 있었다.
길게 파인 수렁의 개나리꽃 그늘을
우스꽝스런 몸짓으로 가고 있었다.
등에 업힌 듯한 그
두 개의 눈이 한없이 무겁게만 보였다.

I 의 X

은종이의 천사는
울고 있었다.
누가 코밑수염을 달아 주었기 때문이다.
제가 우는 눈물의 무게로
한쪽 어깨가 조금 기울고 있었다.

조금 기운 천사의
어깨 너머로
얼룩암소가 아이를 낳고 있었다.
아이를 낳으면서
얼룩암소도 새벽까지 울고 있었다.
그 해 겨울은 눈이
그 언저리에만 오고 있었다.

I 의 XI

울지 말자,
산다화가 바다로 지고 있었다.
꽃잎 하나로 바다는 가리워지고
바다는 비로소
밝은 날의 제 살을 드러내고 있었다.
발가벗은 바다를 바라보면
겨울도 아니고 봄도 아닌
설청(雪晴)의 하늘 깊이
울지 말자.
산다화가 바다로 지고 있었다.

I 의 XII

겨울이 다 가도록 운동장의
짧고 실한 장의자의 다리가 흔들리고 있었다.
겨울이 다 가도록
아이들의 목덜미는 모두

눈에 덮인 가파른 비탈이었다.
산토끼의 바보,
무르팍에 피를 조금 흘리고 그때
너는 거짓말처럼 죽어 있었다.

봄이 와서
바람은 또 한번 한려수도에서 불어오고
겨울에 죽은 네 무르팍의 피를
바다가 씻어주고 있었다.
산토끼의 바보,
너는 죽어 바다로 가서
밝은 날 햇살 퍼지는
내 조그마한 눈웃음이 되고 있었다.

I 의 XIII

봄은 가고
그득히 비어 있던 풀밭 위 여름,
네 잎 토끼풀 하나,
상수리나무 잎들의
바다가 조금씩 채우고 있었다.
언제나 거기서부터 먼저
느린 햇발의 땅거미가 지고 있었다.
탱자나무 울이 있었고
탱자나무 가시에 찔린
서녘 하늘이 내 옆구리에
아프디아픈 새 발톱의 피를 흘리고 있었다.

—제6시집 「처용(處容)」(1974)

김춘수의 「처용단장」 제1부는 1969년부터 그 이듬해까지 1년 반에 걸쳐 ≪현대시학≫에 연재되었던 13편의 연작시이다. 신라 49대 헌강왕 때의 고대 인물로 전하여지는 처용설화에서 소재를 취하여 시를 쓴 것으로는 신석초의 202행의 장시 「처용은 말한다」(1974)가 그 대표일 것이다. 이 시는 제목에서 알 수 있듯이 역신에게 아내를 빼앗긴 처용이, 잃어버린 사랑에 대한 구곡간장의 비가이다.

김춘수의 「처용단장」에서는 '처용'이라는 말은 본문에서 한 번도 나오지 않는다. 작품의 배경도 고대가 아니라 현대로 되어 있으며, 그 난해한 시구는 일견 '강요해 낸 아름다운 말의 행진'인 것처럼 보일 뿐이다.

김춘수의 시세계에서 '처용'에 대한 관심을 따라 올라가 보면, 의외로 소설 「처용」(1963년 ≪현대문학≫6월호)이 있고, 시로는 「잠자는 처용」 「처용」 「처용 삼장(三章)」 등으로 내려오다가 연작시 「처용단장」으로 본격화한다. 그가 쓴 소설에는 「처용」 이외에도 「유다의 유서(遺書)」(1955년 ≪현대공론≫2월호)가 있다.

이 난해의 연작시 「처용단장」이 김춘수 유년시절의 자전적 시이고, 또한 소설 「처용」이 그의 유년시절의 자전적 내용이라고, 그 상관성을 최초로 밝힌 것은 평론가 김현의 「처용의 시적 변용」(1970년 ≪문학과 지성≫12월호)에서다. 사실 위의 두 작품은 유년시절의 추억에서 시작하여 유년시절의 추억으로 끝나고 있다. 먼저 소설 「처용」의 줄거리를 소개하면 다음과 같다. 이 소설의 원문은 다섯 장면(사건)의 마디로 띄어져 있다.

① 한복의 바지에다 오줌을 싸게 된 나는 처녀 선생님에게 아랫도리를 벗기고, 몸이 씻긴 뒤 숙직실에 혼자 눕혀지게 된다. 나는 몰래 일어나 바짓가랑이에 다리를 집어넣고 숙직실을 빠져나와 탱자나무 울이 처진 원장 선생님의 집(이층 벽돌집)께로 간다. 이층 한가운뎃방에 원장 선생님의 남편이 앞뒤로 잘 흔들리는 커다란 나무의자에 몸을 묻고 의자를 흔들며 책을 읽는 것이 보인다. 그는 호주에서 온 선교사였다. 구렁으로 가 볼까. 아침에 입술이 불같이 붉은 계집애에게 끌려서 갔었다. 거기에는 다

리를 몽땅 짤린 게가 창자를 드러내놓은 채 개미떼의 밥이 되어 있었다. 성냥곽만한 게가 한 마리 기어 나오고 있었다. 계집애는 게의 거품이 더럽다면서 잔인하게 게를 죽인다. 오늘 오줌을 싼 것은 그 일을 보다가 그만 시간에 쫓긴 채 수업에 들어간 때문인지도 모른다. 할머니에게 오늘과 같이 아랫도리를 벗긴 일도 있었다. 똥의 칠갑이 되었던 그때, 할머니는 물을 끼얹어 주고 손으로 그것을 마구 문대기도 했다.

② 푸른 종이를 한 장 펴놓은 듯한 바다에 철선이 한 척 가고 있었다. 녀석이 오고 있었다. 녀석은 부자인 나를 늘 미워했다. 언젠가 녀석이 구렁이를 잔인하게 죽이는 것을 보았다. 꼬챙이로 뱀의 눈깔을 쑤시고 휘휘 감아서 땅에다 딱지를 쳤다. 녀석은 점심밥도 가져오지 못한다. 녀석은 그 계집애와 "임마! 연애했지 니?" 하며 나를 윽박질렀다.

③ 일본애들의 소학교와 우리들의 보통학교와 눈싸움 아닌 싸움이 일어났다. 두 학교는 운동장이 서로 잇닿아 있었다. 눈 속에 돌멩이를 박아서 던지는 그 싸움에서 나는 그 뒤로부터 그 눈뭉치를 맞았다. 어떤 놈인지 나는 땅을 치고 울고 싶었다. 나는 교실로 가지 못하고 뒷산으로 올라갔다. 그 뒤 나는 녀석의 꿈을 꾸었다.

④ 방과 후에 나는 선생님으로부터 뒷산으로 올라갔느냐는 질문을 받는다. 녀석이 늘 '임마, 너 뒷산에 가서 그거 했지, 임마, 자식아!' 하더니……. 그런 말을 녀석이 퍼뜨렸다고 선생님께 불어버린 아이와 나를, 녀석은 싸움을 시켰다. 나는 오히려 녀석에게 형편없이 당해야 했다. 운동회 때 나는 홍군의 기록계를 맡는다. 나의 옷은 모두 새 것이고, 그 빛깔이 너무도 선명한 것이 미안했다. 할머니의 너무 크고 혈색이 좋은 얼굴도 나는 미안했다.

⑤ 녀석이 그예 트럭에 깔려 죽는다. 녀석은 평소 차가 오는 것을 보면, 천천히 길을 가로지른다. 차가 급정거를 하면 운전대 쪽으로 혓바닥을 쑥

내밀어 주고는 달아난다. 그날도 그 짓을 하다가 녀석은 치였다. 녀석의 책상은 어느새인지 사라지고 없었다.

「처용단장」(제1부)은 시인의 유년기의 온갖 추억들이 장면과 장면으로 병치되면서 전개되고 있다. 시가 유연하면서도 날카롭게 번쩍이는 것은 콜라쥬(프, collage) 수법과 초현실주의적인 기법을 활용, 정교한 배합에 이르기 때문이다. 제1장에서 12장까지는 그의 유년 시절의 온갖 흔적들이 춤추듯 나타난다. 마지막 제13장은 결론으로서 간결하게 요약되었다.

[I 의 I] : 대표적인 문맥은(유년기의) '바다가 왼종일/ 새앙쥐 같은 눈을 뜨고 있었다'는 것. '날이 저물자(2연) 나는 거머리가 우는 소리 듣고', '그런가 하면 다시 또 아침이 오고'(3연), '가을이 가고 또 밤이 와서'(4연)—등 유년기의 시간이 입체적으로 채색되고 있다.

[I 의 II] : 눈이 오는 3월의 추억, '물개의 수컷이 우는 소리' '산다화(동백꽃)의 / 보얀 목덜미' 등은, 소설 「처용」의 녀석이요, 입술이 불같이 붉은 계집애일 수도 있으리라.

[I 의 III] : '호주 선교사네 집'과 '잠자는 바다'가 주축. '호주 선교사네 집'은 소설 「처용」에서 주요한 소재이다. '잠자는 바다'는 추억어린 공간적 배경이지만, 이 시에서의 '바다'는 그 색깔과 더불어 주요한 역할을 곳곳에서 하고 있음을 주목해야 할 것이다.

[I 의 IV] : 가라앉은 바다, 죽은 물새, 죽은 바다를 들고 오는 사나이…… 등 존재 밖의 세계가 추상화되었다. 가라앉은 바다, 죽은 바다는 상징적인 표현인데, 그것은 매몰된 과거로 보인다.

[I 의 V] : 아련한 회상 속 '복동이와 수동이의 눈이…… 금송아지가 되기도 하고, 외발 달구지에 실려…… 금간 쇠방울 소리를 내며'는 시인의 무의식 속에서 부상하기도 하고, 침몰하기도 한다. 얼마나 아름다운 표현인가. 불가시(不可視)의 무의식 세계가 실재(實在)의 세계보다 놀라운 효과를 내고 있다.

[I 의 VI] : 땅거미가 지고, 뱃고동이 Vou하고 두 번 울고…… 애수의 파노라마가 펼쳐진다.

[I 의 VII] : '새장에 잡혀온 새'와 '입에 바람개비를 물고 달리는 아이'와 '산토끼 토끼야를 부르면서 사라지는 계집아이'가 모두 유년 시절의 벗들. 동화 속의 그리운 모습처럼 나타난다.

[I 의 VIII] : '손바닥에 고인 바다', '자라는 바다', '해바라기 한 송이가 덮는 바다'……여기의 바다는 삶의 표상일 수도 있고, 그리운 고향에 대한 향수일 수도 있을 것이다.

[I 의 IX] : '팔다리를 뽑힌 게'는 소설 ≪처용≫에도 나온다. 시인의 날카로운 촉수는 유년기의 미세한 흔적에도 불빛을 번쩍인다.

[I 의 X] : '우는 은종이의 천사', '아이를 낳으면서 우는 얼룩암소'…… 모두 상징적인 표현. 이 시인의 〈은종이〉이란 시에는 '책상을 넘기다 보니 은종이가 한 장 끼어 있었다'는 서브타이틀(Subtitle)이 있고, 이 '은종이'가 '활자 사이를 / 코끼리 한 마리 가고 있다'고 코키리로 상징된 것을 볼 수 있다. 색깔과 면적감에 의하여 코끼리가 되었을 것이다. 여기의 '천사 · 얼룩암소'는 모두 여성이다. 콤플렉스의 한 표현체가 아닐까.

[I 의 XI] : '울지 말자 / 산다화가 바다로 지고 있었다'가 주축. 앞의 '천사 · 얼룩암소'에 대한 정서적 처리인 듯하다.

[Ⅰ의 Ⅻ] : '흔들리는 장의자(長椅子)'는 소설 ≪처용≫에 원장 선생님의 남편이 앉은 의자에도 나온다. 여기서는 '무르팍의 피'가 주축. 고뇌와 방황, '녀석'에게 당했던 억울함…… 그런 회한과 감상이 짙게 풍긴다.

[Ⅰ의 ⅩⅢ] : 결사. 간결한 묘사 속에 '아프디아픈 새 발톱의 피'가 주축이다.

이 시는 우리나라의 현대시가 도달한 또 하나의 정상으로 보인다. 그 유려한 유년기의 세계가 참신한 기법을 힘입어 정교하고도 품위있게, 그러면서 발랄하게 펼쳐진 매혹적인 작품이다. 발상과 방법이 모두 새로우며, 회한 어린 향수와 어울려 현대의 신화를 창조하는 무늬를 수놓는다.

끝으로 본문에서는 전혀 비치지도 않는 '처용'이란 용어가 어째서 그의 시에서나 소설에서 제목으로 사용되었는가 하는 점이다. 설화의 '처용'은 용왕의 아들이다. 왕을 따라 서라벌에 왔지만 그의 고향은 바다이다. 그리고 그는 아내를 빼앗기고 춤추며 물러서는 관용과 미덕의 화신이 되며, 찬란한 신라 문화의 정화가 된다.

김춘수는 바닷가인 통영시 동호동이 그의 고향이요, 이 시의 배경이다. 그의 소설 ≪처용≫에 의하면, 그는 부유한 집의 아들이라는 조건 때문에 계속 외톨로 떨어지고 당하기만 해야 하였다. 할머니도 그에게는 에디푸스 콤플렉스(oedipus complex)의 대상이었고 자신의 깨끗한 옷차림과 할머니의 너무 크고 혈색이 좋았던 얼굴도 모두 동무들에게 미안하기만 했던 성장과정이었다.

요컨대 '처용'은 곧 시인 자신이다. 귀족적인 유년기부터 그는 억세고 악착한 세속과는 거리가 있었고, 결벽증만 자꾸 커 갔다. 고독에 싸인 자신의 표현이 곧 '처용'이었다. 김현은 그의 ≪처용의 시적 변용≫에서 김춘수가 만난 '처용'을 '순결이라는 윤리감정으로 채색한, 거세 콤플렉스의 한 표현체이다' (≪상상력과 인간≫ 172쪽)라고 하였다. 이러한 김춘수의 시적 공간은 지금까지 없었던 매우 독특하고 발전적인 테마라고 할 것이다.

토속적인 풍물과 정채(精彩)의 미학

— 박용래의 시세계

박용래(1925~1980) 시인은 충남 논산시 강경에서 태어나 강경상업학교를 졸업하고 조선은행의 행원으로 잠시 있었지만 일정하지 않은 여러 중학교에서 교편을 잡으면서 대전에서 살았던 시인이다.

1955년 ≪현대문학≫에서 「가을의 노래」, 다음해 「황토길」, 「땅」으로 박두진 선생의 3회 추천을 끝냈다. 추천 작품의 제재가 시사하고 있는 바와 같이 박용래의 시는 이후 전통 서정시의 '고유성의 재발견' 쪽으로 시인적인 결백성을 띠고 있었다. 한걸음 더 나아가 이미 사라져가는 농촌의 사물과 그 정한(情恨)에 애틋한 사랑을 쏟았다. 어찌보면 시대 역행의 미로(迷路)에 빠진 듯 외곬의 세계였다.

토속적인 소재는 외래 지향적 시운동에 대한 반동으로 일어난 일종의 자아회귀현상이라고 할 수도 있다. 향토적 특색은 흔히 지방색이라고 일컬어져 왔다.

이는 자생적(自生的) 기층문화(基層文化)에 뿌리박고 있으며, 토박이 의식이 짙게 나타나는 경향을 볼 수 있다.

토속적인 시는 오늘날 백석(白石)을 비롯하여 많은 시인들의 작품에서 본다. 생활터전을 농촌에 두었다 하더라도 시인들이 정신적 귀족이나 고고한 선비의 풍류에 두는 경우에는 사정이 많이 달라진다.

박용래의 시 제목들을 보면 그동안 잊혀졌던 농촌의 '소도구'가 쏟아져 나온다.

'싸락눈, 강아지풀, 감새, 첫눈, 버드나무, 길, 건들 장마, 풀꽃, 구절초, 제비꽃, 얼레빗, 참빗, 콩밭머리, 진눈깨비, 참매미, 쇠죽가마, 상치꽃, 아욱꽃, 손거울, 창포, 시락줄, 솔개 그림자, 엉겅퀴, 고추잠자리, 저녁눈, 장갑, 두멧집' 등이 그것이다. 만일 시의 본문까지 살펴본다면 박용래의 시세계는 특이한 시어들이 훨씬 많을 것이다.

박용래는 이와 같은 사물과 한국적 서정을 바탕에 깔고 소묘적인 시를 썼지만, 그의 문학적 성과가 집약된 것은 그의 단형(短形)이라고 할 수 있을 것이다. 시는 역시 방법론적 표현미에 강한 것임을 박용래는 다시 한 번 확인시켜 준 셈이다.

중국의 오언절구(五言絶句)나 일본의 하이쿠(俳句)처럼 그는 응축과 생략법을 대담하게 구사함으로써 산문적인 유혹에 이끌리는 시단에 충격을 던진다. 그것은 서정시의 본질을 일깨우는 것이기도 했다. 뿐만 아니라 「호박잎에 모이는 빗소리」 등 일련의 산문에서도 시화(詩化)해서 쓸 정도로 철저한 미의식과 운문적 기질에 자신을 국한시켰다.

말하자면 박용래는 오늘의 문명사회에서 버림받고 아무도 돌아보지 않는 전근대적 농촌으로 파고 들어가 '단형의 서정시'를 성취시킴으로써, 오히려 현대의 물량사회에서 구원을 얻는 것이다. 가장 지방적인 것이 세계성으로 통하며, 가장 개성적인 것이 보편성으로 통하는 길인 것이다. 말쑥한 향토미(鄉土美), 간결한 언어가 보이는 한국적 서정시의 정채(精彩)였다.

또한 박용래 시인은 시인적 기질에 있어서도 남다른 화제를 많이 남겼던 시인일 것이다. 한 직장에 오래 안주할 수 없었다든지, '눈물의 시인'이니 '황색(黃色)의 시인'으로 불리운 것은 그 단적인 예이다.

따님 박연(朴燕)은 「아버지는 오십 먹은 소년」이라는 글에서 "아버지의 삶, 그 삶은 시를 위해 모든 것을 거의 포기하다시피 한 삶이었고, 여러 면에서도 너무 견디기 힘든 고뇌의 날들이었다. 그렇기 때문에 아버지께서는 셀 수 없는 많은 밤을 술과 눈물로 지새워야 하셨으리라"고 회상한다.

'눈물의 시인'으로 그의 심성을 흔들어 놓은 것은 '홍래(鴻來) 누님'의 비극일 것이다. 박용래는 그 누님에게서 시적인 모티브를 얻고 있었으며, 인간적 깊은 상처를 안고 있었다. '홍래 누님'은 열 살 이상이나 터울되는 사이였으나 막내둥이로 태어난 시인에게는 오히려 더 많은 유년기의 추억과 애정이 깊었다.

그러나 그 누님은 중학교 2학년 때, 금강 건너로 시집가서 초산의 산고로 이승을 떠나고 말았던 것이다.

늦은 저녁 때 오는 눈발은 말집 호롱불 밑에 붐비다
늦은 저녁 때 오는 눈발은 조랑말 발굽 밑에 붐비다
늦은 저녁 때 오는 눈발은 여물 써는 소리에 붐비다
늦은 저녁 때 오는 눈발은 변두리 빈터만 다니며 붐비다

—「저녁눈」 전문

「저녁눈」은 현대시학사 제정 제1회 작품상 수상작품이다.

이 4행시가 주는 감동은 우선 '붐비다'라는 형용사가 주는 매력일 것이다. 순수 국어인데다가 글에서 별로 쓰이지 않는 신선한 '새말'이라고 할 수 있는데, 그것이 네 번이나 반복됨으로써 충격적 효과를 나타내고 있다.

'늦은 저녁 때 오는 눈발은' 도 앞부분에서 역시 네 번 반복되고 있다. 좀 치렁거리는 반복이고 지루한 느낌을 주는 것이 사실이다. 그러나 그 끝에 '붐비다'가 따라붙음으로써만이 그것은 끈의 근원적 힘처럼 지탱된다. 이는 순전히 '붐비다'를 활용하기 위해서 넣은 것이라 해도 과언이 아닐 것이다.

하나의 개성으로 나타난 최초의 작품이 「저녁눈」이라 할 수 있다. 박용래는 더욱 금욕적이라 할 만큼 단형을 추구해 간다. 일체의 설명이 배제된 반복과 병렬의 극치로 나아간다. 그래서 그의 시는 '민요적 구조'의 형식을 취하고 있는 것으로 보는 이도 있었다.

다음으로는 '말집 호롱불, 조랑말 발굽, 여물 써는 소리, 변두리 빈터' 등의 사물과 공간이다. 박용래 선대 가향(家鄕)은 부여이지만, 그가 출생하고 성장한 곳은 이웃 고을인 논산시 강경이었다. 강경은 식민지시대 때 금강 수운과 함께 상업도시로 번영을 누린 곳이다. 이때 중요한 수송 역할을 담당하고 있는 것이 몸체가 작은 조랑말들이었다. 「저녁눈」의 소재는 그의 성장지에서 얻어진 것들로 보인다. 전체적으로 이 시는 80자 안팎의 좀 길게 늘어진 4행시이다. 조금은 치렁거리는 긴 시행을 붐비는 눈발과의 역동적 구조를 성립시킨다. 설명이 배제된 자체로만 노래하고 있는 것이다.

> 나의 산실(産室)은 좁다. 처음과 끝이 항상 상극을 벌리고 있다. 나의 시는 가짜일까. 이 가짜를 위해 20여 년이나 괴로워 했을까. 머리는 희끗희끗, 먼 산이 보인다. 정말 진짜 시를 쓰고 싶다.
>
> —「나의 시, 나의 메모」에서

시의 외곬, 시의 몇 구절에 생을 걸었던 것이 박용래의 시세계였다.

정련(精鍊)과 노작(勞作)의 예각을 건너 예술의식에 투철한 삶이기도 했다. 그의 시비(詩碑)가 대전 보문산 사정공원에 세워져 있다.

—「문학의 집 · 서울」(제72호, 2007)

신동엽 시정신의 파노라마

— 40주기를 맞아 다시 보는 민족시인의 위상

1. 살아있는 신동엽 시비(詩碑)

그동안 적지 않은 시비가 세워졌고 또 세워지고 있지만, 시비가 가지는 의미는 과연 무엇일까? 흔히 정서적 함양이라든가 문학예술의 이해 보급을 들 수 있겠지만, 그것이 비석이고 보면 시인에 대한 가치적 인식이 크게 뒷받침된 것으로 보아야 할 것이다.

지금까지 내가 직접 관여한 시비 건립은 우리 고장에서 모두 5기가 될 것이다. 신동엽(부여, 1970), 박용래(대전 보문산, 1984), 김관식(대전 보문산, 1992), 정한모(부여, 1997), 신석초(서천, 2000) 등이 그것이다. 이들은 모두 문단과 지역사회의 모금에 의해서 건립되었고, 대개 2년 또는 3년이 걸리곤 했다.

박용래 시비는 대전에서는 최초의 시비였는데, 장소허가 관계로 가장 오래 지체되기도 했다.

신동엽 시비는 너무 가난한 시대의 건립이었다. 당시 ≪현대문학≫에 모금창구를 열어 기금을 모았고, 향년 39세에 간암으로 요절한(1969. 4. 7.) 1주기에 맞추어 급히 진행됨으로써 이래저래 예산은 많지 않았던 것으로 기억한다.

그러나 당시에는 너무도 희소가치가 높은 '시비 건립'이었지만 많은 사람이 관심을 두는 것 같지 않았다. 지금 보아도 너무 초라한 느낌을 주는 것은 이런 사정이 있었기 때문이다.

시비건립추진위원장은 구상 시인이었지만 문단 쪽에서 이 일의 중심은 장호, 실무에는 노문이 활동했다. 그리고 지역에서는 이석호(부여문화원장), 조남익(충남문협 사무국장)이 뒷받침하고 있었다. 시비의 현장 지휘는 이석호였고 나는 지역 문우들의 성금을 모아 전달하기도 했다.

그러나 시급한 것은 신동엽 시인의 작품론이라 할 수 있었다. 신동엽은 조선일보 신춘문예에서 장시 「이야기하는 쟁기꾼의 대지」가 석림(石林)이라는 필명으로 입선한 이후 실제 문단활동은 10여 년에 지나지 않았다.

그는 '준비된 시인'이라 할 수 있다. 시론 「시인정신론」, 시집 『아사녀』, 서사시 「금강」 등을 잇달아 발표하면서 주목을 받는다. 그러나 그에 관한 본격적인 시인론은 아직 초창기 수준이었다.

나는 ≪충남문학≫창간호(1970. 2. 25)를 편집하면서 「신동엽론」(조남익)과 「신동엽의 인간과 문학」(이석호)를 발표할 수 있었는데, 이는 시비 건립의 측면을 고려한 것이었다. 나의 「신동엽론」은 구중서, 강형철 편 『민족시인 신동엽』에 수록되어 있지만, 지금 읽어보아도 서둘러 쓴 면을 숨기기 어렵다. 「신동엽론」은 서두에 "그가 허무하게도 간장암으로 쓰러져 그의 '민족의 하늘'로 영면하였을 때, 그를 아끼는 시단의 충격은 컸다."고 전제, "그의 작품은 그가 어두운 시대를 살아온 의지와 정신력의 야경적(夜警的) 기록으로서 조국에 빈처진 퍽 유용한 정신문화의 소산이라는 점이다. 앞으로 그에 대한 종합적이고도 정당한 평가 작업은 완성되어야 하겠다."라는 것을 밝혔다.

문예지가 귀한 시대에 나의 「신동엽론」은 추진위원장은 물론 문우들, 유족으로부터 즉각적인 반응을 접할 수 있었다. 시비에 따르는 가치론의 중심이랄 수 있었다.

제막식 날에 나는 고인의 부친 신연순 씨, 소복한 부인 인병선 여사 등 유족을 만날 수 있었다.

"죽은 아들을 사회에서 이렇게 재생시켜 주시니 이런 고마울 데가 어디 있겠소. 나는 아침, 저녁으로 시비를 찾아가서 아들을 만날 수 있게 되었소. 참으로 고맙기 그지없소."

부친의 말씀이었다. 시비는 건립하는 것도 중요하지만 관리하는 일도 그에 못지않게 중요하다. 신연순 씨는 사시는 곳에서 멀지 않은 곳에 위치한 시비를 매일 둘러보며 관리하다가 작고하셨다. 언제 가 보아도 정결하게 관리되어 시비를 찾는 이들을 맞이한 것은 그 분의 덕택이다.

시비에 새겨진 시 「산에 언덕에」는 중학교 국어교과서에 수록된다(1989). 참고로 제막식 「식순」과 「시비건립문」을 보이면 다음과 같다. 벌써 39년 전의 일이다.

제막식

때 : 1970. 4. 18 14시
곳 : 부여읍 나성지

〈식순〉

1. 개식	사회 최일남(崔一男)
2. 식사	구상(具常)
3. 경과보고	노문(盧文)
4. 약력보고	이석호(李夕湖)
5. 제막	

6. 추도묵념
7. 헌화　　장호(章湖)
8. 건립문 낭독　　하근찬(河瑾燦)
9. 시비명 낭독　　박봉우(朴鳳宇)
10. 추도시 낭독　　신동문(辛東門)
11. 추도사　　김동리(金東里) 전준기(田俊淇) 홍사준(洪思俊) 조남익(趙南翼)
12. 합창　　부여여고 합창반
13. 분양
14. 폐식

제막식 안내장에는 '추도사'에 4명이 배정되어 있었지만 전준기(부여군수), 홍사준(부여박물관장) 두 분은 참석하지 않은 것으로 기억한다. 당시 일부에서는 신동엽의 사상적 문제가 암암리에 깔려 있었다고 보아야 한다.

전준기, 홍사준은 모두 향리의 중심적 위치의 분들이다. 특히 홍사준은 향토사학자로서 명성이 있었다.

제막식에는 서울에서 많은 문인들이 내려왔다. 구상 위원장은 참석하지 못하고 박두진 선생이 오셨다. 대전에서는 권선근, 박용래, 최원규, 최문휘 등이 참석했다.

시비건립문은 다음과 같다.

시비건립문 (詩碑建立文)

우리 강토와 겨레의 쓰라린 역사와 욕된 현실 속에서 민족의 비원을 노래한 시인 신동엽은 1930년 8월 18일 부여고을 동남마을에서 태어났다. 그는 전주사범과 서울 단국대학에서 수학하고 충남 주산농고와 서울 명성여고 등에서 교편을 잡으면서 일생을 시작에 전념하였다. 1959년 장시 「이야기하는 쟁기꾼의 대지」로 조선일보 신춘문예에 입선한 그는 시집 『아사녀』, 서사시 「금강」을 비롯해 수많은 역작을 발표함으로써 우리 시단의 주목과 기대를 한몸에 받았으나 신병으로 인하여 1969년 4월 7일 서른아홉의 푸른 나이로 이승을 떠나고 말았다. 그의 시와 인간을 사랑하던 문단, 동문, 동향의 친지와 그의 훈도를 받던 제자들이 1주기에 추모의 정을 금할 바 없어 돌 하나를 다듬어 그의 시 한 편을 새겨 그가 나서 자란 이 백마강 기슭에 세운다.

1970년 4월 7일

신동엽시비건립위원회 위원장 구 상(具常)

서두에서 말한 바와 같이 시비는 시인에 대한 평가적 인식에 더 많은 뜻이 있을 것이다. 시인의 생전 명성에 따라 시비의 성과도 다를 수 있다. 그러나 시비는 원칙적으로 한계가 있는 정적인 존재이고, 대개는 '잠자는 시비'를 크게 벗어나지 못한다고 볼 것이다.

소월시비, 청마시비, 지용시비 등도 어떤 기념비적인 요소를 크게 벗어날 수 없다고 본다.

신동엽 시비도 처음에는 신동엽을 기념하려는 의미에서 출발했을 것이다. 그러나 신동엽 시비는 다른 시비에서는 거의 볼 수 없는 독특한 형태로 40주기를 맞았다. 말하자면, 민족시의 일급 진원지로서, 이 시대 한 저항의 생명력을 고무하며 '살아있는 시비'로 숨 쉰다. 민족분단의 현실에 대한 끊임없는 자성과 저항의 작용이 거기 있었다.

신동엽 시비의 이런 특성을 제막식 당일 오후 5시에 부여읍 예식장에서 신동엽추모문학강연회에서부터 시작된다. 신동엽은 작고하였지만 그의 시정신의 이슈는 여전히 시대정신을 타격하는 것이다.

이 문학강연회는 신동한 문학평론가의 사회로 진행되었다. 박두진의 「치열한 상황인식의 문학」, 임중빈의 「서사시 '금강'에서 보는 '하늘'의 의미」 등 발제 문맥을 보아도 알 수 있다. 유신헌법 등 반공이데올로기가 기승을 부리는 때였다. 창작과 비평사의 『신동엽 전집』

(1975)은 책 내용이 긴급조치 9호 위반이라는 이유로 당국에 의해 판매 금지가 된다.

신동엽은 갔지만 시비와 신동엽을 둘러싼 주요사항을 정리하면 다음과 같다. '살아있는 시비'의 일지라고 할 수도 있을 것이다.

1) 1979년 3월, 시선집 『누가 하늘을 보았다 하는가』가 창작과 비평사에서 간행되고 서울 YWCA에서 출판기념회를 겸한 10주기 행사.

2) 1982년 12월, 유족과 창작과 비평사 공동으로 '신동엽 창작기금'을 제정하고 지원대상자로 소설가 이문구 씨 선정.

3) 1984년 4월 7일, 시인의 15주기를 맞아 문인 60여 명이 그의 시비를 찾아 추모행사.(창작과 비평사 주관.) 이때 참여한 주요 문인은 다음과 같다.(부여문화원 보관 명단에 의함.)

김규동 김병걸 성내운 고　은 이호철 신경림 백낙청 구중서 송기숙
조재훈 염무웅 한승원 김종철 정희성 최원식 박태순 이형기 김성동
송기원 이시영 천승세 채광석 정규화 민　영 김정환 조태일 이운룡
현재훈 정해렴 이문구

4) 1989년 4월 6일, 20주기 추모의 밤이 서울 혜화동 로터리 예술마당 금강에서 개최됨. 초청인은 예술마당 금강 대표 인병선.

5) 1989년 4월 9일, 문인 30명이 창작과 비평사의 주관으로 부여의 시비와 생가를 찾아 추모행사. 김이구의 「부여를 다녀와서」(민족예술 제2호, 1989. 5. 1)에 의하면 신동엽의 부친 신연순 옹이 96세로 방문객을 맞았다고 함.

6) 1993년 11월 20일, 경기도 파주군 월롱산 기슭에 있던 고인의 묘소를 부여읍 능산리 왕릉의 남쪽 산으로 이장.

7) 1998년 4월 7일, 시인의 29주기 추모제가 부여문화원에서 개최됨. 추진위원장 황금성. 특강 조남익.

8) 1999년 3월 26일－4월 4일. 신동엽 30주기 기념문학제가 대산문화재단, 한국작가회의 주최로 시행됨. 신동엽 문학심포지엄(서울), 『민족시인 신동엽』 발간 출판기념회(부여), 30주기 기념문학의 밤(부여), 제1회 민족시의 현장 기행(부여, 금강 일원).

9) 2003년 3월, 유족이 생가를 부여군에 기증. 또한 10월 20일, 정부로부터 은관문화훈장 추서.

10) 2005년, 문화관광부로부터 4월의 문화인물로 선정되어 추모제, 문학의 밤, 시극 공연, 문학기행, 백일장, 문화도록 발간 등 기념행사(주최 부여군, 주관 부여문화원, 후원 문화관광부, 충청남도, 한국 작가회의)

11) 2009년 4월 11일-30일, 신동엽 시인 40주기 기념행사가 주최 부여군, 주관 부여문화원, 후원 충청남도, 한국작가회의로 시행됨. 추모제(장소 시비), 문학의 밤(강형철, 안현미, 조재도, 도종환, 손세리아 시인과 가수 김원중 등이 공연). 문학기행, 백일장, 시낭송의 밤, 시걸기 운동(공공장소에 100여 점), 신동엽 흉상건립 모금운동(신동엽 문학관 준공식과 함께 제막 예정) 등 추진.

이상은 자료가 확보된 것에 한하여 간추려 본 것이다. 실제로는 이보다 훨씬 많은 행사가 매년 있었다. 부여군, 부여문화원 등 지역사회의 전폭적인 지지 성원과 창작과 비평사, 한국작가회의 등의 선도적인 견인 역할을 눈여겨보게 한다.

2. 부여, 그 땅의 한(恨)을 찾아서

신동엽은 1930년 8월 18일 충남 부여군 부여읍 동남리 294번지에서 부친 신연순과 모친 김영희 사이에서 출생한다. 지금은 주택과 건물 등에 가려 그의 생가에서 백마강이 보이지는 않지만, 그가 태어나고 성장할 때에는 백사장과 백마강이 넓은 운동장처럼 한눈에 들어왔을 것이다. 그의 환경요인이 거기 있었다. 그의 역사의식이나 민족시로의 성취는 시인의 성장배경과 관련이 없을 수 없다.

민족시란 어떤 것일까? "민족시란 당대의 민족적 삶이 직면하고 있는 모순과 부조리를 누구보다도 재빨리 간파하고, 거기에 맞서 저항하고 극복해가려는 저항의지를 가진 시작품이다."[5]라고 정의한다.

---

5) 이동순 『민족시의 정신사』(창작과 비평사 1996) 3쪽.

이런 특성으로 민족시는 당대의 체제에 저항하게 되며, 현실주의, 역사주의 혹은 리얼리즘의 구체성을 띤 형태로 나타난다. 우리의 민족시는 근대문학 계몽기의 저항시, 일제강점기의 가요시 등에서 찾을 수 있고, 현대시에서는 백석의 모국어정신, 윤동주의 시를 새롭게 읽으려는 연구가 있다.

신동엽은 처음부터 '민족공동의 노래'라는 대명제가 있었고, 시인의 사명에 부끄럽지 않은 시를 쓰고자 했다. 그는 시단을 ① 향토시의 촌락, ② 현대감각파, ③ 언어세공파, ④ 시민시인, ⑤ 저항파로 분류하고 다음과 결론을 제시한다.

> 오늘의 시인(詩人)들은 정치는 정치전문기능자에게, 종교는 종교전문인 목사에게, 사상은 직업교수에게 위임해 버리고 자기들은 단어상자나 쏟아놓고 원고지 앞에 앉아 안이한 삼류서정쯤 노닥거리면 된다고 생각하고 있는 것이다. 민중 속으로 흙탕물을 마시고, 민중 속에서 서러움을 숨쉬고 민중 속에서 민중의 열정과 지성을 직조(織造), 구제할 수 있는 민족의 예언자, 백성의 시인 정치브로커, 농간자, 부패문화 배설자들에 배신하여 조국 심성(心性)의 본질적 전열에 나서 차근차근한 발언을 해야 할 시기가 이미 오래 전부터 우리 앞에 익어 있었던 것이다.
>
> — 신동엽 「60년대 시단의 분포도」(밑줄 필자)[6]

신동엽의 이런 논조는 문학성과 예술성을 지향하는 현대시의 반대급부를 예리하게 자극하는 발언이다. 시단에 참신한 견해일 수도 있겠지만, 공허한 메아리의 철학으로 일소에 붙일 수 있는 내용이기도 했을 것이다.

흔히 신동엽을 김수영과 함께 거론하는 경우가 있지만, 두 시인은 많

6) 『신동엽 전집』(창작과 비평사 1985) 379~380쪽.

이 다른 편이다. 김수영은 새롭게 풍미한 50년대 모더니즘의 방향에서 현대감각파와 시민시인의 쪽이었지만, 신동엽은 민중인식과 역사발견의 수평으로 나아갔다.

신동엽은 모더니즘 기법보다는 전통적 민요조에 의존했고, '하늘'에 대한 갈망을 보인다. 김수영과 신동엽이 현실에 대한 주체적인 대응능력을 모색하는 현실지향성이 강한 것은 일치하지만, 민족적 삶에 대한 인식의 폭과 입장은 차이가 있었다.

시인은 만들어지는 것이 아니라 태어나는 것이라고 한다면, 신동엽은 부여가 낳은 시인이다. 그는 가난한 농민의 아들이었고 썩고 썩은 옛 백제의 씨와 알맹이를 먹으며 자란 사나이였다. 신비로운 감성이 풍요한 땅, 멸망당한 나라의 혼이 그를 키웠다.

부소산성에 올라 감돌아 흐르는 백마강을 보면 천고의 비밀을 안고 유유히 흐르는 물결이 천혜의 경관을 이루고 있다. 천삼백 년 전 낙화암에서 망국의 통한을 품은 3천 궁녀가 강에 몸을 던져 죽었고, 지금도 그 넋을 건진다는 천도재(薦度齋)가 열린다는 것을 누가 상상할 수 있으랴. 일찍이 문일평은 부여를 가리켜 "시(詩)의 도(都)요 몽환(夢幻)의 도(都)"라고 했다.

그러나 부여는 우리의 역사에서 최초로 동북아시아가 국제적으로 각축전을 벌인 곳이고, 세계사에서도 드문 처참한 패망의 역사가 땅속 깊이 잠긴 곳이다.

부여는 처음 공주를 방패막이로 하고 강에 둘러싸여 있어 방어하기 좋은 요충지로 보고 성왕의 사비 천도가 단행된 것이다. 고구려의 남진 정책에 밀려 북쪽을 고려한 천도였을 것이다. 공주는 사방이 산으로 둘러싸여 있어 방어에는 유리한 점이 있었으나 수도가 들어서기에는 너무 협소했다.

사비도성은 큰 들녘의 한복판에 위치하고 있으나 한성과 같이 천연적인 요새는 아니었다. 사비도성은 집중도가 결핍되어 결국 백제멸망의 한 원인이 되었다고 본 이는 조선 후기의 정다산이었다.

서기 660년 당과 신라는 부여의 북쪽이 아닌 동남방향에서 수륙으로 침입한다. 신라는 5만 군을 이끌고 이미 탄현을 지나 황산벌에 이른다. 당장 소정방의 13만 대군은 백강구의 지벌포에 이르러 수리에 뻗친 강안의 진창에 빠져 버드나무를 베어 깔면서 진군했다. 백제 수군은 이같은 당군을 공격하지 않고 강을 지키고, 육군은 안상(岸上)에 진치고 기다리고 있었던 것이다. 당군은 백제의 수군을 격파하고 안상에 오르게 되었고 백제의 의직은 전사하기에 이른다.

7월 12일, 나당연합군은 백제의 심장부인 사비도성을 공격한다. 왕도는 왕성과 왕성을 둘러싼 나성으로 이루어져 있다. 부소산성에서는 망루지가 발굴되었는데, 이는 공주에서 강을 따라 내려올지도 모르는 적을 감시하기 위한 시설로 보인다. 당시 말도 통하지 않는 국제전에서 완전히 전의를 상실한 의자왕은 북쪽 공주로 피신했다가 항복하게 된다.

백제는 그 뒤 3년간 더 저항하면서 꿈틀거린다. 일본은 광복군을 돕기 위해 육군 2만 7천 명과 수군 1만 명 등 모두 3만 7천 명에 달하는 대군을 보냈다. 그러나 왜군은 백강 하구에서 신라와 당의 연합군에 포착되어 네 차례의 접전 끝에 섬멸된다. 불에 탄 왜선 4백 척에서 나는 불꽃과 연기는 하늘과 바닷물을 붉게 물들였다고 사서에 기록되어 있다. 마침내 주류성이 떨어지니 광복운동은 막을 내리게 된다.

백제의 멸망은 한 왕조의 운명을 넘어 현대사에까지 후유증이 심각하다는 데에 문제가 있다. 외세를 빌어다가 고구려까지 멸망시킨 삼국통일, 약 20만 명으로 추산되는 일본열도로 망명한 백제유민들, 그들은 야마토 정권의 요직에서 활약하게 된다. 그들은 이미 조국이나 민족을 등지게 되어 있었다.

국명을 왜에서 일본으로 바꾸고 새로운 나라를 건국하였으며 670년 일본 정사인 『고사기』(712년) 『일본서기』(720년)를 저술하게 된다. 주지하는 바와 같이 『일본서기』에는 백제관계기사가 80여 개 조에 이르고 있어 우리의 『삼국사기』(1145년)보다 풍부한 사료를 전한다. 그러나 고도의 정치성을 띠고 있는 『일본서기』는 왜곡된 많은 문제점들이 내포된 채 현재에 이른다. 백제 멸망이 한 왕조의 운명만이 아니라 민족의 장구한 미래에까지 심각한 후유증을 끼치고 있는 것이다. 민족의 비애가 아픈 생살처럼 떨며 거기 숨어 있다.

신동엽은 1958년 장시 「이야기하는 쟁기꾼의 대지」에 몰두하여 조선일보 신춘문예에 응모한다. 다음 해 벽두 입선하면서 문단에 데뷔한다. 그가 문단에 데뷔한 것은 하나의 사건이라고 할 수 있었다. 신춘문예의 심사평이 이를 드러낸다. 먼저 예심을 한 박봉우의 평이다.

> 1959년, 조선일보 신춘문예에서 나는 예심을 보았다. 그때 시에서 응모작품 천여 편을 전부 넘기면서 백 편만 엄선해달라고 했다.
>
> 나는 혼자 3, 4일 동안을 엄선, 또 엄선하여 좋은 시를 위하여 몰두하였다. 그리고 기쁨을 참을 수 없었다. 그것은 무릎을 치고 싶도록 좋은 시를 발견하였기 때문이었다. 그것이 바로 신동엽의 장시 「이야기하는 쟁기꾼의 大地」다. 그 당시 문화부에서 문화면을 맡고 있던 평론가인 C씨는 예선결과를 물었고 그때 나는 서슴지 않고 '좋은 장시가 들어 왔는데요.' 하고 흥분하였다.[7]

7) 문화관광부 『4월 신동엽』(집필 강형철 2005) 재인용 9~10쪽.

신춘문예 심사위원인 양주동의 심사평은 좀 더 구체적 표현을 하고 있다. 서화(序話)에서 시작하여 제1화~제7화까지 이어지고 다시 후화(後話)로 매듭을 짓고 있는 이 장시는 일정한 스토리가 있는 것은 아니고 신동엽의 역사의식에 있어 총론적인 상황인식을 보인다.

장구한 인류역사와 대지의 순환, 인간정신의 파노라마가 펼쳐지며 뜨거운 사랑의 터치가 있다. 양주동의 심사평을 보기로 한다.

> 石林의 장시 「이야기하는 쟁기꾼의 大地」가 약간 선자를 놀래었다. 대단한 요설, 줄기찬 행진, 너무 얌전한 소리와 잔재주의 단장에 물린 시단은 이런 거칠은 호흡과 굽이치는 長江을 기다리기도 하였겠다. 용어도 꽤 새롭고 가다간 무던한 경구도 금방 튀어나오고 무엇보다도 그 연줄을 감았다 풀었다 하는 시법 시나리오적 구성이 좋았다. 단 그 후화가 완전히 무력한 것은 기술적인 실수라기보다 차라리 근본적으로 작자의 수련한 사상이 아직 덜 익어 혼돈한 때문이리라.[8)]

그러나 이 시는 당선작으로 뽑히지 못한다. 가작으로 결정되어 40여 행을 삭제당하고 표현도 뒤바뀌는 곳이 생긴다. 정치적 상황의 제약뿐만 아니라 문화적 경직성이 함께 작용한 것이다. 신동엽은 부여생활을 정리하고 서울로 올라와 본격적인 문학활동을 하게 된다.

데뷔 이후 첫 발표 작품 「진달래 산천」(조선일보, 1959. 3. 24)부터 사상의 불온성 문제에 시달린다. 시에 등장하는 "기다림에 지친 사람들은 /산으로 갔어요 /뼛섬은 썩어 /꽃죽 널리도록"(4연)이 빨치산을 지칭한 것이 아니냐는 것이다. 이때는 국가보안법 개헌안이 통과되고 진보당 조봉암의 사형이 집행된 때였다.

---

8) 문화관광부 『4월 신동엽』(집필 강형철 2005) 재인용 9쪽.

3. 서사시 「금강」의 정체성 분석

서사시 「금강」은 내용으로 보나 규모로 보나 신동엽 문학의 정체성이 집약되어 있다고 볼 수 있다. 또한 그의 시에 대한 일부의 비평적 논란도 모두 여기에 있음을 주목할 필요가 있다.

「금강」은 서화와 후화가 앞뒤로 달려있는 전 26장으로 4천8백 행에 이른다고 한다. 이런 구성은 데뷔작 「이야기하는 쟁기꾼의 大地」와 비슷하다. 데뷔작은 산문율이 많이 들어와 치렁거리는 리듬을 구사하며 내용도 추상적 표현이 많이 보인다.

그러나 「금강」은 호흡이 짧고 간결하며 서정적 표현이 원용되어 있다. 갑오농민전쟁이라는 역사적 사건을 배경으로 하면서도 사건을 일직선상으로 이끌지 않는다. 현재의 시점에서 과거를 조응하며 상당 부분이 시인의 주관적 점화가 빛을 낸다. 서사시하면 「국경의 밤」, 「용비어천가」 등에서 볼 수 있는 것처럼 스토리가 중심이었지만, 「금강」에 이르면 "그의 감정을 표현하는데 필요한 만큼만 이야기되어 있다."(김우창)고 본다.

신동엽이 사학을 전공하였으면서도 문학의 길을 택한 것은 당대 사회에 대한 고민의 탈출구를 문학에서 찾았다는 뜻이 된다. 그의 문학적 상상력은 이미 민중과 역사가 함께 있는 대지의 고향에 뿌리를 내리고 있었다.

이 서사시에 등장하는 인물은 다섯이다. 동학 창시자 수운(水雲) 최제우(崔濟愚), 제2대 교주 해월(海月) 최시형(崔時亨), 출생의 비밀을 알지 못하는 부여의 신(申)하늬, 궁에서 도망쳐 나와 북한산에서 만난 궁녀 인(印)진아, 혁명아 전봉준이다. 신하늬와 인진아는 허구적 인물인 주인공이고, 수운, 해월, 전봉준은 모두 역사적 실제 인물들이다.

이 작품은 기승전결에 의하여 4단락의 구성으로 파악할 수 있다. 이 단락에 의해 내용을 정리해보면 다음과 같다.

① 영원의 하늘을 본 동학교주의 등장(서화~제7장)

시의 첫머리 「서화」에서는 누나와 작중 화자인 내가 잠깐 나오지만 곧 이 시의 주제로 옮겨간다. 민중의 힘이 용솟음친 4월 혁명과 3.1운동, 그리고 동학농민봉기가 '영원의 얼굴'로 예찬된다.

"우리는 하늘을 봤다/ 1960년 4월/ 역사를 짓눌던, 검은 구름짱을 찢고/ 영원의 하늘을 보았다 // 잠깐 빛났던/ 당신의 얼굴은/ 우리들의 깊은 가슴이었다"(서화.2)

제1장에서는 진주의 농민반란, 문경의 농민군 관아 습격 등의 농민 저항이 나오고, 제2장에서는 수운의 시천주(侍天主)의 사상을 핵심으로 한 인내천(人乃天)의 교리 완성을 "1860년 4월 5일/ 기름 흐르는 신록의 감나무 그늘 아래서/ 수운은/ 하늘을 봤다/ 바위 찍은 감격, 영원의/ 빛나는 하늘"로 노래한다.

그리고 작중 화자인 나도 "어느 해/ 여름 금강변을 소요한다/ 나는 하늘을 봤다"(제3장)고 깨달음을 노래한다. 그러나 수운의 처형, 저서 2권(제4장), 이어 지주도 없고, 관리도 은행주도 특권층도 없는 영원의 세계인 '무정부 마을'을 예찬한다(제6장). 그러면서 "그 지루한/ 30년, 50년을/ 굶주려본 사람은/ 알리라"(제7장)고 절규한다.

신라 왕실이
백제, 고구려 칠 때
당나라 군사를 모셔왔지.

옛날 사람 욕할 건 없다.
우리들은 끄떡하면 외세를
모시고 들어오지.
8 · 15후, 우리의 땅은
디딜 곳 하나 없이
지렁이 문자로 가득하다.
모화관에서 개성 사이의 행길에 끌려나와
청나라 깃발 흔들던 눈먼 조상들처럼,

오늘은 또, 화창한 코스모스 길
아스팔트에 몰려나와,
불쌍한 장님들은, 대중도 없이 서양깃발만
흔들어댄다.

―「제6장」

외세배격의 선명한 뜻을 보이는 곳이다. '지렁이 문자' '눈먼 조상들' '서양깃발' 등 외세배격이 '신라왕실'로부터 현재까지 이어지고 있다. 이는 동학혁명이 탐관오리의 징토와 함께 내건 척왜양창의(斥倭洋倡義), 또는 제폭구민(除暴救民) 진멸권귀(盡滅權貴), 축멸왜이(逐滅倭夷)의 기치였음을 유념할 필요가 있다. 조선왕조를 농민의 피를 빠는 낙지, 거머리, 빈대(제6장) 등의 신랄한 비유를 보이기도 한다.

② 신하늬와 인진아의 사랑과 해월의 순교(제8장~제12장)

신하늬는 사실상 지은이의 분신이다. 3세 때 김진사댁 마당에 버려진 아이를 그 집 머슴 돌쇠가 주워다 길렀는데, 부소산 너머 조할머니의 양육을 받는다. 조할머니의 남편은 애매한 역모죄로 몰려 귀양가 죽었다.

하늬는 조할머니로부터 한서, 불경 등을 익힐 수 있었다. 신하늬의 출생의 비밀은 유구한 백제 멸망의 역사와 그 신비로운 토양에 떨어진

한 씨앗으로 설정된 듯이 보인다.

하늬는 25세에 결혼했지만 아내가 김진사와 간통한 과거가 있음을 알았고, 아내는 마침내 강에 몸을 던져 자살한다. 그는 북한산 자락에서 궁을 도망쳐 나온 궁녀 인진아와 운명처럼 만나 부부가 된다. 그녀의 고향은 황해도 해주, 그녀의 아버지는 경복궁 개축 공사장 부역에서 죽었다. 상민 중에서도 가장 밑바닥의 상민 출신이 하늬와 진아이다.

그들은 "우수운 인연이로군요/ 고구려의 밭/백제의 씨"(제11장)로 망한 나라의 남녀결합으로 묘사된다.

1854년 전봉준은 고부땅에서 태어난다(제12장). 그는 동학에 입도하고 해월을 만난다. 그러나 해월은 서울 광희문밖 형장의 교수대에서 수운에 이어 순교한다.

> 석양.
> 가랑잎 위에서, 둘의 알몸뚱이는
> 꽃뱀처럼 얽혀 빠알갛게 익어가고
> 있었다,
>
> 가을의,
> 바람과 햇빛과 산 속의
> 정기를 빨아들이면서, 둘의 피는
> 음악처럼 굽이쳐 흘러가고
> 있었다.
>
> 이때
> 설악산
> 양양골에선
> 해월이 양지밭에 앉아
> 짚신을 삼고 있었지.

— 「제11장」

하늬와 진아의 진한 사랑이 표출된 부분이다. 거대한 역사의 폭풍이 불어오고 있는 시대를 배경으로 야외의 남녀 정사가 극적으로 펼쳐지고 있다.

③ 전봉준의 동학혁명군 드디어 봉기하다(제13장~제19장)

전봉준은 뜻밖에 아내의 죽음을 맞는다. 그의 집에는 손화중을 비롯한 동학접주들의 출입이 잦았다. 충청도 사람 신하늬와는 의형제를 맺었다.

동학교도들은 교조 최제우에 대한 신원운동과 동학에 대한 탄압의 중지를 요구하는 시위를 벌여 보은에 교도 2만이 모이는 3차 신원운동까지 갔지만, 뜻을 이루지 못하고 자진 해산령을 내린다. 사방에서는 민란이 끊이지 않았다.

고부군수 조병갑의 수탈과 탐학에 맞서 5천 명의 농민이 관아에 몰려가 시위했으나, 협상대표 전봉준의 부친 전창혁은 고문에 못 이겨 시체로 변한다. 그의 집도 불타고 말았다.(제14장, 제15장)

1894년 3월 21일 전봉준이 영솔하는 5천 농민군은 고부군청을 향해 진격했고 황토현에서 관군을 격파한다. 전주성에 입성할 때에 농민군은 12만 명에 이르렀다. 그러나 관군과 강화를 체결, 전주성 입성 12일 만에 각기 출신지로 돌아갔다. 관군은 해산해 돌아가는 동학군을 추격하지 않았다.

조정에서는 청에 원병을 요청하였고 일본도 군함을 급파하여 수도 서울을 장악한다. 청일전쟁이 터진다. 하늬는 이틀을 걸어 고향으로 돌아왔다.

이 단락에서는 전봉준의 동학군이 봉기하게 되는 과정을 객관적으로 서술하고 있다. 분량면에서 압도적으로 많아 전체의 3분의 1에 해당한다.

고부성에는
최경선 인솔하는 팔백 명 남겨두고
농민군 주력부대는
백산읍 향해 진격했다.
서울 갈 세미(稅米)
수십만 석이
쌓여있는 항구,

농민군이 이르기 전
백산에서는 백여 명의 관병들이
환영깃발을 들고 십리 밖까지 나와
농민군을 영접했다,
꽃다발 쏟아지는
무혈입성.

—「제17장」

이런 진행과 함께 동학농민군의 선언문이 제시되어 현장감을 높여준다. 그러나 무엇보다도 냉정한 시인의 시선이 시의 흐름을 잡고 있다.

④ 동학농민군의 궤산(潰散)과 승천하는 승리(제20장~제26장, 후화)

청일전쟁이 일본의 승리로 끝나자 일군과 왕병은 농민군에 대한 토벌작전의 시작된다. 이에 전봉준은 동학군에게 재기의 긴급 동원령을 내린다.

동학농민군이여
어서 무장하고
시월 5일 밤까지
논산벌로 모여라

— 「제20장」

이때 20만 명의 농민군이 집결한다. 전봉준은 7만 명을 이끌고 논산 노성산을 돌아 이인에서 우금티에 이르렀다.

그러나 우금티에서 3일 동안 밤낮으로 싸웠으나 근대적인 장비와 훈련을 받은 일군에게 패퇴, 전봉준은 총후퇴령을 내리게 되며 갑오농민군은 궤산되는 운명에 처한다. "지글거리는/ 역사의 밭이여 // 꽃불 튀기는/ 피의 잔치여 // 내가 왔노라/ 이제야/ 내가 여기 왔노라 // 뼈를 남기고/ 승천하는/ 승리여"(제20장) 하고 시인은 역설의 미학을 노래한다. 역설을 통하여 싸움에서는 비록 패배하였지만 이념에서는 승리하였음을 강조한다. '뼈의 승리'였다.

하늬는 유격대의 후퇴를 지휘하며 계룡산으로 들어갔다. 진아는 부녀자들 속에 섞여 동학군의 밥을 나르고 있었다고 했다.

그러나 농민군과 백성들에게는 온갖 잔인한 보복이 각처에서 자행된다. 10만의 농민이 죽고, 50만 명이 주리 틀리고 학살당한다.

충청도 서정리역에서는 왕병과 왜군, 동네 토반, 유림들이 합세하여 마을 농민 27명을 능지처참하였다. 그 현장에서 웬 낯선 청년 하나가 자진해서 형장의 중앙을 향해 뚜벅뚜벅 걸어갔다. 그는 처참하게 찢기어 죽었다. 그것이 곧 백제정신의 화신, 신하늬의 최후였다.

1895년 3월 29일 서울에서는 전봉준의 머리도 효시되었다.

그는
목매이기 직전
한 마디의 말을 남겼다

『하늘을 보아라!』

그의 곁엔
고창에서 체포된 손화중,
최경선, 김덕명, 성두한,
의 머리가 나란히 효시되었다.

그 앞을, 누가 지나갔고
누가 지나왔을까,

그리고
며칠 후, 서소문 밖
장터 네거리엔 전주 숲정에서
참수된 김개남, 성재식의
머리가 효시됐다,

맨발 벗은 아이들이
손가락 물고 서서
구경하고 있었을까,

—「제23장」

역사의 허망한 종식이 거기 있었다. 이미 늙어빠진 조선왕조의 전제 정치를 혁파하고 민중의 자유와 권리의 신장을 꾀하려던 동학사상과 갑오농민전쟁의 처참한 실패가 거기에 있었다. 동학농민혁명기념관(전북 정읍시 덕평면)에 가면 전봉준 장군 동상, 동학혁명기념탑, 전시관 등이 조금은 쓸쓸하게 기다리고 있다.

4. 비평의 쟁점에는 무엇이 있었나?

앞에서 살펴본 바와 같이 「금강」은 동학교주 수운과 해월, 신하늬와 인진아, 그리고 전봉준 등 5인이 펼치는 갑오농민전쟁의 배경과 파도를 작품화한 것이다. 동학은 이 땅의 유, 불, 선 등 전통적인 사상을 근본으로 한 민족주의적 종교사상이다. 민주적 평등의 이념으로서 당시로는 반봉건적 혁명사상이었고, 3.1운동 때는 민족적 에너지로서 역동적 작용을 했다. 또한 이 땅의 민주화 운동의 오랜 진원지로서 4월혁명을 거쳐 광주민주화운동에 이른 근대사의 큰 동맥이 되었다.

「금강」은 동학의 민주화 혁명사상을 바탕으로 백제 땅의 오랜 한(恨)과 몸부림을 결합시키며 새 생명의 탄생을 예고한다. "진아는/ 아들을 낳았다/ 복슬복슬한/ 아기 하늬"(제26장)의 상징성이 그것이다.

신동엽 작품에 대한 그동안 비평의 쟁점에는 무엇이 있었을까? 많지는 않았지만 일부 논란이 있었다. 이를 정리하면 다음과 같다.

> 소박한 도덕주의로 모두들 이끌고 간다는 것, 그리고 그것은 모두들 안일주의에 빠지게 할 것이다. 그리고, 그러한 실례로서 우리는 신동엽의 「금강」을 들 수 있다. 아무런 심각한 고찰도 행하지 않은 채 동학난과 3 · 1운동과 4 · 19를 무책임하게 연결시켜 민중의 무의식적 생명력을 찬양하고 있는 그의 「금강」은 그 민중의 의미에 대한 성찰의 결여 때문에 안일한 민중의 승리로 끝나 버리고 만다.
>
> ― 김현 「시와 톨스토이주의」(1969년≪시인≫10월호)[9]

이 글은 본격적인 시인론이 아니요, 평자가 한국 시단에 범람하고 있다고 보는 톨스토이주의에 대한 논의인데, 그 실례로 「금강」이 제시된 경우다. 「금강」의 정체성에 대해서는 이미 앞에서 살펴본 바가 있거니

9) 김현 『상상력과 인간』(일지사.1973) 101쪽.

와, 동학농민전쟁의 이념과 사건의 진행, 군더더기 없는 정선된 표현으로 역사적 사실에 대한 시정신을 충분히 컨트롤하여 대단원을 마무리하고 있음을 보았다. 김현의 글에 "아무런 심각한 고찰도 행하지 않은 채" "동학란과 3 · 1운동과 4 · 19를 무책임하게 연결"했다고 하는 것은 역사의식이나 논리적으로 거의 설득력이 없어 보인다.

다음에는 김주연의 「시에서의 참여문제」(박우사 『상황과 인간』 1969), 김우창의 「신동엽의 '금강'에 대하여」(1968 ≪창작과 비평≫ 봄호), 김영무의 「알맹이의 역사를 위하여」(1970 ≪문화비평≫ 봄호) 등을 들 수 있을 것이다. 모두 초기의 것으로 이들 평문은 그 중심에 있었다고 할 수 있다.

구중서 · 강형철 편 『민족시인 신동엽』(소명출판, 1999)은 신동엽 30주기 학술논문집으로 신동엽에 대한 평문 27편을 수록한 적지 않은 분량인데, 이 자료를 통해 당시의 사정을 짐작할 수 있다.

김주연은 그의 「시에서의 참여문제」를 통해 "사실(史實)의 한 현장에 대한 충분한 연결에 의해 작품이 구성되어 있지 않고 특정한 부분, 그것도 시인의 주관이 가장 틈입하기 쉬운 권력에 대한 분노의 부분만을 포착하여 감정적인 서술을 하고 있다는 점"[10)]을 집중적으로 논의한다. 또한 "아마도 사실(史實)에 대한 탐구를 전혀 유의하지 않은 데서 온 것처럼 보인다." "일관된 사실(史實)은 자주 맥락을 끊기고 그 사이사이 시인의 진한 감정으로 윤색된 부분이 등장한다."고 지적한다.

그러나 김우창은 신동엽의 「'금강'에 대하여」에서 "「금강」은 동학혁명을 소재로 하는 이야기시이긴 하나, 이야기의 전개만을 주안으로 하지 않는다. 이 시의 시점은 현재이며 근본적으로 과거는 현재의 의식이

---

10) 구중서·강형철 편 『민족시인 신동엽』(소명출판 1999) 254쪽.

그 처해있는 상황을 이해하는데 원근법을 제공해주는 역할을 한다. 따라서 이 시의 역사적 사건은 일직선적으로 이야기되지 않는다."[11]면서 긍정적인 입장이다.

두 평자의 관점은 '사실(史實)'에 집중되어 있는 것 같다. 김주연이 '정직한 사실'의 미흡을 들어 "역사를 상대하면서도 역사가 시적 대상이 되지 못한 빗나간 작품이 되었다."든가 "시인이 역사의식이 없다는 것을 실토"하고 있다는 견해에 대하여 김우창은 그런 '사실의 재현'을 중요하게 요구하지 않고 있다.

전체적으로 보아 김주연은 '사실(史實)'을 너무 중시한 나머지 시의 작품성과의 균형에 대해서는 소홀한 느낌이다. 역사소설에서도 사실과 허구는 항상 상호의존관계를 벗어나지 못한다. 더구나 시에서 '사실의 재현'은 그렇게 가능하지도 않으며, 또 그렇게 필요한 것으로 보기 어려울 것이다. 이 낡은 논점은 경직성만큼 공감하기 어려운 부분이다.

두 평자의 견해가 대체로 일치하고 있는 관점은 주인공 신하늬에 대한 부정적 판단이다. 김우창은 "명목상 주인공 신하늬는 이 작품의 가장 커다란 결점"이라 하였고, 김주연은 "「금강」의 실패는 신하늬의 실패"에서 온다고 했다.

신하늬는 인진아와 함께 허구적인 인물이라는 점을 언급하였다. 「금강」이 수운, 해월, 전봉준 등 실제 인물을 제치고 주인공으로 설정된 이유는 무엇일까?

작품의 이해에는 여러 측면이 있는 것이지만 신동엽은 이 작품에서 '역사의 재현'에 둔 것이 아니라 시인의 문학정신에 의한 '역사적 진실'

11) 구중서·강형철 편 상게서, 222쪽.

의 표출에 보다 높은 비중을 둔 것으로 본다. 이것은 이 서사시의 출발점이며 적어도 신동엽의 창의적인 새로운 의욕이었다.

다시 말하면 우리들 인간적인 사랑과 소외되고 평범한 민중의 전형을 역사적인 인물(수운, 해월, 전봉준)에서 구하기보다는 "역사라는 이름 아래 무시되고 잊혀지고 있는 수많은 대다수 민중의 비극"(김영무)에서 찾고자 한 것이다.

시인의 분신인 신하늬와 인진아 역시 그 내력들이 모두 비극적 '민중의 씨앗'이었고 그들이 사랑과 인간정신은 「금강」의 문학성을 윤택하게 하는 효과를 준다. 만일 이런 부분을 조작과 억지로 관찰한다면 문학의 본질적 부분에 마찰이 있을 수밖에 없을 것이다.

서사시의 요건은 신이나 영웅의 행동을 중심으로 민족적 집단의 운명적 사건을, 장중 웅대하게 읊은 장시라고 알려졌다. 이는 매력있는 장르로 그동안 많은 서사시가 발표되었다. 또 전봉준 일대기에 대한 장시도 없지 않다. 그러나 거의가 관심을 끌지 못하고 있다.

서사시에 관한 한 서구 언어의 리듬과 우리 언어의 체질과는 다른 한계가 있고 신과 영웅에 대한 주제 역시 현대인의 문화인식과는 엄연한 차이가 있다고 보아야 한다. 「금강」은 '객관적 진행'과 '주관적 묘사'의 기법이 응용되었고, 그 리듬 역시 장중한 문체가 아니라 민요조의 가락에 의존해서 새로운 장시의 틀로써 성공한다. 이 기법의 조건에서 허구적 인물의 설정이 가능해진 것이다.

김영무는 「알맹이의 역사를 위하여」에서 「금강」을 중심으로 한 여러 시편들을 살피면서 김주연과 김우창 두 평문에 대하여 중간적인 의견을 보이기도 한다. 그리고 역사적 사실(史實)을 떠나 다음과 같은 진술을 보인다.

그의 시에서 발견되는(이것은 많은 민요에서 엿볼 수 있는 것이기도 한데) 구성상의 특징적 수법은 몽타주 수법이라 부를 수 있는데 이런 생생하고 돌연한 장면 변화의 기법을 통해 그는 과거와 현재, 의정부와 이스라엘의 선술집, 지리산과 알제리 사막, 태백줄기와 카스피해(海)의 어촌을 병치시키고 동일시하고 대비시킴으로써 깊고도 폭넓은 역사의식과 현실의식을 효과적으로 형상화하고 있다. 마지막으로 한 마디만 덧붙인다면 신동엽은 진실로 할 말(알맹이의 말)이 있었기 때문에 감동적인 시를 써낸 드문 시인 가운데 하나이다.[12)]

김영무의 글은 기법적으로 역사의식과 현실인식이 어떻게 통합되고 있는가를 지적한다. 몽타주 수법이란 영화나 TV에서 두 카메라로 촬영하여 한 화면에 반씩 넣는 형식인데 일종의 원근법이라 하겠다.

그리고 '신동엽은 진실로 할 말'이 있었던 시인이라고 했다. 신동엽의 '할 말'은 그의 민족사관에서 우러나온 민족의 언어 그것이다.

5. 작품에 녹아있는 민족사관

신동엽은 4월 혁명의 성취를 보고 그 감명이 서사시 「금강」이라는 일련의 시들을 쓴 것을 볼 수 있다. 「누가 하늘을 보았다 하는가」는 "아무도 하늘을 보지 못했다"는 반어법의 표현이면서 자신의 역사인식에 대한 감동이 내포되어 있다. 주지하는 바와 같이 4월 혁명은 역사상 최초로 국민의 힘에 의하여 자유당 정권이 무너지고 이승만 대통령이 해외로 망명한 사건이다.

세계의 역사란 자유투쟁의 역사라고 했듯이 일찍이 단재 신채호는 "역사라는 것은 아(我)와 비아(非我)의 투쟁이다"라고 했다. "독립이란 주어지는 것이 아니라 쟁취해야 한다"는 견해로 이른바 민족사관을 수

12) 구중서·강형철 편 상게서, 431쪽.

립, 근대사학의 길을 열었다.

고조선과 묘청난(妙淸亂) 등에 대한 새로운 해석을 시도한 것도 단재였다. 신채호는 묘청난을 "조선 역사상 1천 년래 제1대 사건"으로 규정, 묘청과 김부식을 다음과 같이 대비시킨 바 있다.

> 서경전역(西京戰役)을 역대의 사가들이 다만 왕사(王師)가 반적을 친 전역으로 알았을 뿐이었으나, 이는 근시안의 관찰이다. 그 실상은 이 전역이 즉 낭(郎), 불(佛), 양가 대 유가의 전이며, 국풍파(國風派) 대 한학파의 전이며, 독립당 대 사대당의 전이며, 진취사상 대 보수사상의 전이니 묘청은 곧 전자의 대표요, 김부식은 곧 후자의 대표였던 것이다.
>
> 이 전역에 묘청 등이 패하고 김부식이 승하였으므로 조선사가 사대적 보수적 속박적 사상-유교사상에 장복되고 말았거니와, 만일 이와 반대로 김부식이 패하고 묘청 등이 승하였더라면 조선사가 독립적 진취적 방면으로 진전하였을 것이니, 이 전역을 어찌 1천 년래 제1대 사건이라 하지 않으랴.[13)]

묘청이 고려의 자주성을 내외에 과시하기 위하여 서경천도를 도모하고, 칭제건원(稱帝建元)과 금나라 공격을 주청했으나 김부식 등의 사대주의자들의 반대로 무산된 내용을 민족사관 입장에서 해석을 내리고 있다. 고려 최대 반란사건의 좌절이 어떤 뜻인가를 보인 것인데, 수천 년이 되어도 백성들의 반정부적 투쟁이 성공한 사례는 거의 없는 셈이다.

고려시대에 우리나라 역사상 대표적인 노예해방운동인 만적의 난이나, 망이, 망소이 등의 농민반란사건도 모두 수포로 돌아갔다. 조선에 와서 갑오농민전쟁이나 3 · 1운동 등도 수많은 피를 흘렸지만 실패로 끝난다. 그러나 4월 혁명에 와서 비로소 승리했던 것이니 신동엽의 열

---

13) 단재 신채호 선생 기념사업회 『단재신채호전집(중)』개정판(1995) 104쪽.

정과 비전이 작렬한 듯한 느낌을 준다고 해도 과언이 아니다.

일제가 한국을 강점하여 식민주의 역사관을 유포하고 있던 때, 민족주의 역사관이 대두된다. 그들은 우리 민족의 전통과 역사를 분명하게 인식하고 거기에 의한 지혜와 신념, 투지와 용기의 원천으로 삼아야 할 것을 역설했다. 한국사뿐만 아니라 국어 연구도 그것 자체가 독립운동의 중요한 요체로 보았다.

민족사관은 박은식과 신채호를 통해서였다. 이들은〈황성신문〉〈대한매일신보〉를 통해 역사의식을 환기시키고 민족주체사상에 입각한 역사 저술물로 식민주의 사관에 대항했다. 박은식의 『한국통사』, 『한국독립운동지혈사』, 신채호의 『독사신론』, 『조선상고문화사』, 『조선상고사』 등이 그 대표적이다. 이 민족사관은 이후 정인보, 안재홍, 문일평 등에 의하여 계승된다.

신동엽의 시인적 발상법은 모두 민족사관에서 생성되고 분출되었다. 동학사상과 갑오농민전쟁, 자주정신과 외세배격, 절대 다수의 민중에 대한 민권과 자유의지, 분단현실에 대한 극복 등의 시편들이 그것이다.

이는 서사시 「금강」뿐만 아니라, 장시 「이야기하는 쟁기꾼의 대지」를 비롯하여 「껍데기는 가라」, 「발」, 「산에 언덕에」, 「왜 쏘아」, 「아사녀」, 「아사녀가 울리는 축고」, 「빛나는 눈동자」, 「완충지대」, 「주린 땅의 지도원리」, 「3월」, 「4월은 갈아엎는 달」, 「술을 많이 마시고 잔 어제 밤은」 등 그의 모든 작품에 깊숙이 배어있고 녹아있는 것이 그의 민족사관이다. 그를 가리켜 우리 시단에서 우뚝 솟은 '민족시인'이라 부르는 것은 이 때문이며, 사람들로부터 많은 추앙을 받고 있는 것도 이 때문이다. 신동엽은 이 시대의 한 양심이며 울부짖은 혈액을 떨어뜨리고 간 시인이다.

끝으로 자작시 「신동엽(申東曄)」으로 본고를 끝낼까 한다. 이 시는 신동엽40주기 추모문학제 시낭송의 밤에서 낭송한 작품이다.

신동엽(申東曄)

잡기는 신동엽이 큰 것을 잡았던 모양이에요. 그는 부여읍 동남리 그의 생가 지척에서 지금은 시비(詩碑)로 남아 백마강을 굽어보며 물방개 붕어 메기 뱀장어들의 혁명이나 지키는 수문지기 노릇 하고 앉았습니다만.

그는 아세아 고원에서 오고, 백제의 산에서도 걸어왔지요. 그에게서는 흙이 좀 묻어있었어요. 산삼을 캐러 다니는 이를 심마니라고 한답니다마는 신동엽은 이를테면 산에서 야생하는 송아지를 몰고 온 사람이었어요. 이리 뛰고 저리 뛰는 도무지 말을 안 듣는 송아지였어요.

그가 그런 송아지를 어떻게 길들여 갖고 어제는 만주 벌판에 가 놀고 오늘은 북적대는 서울에서 통 큰 소리 떵떵하고 다녔는지 알다 모를 일이었어요. 내가 서울 돈암동에서 두어 번 만났을 때만 해도 그는 아주 어려운 때이긴 했습니다만 어딘가 숨어있는 사람 같았거든요.

이윽고 그의 송아지가 처음 시로 들어갔을 때, 그의 시는 풍만한 듯 대지를 향해 그윽한 울음을 토해냈어요. 땅이 우는 듯도 하고 어찌 보면 공허한 메아리처럼 멀고 아득했어요. 그의 시에는 늘 말발굽소리가 뛰는 듯이 울리었고, 힘찬 힘줄이 달리고 있었어요.

신동엽은 요절했지만요. 내가 무얼 좀 찾는다고 그의 「신동엽 전집(申東曄 全集)」을 오랜만에 훑어보니 그와의 정이란 정은 도무지 생색이란 게 없고, 주인 잃은 송아지만 책 속에 숨어 금시라도 뛰쳐나올 듯이 눈을 번득이고 있었지요. 그의 송아지만 지금도 살아있어요.

— 1989년≪현대문학≫3월호

— 대전 · 충남작가회의≪작가마당≫14집(2009)

현대시의 확장, 무신론의 수평

— 陳憲成론

1 잠룡시인(潛龍詩人)의 집

진헌성 시인을 한번 뵙게 된 것은 10여년 전 충남 서천의 한산모시관 예식장에서 있었던 신석초시비건립기념 세미나(2000)에서였다. 그때 주제 발표는 신동욱 이성교 홍희표였고 진헌성 시인은 자당님을 모시고 광주에서 참석했던 것으로 기억된다.

진헌성은 광주에서 진내과의원을 개업하고 있었으니, 직업상 또는 지역관계상 문단의 지인들과 교류에는 누구보다도 제약이 많았을 터이다. 또 본인도 아주 겸손한 분으로 이해된다.

진헌성의 시집은 보통의 얇은 대중적 시집처럼 쉽게 읽을 수 있는 형태의 것이 아니다. 시집마다 거의 수백 쪽의 부피여서 시집을 받고도 통독하기란 쉬운 일이 아니었다. 아래의 「진헌성의 시집 개요」에서 볼 수 있듯이 그의 시는 현재 3,220편에 이른다. 이를 다시 나누어 보면 연작시가 1,579편(49%)이고, 일반시가 1,641편(51%)으로 연작시가 전체의 절반에 가까운 점도 독자들의 접근이 쉽지 않다. 연작시는 '소제목'도 없이 일련번호로만 수백번까지 간 것이 대부분이다.

진헌성의 작품론은 여러 가지 제약으로 인하여 좀 늦은 감이 없지 않다.

말하자면 그는 잠룡(潛龍)으로서 승천의 때를 기다리며 물속에 아직

잠겨있는 용이다. 미상불 그의 시에는 '잠룡'이란 단 2행의 시가 있다.

태양의 손자가
청조의 부의(溥儀)라.

—단박시 59 · 잠룡(潛龍)

'부의(푸이)'는 청나라 마지막 황제로 나중에 일본 만주국의 꼭두각시 노릇을 하게 된다. 여기서는 기회를 얻지 못한 영웅의 뜻으로 '잠룡'에 비유되었을 것이다.

진헌성의 시집 개요

순번	시 집	출판사/연도	쪽수	창작기간	연작시	일반시	계	비고 (평설)
1	物性의 詩	호남문화사 1989	328	1960~88	'구름'50편 등 144	46	190	이운룡
2	空間의 詩 (전집 제1권)	시세계 1992	225	1989~92	'달'143편 등 151	23	174	
3	하늘 그리고 詩 (전집 제2권)	호남문화사 1999	533	1992~99	'하늘 그리고 詩' 318	5	323	이운룡
4	쇠풍경을 실은 달구지 (전집 제3권)	문예운동 2002	706	1999~2001	'쇠풍경을 실은 달구지' 350	62	412	이운룡
5	생각하는나무들 (전집 제4권)	문학과 현실사 2004	783	2001~2003	'생각하는나무들' 301편 등 315	147	462	이운룡
6	상상의 숲 (전집 제5권)	한 림 2008	585	2003~2007	'상상의 숲' 301	1	302	김 종 김준대
7	단박시와 더듬이시 (전집 제6권)	한 림 2011	759	2003~2011		630	630	이명재

8	삼삼한 시 깜깜한 시 (전집 제7권)	한 림	809	2010~2011		727	727	(현재미간)
계			4,728	—	1,579 (49%)	1,641 (51%)	3,220	—

진헌성의 시집은 첫 시집『物性의 詩』에 서 제4시집『쇠풍경을 실은 달구지』까지 출간되고, 제5시집에 이르러서는 전집 편제로 바뀐다. 시집에는 이운룡 교수의 장문 평설이 깃들어져 이해를 돕는다. 김종은 진헌성과 이운룡을 백아와 종자기 사이(『상상의 숲』503쪽)로 말한 바 있다.

진헌성의 문학적 출발은 1970년 ≪현대문학≫에서 「江바람」(3월호), 「바람」(4월호), 「눈」(7월호)으로 김현승의 추천을 받으면서 시작된다. 3회 천료작품인 「눈」을 보이면 다음과 같다.(원문대로 옮긴다)

달의 新婚 때 이부자리는
눈이다.

그녀의 눈동자는
댓잎 푸른
살강 대접에 빛난다.

대숲 속에서
떠온
그녀의 눈매 안에
至純히 먼 그늘의
내림이여

눈빛 餘白의 향기가
그녀의 눈마당에

아득히 그리운
꽃봉오리로 피어오를 때

山이
달을 지피는 불빛이
그대 눈허리에 트이는
잔잔한 길이여

여보, 당신의 옷고름에
눈이 내리오.

가득히 치맛자락 끝으로 웃는
그녀의 눈은
꽃이다.

―「눈」 전문(『현대문학』 1970년 7월호)

당시 38세 젊은 나이의 진헌성이 보이는 눈부신 형상력이 곱다. 시에 어리는 예술혼의 정갈함 때문이다. 또한 이 시의 '눈이다'(1연), '눈이 내리오'(6연)의 '눈'은 제목의 '눈'과 달리 설(雪)의 뜻임을 유의할 수 있을 것이다.

그의 초기시를 보면 사상이 배제되는 순수시의 속살에도 안목이 있음을 엿보게 한다. 이 시는 같은 무렵의 작품으로 보이는 「눈물」과 함께 초기시를 대표한다. 「눈」에 대한 추천자 김현승의 '시추천후기'는 다음과 같다.

> 詩 「눈」을 가지고 陳憲成씨의 推薦을 끝낸다. 〈그녀의 눈동자는 댓잎 푸른 살강 대접에서 빛난다〉에서 볼 수 있듯이 이 作者는 事物의 情趣를 日常生活의 숨은 곳 에서 發見하는 섬세한 感覺을 가지고 있다. 科學者인 그는 緻密한 頭腦만 못지않게, 그는 詩人으로서도 纖細한 感情을 드러내 보여주고 있다. (金顯承)

시추천을 완료하게 되는 1970년은 또한 진내과의원을 개업한 해이기도 했다. 50만원의 돈을 빌려 왕겨(멧저)를 깔고 비닐을 씌워 입원실을 꾸미는 등 어려운 환경의 개업이었다. 그러나 아버지(진형하)가 500만원을 주어 개업했다고 친척들에게 헛소문을 낸다. 일본 유학중에 고시에 합격한 부친은 가정을 외면하여 24세에 홀로된 모친(김향)과 함께 숱한 고생을 겪는다. 그러나 부자지간의 숨은 피는 함부로 들추어내기도 어려웠다.

진헌성의 첫 시집 『物性의 詩』(1989)가 나온 것은 개업으로부터 19년이나 지난 뒤였다. 이 시집에는 2인 시집 『조용한 화음』(1969)을 함께 출간했던 주기운(1928~2007)의 머리말이 눈에 띈다. 그는 "민속촌을 방불케 하는 그의 言語群들"이니, 또는 "종교와 문명과 현대사회의 구조적인 모순에 대한 형형한 비평" 등 진헌성의 독자적인 자질을 예견하는 정확한 펜촉의 감응이 있었다. 그것은 지인지감(知人之鑑)이었다. 진헌성은 그의 사후 「형님 영전에 —주기운 시인을 보냄」이란 조시를 『상상의 숲』 말미에 남긴다.

진헌성은 제2시집 『空間의 詩』(1992)에서 연작시 「달」이 143편에 이르는 등 데뷔작품 계열의 서정시가 주류를 이룬다. 가령 "달은/북이다/하늘의 북이다"(달 · 1), 또는 "달은 바람이다/서러운 눈물의/수정발이/그늘치는 바람이다"(달 · 2) 등 시각적인 감각이 원용되며, 이미지가 뚜렷하고 감성의 파동이 비교적 평온한 편이다.

그러나 진헌성의 예각은 자연과학자의 '의미의 시' 쪽으로 첫시집에서부터 이미 여러 징후를 나타내고 있었다.

> 아, 이 아름다운 우주와 지구를
> 누가 만들려 해서 만들었으랴!

끝없는 우리의 회구같이
우주의 무한한 처음을
누가 만들려 해서 만들었으랴.

용 솟듯 진공의 쏘는 무한의 둑을 밀치고 굽이쳐 와서
겨울 눈발은 처마 끝에 와 굳어지고
봄 안개는 수면에서 사라졌다 하늘로 떠오르듯
저리 얻어낸 은하들과 지구였거든
누가 이러고자 저러고자 해서 만들었으랴.

우리의 삶이 해와 달을 돌듯
은하는 더 큰 은하를 돌며 생멸하고
우리의 목숨이 물질의 성쇠에 이르러 그러하듯
누가 우주의 운명을 지으려 해서 지었으랴.

세상의 쇠가 물 속에서 굳어지고
불 속에서는 녹아나며
세상의 아픔이 설산에 오르다
드디어는 들풀에도 돌아와 피어나듯
우리의 가이없는 마음까지도
생살 그 밖에서는 일어날 수 없음같이
物 그 안의 속성이지
또 다른 전능이 물 그 밖에 있는 것이랴.

모든 것은 그냥 있네.
하느님이 만들었다는 생각에서
인간의 자유는 빼앗기고 빼앗겨 왔네.
이지금도 하늘이 빙자됨이
피라밋의 뼈아픈 역사이거니와

모든 것 그냥 있음이
순수한 하늘의 뿌리 같네.

—「하늘의 뿌리 · 1」 전문(첫시집『물상의 시』)

'하늘'은 지금까지 인류에게 단순한 공간이 아니었다. 만물을 지배하는 절대자(하느님)였고, 그 절대자 또는 영혼 등이 살고 있다는 곳(천국 · 천당)이었다. 불교의 '하늘 궁전' '하늘 마음' '윤회' 등의 사상에서는 생사의 개념이 자리잡는다.

자연과학자가 보는 천체 물리학에서는 오직 물질만 있을 뿐이다. 우리가 보는 별도 생물처럼 성장하고 늙고 드디어는 죽음에 다다르는 일생을 가지는 물질이다. 물체를 '만물의 종자'라 하였고, 무한종(無限種)의 다종다양한 원소로 구성된다고 했다. 근대 물리학의 원자론은 물체는 불가분의 미세한 입자로 이루어진다는 고대 원자론에서 발상되고 있다.

이 시에서는 천문학의 신비로운 시작으로부터 전개된다. 그리고 "우리의 목숨이 물질의 성쇠에 이르러 그러하듯"(3연), "모든 것은 그냥 있음이/순수한 하늘의 뿌리 같네"(끝연)로 끝난다. 과학적 사고에 의한 무신론의 단초가 여기서 열린다. 곧 "하느님이 만들었다는 생각에서/인간의 자유는 빼앗기고 빼앗겨왔네"(6연) 등의 표현이 있게 된다.

이러한 사회적 통념이나 종교의 교리에 반하는 내용은 우리 현대시에 거의 없었던 일이다. 뒤에서 다시 논의가 되겠지마는 진헌성의 시인적 진경은 현대시의 새로운 영역 개척 바로 그것이라 할 수 있다.

창포꽃 피는 오뉴월에는
그리움은 사무친다 하였소.
내가 지나는 곳마다 편지를 띄우리다.

지금 나는 천둥소리를 업고
개울 물소리에 물으며
숲을 걸리어

원초의 유언장을 찾아가는 길이외다.

수술이 암술에 처음 꽃말을 전해주던
20억년 전쯤의 장승을 만나서
45억년 전 살던 이야기며
180억년 전의 설화를 들으면서
10센티평방의 한 수소 나무 숲을
지나는 중입니다.

날이 저물기 전에
엔트로피 법칙의 동굴에 들어 섰습니다.
절대온도의 고독과 싸우며
10억개의 광자가 전자를 낳는다는
어불성설과 전자는 또 양자를 만든다는 즉
여자의 갈비뼈로 남자를 만들었다는
정반대의 성경책을 읽습니다.

—「미립자의 편지」 전반부(제2시집『공간의 시』)

이 시는 "먼 블랙 · 홀에 갇힌/지구를 사랑턴 미립자/올림"의 서간문 형식의 작품이다. '블랙 · 홀'이란 폭발된 항성이 또 폭발하여 결국 그 나머지가 자기의 빛조차 발할 수 없는 천체의 잔해, 미립자까지 간 것이다.

진헌성은 "우주의 별들은 수십 번 이상 모이고 분열하고 다시 모이는 수십억 년의 소산이다. 단회성 혼의 세계가 아니라 무서운 용광로 속을 거듭하며 살아나온 원자의 생명적 물성의 소산인 것이다. 그 진정성을 자각한 유물론적 생명관으로 문화를 재구성하겠다는 각성의 글로 나아가야 하며, 사회 공리적이고 소산적인 글발로 독자를 계도해야 한다"고 그의 과학철학 에세이 『글쓰기의 새로운 지평』(51쪽)에서 주장한다.

일반적으로 '원자의 생명적 물성'이니 '유물론적 생명관'이란 어쩌면 낯선 용어일 듯하다. 무생물에서 생명을 운운한다는 것은 시문학에서 거의 없었기 때문이다. 질량보존의 법칙이 물질의 근본적 성질로 인정되고, 물리학에서는 물질이 궁극적으로 소립자로 이루어진다는 생각에 도달한다.

진헌성은 "지구는 45억 년이나 태양 주위를 돌고만 있으니 얼마나 지겹고 비명스런 일인가…… 사람도 죽으면 결국 무게도 없이 돌 것이니, 천당에 갈까, 지옥에 갈까 걱정할 일이 없다. 해탈하려고 애쓸 것도 천국에 가려고 발버둥칠 일도 없으렷다"(상게서 110—111쪽)는 것이니, 그건 신대륙의 개념인 것이다. 전문적이고 생소한 과학철학이라고 하기엔 어차피 가야할 미래문화의 신대륙이라고 할 것이다. 이것이 진헌성의 '잠룡시인의 집'이었다.

[2] 나의 환경, 나의 진실

진헌성 시인은 광주 광산구 비아의 외갓집에서 광주시 교외 농촌의 한 초등학교 교사의 장남으로 태어난다. 그러나 일본 유학중 고시에 합격한 부친이 검·판사를 거쳐 변호사, 그리고 세 차례의 국회의원 등 화려한 출세를 하고 있었지만, 조강지처인 모친을 버려 모자는 어려운 세월을 보내게 된다. 진헌성의 유년기 청소년기는 입지를 향한 역경의 과정이었다.

그는 외가에 의지한 채 광주사범을 졸업하였고, 초등학교의 교편을 잡기도 했다. 그러나 전남대 의대로 진학하여 고학으로 마쳤고 조교수 의학박사 등을 거친다.

그는 모친에 대한 효성이 지극했다. 모친은 광주수피아여중을 2년 중퇴하고, 방직공장의 사감으로 입사하여 24세 때 진헌성을 낳는다.

모친은 남편에 대한 학비조달, 아들의 학비, 친정 부모님의 돌보심 등으로 모범어머니상(광주시), 장한어머니상(전남일보) 등을 수상했으며, 김향문화재단을 설립하여 운영하기도 했다.

어머님을 산에 묻고 돌아와
방문을 여는 순간 이승이 간 데 없다

"왔냐!" 어머님 목소릴 들을 수 없는 귓바퀴의 한이 천둥처럼
그므러가고
반길 얼굴을 뵐 수 없는 눈망울의 한이 먹통 되어
소스라친 한들이 소소리바람 되어 하늘 솟는다

어머님 짚으시던 지팡이와 대둔산에서 사온 등긁이와 흰
고무신만 바라보고
백수(白壽)는 서산에 한 치만큼 남았는데
내외 넘기는 밥 한 순갈이 메인다

젖무덤 속 "엄마!" 하던 첫마디마저 잃어
어머님 방에 불을 켜 둘러본다
당아 어디께 오시고만 계신지
윗목 놋요강과 앉아 밤 이슥토록 기다려 본다

어머님 계실 세상 다시는 없다 하는데
'어머님 누우시던 자리에 누워 봅니다 여저기 어머니가 눈에
밟힙니다.'

어머님을 산에 묻고 돌아온 밤은
가득 고이는 뜨거움으로 불효만이 영원했다! 천년 만년 사실 줄
알았는데
촛불은 아픔을 타고 내리는 눈물이다

무간지옥이던 이승도 하마 잊으시고
새벽닭의 꼿선 울음마저 끊긴 길

꿈길 열고 열고 가시는 오밤중의 이승길이신지.

—「상상의 숲 · 234」 전문(전집 제5권『상상의 숲』)

98세로 세상을 떠난 모친의 별세(2006)때 시인은 74세였다. 이 시는 첫연과 끝연의 좋은 배치가 직설적인 표현을 묶어 놓는다. 죽음에 대한 노경의 인식이 현실적 바탕에 배어 있다.

이 시가 실린 시집 『상상의 숲』(2008)의 첫 장에는 "김향어머님 탄신 100주년에 희수의 아들이 제5시집『상상의 숲』을 삼가 영전에 바칩니다."라는 헌사가 있다. 그리고 이어 전면의 모친 사진이 있고 '金香어머님의 약력'이 나오며, 전남 담양군 봉산면 반월리에 세워진 송덕비 화보가 있다. 고인의 필적, 장한 어머니상 수상 광경 등으로 이어진다.

모친에 대한 아주 끈끈한 효심이 반영되었으며, 진헌성의 또 하나 인간 승리의 면모를 보게 한다. 그의 효성에 대하여 지어지희(止於至喜)의 경지라고 한 것은 주기운이었고, 출천지효(出天之孝)라고 한 것은 김 종이었다. 다음은 아내에 대한 시편을 본다.

속속곳 위에 단속곳
단속곳 위에 바지 입고
바지 위에 안치마
겉치마 위에 두루마기
두루마기에 바람 치면
바람 위에 햇발 들쳐 입고
고샅 깐치 앉혀 앞선 걸음에 꾀꼴새 날려
신행길 수줍던 내 모란꽃 숭어리여

개나리 이어 진달래 피고
진달래 이어 영산홍 피고
해에 금구슬 꿰고 달에 은구슬 안아
다한턴 첫날밤 아씨의 치마 내리고

속곳 내리던 긴긴 기다림의
복된 대 속잎 속삭이던 밤이여

그 다 어디 가고 아내여
지금은 단풍잎도 꽃 다하여 철 늦은 밤에
어이타 늙수그레 슬픔조차 늙었는가
무심도 허허로워 등 돌아 호올로 자는고녀

누가 당신보고 예뻐서 오랬던가
꽃숭어리로 오랬던가
그 옛날 애초에나 첫눈 내릴 적
다시 국화여듯 삼삼히 오랬을 것을
한 세월 또 가서 꽃씨 되어
속속곳 입고 단속곳 입은 모란꽃 피는 밤에나 오랬을 것을…

'이불이나 덮고 눕제그래' … 몹쓸 세월.

—「쇠풍경을 실은 달구지 · 206」 전문(전집 제3권『쇠풍경을 실은 달구지』)

신혼의 초야를 다룬 점에서는 추천작품인 「눈」과 같지만, 「눈」이 청년시절의 발랄한 서정이 승화된 것이라면, 이 시는 노경에 이른 이의 초야의 추억이라고 하겠다. 특히 끝연의 '이불이나 덮고 눕제그래'와 '몹쓸 세월'은 이 시를 단번에 반열에 올려놓는 감이 있다.

주기운이 첫 시집의 머리말에서 이미 언급했듯이 "천부적으로 언어의 본질을 꿰뚫어 보고", 또는 "전통은 퍼낼수록 새로와지는 용지불갈(用之不竭)의 샘물" 등의 지적은 진헌성의 고유어(토속어)와 방언의 연원을 새롭게 이해케 하였다.

호남의 토속어라면 영랑 김윤식과 미당 서정주가 있었다. 영랑은 '오매 단풍 들것네'에서 보듯이 'ㄴ/ㄹ/ㅁ/ㅇ' 등 유성음과 유음을 활용해서 우리말의 음상을 살려낸다.

미당 또한 그 천부적 자질에 의하여 고유어와 고어를 되살려 냈고, 개인 시어를 다양하게 만들었다.

진헌성은 영랑이나 미당에 비하여 세계인식이 훨씬 넓은 편이지만, 의외로 호남의 토속어와 방언 등의 발굴에 깊은 애정의 세공을 쌓는다. 호남 토박이의 짙은 색감이 훨씬 앞서는 바가 있다. 이명재는 『단박 시와 더듬이 시』(2011)에서 진헌성의 그 구체적인 사례를 다음과 같이 들었다.

진헌성의 시작품에서 남도 사투리 쓰는 일은 다반사라서 ≪단박 시와 더듬이 시≫경우 역시 그 보기를 다 들기 어려울 정도이다. 앞에서 여러 예문으로 든 태반의 시편도 마찬가지임은 물론이다. '강그라져(소리내어 까무러쳐)' '개득(기억, 생각)' '거자(거의)' '구불쳐(접어)' '꾀벗기는(발가 벗기는)' '당아(아직)' '둘려(속여)' '무담시(괜히)' '버버리(벙어리)' '보고(마주보고)' '솔찬히(꽤 무던히)' '아슴찮은(고마운)' '야물찬(야무진)' '얼처구니(어처구니)' '여수어(엿보아)' '영판(매우)' '다메(어머나)' '이깝(미끼)' '이적지(아직)' '잠뜻(잠꼬대)' '주둥치(주둥이)' '짬매고(끈 등으로 묶고)' '포도시(겨우)' '하드키(하듯이)' '한 자밤(한 줌)' '항가빠시(소꿉장난)' '홀랑개(올가미)' '히말텡이(힘)' 등.(742쪽)

「쇠풍경을 실은 달구지 · 206」의 작품에 나온 고유어와 방언 등을 뽑으면 다음과 같이 된다. 우리의 고유어는 교육을 받은 수준이 높을수록 고유어의 문맹율이 높아지는 역기능을 가지고 있는 것이 오늘의 언어 현실이다. 고유어는 곧 민족어인 데도 이런 현상은 심각한 문제라고 할 것이다.

① 속속곳: 우리나라 고유 의복의 한 가지. 다리속곳 위에 입는 여자의 아래 속옷.

② 단속곳: 여자의 한복 차림에서 치마 속에 입는 통이 넓은 바지 모양의 속옷.

③ 고샅: 마을의 좁은 골목길. 고샅길(방언)

④ 깐치: 까치(방언)

⑤ 숭어리: 꽃이나 열매 따위가 굵게 모여 달린 덩어리. ㉗송아리

⑥ 아씨: 지난 날 양반의 '젊은 부인'을 그 하인들이 부르던 말.

⑦ 속곳: 단속곳과 속속곳을 통들어 이르는 말. 단의(單衣)

⑧ 지는고녀: 지는구나. '~고녀'(고어)는 '~는구나'의 어미.

시에서 시어의 선택과 그 운용은 시의 관건이다. 시는 언어를 소화해 내고 질량을 토해내는 언어미학이기 때문이다. 시의 문체란 보편적 문장유형이 아니며, 그 편차로써 제시되는 지극히 개인적인 것이라고 하겠다. 우리는 시의 의미를 시 자체의 복합적 구조와 일치해서 판별한다. 시의 구성 원리와 시의 이미지 은유 상징 신화 등으로 검증할 수 있다. 진헌성의 시는 결과적 환상에 의한 신화로 나타나고, 넓은 의미의 은유속에 내포된다고 할 수 있을 것이다. 그는 자기의 환경에서 시가 태어나고, 그 진실에 의하여 정화된 정체성을 지향한다.

개 혓바닥에 핥기던 속싸개 업둥이로 자라
되모시 허수아비 제사 지내듯
국밥 한 그릇에 살천스런 소나기 말아
비쌘 슬픔 속 버버리 살다
늙어 막일꾼 모가비 돼서야
새경 값으로 내준 진털밭 삿갓배미 물마 가둬
내 하늘꽃이 땅 처음 짓던 해 앓다 죽으니

버버리가 무슨 남길 말
가마니마름에 서낭당골에
"참 잘 살았다"
익살꾼에 묻히다

다음 봄부턴가 소쩍새가 쑥대머리 한 소절씩 바치러 오면야
소지에 달 떠오르듯
구름 한 세상씩 잘도 지나쳤다

한 마디 내뱉지도 못한 채 살다가듯 말씀들의 세상만 다였으라.

—「더듬이 시 2 · 버버리」 전문(전집 제6권『단박시와 더듬이시』)

"벙어리 속은 그 어미도 모른다"는 속담이 있다. 말못하는 벙어리의 생애가 그려진 흔치않은 소재다. 남의 집 머슴으로 천하게 살다가 늘그막에 가서야 새경 값으로 겨우 천수답을 얻을 수 있었지만, 그 땅 처음 농사짓던 해 병으로 앓다 죽은 벙어리의 이야기다. 1연은 스토리의 전개였으나, 2연과 3연은 고고한 시적 운치로 풀어간다. 그 토속적인 세계는 그 토속에 맞게 토속어와 방언이 어울려 함께 빚어졌다. 징검다리 건너가는 듯한 생략의 효과가 또한 있다.

이 시에 나온 낯선 말들을 정리해 본다.

① 버버리: 벙어리. 반벙어리(방언)
② 속싸개: 여러 겹으로 싼 물건의 겉싸개 밑에 싸서, 드러나지 않은 싸개
③ 업둥(業童)이: 업과 같이 들어온 아이라는 뜻으로 우연히 줍거나 얻거나 하여 기르는 아이.
④ 되모시: 결혼한 일이 있는 여자로서 처녀행세를 하고 있는 여자. 거짓 처녀.

⑤ 살천스런: 매섭고 쌀쌀하다.

⑥ 비쌘: 무슨 일에나 어울리기 싫어하는.

⑦ 모가비: 낮은 무리의 우두머리. 괴수.

⑧ 물마: 비가 많이 와서 사람이 다닐 수 없을 정도로 땅위에 넘쳐 흐르는 물.

⑨ 샷갓배미: 삿갓 모양의 논의 한 구역. '배미'는 '논배미'에서 온 말

⑩ 쑥대머리: 긴 머리털이 마구 흐트러져 어지럽게 된 대강이. 봉수(蓬首).

앞의 「쇠풍경을 실은 달구지 · 206」가 지금은 거의 사라져 간 여자들의 옛 속옷 등의 고유어로서 현대인에게는 매우 생소한 것들이다. 여기의 「더듬이 시 2 · 버버리」는 호남지방의 방언이 주류이고, 그것도 관심이 적은 이는 낯설 수밖에 없을 것이다.

그러나 이런 말들이 우리 민족의 어느 계층이나 지역에 살아있다는 것은 민족 언어의 숨결로서 반가운 일이 아닐 수 없다. 시인의 사명이 우리 언어를 지키고 가꾼다는 것이 여기 있다.

진헌성은 고유어나 토속어, 방언은 물론이고 호남의 어투까지도 그의 많은 시에 녹여낸다. 그의 시 정신에는 민족의 동질적 정서개념에서 후퇴하지 않는 강한 능력을 보게 한다. 그러한 의식행위에는 조국은 나의 신체의 연장물이라는 민족혼이 또한 숨 쉬고 있는 것이다.

갈대잎 돋은 늪녘 언덕받이에
옛 늙은 도공이 홀로
청자를 빚고 있었습니다.

홀연 머나 먼 섬에서 하루는
한 점 학의 흰 날개가 아스라히 날아오다.
그만 푸드득 빚던 항아리에 부딪쳐

천년 한으로 박혔습니다.

아뿔사 이럴 어쩐담!
닳은 도공의 담배 연기도 그만 박혀서는
먼 먼 뜬구름의 한 채로 박혔습니다.

—「하늘 그리고 詩 · 14」 전문 (전집 제2권『하늘 그리고 詩』)

깔끔하고 아담한 소품이다. 우리나라 굴지의 도자기 명품 생산지(가마터 · 요지)도 호남에 있다. 도공에게 날아온 학, 그리고 도공의 담배 연기의 구름 등 매력 있는 설화의 구성이 이 시의 아름다움이며, 조촐한 언어순화의 구성이다.

"아뿔사 이럴 어쩐담!"은 구어체로 아주 내려간 어투인데, 감성의 파문을 시에 남기는 기교로 보아도 될 것이다. 진헌성의 시세계는 찰나적이고 단편적인 테마보다는 항상 신화적 상념이 짙게 깔리는 것을 선택한다.

3 물질의 씨와 정신

그의 시에 "사람을 포함해서 전 우주가 물질이다 // 유기질은 생명이고 무기질은 목숨이 아닐까나/ 모든 것 내 몸에 들어와 살며 생각하는 것 물질이 아닐까나"(「상상의 숲 · 300」도입부에서) 하고, 진헌성 시인은 '물질선언'을 한다.

첫 시집이 『物性의 詩』, 즉 '物性'(물질이 가지고 있는 성질)이었고, 물질은 정신과의 반대 개념이다. 흔히 철학에서는 정신에 대하여 인간의 의식 바깥에 존재하는 것들이었다. 문학의 오랜 온상이 되어오는 자연친화에서도 물아일체(物我一体)란 대상물에 완전히 몰입된 정신을 일컬었다.

시의 미의식이나 세계인식에는 문학적 관습이 있고 시론보다 오히려 더 많은 제약을 받는다고 할 수 있다. 어떤 관습이 없이는 예술이란 존재할 수 없을지도 모른다. 자체의 법칙과 전통을 가진 문학적 관습은 시의 일정한 형식, 즉 기술상의 문제, 형식의 제한, 표현상의 난점 등에 관하여 독자와의 약속이 있게 된다. 그러나 관습이 지나치게 고수되어 창의성이 고갈되는 때도 있게 된다.

시의 오랜 관습에서 과학의 본질로 보는 물질은 친숙한 대상이 아니었다. 동양적 사유와 직관은 오히려 신비적 사상에 더 많이 경도되어 있었고, 인간의 궁극적 완성을 '道'에 두었으며 시인적 인격의 고답적 요체로 삼았다.

진헌성은 "세상을 해석하는 잣대로 물질은 씨요, 정신은 잎에 불외하리라 지레 짐작하였다"(제3시집『하늘 그리고 詩』후기)고 겸손하게 밝힌다. 그러나 이 '물질 선언'은 우리 현대시에 거의 없었던 새로운 확대임을 유의할 필요가 있을 것이다. 반전통의 영역이 확장되는 것이다.

베네수엘라의 주머니 청개구리는
등이 갈라져서 실제 새끼가 뛰어나온다지만
불타는 어깻죽지에서 태어났다 하듯이
생명의 진화가 믿기지 않는다.
왜 당장 생명의 요술들이 지금 안 보이느냐.
내 집 어항에서 진화가 안 보이느냐.
허나 개구리로 설명을 한다.
꼬리지느러미와 아가미 달린 올챙이는 어류시절의 진화 과정을
되풀이하는 것이라고.
그러고 보면 사람의 태아도 보면 꼬리달린 어류같이 보인 때가
있다.

진보나 진화나가 꽃 피는 순간까지의 오랜 과정이 숨어 있는 것

이다.
인생의 돈오란 순간의 일이지만 날개를 펴든 오랜 매미의 인동
기간이 있듯.
太陽의 서서한 각도거리도 철철이 모르게 바뀌듯 늙음도 그러려니.

죽음도 순간의 한 숨이다.
아, 내 죽음은 내 진화의 끝이요
영원함의 처음이라.

로켓도 물수제비도 개구리도 시간과 공간의 연속이듯
하늘과 나 사이 끄나풀이 있을 텐데
누가 제 영원의 끄나풀을 보는 이 있으련?
태아 때의 꼬리처럼.

—「하늘 그리고 詩 · 231」 전문 (전집 제2권『하늘 그리고 詩』)

생물이 오랜 동안에 걸쳐 조금씩 변화하여 보다 복잡하고 우수한 종류로 되어 간다는 진화를 주제로 한 작품이다. "아, 내 죽음은 내 진화의 끝이요/영원함의 처음이라"(3연)는 생사관에 대한 새로운 해석을 내린다. 자연도태와 적자생존의 원리로 이해되는 진화는, 반대 개념인 퇴화현상과 함께 생식을 통하여 세대를 거쳐가는 사이에 변화하는 것을 뜻한다.

기록에 의하면, 기원 전 1세기 로마의 시인 루크레티우스의 장시「사물의 자연에 대하여」란 것이 나온다. 그는 시인이요 유물론 철학자였다. 실재하는 것은 진실로 무수한 미소불가분(微小不可分)의 물체(원자)와 공허한 무한공간뿐이며, 세계의 모든 것은 원자의 운동현상이라고 했다. 특히 불안과 공포의 원천인 영혼과 신들에 대한 종교적 정치적 편견을 비판하고 또 싸웠다.

진헌성의 시는 자연과학자의 담담한 눈길이 이어진다. 아직은 낯선

내용일 수도 있겠지만, 앞으로는 너무도 당연한 상식이 될 수도 있을 것이다. 시도 꾸준히 진화하고 있다고 보아야 하기 때문이다.

주먹을 뽈깡 쥐어짜도
신비스럽게 새어 나가는 게 돈이다
금모래도 꼭 쥔 손안에서도 샌다
이보다 더 빨리 날아가는 게
그게 또 한 묶음 지폐라는 돈이다

돈을 쥔 감촉은
산상에 함께 만세 부른 아내의
손 잡힌 금반지만큼 든든하네만
집안에 들어서자 뭣엔가 토라진 아내의 손목같이
허전히 내숙게 하는 게 돈의 행투다

다정한 손목에 수갑을 채우고
저만 빠져 나간 친구 같아
치사한 게 또 돈이다

공수래 공수거라 다들 말하지만
돈이면 저승도 양탄자니 어쩌나
한 돈 금배지 가슴에 다는데
허수아비가 도깨비를 놀라게 할 일도 하고
사과 상자 열댓 개가 상회하는 것 또한
돈의 장난이요
법관님 심부름 시키는 것도 돈이다

이목구비 하나 없는 지폐의 판토마임으로도
나라도 끌고 가는 신이다
또 저승서 지전이 대왕이니
그러나 돈의 고향을 아는 이 없거니와
뒤따라가도 모르는 게 이 돈의 생애라

돈의 무덤을 아는 이 있으면
저승의 판서도 하련만
겨우 돌비 하나 쥐고 기고만장들 하고
지갑을 돈의 관으로 삼으렸더니
제 먼저 알고 부의금이 날 조의하려고
내 발뒤꿈치 고개를 숨기고
힐끔거리며 뒤쫓힘은
노후 통장이 저승사자의 길라잡이요 운삽인 까닭이랴

그렇지만
너를 통해서 가장 소중한 인생을 배운다
예컨대 실크 로드의 길도 뚫어 낸 절망의 목자이고
노인의 금이빨이 외로운 사막의 사보텐 꽃으로도
혹연 세상이 인색한 너를 경원할지라도,
이 · 저승을 사고 파는
네 신통술은 귀신도 알 수 없으리니.

—「돈」 전문 (전집 제4권『생각하는 나무들』)

비교적 평이한 작품이지만, 물질만능과 황금사회의 상징인 '돈'에 대한 논리적 형상화가 큰 틀을 잡는다. 물질의 씨가 거기 있었다. 자칫 천박하기 쉬운 소재이지만, 가치판단을 해석해 내는 폭넓은 지성의 샘물이 이승은 물론 저승까지를 넘나들고 있다. 모두 7연으로 구성된 이 시의 내용을 요약하면 다음과 같다.

제1연: 돈은 아무리 쥐어짜도 신비롭게 잘 새나간다.
제2연: 돈이 있으면 든든하고, 없으면 허전한 것이 돈의 행투다.
제3연: 때로는 친구를 배반하게 하는 것이 치사한 돈이다.
제4연: 돈의 위력과 장난은 이루 말할 수 없다.
제5연: 돈은 나라도 끌고 가는 신이지만, 우리는 돈의 고향을 알지 못한다.

제6연: 사람이 죽으면 겨우 돌비뿐이요, 노후의 통장도 저승사자의 길잡이일 뿐이다.

제7연: 돈을 통해서 인생을 배우며 그 신통술은 귀신도 모른다.

이상 내용 요약에서 볼 수 있는 것처럼 이 시의 규모와 깊이는 의외로 치밀하고 언어의 운용이 중후함을 알 수 있다. 도덕은 사회의 문화적 구조에서 정신적 지주로서 경제의 이념으로 자리 잡는다. 그러나 부정부패의 온상이 권력과 재력의 수많은 파생을 야기하고 있지만, 이 시는 그 본질만을 철저히 파헤치고 일깨운다. 시정신의 섬광이 거기 있었다. 진헌성의 시신(詩神)이 바라보는 세속세계의 실상과 사자후가 거기 숨어 있음이다.

초여름 종달새가
왕십리 하늘 높이 떠서
"이런 곡할 일이 있나?
이렇게 몰강스럽게 이럴 수가 있나?" 쫑알댄다

제비가 지나치다 듣고는
"자넨 뭣을 그렇게 고시랑댄가?"
"아니, 시상에 고 많던 밀보리밭이 다 어딜 가고
하나두 없어, 원 시상에!" 종달이의 코대답이다

제비가 점잖히 말을 건넨다
"지금이 어느 젠데 당아도 자넨 요순세상에 산가?
우리 강남족은 진자 몰살 당하고 나 허니 남았이,
잠자리 본지도 한나절이 다 됐다네." 뒷태도 쏠쏠하게 말했다

작년에 쓰러진 허수아비도 부러진 부챗살로
눈두덕을 가리며 한낮의 해를 부시시 보며 말한다
"하기사 들 가운데 느티나무 하나 없고 저 해님 붙 가릴 데 없

어 헤매고만 다니니 안쓰럽기도 하제."

다이앤 액커먼이란 사람이 어느 책에 "우림에서는 붙잡히지
않은 채 헛되이 흩어지는 햇빛이란 없다."말했다며 해도 말을
받아 말을 이은다
"내 살점 하나 가릴 데 하나 없이 시멘트 천지니
허수아비야, 엇쑤 너 혼자 독야청청 하랬더냐?" 해가 푸념하며
서글퍼서 서산에 종언을 고한다

초여름내 땅거미가 한강 둔치에서 잠 못 이루고 딩굴고 있다

햇빛이 쉬어갈 섬도 없는 대한민국은 오직 파란 하늘만이다
대지도 벌렁 누워 침술의원의 따끔따끔 내리꼽는 침자국만이다.

나무 숲이 빌딩 숲이 되고 물 고갈로 내일은 모래 숲이 되리니,
종달새 노래 뜨랴
다음 나뭇잎 한 닢이 금값 되는 말세가 소망이랴.

—「생각하는 나무들 · 17」 전문 (전집 제4권『생각하는 나무들』)

전집 제4권 『생각하는 나무들』(2004)에는 연작시 「생각하는 나무들」이 301편이다. 기타 시편에 「부안호」 「돈」등 31편, 그리고 제주 기행시, 베트남 캄보디아 기행시, 有와 無의 母地 실크로드 기행시 등 모두 462편(783쪽)의 적지않은 분량을 이룬다.

제목이 시사하듯 나무를 의인화해서 생태환경에 대한 집중적인 시를 쓴 것이라 해도 과언이 아닐 것이다. 진헌성은 머리말에서 "나무는 나를 산중에 가두고 개미는 나를 심사한다. 내 인생이 난데없이 입산심사를 받게 될 줄이야. 드디어 산은 나를 추방하였다. 씨잘데기 없는 물건이란 결론을 내린 모양이다"고 하였는데, 인간은 마침내 자연으로부터 추방됨을 암시한다. 자연파괴의 말로인 것이다.

'녹색 성장'이란 것이 세계 각국의 글로벌 화두로 등장한 것은 그리 오래되었다고 하기 어렵다. 우리 시단에 생태환경이 제기되고 고발하는 시가 본격적으로 나타난 것도 그리 오래되지 않는다. 생태시 이전에는 동서고금을 통해서 인간은 자연의 아들이었고, 자연예찬의 시가 주류였던 것을 상기하면 격세지감이 아닐 수 없다.

진헌성의 「생각하는 나무들 · 17」은 대화체의 도입, 호남 방언과 어투 등으로 감칠 맛을 낸다. 그만큼 생태시로서의 기능을 고려한 표현법을 구사한다.

모두 8연이 되는 이 시의 내용을 정리하면 다음과 같이 될 것이다.

제1연: 종달새가 높이 떠서 "이런 곡할 일이 있나?" 한다.

제2연: 제비가 사유를 물으니 "고 많던 밀보리밭 다 어딜 갔어?"라고 한다.

제3연: 제비가 말한다. "자넨 요순 세상에 산가? 우리 강남족은 다 죽고 나 하나 남았어"

제4연: 허수아비가 말한다. "허기사 들에 느티나무 하나 없다네."

제5연: 해가 푸념한다. "살점 하나 가릴 데 없이 시멘트 천지네"

제6연: 땅거미가 한강 둔치에서 잠못 이루고 있다(단1행)

제7연: 햇빛이 쉬어갈 섬이 없는 대한민국은 오직 파란 하늘만 남았다.

제8연: 종달새가 노래하련도다. "나뭇잎 하나가 금값되는 말세가 소망이냐"

종달새 제비 허수아비 등이 서울 강남 지역의 상전벽해된 환경파괴 현장을 고발한다. 국토개발의 현장에서 가장 먼저 파괴되는 생태환경, 이 시의 허구속에는 많은 암시와 상징이 배어 있다. 특히 7연과 8연의 결구에서 함축적인 의미의 감동이 있다.

가난하면 나무도
손 벌린다
하늘도 밥티 없어 눈만 내린다
길 끊긴 날은
하루내 쌀눈 내려 아득타
눈꽃인지 밥꽃인지 환상의 나무가
향내듯 가득, 해조차 배고파와
눈을 못 떴다.

—「생각하는 나무들 · 128」 전문 (전집 제4권『생각하는 나무들』)

진헌성은 단형 서정시에서도 그의 '물질의 씨'는 독창성이 있다. 겨울의 앙상한 나무들이 함박눈을 가득 이고 있는 정취를 우리는 많이 보아온 터이다. 그러나 물질의 눈에서는 "길 끊긴 날은/ 하루 내 쌀눈 내려 아득타"한 모습이고, "해조차 배고파와/ 눈을 못 떴다"의 겨울 산하의 실존이 잡힌다. 시의 진경이란 바로 이런 개성이 아니겠는가.

4 무신론—반(反) 종교적 수평사고

공산주의와 오래 대치해 온 이 땅의 특수한 정치적 문화적 상황은 무신론이니 유물사관이니 하는 것은 의식적이든 무의식적이든 거의 일반적인 담론에서 기피 아닌 기피 대상이랄 수 있었다. 민중이니 민중문학이니 하는 것도 거의 비슷한 맥락이랄 수 있었다.

무신론은 협의로서는 어떠한 신의 존재도 부정하는 것이다. 광의로는 신에 대한 회의, 거부 등의 철학을 지칭하였고, 반(反)도덕적인 것을 비난하고 공박하는 것까지도 무신론이라 부른다. 옛 그리스의 초기 철학자들은 자연과학자들이었기 때문에 무신론으로 분류되었다.

근세의 초기에 와서는 상공업의 발전과 국민의 지적 사상이 증진되면서 무신론적 경향이 보편화된다. 중국에서도 도교 또는 유교가 신의 신앙에 중요한 역할을 하지 못했다.

주지하는 바와 같이 19세기 후반의 헤겔(G.F.Hegel)은 역사를 창조하는 것이 정신이라고 했다. 그러나 마르크스 및 엥겔스는 역사의 동력을 인간의 물질적 육체적인 생산력에서 생활 창조를 찾았다. 마르크스는 "혁명이란 세계사의 기관차이다"라고 했다.

진헌성은 전집 제5권 『상상의 숲』의 '초꼬슴말'에서 "기원 전의 문학인들은 역사적 신들을 창조한 위대한 존재였지만, 결국은 인간을 추상에 팔아넘기는 오류를 범한 원죄인"이라 하였고, "내가 선택한 시의 형식은, 기존의 음악성 회화성 영감이라는 소위 상징적이고 감성적인 언어 예술적 탁마와는 거리가 멀게 직설적이고 조잡하기도 하다"고 쓰고 있다.

진헌성은 물질의 법칙은 구속된 객관에 있지만, 정신은 양자처럼 자유로운 주관이다. 인간만이 이 둘을 상보적 관계로 소유할 수 있다는 점을 역설한다. 작품을 보기로 한다.

내 젊을 때
육체가 먼저냐, 정신이 먼저냐로
정신이 주가 되냐, 육체가 주가 되냐로 고심했었다
뒷날 조직이 있어야 기능이 있다는
생리조직학의 명제로 하여 확연히 덜은 바 있는데

창세기에도 몸이 먼저다는 말이 나옴을 깨닫지 못했었다
하느님이 흙으로 자신과 닮은 형상의 남자를 만든 다음에
입김을 불어 넣었다는 답이 있었던 것을
몸이 기둥이요 정신은 부차적임이 명백하지 않는가

형이하를 하대시해 온 형이상의 잘못 유도된 교조였다
이념은 언제나 지배를 위한 권력과 종교의 수순이었다

신의 인간 노예화는 곧
지배자들의 인간지배화의 접근논법이기에
왜 지혜의 열매를 달아매 놓고
따먹으라는 암시의 유혹으로
불완전성을 시험해 놓아 율법의 노예화를 합리화하는
함정을 파 놓음이냐

자연법은 순환하는데
한 번의 시험으로 영원한 단죄가 올바르며
자기 형상의 잘잘못을 일회성의 율법으로 평생 노동의
노예화를 이루니
신은 폭군도 아니다. 어찌 최고신이 할 자비랴
신의 합리주의는 인간에는 알맞지 않음이며
자기 불완전성의 노출이되
신을 배반하는 지혜로 하여
신과 인간과는 정히 단절됨이다

성경은
정신과 몸의 2분법이며
신과 사람과의 2분법이며
남성의 1차성과 여성 2차성의 2분법이며
이브 배신의 원인 제공의 2분법이다

애는 어머니를 먼저 부르는데
성경만이 아버지를 부르니
성경은 인간의 성을 잘못 인식함이다
내가 옛 성경을 문제 삼음 자체가 어리석지만

아들아, 딸아,
나는 '우주는 우주 스스로가 만든다는 외에는 그 무엇이
아니다'는 생각에는 변함이 없고나

신은 세상의 쓸데 없는 그림자였다.

—「쇠풍경을 실은 달구지 · 96」 전문 (전집 제3권『쇠풍경을 실은 달구지』)

이 시는 모두 9연으로 기독교의 유일사상과 인간과의 불합리한 관계를 설파한다. 그러나 설파의 내용이 "신은 세상의 쓸데없는 그림자였다"의 단 1행의 종연에서 압축과 생략의 시적 운치를 잡는다. 말하자면 이 종연 한 싯구로 대치해도 시적 표현법에서 손색이 없을 것이다. 이것이 시의 본질이고 위력이다.

이 시의 각 연의 요지를 잡으면 다음과 같이 될 것이다.

제1연: 육체와 정신, 어느 것이 먼저냐고 고심했었다.
제2연: 창세기에 흙으로 사람 만들고 입김을 불었으니 육체가 먼저 아닌가.
제3연: 이념은 언제나 지배를 위한 권력이요 또는 수순이었다.
제4연: 신의 인간 노예화는 지배자들이 파놓은 함정 아니냐.
제5연: 자연법은 순환의 원리인데, 어찌 율법으로 노예화 하는 것이랴.
제6연: 성경은 모두 2분법으로만 되어 있다.
제7연: 애는 어머니를 먼저 부르는데, 성경만이 어찌 아버지를 부르는가.
제8연: 우주는 우주 스스로가 생성하는 원리이다.
제9연: 신은 세상의 쓸데없는 그림자였다.

이상의 요약에서 알 수 있듯이 자연법(5연)과 우주의 순리(8연)를 들면서 신의 허구에 대해서 이념(3연) 노예화(4연) 성경(6연) 아버지(7연) 등의 불합리성을 들었다. 시인 자신이 고충을 말하고 있는 것처럼 이런 의미 집중의 시에서는 비시적(非詩的)인 매카니즘과 창작상의 갈등을 겪게 된다. 시는 설명이 아니라 직관의 말이기 때문이다.

진헌성은 언어적으로나 사상적으로 내포와 외연의 기능을 조절하며 시의 성을 지킨다. 그의 언어적 내포량과 사상적 외연량은 아무나 흉내내기 어려운 그만의 힘을 가지고 있음이다.

문학은 독자에게 영향을 끼치지만 행위까지 강요하지는 않는다. 이것이 윤리와 문학의 차이라고 할 것이다. 진헌성의 무신론은 그 수평사고를 유념하는 것이 좋을 것이다. 어떤 문제를 해결할 때, 일정한 고정관념에서 벗어나 여러 각도에서 폭넓게 생각하는 방법이 수평사고인 것이다. 진헌성의 수평사고는 무신론과 그에 따른 유물사관까지 우리 시에 이끌어 온 원동력이 된 셈이다.

성경에 "하느님의 왕국은 어떤 밭에 감추어진 보물과 같다"(마태복음)는 함축적인 표현이 있다. '어떤 밭'은 물론 물질세계이지만 거기엔 우리의 영혼이 또한 감추어진 곳이라고 하겠다.

고집 센 영감이
멜빵 걸메고 짚신 두엇 달고
첩첩 산중에 묻겠노라 떠났습니다만
막상 산길이란 막히기 십상입니다

나무는 대답했습니다
"짐승 가는 길도 모르는데
사람 가는 길을 알겠습니까?"
꼼짝 없이 여기 섰으니 세상을 모릅니다

하늘에 물어도 듣지 못해
구름 저만 건너고만 있습니다

골짝물에 물었습니다
"날 따라오면 저 세상에 내려갑니다, 따라 오시오" 대답합니다

말대로 되짚어 가는 물길이란
벼랑입니다

날은 저물고 나그네는 깨달았습니다

사람 없는 데가 적멸의 지옥인 것을
할멈에게 물어도 되는 것을
하필이면 먼 산에 가 묻고는
천지간이 무심하다 하였네라.

―「쇠풍경을 실은 달구지 · 132」 전문 (전집 제3권『쇠풍경을 실은 달구지』)

이 시는 알레고리의 작품. 원관념을 숨기고 보조관념만 드러내어 그 숨은 뜻을 넌지시 나타내는 표현방법으로서 풍유법의 작품인 것이다. '고집 센 영감'(나그네)의 원관념은 '구도자'로 볼 수 있을 것이다. 그는 첩첩산중에서 길을 잃고 헤매다가 사람 없는 데가 '적멸의 지옥'인 것을 깨닫는다. 진리는 아주 가까운 데 있었던 것이여서 그런 것 쯤이면 할멈에게 물어도 되었을 것을 하고 후회하게 된다. 이는 구도의 과정이기도 하고, 인간의 우매한 일면을 풍자한 것으로 볼 수 있을 것이다.

일찍이 노자는 "도(道)는 늘 아무 일도 하지 않는다. 그러나 하지 않는 것이 없다"란 말을 남겼다. 만물은 천지간의 자연순환과 순리에 기초하고 있음을 가리킨 것이다. 이 시는 노자의 무위자연(無爲自然) 또는 무위이화(無爲而化) 사상을 암시 할 수도 있을 것이다.

찰스 다윈은 지리적으로 고립하면
새 종도 나온다는 자연 선택설로
신의 창조설에 맞선 1859년 종의 기원을 출간했다

에덴동산의 사과나무는 세상의 업보가 됐는데
뉴턴에 만유인력의 법칙을 안겼던 사과나무는
1820년 베어져 걸상도 되어 주었다

아이슈타인은 우주를 E=mc2라 하고
E=GOD라고는 안 했다.

죽으면 신인지 물질인지

과학은 우주가 물체요, 에너지로
무상한 지평선의 무한이라는데
존재의 절망이 있다

나는 이 허무가 좋다
왜냐하면 반드시 신의 역사와 거짓의 고개를 넘어서는
겸허한 진실의 눈물이니까.

—「상상의 숲 · 227」 전문 (전집 제5권『상상의 숲』)

이 시에는 찰스 다윈, 뉴턴, 아인슈타인 등 위대한 과학자가 실명으로 등장한다. 그러나 그들도 "죽으면 신인지 물질인지"(4연)라고 단 1행으로 처리한다. 과학은 언제나 완성을 향하여 가는 것이긴 해도 "존재의 절망이 있다"고 하였고, "나는 이 허무가 좋다"고 술회한다. 그러나 3연은 매우 요약된 부호이긴 해도 전문적인 것이여서 대중적인 이해에는 아직 이를 것이다.

이 작품은 과학자의 실명과 그 성과를 소재로 하였으면서도 담백한 리듬으로 시적 정취를 충분히 살린다. 진헌성 시인의 성과물은 이채로운 실상을 시에 도입하면서도 졸렬하거나 진부하지 않고 최소한도의 감성에서 그것을 녹여내고 있음인 것이다. 자연과학자의 지성과 시인의 뜨거운 심장의 결합이라고 하겠다.

다음은 고도의 수준에 서는 단형시를 보기로 한다.

밀물은 진군 나팔로듯
앞발로 덮치며 짓밟을 듯 밀쳐 왔던 기개세로
내 발끝에 와선 불현듯 모듬숨에 멈춰서서
한 많은 한 마디 내뱉지 못하고 맴돌다 갔는지?

이 세상 태어남 더는 묻지 못했던
젊은 날의 그 염병.

—「삼삼한 시 깜깜한 시 9 · 썰물」 전문 (전집 제7권『삼삼한 시 깜깜한 시』)

진헌성은 만년에 이르면서 시의 형식에서 단형을 추구하는 경향을 보인다.

『단박 시와 더듬이 시』(전집 제6권)와 『삼삼한 시 깜깜한 시』(전집 제7권)는 759쪽과 809쪽의 방대한 시집인 데도 거의 같은 무렵의 출간이다. '단박 시'가 단박 보고 느낀 대로 짧게 쓴 시이고, '더듬이 시'는 더듬더듬 목표를 향해 끈질지게 실험적으로 쓴 시들이다. '단박 시'가 300편이요, '더듬이 시'가 또한 300편이다. '단박 시'에는 극히 짧은 단형시들로서 대개 5행 이내가 많은 편이다.

『삼삼한 시 깜깜한 시』의 전집에서도 이와 비슷한 단형이 많은 편이다. 시인이 노년의 예지와 절도에 더 많이 기울어져 있음을 뜻한 것이라고 하겠다.

위의 「삼삼한 시 깜깜한 시 9 · 썰물」은 시의 은유와 탄력이 있는 수준작이다. 밀물처럼 밀려오고 밀려와서 내 발끝까지 와서는 어찌 한 많은 말을 내뱉지도 못하고 맴돌다가 간 것인지, 못간 것인지? 이 세상에 태어남을 더는 묻지도 못했던…… 젊은 날의 그 염병(전염병)! 진헌성 시인의 부친에 대한 인간적 고뇌가 응축된 작품으로 이해할 수 있을 것이다. 밀물과 썰물은 서로 순환되어야 하건만 시인에겐 썰물이 없고 밀물만 고인 비애인 것이다. 진헌성의 시에는 사적인 감정의 테마는 많지 않은 편이다. 그는 거의 지적인 의미 집중의 시에 있었다. 그러나 이 작품처럼 개인적인 감정의 소산이 더러는 여물어 터지고 있음을 본다.

5 유물론과 과학정신

무신론이 신과 대립된다면, 유물론은 관념론과 대립된다. 모두 물질과 정신 대립의 관계를 형성하면서 실존주의를 보게 한다. 기독교적 유신론의 실존주의에 대하여 사르뜨르 한 파는 무신론적 실존주의로 나아갔고, 널리 알려진 것처럼 선구자 니체는 '신은 죽었다'고 선언한다. 하이덱커의 존재론도 신이 없는 무신론이라고 한다.

오늘날 인간은 자유이고 또한 스스로 책임을 지는 존재이다. 종교와 정치의 권위가 신성시되는 곳에는 이를 저항하는 자유시인들이 있었다. 19세기의 위대한 시인들은 다소간의 차이는 있을지언정 거의가 이단적이었다. 불세출의 시인 워즈워스가 영국의 낭만주의 운동을 촉발시켰다면, 뛰어난 시인이며 비평가였던 셸리는 공공연한 무신론자였다.

존재 또는 물(物)이 먼저 있었고 중요하다고 여기는 유물론은, 영혼이나 정신 따위를 부정하고 우주 만물의 궁극적 실재를 물질뿐이라고 보는 이론이다. 마르크스주의의 역사관은 역사적 발전을 유물 변증법의 관점에서 유물사관을 설명한다. 정신적인 존재를 '공상의 소산'으로 볼 때, 과학정신은 새로운 공감대를 얻게 되며 과학 발달의 교두보가 된다.

아리스토텔레스는
"모든 사물은 목적과 그 완성에 있다."했다

종교의 끝도
영락에 있다 했다

플라톤이 "깃털 없는 두 발 동물이 인간이다."
했더니
어떤 장난꾼이 닭털을 뽑아
'플라톤의 인간'이라 불렀다듯

장수학의 과학은 종교의 이종형 뻘이겠다

영락은 구체적으로 뭣일까?

잘 먹고 잘 놀며 근심 없이
흐뭇지게 오래오래 안 아프고 안 죽는 것,
하느님 곁에 가 산다 해도
이것 뿐 더 있으련?

영혼의 끝이 어찌 메슥메슥하다
깊디 깊은 바닷물처럼!

—「더듬이 시 190 · 싱거운 세상」 전문 (전집 제6권『단박 시와 더듬이시』)

그리스의 대철학자 아리스토텔레스와 플라톤이 인용되고, 인간의 장수와 영락(永樂)이 제기된다. 진헌성은 그의 『글쓰기의 새로운 지평』(2010)에서 "장수의 염원이 영생의 종교를 만들어 복제의 밈(비유전적 수단으로 전달된다고 간주되는 문화요소)을 행하고 있다. 하늘 곧 우주를 탐색하는 것은 실은 장수의 염원에서 유래했는지도 모른다. 장수를 염원하는 사기 제1호가 종교라고 나는 생각한다."(146쪽)는 견해를 밝힌다.

인간의 장수와 영락에 대한 궁극적인 의문을 가식 없이 드러나게 한 것은 냉철한 이성적 판단이며 과학정신이다. 그러면서 마지막 종련 "영혼의 끝이 어찌 메슥메슥하다/깊디 깊은 바닷물 맛처럼!"에서 비유를 얻는다. '깊디 깊은 바닷 물맛' 그것은 아무리 퍼내어도 끝이 없는 인간의 한없는 욕망의 샘인 것이다.

일찍이 김수영은 "시인의 스승은 현실이다" 하였고, 「시여, 침을 뱉어라」에서는 "형식은 내용이 되고 내용은 형식이 된다. 시는 온몸을 밀고 나가는 것이다"라고 하였다. 진헌성은 온몸으로 시를 쓴다고 할 것이다. 그의 '온몸의 시'는 모든 지식과 감성, 궁극적인 가치의식을 함께 밀고 가는 달구지였다. 이 시의 제목이 '싱거운 세상'으로 되어 있는데, 실은 '역겨운 세상'이란 뜻의 역설적 표현이겠다.

진헌성의 후기시에는 과학정신에 의한 단형시가 적지않은 열매들을 달고 있다.

〔A〕
태양계가 은하수 반경의 3분의 2에 위치하고
태양과 1억5천 만km 거리를 둔
적당한 지구 질량이라 할지라도

하늘의 떠돌이 소행성들을
46억 년 동안 몸으로 막아온 지구의 파수꾼,

목성은
하늘에 거하시는 지장보살님!

―「단박시 46 · 목성」 전문(전집 제6권『단박시와 더듬이시』)

〔B〕
신학자 폴 틸리히는
하느님은 '존재의 근거'라 곧 창조주가
근거라 하나
내 보기엔
우주는 물리적 성상일 뿐
무의식한 존재다
뭣하러 창조되었는지 알기나?

―「단박시 177 · 우주」 전문(전집 제6권『단박시와 더듬이시』)

[A]의 「목성」은 태양으로부터 다섯번째로 가까운 행성이고, 태양계의 행성 가운데서 가장 크다. 금성 다음으로 가장 밝은 별이기도 하다. 덕성(德星) 세성(歲星) 등으로도 불리운다. '지구의 파수꾼'이니 '지장보살님' 등의 구절은 이런 지구와의 관계를 말한 것이라고 하겠다.

[B]는 미국에 귀화한 독일의 신학자 폴 틸리히의 '우주 창조론'에 대한 견해를 꼬집은 내용. "우주는 물리적 성상(星狀)일 뿐/ 무의식한 존재다"라는 과학적 신념의 견해인 것이다.

시는 본래가 '언어의 유희'에서 출발해서 지금도 언어적 리듬과 그 폭발 감각에서 예술혼의 본질을 찾는다. 진헌성은 시의 이런 본질을 빌려 자신의 사상적 템포를 시에 담는다. 내용이 평이하면서도 뜻있게 읽힌다. 그는 역시 시인이요 과학자였다.

태산 준령의 고목이라도
내가 만승의 임금이다 웨대는 나무는 없다
오직 우거진 숲 속 두루 벗하며
아예 성목요일 없고 나를 성스런 나무로 벌지 아니하고
초록빛 초름치 아니 한결같다

높이 산 오를수록
더욱 키 낮춤하고
아담과 이브보다 먼저 세상을 열었으되
뉘 죄를 기다리지 아니하며
내 길 내 걸어 말 물어나르지 않으며
남의 앉은 자리 앗거나
내 푸름으로 남을 꺾지 않고
내 나이테 몸집만큼
여린 짐승들 집이 되어 주되
내 집을 더는 짓지 아니하며
이슬비로 목 축여 생애가 한뎃잠에 족해 살며
연염(煙焰)도 미련하듯 꿋꿋히 맞고
고산 준령에 서되 만상을 관리하지 아니하며
나를 사랑하는 것이 너를 위한 십자가가 되느니 십자가라
웨대지 아니하며

나무는 아담과 이브 적 자손만으로도 흡족하고
또 다시 마리아의 태중에 독생자를 품지 아니하며
앞선 세상과 뒷세상의 자손들 가르지 아니하고
내가 못으로 서되 피를 부르지 아니하며
맨발로 땅에 사즈다(이슬람 집단 인사)하고 머리 위엔 헤진

구름의 차도르를 얹되
하늘의 님과 흙의 임으로 차별치 아니하며
지수 화풍의 본래로 돌아감을 큰 보리의 은혜로, 또 비바람
을 내 비손의 홀로, 낳은 땅을 곧 무덤으로 삼으려니

설상에 의연히 견디되 엎디지 아니하고
기고만장하는 사시사철의 훈유(薰猶)를 너그러움으로 보양하고
만개된 만삭의 은하를 내 만유의 꽃이듯 기꺼워하여
아픔과 슬픔을 사리의 고갱이로 삼느니

나무로 하늘과 땅 사이
남을 빗대서서
그 나머지 빈터가 곧 나이리

빗대선 넓이를 하늘 가지로 펴
잎들 나붓나붓 돋아내 경으로듯 읊느니

'하느님'이란 말을 끄집어 내며
남을 구원한다는 나무는 하나도 없음이
곧 숲임이라

나무여, 오늘 네게 여러 물음 하니

왜 하느님은 창조를 하셨는지?
왜 사람을 당신님 형상대로 만드셨다는데 가지가 여럿이며
혹 당신님 형제가 여럿 때문은 아님인지?
왜 독생자를 보내되 하필 유부녀의 배를 빌릴 까닭이 무엇이며
이브의 태중과 마리아의 태중아의 차이는 무엇인지?
한 아버지에 다름없음이거늘
왜 에덴동산과 독생자의 고향이 거듭거듭 피를 면치 못하는지?
혹 우주인이 있다면 지구중심주의 경서들에 티가 되지 않겠는지?

왜 농부에겐 뙤약볕에 서라 하고

신들은 샅갓배미든 밭뙈기엔 안 계시고
괭이 든 하늘밭 없으신지?

요순의 나무여, 물음에 이르거든
세상에 두 발로 걸어 나가
네 벌은 가지에 실과를 매달되
열매로 하여 세상을 다그치지 말지니

상상의 숲은
언제나 새로움의 시작만 있는 싹이요
낯설고 힘들되 다그쳐 가야 할 미래로
상상은 벗어남의 나무로
내일 더 큰 하늘을 얹되 한결같음이로다.

—「상상의 숲 · 301」 전문(전집 제5권『상상의 숲』)

전집『상상의 숲』(2008)은 연작시 301편이 수록된 시집인데, 이 시는 그 마지막 301편째의 작품이다. 언어의 호응과 시상의 충만감이 구체적 표현을 얻고 있어 진헌성 문학의 수작이라 할 만하다.

이 시는 분량이 긴 편이지만 단락의 편제는 비교적 분명하다. 이 시의 내용을 요약하여 보이면 다음과 같다.

(1)전반부(1~8연): 하늘과 땅 사이의 나무의 미덕
(2)중반부(9~11연): 나무여, 너에게 묻는다. 하느님의 인간창조
(3)종결부(12~13연): 요순의 나무여, 내일 더 큰 하늘 얹으리.

이 시의 전반부에서는 '웨대는' '초름치' '한뎃잠' 등의 독특한 어휘가 나온다. 그리고 어순의 호응을 '아니하며'가 7번이나 받아내며 나무의 미덕을 강조한다. 그의 풍부한 시상의 전개가 여기서 이랑을 파내며 구비치는 효과를 낸다. 이 시는 종결부의 결론보다는 전반부부터 장대한

깃을 치는 것처럼 눈과 마음을 사로잡는 것은 이 때문일 것이다.

중반부에서는 "나무여, 오늘 네게 여러 물음하니"(9연)로 단초를 열었으며, 종결부에 가서도 "요순의 나무여, 물음에 이르거든"(12연)으로 전체적인 내용 흐름을 이끈다.

고산 준령의 대자연 세계는 여전히 매력적인 시혼의 영역이다. 마음의 영명성(靈明性)이 거기 있기 때문이다. 이 시집의 '초꼬슴말'에서 진헌성은 과학에 관한 입장을 다음과 같이 말한다.

> 이제는 신보다 은혜로운 전깃불의 시대다. 조금만 머리를 들면 우주의 본질인 '양자라는 물질이 자유라는 단어와 일치한다'는 것을 인정하고 긍정할 수 있을 것이다. '자유'라는 단어는 문학의 본향이다. '물리적 법칙만 알면 인간도 우주에 동참할 수 있다'는 휠러의 생각에 동의한다.
>
> 과학적 진리탐구는 점점 활발해지고 있다. 과학적 사고 덕분에 인류의 미래는 더욱 긍정적이다. 생명의 연장과 생명 창조뿐만 아니라 다음 지구 복제까지도 '상상의 눈'을 뜨기를 염원한다.
>
> 인간의 궁극적 목표는 '인간과 우주법칙과의 합일'과 '자유라는 이름으로 법칙에서의 이탈'이라는 상반된 염원일 것이다.
>
> 세상 이치는 진실로 지극히 단순하다. 데모크리토스가 말한 그 원자 한 알갱이 속에 우주의 비밀도가 다 들어있고, 세포 한개 속에 지구 생명체의 기억 도면이 모두 들어있다. 영원이란 별것인가. 부증불감의 에너지가 아닌가.
>
> —「초꼬슴말」에서 (전집 제5권『상상의 숲』)

위의 글은 비교적 명료한 논리를 세우고 있다. '양자=자유'라는 개념으로부터 '원자=우주의 비밀도' '세포=생명체' 등 인간과 우주법칙이 가까이 있음을 밝힌다.

진헌성의 시정신은 우주에 존재하는 모든 것의 '만유의 사랑'에 있으며, 그것은 '인간과 우주법칙과의 합일'을 들고 있다.

「상상의 숲 · 301」에 '내 만유의 꽃'(5연)이란 바로 이를 지칭한다. 이 시에서 '태산 준령의 고목'(1연) 등 대자연의 예찬을 아끼지 않는 것도 그것이 우주 본질이기 때문인 것이다. 신이 절대세계라면 우주는 물질의 법칙에 따라 상대세계로서 시간, 공간, 숫자, 형태, 정보, 소리, 빛, 먼지, 음양, 자장 등이 제 뜻대로 오를 수 있는 법칙의 세계로 본 것이다.

『세반 데니소비치의 하루』로
솔제니친은 노벨문학상을 수상하다
그 전에 '콧수염을 기른 자라' 스탈린을
풍자했다 하여
그는 11년의 유배 생활 뒤 모스코바에 돌아와
그의 8년의 수용소 생활보다 긴
9년간의 각고 끝에 『수용소 군도』를
1965년에 탈고하다

거기 '도코디아가'란 은어는 곧 죽을 사람을 지칭했다
소련의 수용소에서 수백 수천만 명이 고문으로
죽어 나갔는데
수건을 입에 물리고 등이 휘지게 양뒷다리를
묶어 굶긴 채 닷새쯤 방치한 수법도 있었다는
실지 상황을 적나라하게 고발한 작품이
『수용소 군도』

스탈린 시대보다 처절한 세월이 존재함에도
살상무기 밖에 없는 동토임에도
지금 한국의 잘난 좌파의 고발은
포구를 어느 쪽에 두른 포문인지 엉터리도
유반부동…
—「삼삼한 시 깜깜한 시 25 · 엉터리포문」 전문 (전집 제7권『삼삼한 시 깔깜한 시』)

소련의 소설가 솔제니친을 통하여 한국 좌파들을 지칭하고 있는 이른바 사회고발의 작품이다. 솔제니친의 실제적인 사실을 적시함으로써 가장 확실한 증명을 보인다.

이 시의 끝은 "엉터리도/ 유만부동…"이라고 최종 판단은 독자에게 넘긴다. "엉터리도 정도에 넘치는 것 같은데 독자들은 어떠시오?"의 수법인 것이다. 독자에게 넌지시 넘기는 이런 표현법은 상당히 곳곳에서 관찰된다.

이 땅의 좌파 또는 종북세력은 이른바 무제한의 자유에 있을 것이다. 이들의 본보기는 사고가 거의 완벽하게 자유로웠던 옛 그리스 문명에 있고, 권위에 맞선 이성의 투쟁은 근대사의 결정적인 승리처럼 되었다. 사상의 자유가 인류진보의 원칙이라고 믿기 때문에 국가의 존재 이유와 그 권리를 안중에 두지 않는 자아도취의 풍속이라고 할 것이다.

6 예술혼과 박학다식한 현대판 서정시

오늘날 우리 시단은 시의 예술성이란 이름으로 뿌리 없는 언어들이 범람하고, 아무 근원이 없는 말의 장난 같은 데도 시의 특성상 그것을 첨단으로 떠올린다. 그런가 하면 한편에서는 전통적 리듬 속에서 시의 유령을 낚는 모험으로 진척하는 경향을 보이기도 한다.

한국 최초의 현대시인 이상은 여전히 시의 우상이다. 그는 이른바 낯설게 하기의 기법으로 화학 방정식, 의학용어, 거꾸로 된 숫자, 해괴한 실험도면, 띄어쓰기의 무시 등을 감행했다. 그러나 이상에 대한 작가적 신뢰는 그것이 아니고 그의 시와 소설은 기본적으로 매우 세련되고 정치한 묘사에서 출발되고 있음인 것이다.

그러나 한편으로는 정지용 서정주 등 시성으로 일컬어지는 거봉이 있음을 상기해야 할 것이다.

주지적 서정시는 우리 시대의 최소한도의 안전판으로 자리 잡아 온 셈이다. 시의 파탄으로부터의 위험을 막는 작용이 거기 있다고 보기 때문이다.

가령 이형기의 제작론이나 혜성같은 이미지 창출, 성찬경의 광물성 소재에 의한 문명시인의 이미지, 김광림의 현대문명의 소산인 기중기 등 사실의 직관 등이 사례가 될 것이다. 그러나 그것도 잠깐 사이로 한 세대를 뛰어 넘었고, 시단은 여전히 격류 같은 파탄이 소용돌이친다고 보아야 할 것이다.

진헌성은 우리 시단의 불확정성의 시대 또는 불연속성의 시대에 비교적 조용하면서 장중한 시의 길을 정진해 온다. 그는 직업인 인술과 과학 철학의 심해를 항해해서 현대의 문명인식과 사회적 내면의 이념들을 과감히 시에 끌어 올렸다. 그것은 자연과학자의 시야에서 보는 그만의 칡넝쿨과 같이 뻗히고 또 엉킨 전혀 새로운 현대시의 질감이었다.

시가 순수한 감성의 소산으로서 인간의 희로애락의 산물이라는 오랜 관점도 그의 지식적 사고력과 과학자의 논리 앞에서 아주 무력해지고 말았다. 그에게 현대시는 이 시대의 문화수준과 형이하학에 알맞게 변화되어야 할 청초한 메시지였다.

진헌성은 무신론, 유물론, 천문학, 과학정신 등 현대철학과 문화의 큰 대륙붕에 출몰하면서 문학의 중심축에서 오래 잠자고 있던 하느님, 영혼 등 정신주의와 영원주의 등을 물질의 법칙으로 질타했고, 과학적 사고에 의한 반(反) 종교적 논리를 비교적 분명하게 드러냈다.

그는 그의 「문화인식의 새 지평」에서 "기상천외한 포스트모던적 패션문화가 창궐할지라도 정신문화만은, 질적으로 단순한 물맛 같아야 한다고 생각한다. 문화는 그 토양에 맞게 터 잡은 삶을 편안케 하는 일체의 시공간적 생활양식이라고 본다." 면서 지금까지의 유신(唯神)에서 평명(平明)으로 나아갈 것을 역설한다.

진헌성은 구태의연한 서정시인을 탈피하여 질과 양을 모두 갖춘 대기(大器)의 시인이며 우리 현대시의 문학적 가능성을 끊임없이 확장해 오는 시인이라고 하겠다. 그는 투철한 예술혼의 소유자로서 박학다식한 현대판 서정시를 개척하는 시인인 것이다.

팔월 한 달은
하늘도 강철로 휘어
세상 양심도 낯 뜨거운 달

하늘에 불났다. 일제히 웨대는
미루나무의 매미들

쑥국새는 못 살겠다. 반봇짐 싼지 오래
'앗 뜨거 뜨거!'
뒤웅박 논물에 덴 뜸북새
입천장 활짝 벗겨졌나 울머금 잦아

햇발조차 이질배피 났나
죽사발 돼 꽈리밭에 시뻘건 피똥 누어

마당에 넌 콩깍지도 땡볕에 튕겨
지붕에 오른 수탉 홰치게 때려

팔월은 로마를 불낸 모자란 네로도 신명난 달

전에는 볼셰비키 붉은 깃발보다
스타린 콧수염 쓰다듬던 시절
그 팔월은 강철로 하늘도 휘고
팔질(八耋)도 죄라서 다랑이에 꾀벗기는
몰몰아 수미산 염라대왕도 꽃구름에 쉬는 달

달 중의 제왕인 달

—「더듬이 시 53 · 팔월」 전문 (시전집 6권『단박시와 더듬이 시』)

팔월의 땡볕을 현대의 지성으로 새롭게 노래한 현대판 서정시이다. "하늘도 강철로 휘어"(1연)로부터 시작된 비유가 폭군 네로, 스타린, 염라대왕 등으로 진행되었고, "달 중의 제왕인 달 팔월"로 끝을 맺는다. 전통적 기법에 의한 현대시의 확장을 보인다.

진헌성의 민족어의 활용과 완성을 향한 노력도 시선을 모은다.

① 웨대는: 외쳐대는(고어)

② 뒤웅박: 쪼개지 아니하고 구멍만 뚫어 속을 파낸 박

③ 울머금: 울상이 되어 자꾸 울 듯한 짓을 하다.

④ 이질배피: 이질로 인한 똥에 곱과 피가 섞여 나오면서 뒤가 잦은 병(방언)

⑤ 팔질(八耋): 여든 살. 팔순

⑥ 꾀벗기는: 발가벗기는

⑦ 몰몰아: 모두 한데 몰아서

진헌성이 누구보다도 당대의 폭넓은 지성과 현대시의 새 수평을 반영하고 있지만, 또한 향토의식과 민족어에 토대를 두고 있는 것은 그의 예술혼 때문이다. 그의 좋은 시의 하나인「상상의 숲 · 282」에 는 "어미소 쇠앙치(송아지의 방언) 낳던 깜깜한 그뭄밤"이 나온다.

시인은 외가에서 출생했고 외가에서 성장기를 보낸다. 이 시기의 체험이 진한 향토의식과 토속어의 뿌리가 고난을 통해서 '짠한 정'에 스며들었으리라. 이 예술혼의 요람에서 그는 다시 자연과학자의 지적 대폭발을 하게 된다.

앞에서 언급한 바 있었지만, 진헌성은 단형시에서 또 하나 예술혼의

절정에 선다. 어쩌니 해도 시는 원초적으로 단형의 본질성과 그 매력을 관습해온 장르인 것이다. 소품이 갖는 고도의 집중도와 긴장감을 볼 수 있다.

〔A〕 나무는 제 키를 둘러 봐
먼발치 뒤뿔치는
늘 크거나 작은 제 그늘.

—「삼삼한 시 깜깜한 시 46 · 자성」 전문

〔B〕 누가 주워 들어도 되는 수류탄이다.

—「삼삼한 시 깜깜한 시 98 · 민중주의」 전문

〔C〕 니가 세상을 악물고 있는 이상
내가 선인일 수 없다.

—「삼삼한 시 깜깜한 시 182 · 어금니」 전문

〔D〕 세상 먹다 남긴 하악골

—「삼삼한 시 깜깜한 시 186 · 낮달」 전문

아무렇게나 뽑아본 것이지만 시가 이쯤 이르면 독자는 즐겁게 된다. 감성과 지성의 응결이 서리발처럼 내려져 있기 때문이다.

〔A〕 는 '자성(自省)'이다. 나무가 제 그늘을 가지고 있듯이 사람도 '먼발치'의 자성이 있는가 하면, '뒤뿔치기'(자립하지 못하고 남의 밑에서 고생하는 일)의 자성이 있다. 크거나 작은 나무 그늘 같은 나의 자성이다(은유법).

〔B〕 는 '민중주의'가 제목인 단 1행의 시. 민중이 역사의 주인이라는 말은 아직은 가능성의 한 표현에 불과한 것으로 보는 경향이 많다. 그러나 '민중'의 도발은 지금도 계속된다. 그래서 "누가 주워 들어도 되는 수류탄"인 것이다.

〔C〕는 '어금니'에 대한 이미지. 억세고 모진 어금니에 대한 상대성의 원리로 대조법의 시가 되었다.

〔D〕의 '낮달'에 대한 시는 적지않은 편이다. 그러나 "세상 먹다 남긴 하악골"이라니(은유법). 하악골(下顎骨)은 "아래턱을 이루는 말굽 모양의 뼈. 즉 아래턱뼈"이다. '어금니'도 그러하지만 '하악골'은 인체의 의학용어에서 힌트가 왔을 듯하다.

시전집 제7권 『삼삼한 시 깔깜한 시』(2011)에는 727편의 시가 800여 쪽에 실린 방대한 시집이다. 앞에서 말한 무신론, 유물론, 과학정신, 우주의 시야는 물론이요, 동서양의 역사, 철학, 현대의 사회현상, 광범위한 그의 독서영역과 체험세계 등 현대 지성인의 시의 정명(精明)이 금광처럼 채워져 있다. 진헌성은 "시는 시다워야 한다"는 시의 관습을 뛰어넘어 그의 신대륙을 향해 도킹한다. 다음은 형식이 조금 길게 잡힌 작품을 보기로 한다.

살아도살아도 왜 사는지도 모르면서
아둥바둥 죽겠다 살겠다 끝없이 안타까운 삶을
보태겠다 나댐이
정말 내가 내게 중독된 병 아니고서는 할 수
있는 일일까?

나자마자 미생물부터서 구더기까지
죽는 게 싫지 사는 게 싫으냐며
그냥 일심 하나 무의식적 충동의 본태성 질병
이 아니고서는 어찌 그 부대낌을 다 견더 낼
수 있었을손가

이 삶을 이해하는 폭과 길이를 더해줌이
책이며 예술이며 역사 문화지만

고집불통의 고정관념을 심화시키는 원리주의적
종교관은
아집 제국의 성채를 되레 담쌓아 올려 놔 그것도
솔찬히 중독병인 성 하다

들어오면 빠져나가지 않는 수은이라도
해독제는 있는데
늙어 대뇌가 텅 비어도 악어적 중뇌만 남아
옹고집 패왕의 저 카다피의 모형이

내가 내게 중독돼 삶의 내 해골 속
되디된 똥죽 다 됐음 직하다.

―「삼삼한 시 깜깜한 시 240 · 나란 중독병」 전문

이기주의가 발달한 현대인을 성찰하고 있는 작품이다. "아집 제국의 성채"(3연)에 있는 '나란 중독병'을 고발한다. 수은이라도 해독제가 있는데, "옹고집 패왕의 저 카다피의 모형"이 우리에겐 너무 깊이 박혀있음을 증언한다.

진헌성의 체험은 그의 시에 알게 모르게 당의적 기여를 하고 있음을 본다. 체험은 본래 충격적 의미를 작용하게 하며, 시적 상상력을 자극한다. 시인의 의식지향은 자신의 세계를 재구성하게 되고, 하나의 시적 우주가 탄생한다. 진헌성은 그의 생애에서 그의 시가 탄생하면서 그의 시적 우주도 떠오른 것이다. 그는 달나라가 아닌 화성에서 온 시인이라고 하겠다.

끝으로 김소월과 서정주에 대한 시인의 소회 일단을 보기로 한다.

〔A〕 "부르다가 내가 죽을 이름이여!"
못 잊어 또 부르다 죽을 그 이름 소월이여!
"배달나라 건아야 나아가서 싸호라"던

조만식의 제자 네가 왜 죽지야?

내가 아픈 하루여!

―「삼삼한 시 깜깜한 시 636 · 소월! 내가 아프다」 후반부

〔B〕 "나는 아무것도 뉘우치지 않을란다"라
염라 대왕 앞에 불려 가서도
뒤안길의 언어 요술의 능간쟁이 어눌한 천치
더덤이련

선덕 여왕을 쬐끔 사모한 죄라서
대왕도 이승서 그 산 이름들 사그라질 때까진
좀 기다리라고
그래도 이승과 저승 삼십삼천을 모다
이죽거려 놓던 손오공 격이라서
하늘의 구름을 죄 모아도 번안할 수가 없어
노벨상도 당아 먼 먼 뒤안길에서도 못 주고 있을거다.

―「삼삼한 시 깜깜한 시 637 · 삼십삼천에 불려간 시인 서정주」 후반부

〔A〕 는 제목에서 시사하고 있는 바와 같이 김소월의 죽음을 애도한 내용이다. "2녀4남의 가난한 가장으로 살다/ 끝내 못견뎌 술에 아편을 타/ 설흔 두 해로 끝낸 그"(2연)가 핵심이라고 하겠다.

〔B〕 는 '비유법의 구름재' '점쟁이' '냠냠냠냠' '어눌한 천치' 등의 용어에서 보듯 서정주를 보는 자연과학자의 시각이 약간 다르다. 제목 "삼십삼천에 불려간 시인 서정주"의 '삼십삼천(三十三天)'은 불교에서 욕계육천(慾界六天)의 둘째로 수미산 위에 있다는 천계(天界), 도리천이다. "이승과 저승 삼십삼천을 모다/ 이죽거려 놓던 손오공격" "노벨상 당아 먼 먼 뒤안길에서도 못 주고 있을 거다" 등을 보면 긍정과 부정이 섞여 있다고 하겠다.

시의 세계인식에서 동서양을 막론하고 철학이나 시의 중요한 과제로 되어온 것을 든다면 아마도 인간의 존재(Sein)에 대한 규명이었을 것이다. 미당시는 그것을 민족의 특유한 정신이나 풍속인 에토스(Ethos)의 영원성에서 구하고자 했다.

진헌성의 시는 여러 평설이 있기는 하지만 아직 어떤 정설에 이르지는 않은 것 같다. 무엇보다도 방대한 분량이고, 전집으로 된 편집체재 등 일반의 접근이 어려운 점이 적지 않을 것이다. 그러나 그의 시가 우리 현대시에 새로운 영역의 확대로서 매우 긍정적인 효과에 있음을 나는 정리하고자 했다. 진헌성은 어떤 의미에서 문단 외곽에서 웅거하고 있는 시인이며, 우리의 연구의 대상이 아닐 수 없었기 때문이다.

문학은 다소간의 차이는 있을지라도 시대정신의 반영이다. 현대의 깊이있는 모순과 정면으로 맞서고 있는 그의 작품세계는 앞으로 더욱 관심의 대상이 될 것이다. 또한 문학은 발표되는 순간부터 작가를 떠나 독자의 것이 되며, 그 사회의 정신적인 문화재로 자리잡게 된다.

진헌성의 시는 미래의 가능성과 충분히 연관되어 있는 시세계로서 우리는 이 겸손한 시인을 뜻 깊은 독자들에게 맡기고 대망해도 좋을 것이다.

—≪시문학≫(2012년 1~2월호)

제2부 다시 읽고 싶은 시

정상순의 「초월(初月)」

살얼음 시선(視線)은
무심한 계절을 두고 두고
내 화상(畵像)의 무너진 편흔(片痕).

수전(水田)에 목 잠긴 울음을
푸성귀처럼 키워놓고
돌아와 인연없는 이 지명(地名) 아래 서서
산울림만 핥아먹던 노오란 기억이
저녁답엔 수수깽이처럼 가슴 칩다.

— 옛날에 꽃이 되었던 혼이 나를 몰고 어디론가 떠내려 가누나 —

주룩주룩
흰 새가
날개 소리를 퍼붓다 돌아간 흔적 위에
인심을 묻기엔 너무 미온(未穩)한 강물이 번져드는데
두 손 맞잡고 행길에 나앉아
구약(舊約)을 펼쳐든 카암캄한 기도.

— 환야(幻野)가 하늘보다 멀—다.

인제는 피를 꺼리는 눈 가장자리로
파르르——————
경련이 바람 불어난 저어기.
내 혈관이 돌을 이고
하이얗게 웃고 선 모습.

미수(未遂)가 칼을 갈아
강물에 던지고 간다.

— 1959년≪자유문학≫7월호

정상순(鄭祥順, 1937~)은 경북 청도에서 출생하였으나, 8세 때부터는 부친의 고향인 충북 옥천군 군북면 이백리에서 성장한다. 옥천여고를 거쳐 국학대학(현 고려대) 국어국문학과를 졸업하였으며, 고원혁(高元赫)과 결혼하여 1남 2녀를 두었다.

정상순은 22세의 약관에 ≪자유문학≫에서 「초월(初月)」(1959. 7), 「내일을 향한 Octave」(1959. 10), 「종각(鐘閣)」(1960. 6) 등의 작품으로 문단에 데뷔한다. 그의 화려한 데뷔는 곧 대학에 장학생으로 진학하는 길을 열었다. 그는 이어 ≪자유문학≫에 「후가(後歌)」 (1961. 1), 「단풍」(1961. 11), 「빌딩 설화」(1962. 12) 등을 연달아 발표한다.

당시 김규동(金奎東) 편저로 한국신예여류 시인선 『사색과 영원』 (한일출판사, 1962)이 나왔는데, 정상순은 「갈대」「단풍」「바위」「후가」「영원한 노래」「종각」「메밀잠자리」「내일을 향한 Octave」「코스모스」「초월」 등 10편을 발표한다. 그는 이때 대학 4학년 재학 중이었다.

『사색과 영원』은 20대 여류시인 선집이었다. 김선영(현대문학), 김숙자(자유문학), 김지향(시집), 김하림(자유문학), 김혜숙(현대문학), 김후란(현대문학), 김희선(자유문학), 박명성(현대문학), 박영숙(시집), 박정희(현대문학), 왕수영(현대문학), 정상순(자유문학), 최봉희(자유문학), 최선령(자유문학), 추영수(현대문학) 등 15명의 신진들이었다.

정상순은 학교 졸업과 결혼 등으로 이어지면서 한국 여성들의 일반적인 관습처럼 작품 발표가 끊어지는 계기가 되는 것 같았다. 문인주소록 같은 데서도 그의 흔적은 지워져 갔다. 필자가 그를 만난 것은 70년 전후에 대전에서였는데, 그때 그는 결혼해서 아이를 데리고 있었다.

정상순의 시집 『막사발 주린 그리움』(오름, 2005)이 나온 것은 그가 문단에 나온 지 46년만이었다. 시집 출판기념회는 이근배, 김지향 등 옛 문우들도 참석해서 축하해 주었다. 어딘가 숨어 있었던 옛 시인이 돌연히 등장한 그런 자리라 할 수 있었다. 이번 시집에는 그의 추천작품을 비롯해서 합동시집 『사색과 영원』 등의 초기작품들은 거의 수록되지 않았다. 그의 초기시와 그 이후의 작품으로 보이는 시집 『막사발 주린 그리움』에는 적지 않은 시경향의 차이가 있다. 어찌보면 한 세대의 차이라 할 수 있을 것이다.

정상순의 초기시는 모더니티에 기반을 둔 시들이라 할 수 있다.

30년대에 뛰어난 이론으로 각광을 받았던 모더니즘은 한국전쟁 때, 김기림 정지용 등을 잃고 주춤하기도 했다. 그러나 ≪새로운 도시와 시민들의 합창≫(1949)에 나타난 박인환, 김수영, 김경린 등 후반기 동인들의 정신은 물러서지 않는다. 그들은 ①현실 상황과 현대의 도시문명을 즐겨 다루었고, ②외래어와 문명어를 많이 사용했으며, ③이미지와 관념의 조화로 새 시대의 유행성을 열었다. 그들은 청록파와 인생파의 주정적인 경향에 대하여 반기를 들었다.

그들은 30년대의 모더니즘을 계승하고, 현실상황에 관심을 갖되 밀도 짙은 감각으로 이미지를 영글게 하려는 것이었다. 김경린의 선언서에는 "저속한 리얼리즘에 대항하기 위하여 출발한 현대시는 또한 우연하게도 놀라운 속도를 갖고 온 지구에 전파되었다" 또는 "시는 결국 전진하는 사고인 것이다" 등의 문맥이 보인다.

모더니즘은 1950년 한국전쟁으로 인하여 한층 열기를 불어왔다. UN군의 주둔, 전쟁의 극한상황, 모든 문명의 기구가 동원된 험난한 전쟁은, 모더니즘의 위풍에서 아무도 벗어나지 못하게 했다. 1.4후퇴 후 부산에서 이들은 김규동 조향 이봉래 김차영 조봉제 등 후반기 동인에 의하여 더욱 확대된다. 김규동의 시집 『나비와 광장』(1954), 『현대의 신화』(1958), 박인환의 『박인환 선시집』 (1955)을 비롯하여 김수영의 작품들은 각광을 받는다. 김수영은 유행성, 시사성을 탈피하고 설익은 생경성을 극복했다는 점에서 의의가 있었다.

정상순의 초기시가 당시 50년대의 문단의 기상도와 관련이 있다는 것은, 어쩌면 당연한 결과인지도 모른다. 모더니즘은 시대의 절정과 첨단을 자처하면서 주지주의와 이미지즘으로 나아갔던 것이다. 발랄한 이십대인 정상순의 초기시는 예리한 감성과 지성을 번득이고 있었다.

그러나 일부의 작품들, 예를 들면 「초월」 「갈대」 「메밀잠자리」 「코스모스」 등 일련의 시는 주정적인 순수시에 머물러 있기도 했다. 이는 뒤에서 말하려는 시집 『막사발 주린 그리움』의 시세계이기도 하다.

시 「초월(初月)」은 정상순의 첫 추천작품이다. '초월'은 초승달이다. 음력 매월 초순에 뜨는 달인데, 눈썹처럼 가는 조각달의 모습이고, 초저녁에 잠깐 나왔다가 진다. 웬만큼 재빠른 사람이 아니면 볼 수가 없어 "초승달은 잰 며느리가 본다"는 속담이 있다.

「초월」은 초승달에 대한 이미지가 형상화가 되고 있다. "마음 캥겨온/ 내 화상(畵像)의 무너진 편흔(片痕)", "내 혈관이 돌을 이고/ 하이얗게 웃고선 모습" 등이 그것이다. 가냘픈 초승달은 "내 조각난 흔적"이기도 하고, "하이얗게 웃고 선 모습"이기도 한 것이다. 가엽고 여린 모습의 이미지라고 하겠다.

이 시에 대한 「시천후기(詩薦後記)」는 다음과 같다.

서슬이 푸른 비수를 대하는 것 같다. 초생달에서 "살얼음 시선"을 느끼고, "내 화상의 무너진 편혼"을 보는 이 작자의 감성은 날카롭다 못해 액체산소(液体酸素)처럼 차겁다. 무섭게 번득이는 낱낱의 이메지들은 추리나 판단 등의 논리적인 작용을 거친 것이 아니라, 직관적을 파고 든 것이다. "옛날에 꽃이 되었던 혼이 나를 몰고 어디론가 떠내려 가누나"라든가, "환야(幻野)가 하늘보다 멀-다" 등은 또한 풍부한 상상력을 뒷받침하고 있어 천재적인 소질을 보여주고 있다. 앞으로 요리할 줄 아는 솜씨마저 기른다면, 어떻게 될까… (李仁石)

정상순은 다시 「내일을 향한 Octave」 「종각」 등을 거쳐 3회 추천을 완료하게 되는데, 제3회 추천은 김광섭 추천위원이 하고 있다. 김광섭은 ①잔인하리만치 날카로운 감성 ②직관적으로 파고든 무섭게 번득이는 이메지, ③분방한 비상력(飛翔力)을 들면서 "풍랑이 심하고 끝없는 시의 바다로 떠내 보내면서 한 마디 이르고 싶은 말은, 비수처럼 서슬이 푸른 감성만으로는 큰 고기가 잡히지 않는다는 것이다. 진지하고도 박력있는 발굴정신과 대결의식이 기본적인 요건이라는 점이다"고 애정어린 말을 남기고 있다.

정상순은 광야의 바람소리와 인간의 비애에 더 많이 눈 떠 있었던 것 같다. 그의 「시천료 소감」에는 "시단에 처음 올라온 오늘 —나는 왜 구태여 그 불행한 광대를 기억해 내어야 했는지—줄을 타는 광대…(중략)…광대는 줄을 타며 인생을 살아온 재주꾼의 이름—시인 역시 세기의 첨단에서 위태로이 줄을 타야 하는 도화사"라고 쓰고 있다.

「초월」은 정상순의 성가를 단번에 올린 작품이라고 할 수 있다. 그가 재원(才媛)으로 인정받으며 촉망을 모은 것도 이 첫작품이다. 그러나 그 비극적 이미지는 어떤 씁쓸한 느낌을 지우기가 어려웠다. 시집 『막사발 주린 그리움』에는 연작시「낮달」이 15편이나 된다. 여기 「초월」도 거기 수록되어 있다.

「낮달」에 나타난 '낮달'의 이미지를 보면 "유영(遊泳)하는 그대의 넋"(낮달 · 3), "옥가락지 반쪽"(낮달 · 9) "줄 끊어져 걸려있는/연(鳶)이었나"(낮달 · 5) 등 여러 가지를 보인다. 리힐리즘의 바다에서 출렁이는 비가과 할 수 있을 것이다. 그의 예리한 감각적 이미지는 다음 시에서도 절창을 흔드는 감이 있다.

① 삼족(三族)을 멸한
어느 문중(門中)의 반역죄였나
줄줄이 포박되어
공중에 높이 매달려 있네
푸른 머리카락
바람에 흔들리는
저 섬짓한
효수(梟首)

—「겨울 시래기」 전문

② 지금 마—악
강물 박차고 뛰어오르는
비상의 카운트다운
그 숨막히는 출발을 보았는가

천년을 기다려
어느 날 활짝 펴는
승천의 날개

낮달의 하얀 손가락 가리키는 데로
이곳 첩첩산중
대웅전 처마 끝까지 따라왔다가
종소리로 누워버린
안식의 영면(永眠)

전생의 업원(業怨)
다 벗어버리고
알몸으로 우화(羽化)하는
한없이 가벼운 이 목숨

바람 가는 대로
바람 오는 대로
흔들리고 있다.

—「목어(木魚)·3」 전문

시의 감각이 이쯤에 이르면, 누구든 시의 위의(威儀)를 실감하게 될 것이다. 시처럼 언어의식이 강한 장르도 달리 없다. ①이 시각적 이미지로 잡힌 것이라면, ②는 시적 상상력에 의존된 투시로서 사람의 상식을 뛰어 넘는다고 하겠다.

①의 '시래기'는 말린 무잎 또는 배춧잎이다. 아무데나 매달아 놓은 '겨울 시래기'가 죄인의 목을 베어 높이 매달던 '효수'로 비유된 것이다. 시는 대상에 대한 순간적이고 직관적인 반응이라고 할 수 있다. 단도직입적인 충격이 없지 않다.

②의 「목어(木魚)」는 불가에서 범종 법고 편경과 함께 4대 악기의 하나라고 한다. 웅장한 종소리의 청각적 이미지가 "천 년을 기다려/ 어느 날 활짝 펴는/ 승천의 날개"로 시각적 이미지의 공감각적 표현으로 전환되는가 하면, "대웅전 처마 끝까지 따라왔다가/ 종소리로 누워버린 /안식의 영면(永眠)" 등 파탈의 표현미를 보여준다.

한편 "알몸으로 우화(羽化)하는/한없이 가벼운 이 목숨"에서 보듯이 여기의 '목숨'은 시적 화자(시인)의 해탈의 경지를 표현한다. 이러한 시적 사유는 눈부신 시적 공감대에 닿는 것이라고 할 수 있다.

지금까지 보아온 바와 같이 정상순의 시는 "초월—낮달, 겨울 시래기, 목어" 등 어딘가 특수한 것들에서 취재하고 있음을 본다. 또한 거기서 시의성과도 높이고 있다.

그의 시는 대체로 '여성의 티'를 찾기 힘들다. 일반적으로 여성시에는 섬세하고 깔끔한 반면에 좁은 생활의 범위를 벗어나지 못하는 것으로 지적된다.

그러나 정상순의 시세계는 처음부터 여성시의 한계가 잡히지 않을 뿐 아니라, 어찌보면 광활한 자유스러움을 지니고 있다. 정상순의 시정신이 항상 고절(孤節)과 예각(銳角)의 둥우리를 틀고 있음은 무엇 때문일까.

그의 시에 "서른아홉 내 좌절의 세월을 닮은/ 신생아를 낳아 놓고/ 꽃뱀이 된 탯줄을 끊었다"(「꽃이야기」에서), 또는 "지금쯤 핏똥으로 갈겨놓은/ 시어(詩語) 하나/ 담벼락에 엉겨붙어/ 말라가고 있다"(「변주곡」에서) 등은 그의 개성적 표현의 본보기이기도 하지만, 한편 어떤 극렬성 같은 것이 잡히는 대목인 것이다.

끝으로 시집의 제호가 된 작품을 보기로 한다.

내 어머니 묻혀 계신
엎드린 봉분(封墳)이네
뭉싯 떠오르는 보름달이네
선(善)한 쇠눈이네
동짓달 긴 밤
등피 닦아 불 밝혀 논
지등(紙燈)이네
내 아직도
배냇짓으로 빨고 있는
젖가슴이네

고봉으로 퍼 담아도
양에 차지 않은
주린 그리움이네

— 「막사발」 전문

이 시의 「막사발」의 '사발'은 사기로 만든 밥그릇이나 국그릇인데, 아래는 좁고 위는 넓은 모양이다. 여기에 '막—'이란 접두사가 붙은 말이다. 명사 앞에 붙어 '거친' '아무렇게나 생긴' '허드레'의 뜻을 나타낸다. 또 '막노동, 막벌이, 막일' 등에서는 접두사가 '닥치는 대로' '함부로'의 뜻을 나타내기도 한다.

우리 어머니들의 삶은 '거친 삶' 속에 있다고 하겠다. '사발'로 말하면 모양새가 그야말로 「막사발」에 해당한다. 정상순 시인의 상상력은 어머니의 무덤 모양에서 오고 있다. 막사발을 엎어놓은 듯한 봉분, 그래서 "내 어머니 묻혀 계신/ 엎드린 봉분이네"로 이 시는 시작되고 있다.

그런데 이 시는 원관념과 보조관념이 여섯 번이나 반복되면서 어머니를 노래한 현대판 사모곡(思母曲)이다. 다시 말하면 "A는 B 이다"의 원관념과 보조관념이 이퀄(=)의 관계를 이루는 은유법의 구조에 한 편의 작품이 이루어졌다. 이를 도시하면 다음과 같다.

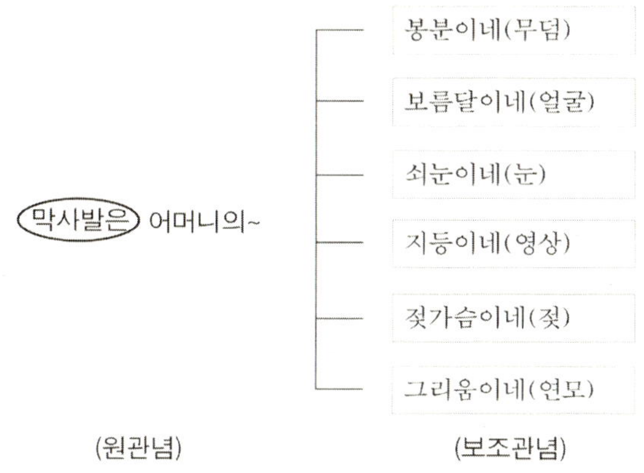

어머니의 사랑은 막사발 사랑인가. "고봉으로 퍼 담아도/ 양에 차지 않은/ 주린 그리움이네"로 이 시는 끝을 맺는다. 밥은 고봉밥으로 담을 수 있지만, 간절한 어머니에 대한 그리움은 아무리 퍼 담아도 양에 차지 않는다는 것이다.

시는 설명이 아니라 직관의 말이다. 직관은 직각(直覺)과 같은 뜻으로, 판단 추리 등의 사유작용을 더 보태지 않고, 사물을 바로 보이게 하는 기능이라고 할 수 있다.

정상순은 이미 지적되어 온 것처럼 천부적인 직관의 소유자이며, 그의 시가 여기서 투명성을 보인다. 정상순의 시는 시의 상식성을 충분히 극복하면서 고공의 시질(詩質)을 드러낸다. 그는 시의 선녀(仙女)였다. 누구보다도 자유분방하고 뛰어난 시정신을 갖고 있는 정상순 시인은 이제 새로운 출발의 선상에서 호흡을 다듬고 있을 것이다.

—≪대전문학≫(2005년 겨울호)

홍희표의 「아침의 노래」

I
다갈색(茶褐色) 안개에 마주서면
또다시 탄생하는 기쁨
물오른 포플라의 활동을,
초하(初夏)의 땅을 가꾸는
부드러운 젖줄의 뒤착임.
은신(隱身)의 어둠 위를 나부대며
앳된 액기(液氣)의 손끝으로
일제히 올라 오르고 있다.

II
기왓골을 밟아오는
금발의 숲길을 헤치며
한 마리 새의 몸짓에
목마름 채워주고
달여울의 맑음을 향해
나래치는 투망(投網)
차거운 미로(迷路) 속을 머물다
꿈꾸는 새눈이여.

III
풀포기를 쫓아간
춤추는 벌나비떼
동녘에 서서
경작(耕作)하는 지혜를,
밝게 흔들리는 근육.

숨가쁜 목구멍의
부푸는 준마(駿馬),
가파른 벼랑 위의 광휘(光輝)를.

Ⅳ
시린 발치의 그늘로
풀리어 오는
생선의 불붙는 눈,
하얗게 깔린 머릿냄새
들끓는 나의 고민의 눈,
점지(點指)하신 물이랑
물이랑으로 정박(碇泊)하는
아침 돛폭을 잡아매고.

Ⅴ
지그시 꽃술에 들앉아
보이지 않는 곳의
몸둘레를 머뭇거리는
나의 눈뜨는 탈바꿈을,
신록 속의 부비는 낱말.
우뚝 선 시위(示威)로
황황히 불줄기를 타고
경쾌한 행진을 하고 있다.

— 1967년≪현대문학≫9월호

홍희표(洪禧杓, 1946~)는 대전에서 출생하여 보문고등학교를 거쳐 동국대 국어국문학과 및 동 대학원을 졸업했다(문학박사). 현재 목원대 국어교육과 교수로 있다.

홍희표는 대학에 재학 중인 21세 때 ≪현대문학≫에서 「내 살결에」(1966. 12), 「봄바람에게」(1967. 5), 「아침의 노래」(1967. 9) 등 3편의 시가 신석초(申石艸)의 추천을 받아 데뷔한다. 그리고 바로 다음 해에 첫시집 『어군(魚群)의 지름길』(1968)을 상재한다. 시풍도 20대의 청순함을 한껏 드러낸 화려한 데뷔였다.

홍희표의 초기시는 그 연령이 동정남(童貞男)이기도 했으려니와 "시어가 또렷또렷하고 청순한 직접 감성이 넘쳐흐른다"(1회 추천사), "그의 시어는 충분히 새롭고 또 매력적이다"(2회 추천사) 등에 볼 수 있는 것처럼 여리고 산뜻한 지성을 머금고 있었다.

다음은 제2시집 『숙취(宿醉)』(1973)의 이형기 발문인데 그의 초기시를 비교적 상세히 표현한 것이라고 할 것이다.

> 『어군(魚群)의 지름길』 시절의 홍형은 한 마디로 청신한 이미지스트였다고 나는 생각한다. 거기 수록된 시편들은 시집의 제목 그대로 이를테면, 동해 바다를 회유하는 일군의 고기떼를 연상케 하는 것이었다. 그 고기떼의 비늘의 번득임은 찬란했고, 또한 그들의 재빠른 몸짓에는 싱싱한 생명력이 넘치고 있었다. 바꾸어 말하면 그것은 구김살없이 밝고 맑은 청춘의 표상이기도 했던 것이다.
>
> — 이형기 「전통미학의 현대적 조명」

이런 홍희표의 시세계는 매우 귀한 것이긴 하지만, 언제까지는 견지하기란 쉬운 일이 아닐 터이다. 우리가 동심의 세계를 어른이 되어서도 지키기 어렵듯이 그의 순수시정도 조금씩 변화하지 않을 수 없었다. 거기에 그의 구원이 있었다고 보아야 한다.

첫 시집이 서구적인 이미지스트였다면, 제2시집은 동양적 리리시즘으로 평가되었으며, 제3시집 『마음은 구겨지고』(1978) 에 이르면, 그는 형이하학적 삶의 체험 속으로 자신을 굴절시킨다.

시 「아침의 노래」는 세 번째 추천작품이다. 아침의 눈부신 탄생과 기쁨을 노래하고 있어 신세대다운 언어의 율동을 느낄 수 있다. 이 작품에 대한 「시추천후기」를 보이면 다음과 같다. 매우 정확한 지적을 하고 있다고 하겠다.

> 홍희표군의 「아침의 노래」는 아침의 청신하고도 약동하는 이미지를 내심의 추이에 따라 선명하게 부각시켜 놓았다. 홍군의 시발상이 많이 내면 추구에 노력하고는 있으나, 대개 상황묘사에 그치는 느낌이 있어 흠이다. 더 좀 상(想)을 응고시켜 심도를 나타내도록 유의해야겠다. 하지만 지적인 언어조직은 매우 고화(高化)되어 있고, 보기드문 참신한 미를 나타내는 것은 좋은 가능성을 보여준다. 훌륭한 시인이 되어주기를 바란다. (申石艸).

그러나 조숙한 홍희표의 시는 험난한 민주화의 시국과 정면으로 직면되어 있었다. 국토분단과 반공 이데올로기, 5.16군사혁명 이후 남한은 32년간이나 군사정권의 독재와 군사문화가 위풍을 떨치었다. 언론통제 속에 김지하 고은 양성우 등 문인들의 수난도 잇달았다.

「뉴욕 타임스」(1987. 7 31)에는 사회참여의 시가 영역되어 소개되기도 했다. 양성우의 「겨울 공화국」, 정희성의 「나는 잊을 수 없다」 문병란의 「미국개와 한국개의 대화」 황지우의 「범죄현장의 일일점검」 등이 그것인데, 주로 광주권의 시인들이었다.

문학의 대응논리는 민족현실, 독재현실, 경제현실 등으로 확산되어 직접적인 폭파작용을 일으켰다. 대학가에서는 데모가 끊이지 않았고, 사회는 공포분위기로 물들어 있었다.

1970년대에 발원한 민중문학의 개념, 1980년대부터 나타난 해체시와 포스트모더니즘은 무두 상황론과 연결되어 있었다.

홍희표의 시세계는 ①제1기 청신한 이미지시(1968~1978), ②제2기 절제율(節制律)의 민중시(1979~1990), ③제3기 토박이의 한밭풍물시(1991~1994), ④제4기 세속과 신성(神性)의 화해시(1993~현재)로 살펴볼 수가 있을 것이다. 특히 제2기는 사회적 현실과 맞닥뜨린 기간으로 "악몽의 80년대를 마감하고, 통일의 90년대를 온몸으로 맞이하고 싶다"(시집 『세상달공 세상달공』 서문)는 표현에서 보듯이 땀과 눈물이 가장 많이 밴 기간이기도 했다. 홍희표의 시세계를 표로 보이면 다음과 같다.

• 홍희표의 시세계

구 분	주 요 내 용	시 집
제1기 청신한 이미지 (1968—1978)	· 청순한 언어로 화려하게 데뷔한 서구적 이미지스트 · 차분히 가라앉은 동양적 리리시즘으로 심화	①『어군의 지름길』(1968) ②『숙취(宿醉)』(1973) ③『마음은 구겨지고』(1978)
제2기 절제율의 민중시 (1979—1990)	· 민중시의 대응전략을 시의 기법에서 활용 구현 · 녹슬지 않은 펜과 자유의지의 파편	④『한방울의 물에도』(1982) ⑤『살풀이』(1984) ⑥『금빛 은빛』(1987) ⑦『모두모두꽃』(1988) ⑧『세상달공 세상달공』(1990)
제3기 토박이의 한밭풍물시 (1991—1994)	· 방언과 향토성으로 접근한 옛 풍물의 감성 · 영원한 주제의 고향 변주곡 복원	⑨『이스렝이 버드내에서춤추며(1991) ⑩『늙은 호박속에는 뭐시 들어있을까 유우(1992) ⑪『보리피리 버들피리 민들레 피리를』(1994)
제4기 세속과 신성의 화해시 (1993—현재)	· 아이러니와 해학시법의 본령을 찾아서 · 자유자재한 탈속의 경지로 화해시 모색	⑫『이 뭐꼬!』(선시집. 1993) ⑬『반쪽의 슬픔』(1997) ⑭『라인강의 취탑』(기행시집.1999)

홍희표는 험난한 시대를 살면서 오로지 작품생활에 몰두하여 문학적 의지를 다듬으며, 창작에 힘써 지금까지 14권에 이르는 시집을 냈다. 이밖에도 선시집에는 『숨쉬기』(1987), 『눈물점 박용래』 (1991), 『목척교의 홀씨』(1994), 『무서워라 개망초꽃』(2000) 등이 있다. 기타 자작시 해설집 『마음의 새끼손가락 걸고』(1996) 문학비망록 『까까중

이 베짱이 되어』(1993), 산문집 『새 천년이다』(1999) 등도 있다.

홍희표는 문단의 교류나 지인도 누구보다도 넓고 탄탄했다고 할 수 있을 것이다. 그의 "조선 뚝배기로 비유되는 구수한 인간미"(강태근)에 한 번 매료되면, 그의 곁을 떠나지 못한다고 했다. 그의 시집에 발문 또는 해설을 쓴 분을 보면, 거의가 당대에 꼽힌 문인들이었다. 또 그 자신도 문인들의 실명을 거론한 문학비망록을 썼고, 시로도 여러 편을 썼는데, 아마도 「박용래」는 그 대표가 될 것이다.

① 그림자꽃 흔들며
울어주는 사람
보리밭 속에 춤추며
울어주는 사람

그 울어주는 사람도
번갯불 속에 없다면
무엇 때문에 우리는
자물쇠 걸고 살았을까

아니야, 그 한 사람
한 사람이 울어주기 때문에
화살의 소리 같은
착란의 세상을 살았고

그 어지러운 이내 속에
우리는 윙윙대며
암청빛 색맹(色盲)으로
홀로 이마를 묻고 있었지.

— 「그림자꽃」 전문 (제4시집 『한방울의 물에도』 1982)

② 엄마 뱃속에서
뱃속에서 학살당하는

우리 애기
그 애기들을 모살(謀殺)하는
가로수 하얀 길
도리도리 짝자꿍.

집 팔고 논 팔고
이민 간 아들딸
우리 애기 잘도 논다
해받이 무덤 아래
안경테만 남기고 간
양로원 할아버지.

큰손 큰입 때문에
막차 타다
백치(白痴)가 되어
이빠진 죽사발 껴안은
자식 달린 옆집 과부
가마솥에 누룽지.

중금속에 오염된
낟알들
깡소주에 낄낄대는
행려병자들
안녕들 하신가
곤지곤지 곤지야.

하이타이할 물건 모아
살풀이하고
도둑질할 노래 모아
살풀이하고
도리도리 도리도리
짝자꿍 짝자꿍.

―「살풀이」 전문 (제5시집 『살풀이』, 1984)

①②는 모두 제2기에 속하는 작품들이다.

①의 「그림자꽃」은 "그림자꽃 흔들며/ 울어주는 사람"을 노래한다. '그림자'란 물체가 빛을 가리어 반대쪽에 나타나는 거무스름한 형상이기 때문에, 실체는 안 보이고 실체를 초월한 '정신 · 혼'이다. 실체는 안 보이지만, 그것은 우리의 신(神)이기도 하고 영원이기도 한 것이다.

세상은 요지경 같고, 대현실적(對現實的) 인식의 시인은 '울어주는 사람' 곧 '그림자꽃'에 대한 믿음만이 그 지탱의 힘이었다. 그래서 "화살의 소리 같은/ 착란의 세상을 살았고" 또는 "암청빛 색맹으로/ 홀로 이마를 묻고 있었지"라고 노래한다.

어떤 의미에서 절망을 거부한 신앙적 염원이 있었다면 '민중'이었을 것이다. 그의 역사인식과 현실반응에는 민중의식이 자리잡는다. 민중이 역사의 주인이라는 믿음은 이 시대의 물결이기도 했다. 민중의식은 역사적 현실의 추상적 관념에서가 아니라, '민중'이 그 현실적 실체를 자신으로 각성하는 정도에 따라, 그리고 역사발전의 주체적 역량으로 성장하는 정도에 의하여 '민중의 시대' 또는 '민중문학'은 규정지어질 성질인 것이다.

우리의 민주화의 과정에서 민중의식이야 말로 격동의 불길처럼 한 시대를 관류한 개념이라고 할 수 있었다.

홍희표의 현실인식은 정치뿐만 아니라, 매우 다양하고 심층적으로 나타났다. 이를 테면 그의 제7시집 『모두모두꽃』(1988)은 온갖 꽃이 망라된 88편의 산문시집이다. 꽃을 통한 사회적 정치적 상상력이 만개되어 있다고 할 수 있다.

여기의 꽃은 일반적인 식물의 꽃도 있지만, 「최루탄꽃」「조센징꽃」「잡년놈꽃」 등 서정적인 생명인 꽃에 시인의 설화적 내용을 불어넣고 있다. 시집 제호 「모두모두꽃」은 '우리들 모두의 꽃' 이란 뜻으로 민중의식이 뒷받침되어 있다. 비유와 간접화법은 풍자와 야유, 해학과 아이러니의 기법을 원용하면서 이 땅의 파란만장한 역사와 분노를 반영한다.

제8시집 『세상달공 세상달공』(1990)은 날카로운 풍자로써 부정적 측면들을 시적 형상화의 대상으로 삼았고, 진실의 방패 역할을 한다. 「홍희표 풍자시집」이란 제호를 달고 있기도 하다.

「그림자꽃」은 시인의 수많은 꽃 중에 하나이고, 우리들 마음속에는 이런 꽃이 있었기에 '착란의 세상'을 살아갈 수도 있었다.

② 「살풀이」는 '살풀이굿'에서 온 것이다. 곧 흉살(凶煞; 불길한 운수, 흉한 귀신)을 피하려고 하는 굿이며, 대개 무당이 노래하고 춤추며, 귀신에게 치성을 드리는 의식으로 이루어진다. '씻김굿'은 호남지방의 사자의례(死者儀禮)로, 죽은 사람의 영혼의 부정(不淨)을 깨끗이 씻어주어 극락왕생하게 하고, 자손의 복을 비는 굿이라 할 수 있다.

홍희표의 제6시집 『금빛은빛』(1987)에는 66편의 시가 수록되어 있는데, 모두 '씻김굿'이란 부제가 연번호로 붙어있다. 여기의 '씻김굿'은 남북분단과 한국전쟁 등 민족의 '한의 맺힘'을 노래한 것이다. 민족적 '흉살' 에 대한 씻김굿이라고 하겠다.

시가 현실노출을 포용하면 포용할수록 시의 응고력이나 예술성은 상당한 혼란이 올 수 있을 것이다. 그것은 작품의 완벽성 또는 문학성에 장애가 될 수도 있다.

홍희표는 대체로 절제율(節制律)을 기본 율격으로 하는 전통주의에 있는 시인이다. 그리고 반복어법, 언롱(言弄), 여음, 시니시즘, 풍자와 해학, 선시(禪詩), 동요, 민요 등을 활용한다. 그의 가치부정적 또는 시국적 시각의 안테나에는 이런 시의 기법이 춤추고 있는 것인데, 거기에는 살벌한 시국적 노출을 은닉하고자 한, 고도의 동문서답식 기교가 없지 않을 것이다.

그 자신도 시집 『살풀이』 자서에서 "여기에 모인 작품을 가만히 훑어보면 언어들을 너무 비틀거나 뒤집어 놓거나 배배꼬이게 하거나 난폭하게 함부로 짓눌러 살풀이를 하고 있는 느낌이 든다"고 했다.

시 「살풀이」에는 부정적인 삶의 모습을 열거하면서 중간 중간에 "도리도리 짝자꿍" "곤지곤지 곤지야" 등 시니시즘이 토해 놓은 여음의 의도적 삽입을 볼 수 있다. 다른 작품에서도 "어허야 더허야" "얼럴럴 상사디야" "에헤라 에헤라" "어어얼 시구시구" 등을 볼 수 있는데, 이는 민중의식에 토대를 둔 민중시로서의 대응전략에 다름 아닌 것이다. 또한 「살풀이」에서는 씻김굿 차원의 주술적(呪術的) 한풀이 언어와의 연결이라 하겠다. 그리고 그 어투는 원형적인 영아(嬰兒)의 노래말임을 유의할 필요가 있을 것이다.

「살풀이」의 내용을 보면, 모태 속에서 학살당하는 애기(1연), 자식들은 이민 가고 혼자 남은 노인의 비극(2연), 지하경제의 파탄(3연), 중금속 오염, 행려병자의 비극(4연), 천진한 영아시절로의 회귀(5연) 등이다.

홍희표의 제2기 언어는 초기시와 아주 다르다.

양식의 파괴와 파괴된 양식을 통한 새로운 효과의 창출은, 80년대부터 나타난 황지우 박남철 이성복 이문재 송찬호 기형도 등 일군의 실험적 전위수법이라 할 수 있었다. 해체주의 또는 포스트 모더니즘은 '다르게 생각하기'의 열풍을 불어왔다. 과거의 모든 이론은 무조건 진부해지고 가사상태에 빠지는 듯했다.

독창적 표현보다는 유명한 시구 같은 것을 서슴없이 끌어오는 인유법(引喩法), 표절, 풍자, 혼성 등의 모방이 유행했다. 그러나 오늘날 그것은 전문가가 없으며, 내면화 과정을 거치지 못한 것으로 보기도 한다.

홍희표의 시는 온건한 입장에 있다. 그는 시는 가락이다 하는 전통시에 있다. 민중의식의 개념을 가지고, 그는 본토박이의 한밭풍물시로 단번에 내려왔고, 그는 대체로 단형의 기법을 고수한다. 『이스렝이 버드내에서 춤추며』 『늙은 호박 속에는 뭐시 들어 있을까유우』 등 한밭풍물시집을 보면, 그는 향토의식뿐만 아니라, 방언에까지도 깊숙이 들어와 있는 것이다.

홍희표의 시는 이제 제4기 세속(世俗)과 신성(神性)의 화해시로서 새로운 면으로 들어선다. 그것은 '대결과 조화의 미학'(제2기)에서 '세속의 언어'(제3기)를 건너, '선문답(禪問答)의 경지'(제4기)로 이르는 길이라고 할 수 있을 것이다.

① 만공(滿空)과 석상(石霜), 또 구절초 같은 비구니들과 한밭 보문산의 복천암(福泉庵)을 찾아 유유히 걷는데, 만공이 "얼마나 남았느냐?" 물으니 솔바람소리로 석상이 "똥구멍에서 보지 갈만 하네" 하니, 만공이 또다시 물으니 "보지에서 똥구멍 갈만 하네" 하고 ㅎㅎㅎ거리며 석상이 웃더라. 만공도 웃더라. 비구니들도 소리 없이 웃더라

낭패로다 나의 생이
죽을 지 살 지!
낭패로다 나의 생이
살 지 죽을 지!

— 「ㅎㅎㅎ」 전문 (제12시집 『이 뭐꼬!』, 1993)

② 지천명의 가랑잎 고개를
휘돌아 넘어서니
몇 올의 머리털만
새벽 들녘의 억새꽃으로
그대 입술 사이로 흐느낀다

오랜만에 미국에 와서
자벌레로 기어 다니는
나머지 몇 올의
머리털을 번뇌 내던지듯
싹둑 베어버리니
나의 몸은 빈집이다

늙은 산이 가까이 날아든다
통곡 없는 시를 쓴다

―「빈집」 전문 (제14시집 『라인강의 쥐탑』, 1999)

위의 ①②는 선시집(禪詩集)과 기행시집에서 아무렇게나 뽑아본 것이다. ①이 "틀에 사로잡히지 않고, 운(韻)에 시달리지 않고, 격(格)에 몸부림치지 않는 무애인으로서, 구도인으로서 이상적인 한 시인의 모습"(서문)이라면 ②는 무소불위의 상상력으로서 기행시의 새로운 지평을 열고 있다고 하겠다.

선(禪)은 선종(禪宗) 또는 좌선(坐禪)의 준말이다. 정신을 가다듬어 번뇌를 버리고, 진리를 깊이 생각하며 무아(無我)의 경지로 드는 일이다. 곧 시선일발(詩禪一撥)이니, 시와 선이 깨달음을 함께 하여 촉발되는 경지이다.

① 은 제목부터가 「ㅎㅎㅎ」이다. 의성어 '하하하 호호호' 등 웃음소리에서 모음은 아예 없애버린 것이다. 해학과 달관을 노니는 스님들이 문답, '낭패로다' 하고 자탄하는 시인의 외침 등이 모두 선문답적 표현이다.

② 는 해외 기행시이면서 기행시를 뛰어넘는다. 해외여행을 간 홀가분한 심경을 "나의 몸은 빈집이다"고 하였고, 잠시 조국을 잊을 수 있어 "통곡 없는 시를 쓴다"고 했다. 일반적으로 여행시가 지니고 있는 자잘

한 기록물들을 과감히 떼어버린 그 또한 선의 경지라고 할 만하다.

필자는 오랫동안 홍희표 시인을 조용히 지켜본 이의 한 사람일 것이다. 그는 꾸준히 굴곡진 세월을 건너 원숙한 시력을 찾으며, 누구보다도 뛰어난 개성적 미학을 정립하고 있음을 확인할 수 있었다. 홍희표는 지금까지 그의 시대를 체험하고 읽으며 시를 썼다면, 이제부터는 그의 내면과 정신을 투시하며 시로 승화시키고 구원을 얻게 될 것이다.

—≪대전문학≫(2005년 겨울호)

김영배의 「지등(紙燈) 하나 걸어 놓고」

한지(韓紙) 몇 장 둥글게 접어
세상 하나를
따로 짓는다.

소망을 피워내듯 그 지심(地心)에 불 당기면

열두 번
차고 기우는
윤회(輪廻) 속에 달이 뜬다.

추녀 끝에 걸린 원구(圓球)
바람결에
흔들리면

선악(善惡)의 갈림길엔 찬 서리로 어는 풀잎
남 몰래
타는 속심지
가신 님의 숨소리.

하늘가엔 둥근 달이
기둥에는
노란 등(燈)이

청홍사 새로 엮어 한 세상을 열고 보면

무명(無名) 속

헤매던 혼줄
새로 눈을 뜰 것을.

— 제4시조집 『지등(紙燈) 하나 걸어 놓고』

논강(論江) 김영배(金英培, 1931~)는 충남 논산에서 출생하여 강경상업고등학교를 졸업하였고, 초. 중. 고교 교사의 자격검정시험에 합격, 교육자의 길을 걷는다. 정년퇴임은 논산고등학교 교장에서였다. 평생 학문을 좋아하고 성격이 곡진하고 분명하여 존경을 받았으며, 글씨가 또한 달필이었다.

김영배의 문학적 재질은 비교적 일찍 드러난다. 1948년 전국학도호국단 주최 제1회 남녀중학생 문예작품현상공모에서 산문 「뻐꾹새 우는 내 고향」이 당선되고, 다음해 제2회 때는 시조 「제삿날」이 당선된다.

이후 소설가를 지망하여 정진하곤 했으나, 생활상의 여건 등으로 어려움이 많았다. 월간 ≪수필문학≫(1971. 9)에서 「동심의 산」 「오작교의 의미」 등으로 수필가로 등단하게 되는 것은 40세가 되어서였다.

이 때, 교단 수필인 모임인 충남한얼문우회에 참여하여 『교단의 미소』(1971), 『교단의 여백』(1972) 등에 수필을 발표하고 있던 시기였다.

시조시인으로서의 등단은 수필보다 10여년 후의 일이다. 한때 자유시를 쓰며 ≪시도≫동인으로 활동하기도 했으나, 1983년 가을호 ≪현대시조≫에 「목련」 「여승당(女僧堂)」이 첫 추천에 오른다(김어수 김준). 다시 다음 해 봄호에서 「초시(初試)」 「경칩」으로 천료 추천을 거친다(김어수 이우종 김준). 김영배는 당시 대전의 가람시조문학회 회원으로 작품활동을 하고 있었고, 추천 작품 중 「여승당」은 "현대시조로서의 높은 품격을 지닌 수준의 작품"이란 호평을 받기도 한다.

김영배 문학에 영향을 끼친 뇌관이라면 모친과 부인에 대한 그리운 상념이 빚어낸 인간적 승리의 빛일 것이다. 그것은 김영배 문학의 인품의 빛이기도 한 것이다.

예술가들은 불행한 요인을 안고 있는 수가 많고, 누구보다도 인간적 고민에 일찍 눈 뜬 사람들이다. 그것이 작품으로 승화될 때 그들은 구원되며, 그렇지 못할 때는 그들의 인격적 파산은 끝내 버림받는 수도 있다. 「죄와 벌」의 도스토예프스키는 간질병과 가난 속에서 창조의 용광로를 불태운 대표적 작가의 한 사람일 것이다.

김영배의 수필에서 몇 가지 사례를 짚어보고자 한다.

> ① 산이 사계절 다른 모습을 보여주듯이, 바다 역시 사계절의 영상을 달리한다. 봄바다는 막 잠에서 깨어난 아기처럼 부수수한 눈빛으로 가라앉아 있고, 여름바다는 젊은이들의 향연장처럼 사치스럽고 요란스러우며, 가을바다는 잔치가 끝난 후의 앞마당처럼 어수선하고 적막한가 하면, 겨울바다는 모든 흔들림을 접고 고요히 사색하는 시인의 뒷모습 같다. 그렇게 사철 다른 바다 중에서 나는 유독 겨울바다를 좋아한다. 지난 계절의 희로애락(喜怒哀樂)을 이성으로 이겨내고, 묵묵히 현실을 포용해온 너그러운 바다. 그는 비록 현실의 고통에 시달리고 있지만 머지않아 다가올 따뜻한 봄을 생각한다.
>
> —「겨울바다」에서

> ② 어머니는 장날마다 떡 목판을 이고 새벽시장 길을 함께 걸으셨다. 시장길목을 잘 잡아야 장사가 잘 되므로, 그 자리를 선점하기 위해서는 서둘러 나오시지 않으면 안 되었다. 내의도 못 입은 어머니 어깨 위로 하얀 눈이 소복소복 쌓일 때마다, 나는 장갑 낀 손으로 그 눈을 툴툴 털어 내렸다. 손수 뜨신 무명실 목도리를 목에 두르신 어머니는 떡 목판 무게에 고개가 눌리면서도 잘도 걸으셨다. 그러다가 이따금 뒤따르는 나를 휘 돌아보시곤, 웅크린 내 꼴이 춥게 보였던지 목도리를 풀어서 내게 건네주시며,"춥겠다. 이거 목에 두르고 가거라"고 하셨다. 그러나 나는 그 목도리를 도로 어머니 어깨에 걸쳐 드렸다. 그때마다 우르르 찬바람이 목덜미를 핥고 지나갔다.
>
> —「태초가 그리운 시절」에서

③ "그래서 자식은 울타리요, 계집은 대들보지요. 대들보가 없으면 집 꼴은 파탄이 나는 것 아니겠소이까?"나는 체념섞인, 그러면서도 어떤 진실을 말하는 듯한 그의 인생철학(?)을 주워 모으며 그 술집을 나왔다. 갈등을 안고 이곳까지 떠나온 지 사흘 밤 사이에 나는 많은 것을 생각하며 내 현실을 되돌아 보았다. 막혔던 가슴이 다소 트여 오는 것은 활짝 개인 초가을 날씨와 끝없이 벌어진 바다의 품 때문만은 아니었다. 처음엔 일주일을 기약하고 떠나온 집이었는데 사흘이 못가서 새삼 궁금해진 것은 무슨 까닭일까? 사람은 집을 떠나 있어 보아야 집의 고마움을 알게 되는 것이라는 이 평범한 말이 이날따라 나에게 실감을 주었다. 나는 아직도 돌아오지 않은 주인집으로 돌아와 짐보따리를 꾸렸다.

―「화려한 가출」에서

①「겨울바다」는 사계절의 바다를 매우 밀도있게 표현하고 있다. 그런데 삭막하고 매서운 겨울바다를 "모든 흔들림을 접고 고요히 사색하는 시인 뒷모습"의 이미지는 매우 독특한 바가 있다.

②「태초가 그리운 시절」은 떡 목판을 이고 새벽시장으로 향하는 어머니의 회상이, 그런 가난에도 굴하지 않고 오히려 신선하게 그려낸 지은이의 향기가 돋보인다.

③「화려한 가출」은 고혈압으로 거의 식물인간이 되어 버린 아내의 어떤 '소동'을 피해 가출을 했지만, 결국 사흘이 못가서 되돌아 왔다는 기록이다. 제목 '화려한 가출'부터가 역설적 표현이다.

수필은 본래가 신변잡기라고 하지만, 거기엔 진실성과 품격이 숨쉬지 않으면, 한낱 잡문에 떨어지고 만다. 더구나 수필과 시조는 어느 장르보다도 개인의 체험 요소가 짙고, 이는 곧 작품의 질과 밀접하게 연결되어 있다.

김영배의 수필집은 지금까지 7권이 나왔다. 『정(淨)한 나무의 연륜』(1978), 『비둘기 하늘에 날을 때』(1981), 『정(情)과 한(恨)을 다듬는 소리』(1985), 『사랑이 맞닿은 지평』(1990), 『강촌(江村)에서 띄우는 사연』(1995), 『돌 하나도 짐이 될세라』(2000), 『태초(太初)가 그리운 시절』(2004)등이 그것이다. 첫 수필집만 명문사(대전)에서 나왔을 뿐 나머지 6권은 모두 교음사(서울)에서 출간된다. 수필가로서의 김영배는 한국신문예협회의 문학상(1984), 월간 수필문학사의 한국수필문학 대상(1995), 제1회 원종린수필문학상(2005) 등을 받았다.

또한 자녀들과의 문집 『쑥잎의 찬가』(오늘의 문학사, 2005)를 냈다. 따님 김성숙은 시조시인이요, 자제 김성국은 소설가(대전 서일고 교사)로 활동하고 있기 때문에 이 문집은 수필 시조 소설이 합본된 희귀하고 수준잡힌 작품집이라고 할 수 있다.

김영배의 시조집은 모두 5권에 이른다. 『출항(出港)의 아침』(1987), 『산울림 담은 강물』(1993), 『아, 나의 산하여』(1996), 『지등(紙燈) 하나 걸어 놓고』(2000), 『새 생명의 아침』(2004) 등이다.

김영배 시인의 시세계는 3장 6구 45자 내외의 시조라는 형식미에 담은 토속 세계가 주류를 이룬다. 토속적인 시는 자생적 기층문화(基層文化)에 뿌리박고 있는, 이 땅의 풍토 풍속 민속 등의 이른바 토박이 의식이다. 거기엔 하늘과 땅, 명승지 등의 향토적 자연과 역사의식이며, 수많은 무명초(無名草) 인생의 애환과 명멸이 스며든다.

이는 우리의 시조문학이 오랜 세월 지니고 있는 일반적인 경향이지만, 이로 인한 시조문학의 근대성 상식성 정체성에서 자유로울 수 없음도 또한 사실이다. 말하자면 당대의 지성을 표방하며, 치열한 내면의식에서 퍼올리는 창조성만이 앞으로 굳건한 시조의 자생력을 길러줄 것이다.

김영배 시인의 「지등(紙燈) 하나 걸어 놓고」는 제4시조집의 표제가 되어 있는 작품이다.

김영배의 시조는 후기로 올수록 작품의 수준이나 시야가 솟아 있음을 보게 된다. 여기엔 시조의 미학에 현대적 감수성이 투영된 성과도 적은 것이 아닐 것이다.

가령 초기의 「계룡8경」(첫시조집), 「나루터에서」, 「갱갱이 풍경」(제2시조집) 등 짙은 토착주의가 주는 한계를 극복하고, 내면세계의 심층을 향한 안정된 세계관에 이른다. 후기에 보이는 발랄한 동시조의 발표도 이런 뜻으로 이해된다.

「지등 하나 걸어 놓고」의 시조는 3연으로 되어 있다. 석가모니 탄신일인 음력 4월 초파일에 볼 수 있는 관등절(觀燈節)의 풍경인 데도, 그것의 내면적 기원이 시의 감각적 표현을 충분히 얻고 있는 점이다.

옛날의 관등절에서는 거리와 집집마다 등을 달고 주식과 다과를 장만하여 가무를 즐겼다고 한다. 그러나 지금은 절에서 신도들의 시주를 받아서 하게 되고, 등의 불도 전구를 이용한다. 등롱에 불을 밝히는 이 행사는 본디 고조선에서부터 신사(神事)의 하나로 있었고, 이후 팔관회 연등회로 이어져 온 것으로 본다.

이 시는 한 '지등'을 걸어놓고, 세속을 초월한 경건한 발원(發願)이 자못 눈부신 경지로 펼쳐진다. 1연이 소망의 발원 세계를 보이고, 2연은 부활하는 임의 모습이 있으며, 3연에서는 무명에서 눈 뜨는 혼이 노래되고 있다. 불교적 비유법이 원용되고 불교적 우주관이 있다. 신도가 관등을 시주할 때는 복을 빌거나 광명을 발원하게 되고, 시주하는 이의 성명도 함께 등록하는 것으로 알고 있다. 등롱(燈籠)은 수많은 사람들이 개인적인 발원을 불 밝힌 것이라 하겠다.

앞 수필론 때 말한 바와 같이 김영배는 모친과 부인에 대한 사무친 정한을 지니고 있다. 「어머님 전 상서」「모정」「어머니의 성(城)」「할

미꽃 당신」「산 말고 들이 되어」「하느님 전에」「애향탑 노랫말 위에」 등이 모친에 대한 그리움의 시라면, 「목련꽃이 질 때」「이별」「낮달」「상사화(相思花)」「환생길」「겨울의 끝」「그림자」「저승길 가던 날」 등은 모두 부인에 대한 추모의 시들이다.

모친과 부인에 대한 정한은 김영배 문학의 시신(詩神)의 고향이었다. 박용래는 그의 '홍래 누님'이었고, 만능의 천재 레오나르도 다 빈치의 「모나리자」의 영원한 미소는 5세 때 헤어진 그의 생모였다.

김영배 시인이 불교에 의존되어 있는 것은 너무도 당연한 일인지도 모른다. 그의 제2시조집 『산울림 담은 강물』의 '서시'를 보면 "木魚 梵鐘 큰 북소리/ 三世 번뇌/ 빗질하며// 풍경도 잠을 깨어/ 바람 함께/ 귀 세우면// 인간사/ 얽감긴 영욕 비어오는 한 우주"(山心歸依, 제2연)라고 시인은 노래한다. 인간 세상의 온갖 영욕이 불심에 의하여 정화되고 있는 것이다.

「지등 하나 걸어 놓고」는 김영배의 시정신이 불교적인 인식에서 얻은 시적 담론이 있고, 고급의 언어적 품격이 감싸고 있다. 시행의 배치도 시상에 걸맞게 구성의 묘미를 잡고 있다. 특히 각 연의 종장에 와서 주제의 무게가 실리고, 압구를 이룬 점도 눈여겨보게 한다.

이제 김영배 시인은 인생론의 찬란한 정점을 한 조약돌에서 찾고 있는지 모른다. 「조약돌」(첫 시조집, 100쪽), 「조약돌」(제3시조집, 52쪽), 「돌이 되어」(제4시조집, 108쪽), 「차라리 돌이 되어」(제5시조집, 67쪽) 등이 그것이다. 여기에서는 「돌이 되어」를 취한다.

산천(山川)은
바람에 울고
중생(衆生)은 갈증(渴症)에 운다.

지고 온
삶의 무게
허이허이 넘는 일생

차라리
돌이나 되어
알몸으로 살고 싶다.

다시금
거듭나서
산 발치에 묻히거나

물결에
떠밀리어
강어귀에 잠긴대도

염불소리
흐르는 뜨락
탑(塔)이 되어 서고 싶다.

땅울림에
흔들리고
비바람에 무너져도

한 조각
진실들만
새긴 듯이 남거들랑

찢기운
날개를 기워
저 하늘로 날으리.

—「돌이 되어」 전문(제4시조집 『지등 하나 걸어 놓고』)

이 시의 주제는 비교적 선명한 편이다. 1연이 "알몸으로 살고 싶다"는 인간적인 삶의 소망을 주제로 하였다면, 2연은 "탑이 되어 서고 싶다"로 하늘과 땅 사이의 유형적 존재인식을 선언한다. 3연은 진실의 날개를 달고 "저 하늘로 날으리"로 비상의 염원을 노래한다. 제목의 '돌'로부터 '알몸—탑—날개' 등의 변신은 모두 불교의 인연설에서 온 우주관이다.

불교에서는 직접적인 원인인 인(因)이 있고, 이와 협동하여 결과를 만드는 간접적인 힘이 연(緣)인데, 우주만물의 회전이나 생몰현상이 모두 인연에서 연유된다고 한다.

세상의 온갖 역경 앞에서 때로는 우리의 영혼이 신음하곤 하지만, 김영배 시인의 이런 고공의 시야는 그의 예술로 하여금 고귀한 정점을 숨쉬게 한다.

어찌보면 김영배는 누구 못지않게 어려운 삶의 시련을 헤쳐왔다고 보아야 할 것이다. 그러나 그는 흔들리지 않는 정신력으로 극복하며, 수필과 시조 등의 창작에 후퇴하지 않는 끈기를 보이며 오늘에 이르렀다. 오직 예술적 성취를 위해 질주해 온 것이 그의 생애라고 해도 될 것이다. 끝으로 김영배 시인의 회심의 작품이랄 수 있는 시조를 들기로 한다.

(1)
7백년 꽃이 피던 사비성엔 금이 가고
겨레의 뜨거운 피 원망으로 들끓을 제
동남풍 폭우를 몰아
몰려오던 북소리

(2)
뜨거운 피 용솟음치는 충언들을 내던지고
휘감는 치맛자락 봄바람에 어루면서
양귀비꽃술 속에서
꿀을 따던 호랑나비

(3)
구겨질 념도 없이 목숨 꺾어 내던지며
숯고개와 백강 지키라 웅변으로 외친 성충
거칠은 임의 질책에
입술 깨문 홍수여

(4)
험한 길 굽이 굽은 진산(珍山) 동쪽 황산벌엔
뻗어 나간 산줄기가 누루기재 성을 쌓고
추켜든 국사봉 너머
신흥산성(新興山城) 우리 진지

(5)
세 진영(三營) 나눠지어 5만 군사 막아내며
세 차례 싸워 이긴 죽음보다 강한 칼빛
넘치는 5만 군 앞에
무너지던 둑이여

(6)
사랑하는 처자들을 목베어 묻어두고
원수에게 받을 치욕 차마 두고 볼 수 없어
피눈물 삼키던 장군
황산벌도 울었다.

(7)
웅치산성(熊峙山城) 넘은 중군(中軍) 계백과 마주서고
한삼천(汗三川) 건넌 우군(右軍) 황령산성 침노하니
좌군(左軍)은 달이산(達伊山) 넘어

황산벌로 밀렸다.

(8)
숯고개 지키라던 성충의 유언처럼
중과부적(衆寡不敵) 미운 싸움 사로잡은 관창 소년
그 목숨 차마 못 베고
돌려보낸 계백의 정

(9)
좌우중군 세 길을 열어 피의 격전 벌일 적에
5천 군사 고함소리 쓰러지던 계백장군
시장골(屍臧洞) 이름 부르며
흙에 묻힌 군사여

(10)
아아 그 여름 비에 젖은 육신들이
붉은 피 흘리면서 쓰러진 황산벌엔
계백의 한 맺힌 넋이
눈도 감지 못했다.

(11)
부적면 신흥리 그 넓은 들판 위엔
바람이 으슬대는 황금빛 탐진 물결
충신은 흙에 묻히고
홀로 선 돌비석 하나

(12)
칠백 년 큰 영화가 꽃잎처럼 져 간 뒤에
의자왕 사로잡혀 효(孝), 태(泰), 융(隆), 연(演) 네 분
아들
당경(唐京)에 끌려가는 날
겨레들은 울었다.

—「황산벌 十二曲」 전문(제5시조집 『새 생명의 아침』)

백제 멸망의 역사처럼 참담하고 충격적인 것도 많지 않을 것이다. 당군을 멀리 끌어들인 사대적 발상이라든가, 이후 일본에 끼친 파장 등은 한국사의 끈질긴 핵심으로서 끝없이 요동쳐 왔기 때문이다. 결사대 5천명을 이끈 황산벌의 계백장군도 중요한 중심에 있는 것이 사실이다.

김영배의 「황산벌 十二曲」은 연시조의 형태가 종장에 가서는 2행으로 나누어 놓고, 역사적 사실을 서사적으로 응집시키는 시의 서술에 성공하고 있다. 12마당의 서사적 구조가 감정적 표현은 극도로 억제되고, 시의 긴장을 내적으로 충만시키는 효과를 높이고 있다.

많이 알려진 것처럼 백제 패망의 뒤에는 성충과 홍수가 있다. 그리고 세계 전쟁사에서 유례를 찾아볼 수 없는 대의멸친(大義滅親)의 계백장군이 있다.

의자왕의 사치와 실정을 간하다가 성충은 하옥되고 홍수는 유배된다. 성충이 죽을 때 유언으로 글을 써 올렸는데, 국운이 위태로우니 "육군은 숯재(炭峴)를 지나지 못하게 하고, 수군은 백강(伎伐浦)으로 들어오지 못하게 험난한 지형을 이용하여 방어하라"고 했다. 그러나 왕은 이를 실행하지 못하고 있다가 백제는 멸망하게 된다.

이 시의 내용을 12마당 별로 요약하면 다음과 같다.

(1) 백제의 최후를 알리는 북소리. (2) 의자왕의 사치와 실정 (3) 성충과 홍수의 진언. (4) 황산벌 백제군의 진지 (5) 세 번 이기고도 무너진 둑 (6) 처자들을 죽이고 출전한 계백의 피눈물 (7) 중군 우군 좌군의 전투양상 (8) 신라의 관칭을 살려보낸 계백장군 (9) 시체가 쌓이고 묻힌 부적면 신풍리(본문의 '신홍리'는 '신풍리'의 잘못일 듯)의 시장골 (10) 패망한 계백의 한 (11) 부적면 신풍리 계백의 무덤과 비석 (12) 포로로 끌려간 망국의 슬픔 등이다. 성충과 홍수의 충언이 무산되고, 소

정방이 이끄는 당군 13만은 백강에 상륙하였고, 김유신이 이끈 신라의 5만군은 숯재(탄현)를 넘는다.

신라군은 충북 옥천(관산성) → 금산군 추부면 마전 → 숯재=탄현(금산군 진산과 논산과의 경계) → 도산(논산시 벌곡면 도산리) → 곰티재(양촌면 신양리) → 황산벌에 이른 것으로 추정된다. 숯재(탄현)는 매우 험준한 대둔산의 산악지대로, 지금의 금산군 진산면 교촌리로 추정하고 있다. 이것은 장편소설 『불멸의 혼』(2004) 저자 이광복(한국문협 편집국장)의 추정에 의존한 것이다. 그는 부여 출신으로 김영배 선생의 수제자(논산 대건고)의 한 사람이기도 한 것이다.

「황산벌 十二曲」은 논산시 광석면에서 태어나 고향에서 성장했고, 평생 고향을 지켜온 김영배 시인의 깊은 애향심이 맺혀 있는 작품이기도 하다. 거대한 역사적 사건이 팽이 치듯 그 리듬을 살려내며 문학적 감동을 자아낸다. 그것은 역사의식의 짙은 감동인 것이다.

—≪대전문학≫(2006년 겨울호)

주근옥의 「공 굴리기」

곰은 발바닥으로
공을 굴린다

사람들에게 눈짓을 보내며
받아 먹는 먹이 간에 기별도 안 가고
날아갈 듯 철책을 기어올라도 아직 하늘은 높다

우리 안을 맴돌며 떠올린 동굴 속에
도토리 알밤 약뿌리
창자까지 저려오는 그 향기를
서그럭 서그럭 이 끝이 시리도록 깨물다가

눈을 뜬다
구름처럼 몰려드는 사람 속에 묻혀
외쳐도 외쳐도 다을 길 없는 목소리
두 손 치켜들고 흔들다가
쓰러지면 다시 일어서서

나는 발바닥으로
공을 굴린다

— 첫시집 『산노을 등에 지고』(시문학사, 1987)

주근옥(朱根玉, 1944~)은 충남 논산에서 출생하여 논산농업고등학교를 거쳐 한국방송통신대학 국어과를 졸업한다. 일찍이 중등 교육행

정직에 투신하였고, 바쁜 가운데에서도 충남대 대학원(석사), 대전대 대학원(문학박사) 등의 입지전적인 학문적 성취를 이루어 냈다. 시집 발간 이외에 『석송 김형원 연구』(2001), 『한국시 변동과정의 모더니티에 관한 연구』(2001) 등의 문학비평 쪽의 저술도 있으며, 대전대 국문과 겸임 전임강사로 있다.

주근옥은 고교 시절부터 시를 쓰기 시작해서 ≪학원≫ 또는 대전의 ≪중도일보≫ 등에 작품이 발표된다. 서라벌예술대학의 고교문예 콩쿠르에서는 시 「온실」이 당선되기도 한다.

주근옥의 문단 데뷔는 1987년 ≪시문학≫(6월호)에서 시 「박태기꽃을 보며」 「끝에 서서」 「식물표본(植物標本)」 등 3편이 문덕수 최원규의 추천을 받는 데서 이루어진다. 이에 앞서 전년인 1986년 ≪시문학≫11월호에서는 「장작을 패며」 「귀가(歸家)」 등 2편이 발표된 바 있었으니, 문단 데뷔를 확실하게 하고자 추천 절차를 밟은 것으로 보인다.

그의 초기 작품에는 "처절한 자기 얼굴과 목소리가 돋보인다"(추천사)에서 볼 수 있듯이 자신의 신상에 대한 불만 의식이 심금을 울린다. 가령 "사무관 시험 공부를 위하여 사람들은/ 방송대 행정학과에 입학하는 터에/ 국어과에 다니며/ 최후로 발버둥친다"(박태기꽃을 보며), 또는 "먹고살기 위하여/ 주눅이 들어도 암소리 안 하고/ 말술을 퍼먹으면서 비틀거려도/ 고독은 이 땅 위에 없는 것/ 뒤꿈치에 힘주고 서서/ 바라보는 하늘"(밖을 보며) 등이 그것이다.

조숙했던 주근옥의 자의식은 현실적 갈등이 누구보다도 많았던 것이며, 이런 과정을 거쳐 그는 시인으로 또는 문학박사 등의 성취를 보인다고 하겠다. 그가 추천을 거치게 된 것은 43세 때였다.

주근옥은 등단한 그 해에 첫 시집 『산노을 등에 지고』(1987)를 시문학사에서 출간한 것을 시작으로 『감을 우리며』(1988), 『번개와 장미꽃』(1998), 『바퀴 위에서』(2001), 『갈대 속의 비비새』(2002) 등 모두 5권의 시집을 세상에 선보인다.

특히 제2시집부터는 20자 내외의 3행시 59편이 관심을 끌게 되는데, 제3시집 『번개와 장미꽃』에서는 다시 90편이 실렸고, 주근옥은 이를 소절집(素節集)이라 하였다. 제5시집 『갈대 속의 비비새』에도 3행시는 제2부에 34편이 나온다. 제4시집 『바퀴 위에서』는 소극시집(素劇詩集)이기 때문에 3행시는 없다. 주근옥의 3행시는 모두 183편에 이르며, 이는 일본의 하이쿠(俳句)와 와카(和歌)의 형식을 응용한 '한국의 하이쿠'로 불러도 좋을 것이다.

주근옥은 일본어에 대한 전문적인 능력의 소유자이다. 일본 문학의 주요 비평문을 ≪시문학≫ ≪한국시학≫등에 번역하여 소개하기도 했다. 주근옥이 그의 산문에서 보이는 현학적(衒學的) 취미나 문체도 왕성한 지적 욕구와 무관하지 않을 것이다.

세계에서 가장 짧은 시형태로 유명한 하이쿠는 오늘날 일본의 것만이 아닌 양식으로 널리 퍼졌다. 대표적인 하이쿠 시인 바쇼(芭蕉)와 이싸(一茶)의 작품은 미국 초등학교 교과서에 실려 있다. 유럽에서는 하이쿠 시인을 자처하며 발표하는 이들이 있고, 영문 하이쿠 시집이 있다고 한다.

우리 나라에서도 그러하지만, 일본에서는 자유시가 원체 난해하기 때문에 독자가 없고, 시집을 내도 300부에서 500부 정도밖에 안 된다고 한다. 그러나 전통시인 하이쿠와 와카에 대한 국민적 인기는 여전히 높은 편이다. 하이쿠를 쓰는 인구는 백만 명 정도로 추산된다. 대부분의 신문들은 하이쿠난을 마련하고 독자의 투고를 받아 해설을 곁들이는 경우가 많다.

우리 나라에서는 3장 6구의 시조가 있는데 중앙일보의 '중앙시조 백일장'을 들 수 있을 것이다. 이 백일장은 매월 20일까지 접수를 받고, 이를 심사해서 장원, 차상, 차하를 발표하고 이들에겐 원고료를 보내준다. 그리고 이들은 12월에 연말 장원을 가리며 당선자는 중앙신인문학상을 수여, 등단 자격을 부여하게 된다.

하이쿠는 5·7·5의 17자, 와카는 5·7·5·7·7의 31자의 엄격한 율격을 생명으로 한다. 시가 압축과 생략의 미학이라는 원리는 여기서 가장 빛난다. 바쇼가 탁월한 하이쿠 시인으로 추앙받고 있는 것은 하이쿠를 언어의 유희에서 독자적인 문학형태로 끌어올린 때문일 것이다.

"모습을 먼저 보이고 마음은 뒤로 감추라."

바쇼의 말이다. 시의 의미는 뒤로 돌리고 먼저 풍경(形)을 보이라는 것이니, 곧 묘사를 뜻한다. 일찍이 두보(杜甫)가 그의 작시법에서 앞에서는 서경을, 뒤에서는 정서를 표출하는 이른바 선경후정(先景後情)의 것과 같은 것이다.

㉠ 생선 가게 좌판에 놓인
도미 잇몸이
시려 보인다

— 바쇼(芭蕉)

㉡ 허수아비 뱃속에서
귀뚜라미가
울고 있네

— 이싸(一茶)

㉢ 붉은 꽃잎 하나가
소똥 위에 떨어져 있다
마치 불꽃처럼!

— 부손(蕪村)

류시화의 『한 줄도 너무 길다』(2000)에서 하이쿠 3대 시인의 작품을 옮겨 온 것이다. 그들은 한 줄의 시로 지상의 불가사의한 풍경과 삶을 표현한다. ㉠이 어떤 정지된 삶의 고독을 노래했다면, ㉡에는 우리의 뱃속에서 귀뚜라미가 우는 듯한 관찰의 눈이 있다. 이싸는 무려 2만여 편의 하이쿠를 남겼고, 불우한 그의 삶과 더불어 가장 애송되는 시인이다. ㉢에는 꽃잎과 소똥의 대비가 너무도 눈부신 것이다.

주근옥은 하이쿠 시를 쓴 최초의 한국 시인이라 할 수 있을 것이다. 19세기 영국의 호반시인 윌리엄 워즈워드(W · Wordsworth)는 하이쿠의 세계에 아주 근접해 있었던 것으로 유명하다.

아홉 개의 눈 쌓인 산에
움직이는 거라곤
까마귀의 검은 눈동자

눈 쌓인 산하에 까마귀의 검은 눈동자만이 움직이고 있는 이 괴기한 풍경은 섬뜩한 느낌을 준다. 그것은 정채(精彩)의 빛이다. 시의 경이로움이 고조된 정서적 세계인 것이다. 짧은 시가 긴 시보다 더 많은 것을 말할 수 있음을 또한 보이는 것이다.

주근옥은 20자 내외의 3행시를 쓰면서 시집의 '자서'에서 하이쿠나 와카를 설명하였지만, 자신의 시는 소절(素節)이라 했다. 시집 『번개와 장미꽃』은 아예 '주근옥 소절집'이라 했다.

그러나 하이쿠가 우리말 한자어로는 '배구(俳句)'인데, 이는 '놀이의 시구'정도의 뜻으로, '배우 배(俳)' 는 곧 '희롱할 희(戲)' 에 해당된다.

'소절(素節)'은 '간략한 구절'의 뜻이 될 것이다. '구절(句節)'은 ①구(句)와 절(節), ②한 토막의 글이나 말의 뜻인데, 특히 '절'은 어구보다는 크고, 문장보다는 작은 단위로 주어와 술어를 갖추었으나, 독립적으로 쓰이지 않고 문장의 한 부분으로 되어 있는 마디인 것이다.

'배구' '소절'은 모두가 아주 짧은 형태의 서정시 양식을 전제로 하고 있음을 알 수 있다.

하이쿠나 소절은 집중과 응결의 미학이다. 또한 너무도 제한된 형태이다 보니 그것은 문학이 아니라는 논란도 없지 않다. 그러나 언어의 유희 속에 시의 정체가 빛나고, 범상치 않은 선적(禪的) 소요가 있음을 부인할 수가 없다.

㉠ 시위 군중을
베란다 끝에 앉아
비둘기가 바라보네

— 비둘기

㉡ 석쇠 위에서
꽁치가 익는 동안
밖은 눈과 기적소리

— 꽁치

㉢ 외상을 갚고
빈손으로 돌아와 눕는
방은 취기로 데워지고

— 취기(醉氣)

㉣ 명태 한 마리
올라온 저녁 밥상은
숟가락으로 붐빕니다

— 숟가락

㉤ 햇달걀 꺼내
시렁에 숨겨놓고
아끼다가 곯는구나

— 달걀

주근옥의 소절은 20자 내외의 3행시로서 하이쿠의 17자 중심의 양식과 거의 같은 것으로 보아야 할 것이다. 여기 인용한 5편의 작품도 ㉠ 20자, ㉡ 20자, ㉢ 23자, ㉣ 22자, ㉤ 20자 등으로 되어 있다. 그리고 하이쿠에는 시의 제목이 없는데, 소절에는 제목이 있는 것을 알 수 있다.

특별한 기준 없이 아무렇게나 뽑아본 것이지만, 주근옥의 소절은 다분히 묘사와 진실성의 획득이다. ㉠은 평화를 상징하는 비둘기가 갈등이 노출된 시위 군중과의 대비에 그 뜻을 두었다면, ㉡은 시각과 청각의 효과가 극적이다. ㉢, ㉣, ㉤에서는 모두 가난한 시대의 단상이지만, 거기엔 우리 시대의 슬픈 자화상이 짙게 배어 있다.

주근옥 시인의 소절이 실은 하이쿠의 작시법에 다름 아니라는 견해는 지금까지 매우 신중한 면이 없지 않았다. 홍희표는 그의 「화해 또는 간결 무취의 선미」에서 "하이쿠와의 영향 관계는 주근옥이 직접 일본 시가를 통해서 체득한 것보다는 선배 박용래 시인의 영향과 선사상을 통한 상호 연관 때문일 것이다."고 했다.

문덕수는 시집 『감을 우리며』(머리말)에서 "아마도 주근옥은 완벽한 정형성을 갖춘 새로운 3행시의 형식을 한국시에서 확립할 수 있을지도 모른다는 기대감을 갖게 한다"고 했고, 송재영은 시집 『갈대 속의 비비새』(해설)에서 "일본 근대시인 이시카와 타쿠보쿠(石川啄木)의 삼행단가(三行短歌)와 흡사해 보이기도 하는 주근옥의 단시들은 그러나 분명 자신만의 독창성을 견지하고 있다. 어떤 점에서 그러한가? 간단히 말한다면 이시카와 타쿠보쿠의 단가들이 시인 자신의 예민한 감성과 서정을 표출하고 있다면, 주근옥은 철저하게 자아를 절제하며 관조적 태도를 보여주고 있기 때문이다"고 했다.

송재영은 같은 글의 결론에서 "주근옥은 끊임없이 새로운 실험을 모색하는 시인이다…(중략)… 그의 실험은 곧 시 자체이다."고 했다.

정형시의 틀은 그 자체가 곧 문학이다. 하이쿠를 정의한다면, 5—7—5의 음절로 이루어진 한 줄짜리 정형시이다. 수백 년 전 일본에서 시작되어 오늘에 이르는 전통시이다. 하이쿠는 한 줄, 또는 두 줄, 세 줄로 옮겨 적어야 하는가에 대해서는 학자들 사이에 논란이 많다고 한다. 일본에서는 세로로 쓸 때는 보통 한 줄로 쓴다. 손으로 적을 때는 그 운을 분명하게 하기 위해 3행으로 쓰는 일이 많다.

주근옥의 시 「공 굴리기」는 그의 초기 작품이다. 동물원에 갇힌 곰의 처절한 삶이 인간의 삶으로 전이되는 천의무봉의 기법을 보인다. 원관념을 숨기고 보조관념만으로 본래의 의미를 암시했을 뿐이다. 이 시의 전체적으로는 하나의 알레고리, 곧 우화법(寓話法)이 원용된 작품이라고 하겠다.

이 시는 처음 "곰은 발바닥으로/ 공을 굴린다"(1연)로 시작된다. 공을 굴리는 곰의 행위는 재미로 하는 '놀이'가 아니었고, 아첨과 굴종의 행위였다. 이어 곰의 삶이 그려진다. 사람들에 먹이 요구의 아첨(2연), 굶주린 자의 욕망(3연), 자유 갈증의 정신(4연), 불굴의 의지(5연)로 이어졌는데, 뜻밖에도 "나는 발바닥으로/ 공을 굴린다"(종연)로, 그건 곧 나였음을 밝힌다.

이 시는 종연에 의하여 감동과 의미 확산을 함께 일으킨다. 또한 여기엔 시인의 투철한 자기 직시의 눈빛을 읽게 한다고 하겠다.

> 늙은 감나무 등걸에 기대어
> 산봉우리를 바라보는 날은
> 솔새 한 마리가 어깨에 똥을 떨어뜨리고

참 별것이 다 놀고 간다고 생각하는 날은
그래 일조 원을 먹고도 똥 냄새가 나지 않는
사람보다 그래도 미물 냄새가 나는 내가
파릇파릇 속잎이 돋아나는
감나무 등걸에 기댈 수 있는 내가
나를 바라보며 속으로라도 중얼중얼 욕할 수 있는
내가 내가
정말 이 다음에 한 개 땡감이라도 될 수만 있다면
이거라도 우려먹을 수 있는 사람들만 있다면
평생 굽실거리며 살지라도
그러면서 조금씩 속이면서 살지라도
늙은 감나무 끝에 까치 먹으라고 남겨 둔
무른 홍시 하나가 되어 홍시 하나가 되어
다 파먹힐 수만 있다면

—「솔새의 똥을 받으며」(제5시집 『갈대속의 비비새』) 전문

이 시는 17행에 이르는 시이지만, 시의 뼈대를 풀이한다면 다음과 같이 될 것이다.

…늙은 감나무 등걸에 기대어 산을 바라보는 날 ⇒ 솔새가 내 어깨에 똥을 떨어뜨린 날 ⇒ 그래도 나를 바라보며 세상을 욕할 수 있는 내가 ⇒ 그 내가 땡감이라도 될 수 있다면 ⇒ 아니지, 평생 굽실거리며 살지라도 무른 홍시 하나 될 수 있다면…(아, 나는 좋겠네).

이런 풀이를 해보게 된 것은 이 시가 고도의 운율을 밟고 있기 때문이다. 자세히 보면 이 시는 ㉠'날은'이 두 번, ㉡'내가'가 네 번, ㉢'있다면'이 세 번이나 나오는 외형률을 밟고 있으며, 서술어(아, 나는 좋겠네)는 생략되어 있는 구조인 것이다.

'솔새'는 꾀꼬리과의 산새인데 몸 전체가 황색이다. '솔새의 똥'은 내 어깨에 떨어진 더러운 똥이지만, 그것은 "일조원을 먹고도 똥 냄새가 나지 않는/ 사람"과 대립을 이루면서, 시의 골격을 범상치 않은 의미쪽

으로 굳힌다.

주근옥 시에는 자전적 요소가 짙게 나오며, 거기 시인의 자질과 가치관을 우리는 읽을 수 있다. 그것은 시인의 생명감 있는 철학적 사유의 빛을 품는다. 이 시는 고도의 윤율 속에 그만의 개성이 있음을 확인할 수 있을 것이다.

주근옥은 확실히 실험의식이 강한 시인이다. 여기에서는 3행시인 소절을 언급했지만, 제4시집 『바퀴 위에서』는 '소극시집'이라 하였고, '바퀴 위에서'(제1부), '다리 위에서'(제2부)가 수록된 일종의 장시에 속하며, 어떤 전도된 세계의 실존 문제가 깔려 있다. 또한 제5시집 『갈대속의 비비새』에 수록된 「풀무가 서시(序詩)」는 우리의 역사에서 취재된 장시이기도 하다. 주근옥은 누구보다도 자의식이 강하고, 시의 본질에 투철한 시인이라고 할 수 있을 것이다.

—≪대전문학≫(2006년 여름호)

김광순의 「뼈마디 하얀 시」

밤새 날개를 접어 가슴을 비웁니다
으슬으슬 한기가 간이역을 덮는 동안
등거죽 마른 책표지에
새똥 같은 달이 뜨면

뜨겁게 울다 지친 한 사내의 눈물처럼
한사코 별을 지킨 내 뜨락의 꽃씨처럼
맨 처음 파종한 그 밤
한 줌 흙의 긴 묵도

가시에 찔린 밤 방울새의 외마디 같은
남루를 다 버리고 밤에 홀로 야위는
하현의 곧은 뼈마디
하얀 시를 씁니다

— 첫시집 『물총새의 달』(동학사, 2003)

김광순(金光順, 1960~)은 충남 논산시 성동면 정지리에서 4남매의 맏딸로 태어나 논산여자중학교를 다녔다. 그의 문학, 특히 시조의 싹을 키워 준 것은 시조시인 이금준(李錦濬) 선생님이었다. 당시 국어교사로서 ≪시조문학≫에서 3회 추천과정에 있었던 선생님은 국어시간에 시조를 열성껏 가르쳐 주었으며, 깊은 감명을 받게 된다. 장차 시인이 되겠다는 포부를 이때부터 갖게 된다.

김광순의 문학적 성장은 논산의 '놀뫼문학회'와 서울의 '중앙문우회

동인'에서 이루어진다. '놀뫼문학회'는 권선옥 시인이 중심이 된 향토의 동인활동이었는데, 그는 '이십대 초반 단발머리'(권선옥)로 열정적으로 참여한다.

한편 김광순은 서울의 '중앙문우회 동인'에 참가하여 매월 한번씩 명동에 있는 설파소극장에 모이는 수강생이 된다. 시조시인 이태극 선생과 중앙일보 이인식 시인이 주관한 이 모임은, 장래가 촉망되는 12명의 시조 지망생이 전부였다. 여기 강사진은 이근배 이상범 서벌 김남환 이우종씨 등 시조작단의 쟁쟁한 인사들이 나왔다. 강의와 작품평가, 그리고 시낭송 등으로 진행되었다.

당시 김광순과 같이 수강했던 분들에는 정수자 이요섭 정공량 김민정 황인원 등이 있었다. 이들에는 한국시조 작품상 또는 중앙일보 대상을 받은 분들이 있고, 오늘날 거의가 중진의 위치에서 활동한다.

김광순은 ≪충청일보≫신춘문예(1988)에서 「기다림」이 당선되고, 같은 해 ≪시조문학≫에서 「강변연가」 외 3편의 작품으로 이태극 정훈 임헌도 선생의 추천을 거치게 된다.

그의 나이 28세 때였다. 그는 현재 중학교 3학년에 다니는 아들 하나를 두고 부군과 함께 단란한 가정을 꾸리고 있으며, 대전시 서부농협 본점에서 근무하고 있다.

그의 첫 시집 『물총새의 달』(2003)은 문단데뷔 16년만에 심사숙고를 거쳐 준비된다. 처음 초고를 완성하여 한국문화예술진흥원의 문예진흥기금을 신청했다. 심사를 거쳐 이것이 선정됨으로써 지원금(500만원)을 받게 되었으며, 시집 원고를 출판사에 보내고 난 뒤에는 다시 작품 「뼈마디 하얀 시」로 제13회 한국시조작품상의 영예를 안게 된다. 이 상에는 200만원의 상금, 그리고 상패와 트로피가 수여되었다.

김광순 시인의 이런 성취에는 우선 그의 작품적 성과에서 찾을 수 있을 것이다. 그는 시조 이전에 문학이 무엇인지를 알고, 어떻게 하면 시가 되는 것인지를 터득하고 있는 체질이라 할 수 있다. 문학의 힘이란 무엇보다도 시적 감수성에 있기 때문이다.

김광순의 시는 기존 현대시조가 빠져있는 타성에서 어느 정도 벗어나 있을 뿐만 아니라, 이른바 "3장 6구 12음보의 엄격한 계율"이라는 정형율에 있어서도 그의 감수성은 그것에 속박되지 않고, 그 나름의 시적 자유로움을 충분히 터득하고 있는 능력이라 하겠다. 그의 시조를 읽다보면, 간혹 시조라는 느낌을 전혀 느끼지 못하는 경우가 있음은 이 때문이다.

(A) 살얼음
얼지 못하고
통신음만 검푸르다

반송된
편지의
소인처럼 핀 성에꽃

어찌나
아찔하던지
강바닥 베어 문다

—「겨울 석양」 전문

(B) 재두루미 날개에
부려놓은 나의 시(詩)

사는 일 무거웠던 들풀의 눈물인가

묻어 둔

슬픔 찾아서
여름 내내 맺혀 있다

—「이슬」 전문

평시조는 본래가 평시조 자체로서의 완성도를 지녀온 터이다. 시의 단형으로서 하나의 정수(精髓)라 해도 좋은 것인데, 김광순의 시조에서 그런 실례를 보는 기쁨이 있다. 위의 시는 정형시이면서도 그 감수성은 그것을 충분히 초월해 있음이다.

다음은 그의 현대감각적인 언어 응용능력이다. 그것은 현대시의 이미지즘 운동으로부터 여과해 온 그 나름의 체질이 매우 독특하다.

가령 (A)에서는 춥고 으시시한 '겨울 석양'의 이미지가 "반송된 / 편지의 / 소인처럼 핀 성에꽃"의 '성에꽃'으로 비유되었는가 하면, (B)에서는 어렵사리 완성해 놓은 자신의 시를 "사는 일 무거웠던 들풀의 눈물"의 '눈물'에서 다시 '이슬'로 전이하고 있다. 이런 뛰어난 순수 서정은 최대의 힘이 한 단형에 모인 초점으로서의 완성도가 되고 있는 것이다. 이미지를 정의하여 "지적 및 정서적 복합을 일순간에 제시하는 것"이라 하였는데, 곧 그것은 단형의 초점이라 할 것이다.

김광순 시인은 주제의 선택에 있어서 자유로워 보인다거나, 현대생활의 예술적 가치를 거기서 응결시키고 있음을 볼 수 있다.

그의 이미지 교접(交接)은 어찌보면 눈부신 교태처럼 신선하고 매력적이다. 그 나름의 방식으로 빛나고, 그 나름의 방식으로 현대 감각적인 것이다.

한국시조 작품상 수상작인 「뼈마디 하얀 시」는 이른바 '최고 절정의 시'를 시각화한 표현이다. 일찍이 이미지즘의 주장에 ① 모든 습관화된 표현을 피할 것, ② 견고하고 투명한 시를 창조할 것, ③ 집약, 집중을 위해 노력할 것. 그것이 시의 정수임을 알 것, ④ 완전한 진술이나 설명보다는 간략히 암시한 것 등이 있는데, 김광순의 시조에서 이런 자취의 일단을 엿보아도 될 것이다.

「뼈마디 하얀 시」는 '절정의 시'를 쓰기까지의 한 과정을 진술한 것이라고 할 수 있다. 하나의 상징적 진술에 의존해 있는데, "날개 · 간이역 · 눈물 · 꽃씨 · 방울새 · 하현" 등 추상적인 사물의 이미지로 접근하고 있다. 그러면서 "견고하고 투명한 시의 창조"로서 일정한 형식미를 이룬다.

참고로 이 시의 「심사평」을 일부 보이면 다음과 같다.

> 수상작품이 지닌 많은 직유들은 시조가 현대시로써 자리매김하는데 있어서 불가분한 흐름이라는 점, 그리고 수사와 상징이 결코 유습한 낡음이 아니라 대단히 신선했다는 점, 또 하나는 기존 여성 시조가 지녔던 섬약한 정서가 아니라 활발한 시어 선택과 끝까지 관념으로 흐르지 않고 시적 긴장미가 유지되고 있다는 점 등은 참으로 매력적이지 않을 수 없었다.
>
> — 이근배 · 이상범 · 유재영 · 전원범 · 민병도

한 편의 시를 더 보기로 한다.

바닷가 우체통에 한 마리 고래가 산다
뱃길마다 햇살 부신 지느러미를 깔고
그리움 얼마나 크면 등에 푸른 혹이 날까

오늘도 수평선 너머 귀를 여는 아침이면
돌고래 타고 온 기다림을 걷어내고
짧은 밤 기척도 없이 기대앉아 읽고 있다

그 파도 사이사이에 들려오는 하모니카 소리
어부의 안방처럼 한 폭 바다는 밀려와서
바닷가 빨간 우체통에 꼬리 붉은 고래가 산다
—「고래가 사는 우체통」 전문

「고래가 사는 우체통」은 「물총새의 달」과 함께 매우 인상에 남는 작품이지만, 또한 거기엔 암시적인 방법으로 표현하고 있다는 점에서 다분히 우화적(寓話的)인 요소가 짙다. 말하자면 김광순의 시법에는 시의 직관적인 언어에 매달리지 않고, 어떤 '이야기'가 상당히 개재되어 있으며, 그 '이야기'는 추상적인 사물을 구체화시키고 있다는 점이다.

일찍이 미당 서정주 선생이 '이야기' 곧 설화적 내용을 시에 즐겨 구현시킴으로써 많은 명시들, 예를 들면 「국화 옆에서」 「춘향유문」 「꽃말의 독백」 「무등을 보며」 「귀촉도」 「동천(冬天)」 등을 탄생시킨 시법을 상기할 적에 독특한 개성으로 파악할 수 있을 것이다.

이 시에서 '고래'와 '우체통'은 무엇일까? 전혀 상반된 이질감에 의하여 시선을 끈다. 이 시의 제1행은 "바닷가 우체통에 한 마리 고래가 산다"이고, 마지막 끝행 역시 '바닷가 빨간 우체통에 꼬리 붉은 고래가 산다'로서 다시 반복된다.

시란 "생략 · 암시 · 비약 · 반복"의 줄을 타고 춤추는 등식에 있고, 시의 '낯설게 하기'는 여전히 시법의 중요한 요소이다. '고래'와 '우체통'은 그 상반되고 있는 이미지에 의하여 긴장되고 교묘한 시의 교접으로 상승한다. 결국 기다림의 편지가 사는 '빨간 우체통'은 '어부의 안방'이고 '고래'는 어부의 변형된 모습으로 구도가 잡힌 것이다. 이 시는 문학적 상상력이 낳은 아름다운 작품으로 자리 잡고 있는 것이다.

김광순의 시는 신세대 시조로서 새로운 언어와 시법을 보인 신선도가 있고, 작품의 완성도에서도 눈길을 끈다. 그는 우리 이웃에 돌연히 나타난 귀엽고도 당찬 하나의 물총새인지도 모른다. 그에게는 상공에 머물렀다가 총알처럼 수직으로 급전직하 먹이를 잡는 물총새의 이미지가 미상불 없지 않아 있을 것이기 때문이다.

—≪대전문학≫(2005년 여름호)

김창현의 「대장간 협주곡」

갈탄 불꽃 피어 일던
대장간 통풀무질

시뻘건 담금질 쉴 참
망치질 장단 박자 치다

미움이 무슨 죄가 있사옵기
내리치는 곤장형(棍杖刑).

아픈 만큼 오그린 몸짓
조여오는 그림 문신(文身)

혀뿌리까지 들볶았던
멍든 속살 찢겨져도

삶 꼭지 으스러지게 저려
가슴 폈던 내 울음.

— 제10시조집 『배흘림 햇살기둥』(오늘의문학사, 2003)

관촌(冠村) 김창현(金昌鉉, 1938~)은 충남 서천에서 태어나 비인초등학교, 서천중학교를 거쳐 군산사범학교를 졸업한다. 그리고 한국방송통신대학교를 졸업한다. 초등학교에서 40년 가까운 기간을 근무했다.

그는 ≪시조문학≫에서 「어머니 한(恨)」(1990, 가을호), 「하루」(1991, 여름호)로 데뷔하게 되며, 다시 ≪아동문예≫(1993, 1월호)에서 「등대」

「운동장」「귀뚜라미」 등 작품으로 동시조 작가로도 천료한다.

최근 필자는 김창현 시인의 제11시조집 『아지랑이 일던 가슴』(오늘의문학사, 2005)을 보고, 그가 시조의 여러 형식에 따른 창작에 전념하고 있음을 느끼게 되었다.

그는 지금까지 평시조집 6권, 사설시조집 1권, 동시조집 3권을 냈는데, 이런 작품집으로 만족하고 있지 않은 것이다.

일단 시조에서의 평시조, 연시조, 엇시조, 사설시조 등을 고루 창작하고 있음은 물론, 동시조로 가서도 평동시조, 연동시조, 엇동시조, 사설동시조 등으로 다양한 형식미를 직접 추구한다.

다음은 지은이가 들고 있는 해당 형식들의 대표작을 보이면 다음과 같다.

① 일반시조

평시조 : 「삶 · 365」(시대문학, 창간 10주년 특별부록, 1997)

연시조 : 「대장간 합주곡」(시조집 『배흘림 햇살기둥』 2003)

엇시조 : 「바람과 돌부처 이야기」(시조집 『가슴 냇가에 흐르는 사랑』 1991)

사설시조 : 「봉황오덕(鳳凰五德)」(공무원문학, 2001, 봄호)

② 동시조

평동시조 : 「꽃밭」(한국동시조, 창간호, 1995)

연동시조 : 「숲속의 아침」(아동문예, 2004. 8)

엇동시조 : 「내목소리」(현대동시조, 6호, 2005)

사설동시조 : 「쑥꽃」(시조집 『배흘림 햇살기둥』, 2003)

이번에 나온 『아지랑이 일던 가슴』은 '한(恨)'을 주제로 한 125편의 연작 시조집이다. 본문에서는 '한가(恨歌)'라 하였고, 여기에 125번까지의 번호가 부여되었다. 지은이는 '장시조라는 장르를 살리기 위해서 노력' 했음을 밝히면서, 이를 '장시조'로 분류하고 있음을 본다

(A) 잔주름
물빛 무늬

노을 끝에 앉은 고독

한숨 섞어
젖는 맘결

익힌 침묵 무게만큼

그리움
마음 깊이 마냥

끌어안던 바램인 걸.

—「한가(恨歌) · 5」 전문

(B) 못 견딜 그리움은
저승으로 물러가라

참지 못할 아픔일랑
해탈(解脫) 앞에 내려앉아

흔들린
마음 한 켠이
붉어오는 낯살 뿐.

—「한가(恨歌) · 52」 전문

시조는 3장 6구 12음보의 율격이다. 그러나 시조가 활자화되면서 제

목과 필자, 분장(分章)과 연형(連型) 등의 형식적 요건에 대한 변화가 일어난다. 특히 분장의식(分章意識)은 문학성의 소산으로서 예술지향의 성격으로 발전한다.

시조의 율격은 내용적으로 '장(章)'이기 때문에 이는 시의 행(行)과는 본질적으로 다른 것이다. 평시조의 석줄은 시행적(詩行的) 석줄이 아니라, 삼장(三章)에 근거한 것으로서 이미 고정된 구조적 석줄인 것이다.

김창현 시인의 (A)와 (B)를 보면 '구조적 석줄'을 뚫고, 형식미에 있어서 무궁무진함을 볼 수 있을 것이다. (A)가 날아갈 듯한 형식미라면, (B)는 차분한 안정을 준다. 시어가 우리말의 섬세한 세련미와 배열을 함께 꾀하여 시조만이 가질 수 있는 운치를 뽐내고 있다.

그러나 시가 고아한 순수 서정만으로 나래치고, 세공적인 언어예술로 속진하게 된다면, 시의 의미는 일반적으로 상당히 유약해지는 함정이 있을 수 있음을 경계하여야 할 것이다.

시조 「대장간 합주곡」은 이런 면에서 매우 획기적인 작품으로 평가할 수 있을 것이다. 시든 소설이든 문학의 본질에 있어서 사실성(寫實性)처럼 오랜 표현기법도 없을 것이다. 사실감각이 뛰어난 글일수록 '박진감'의 진폭은 컸던 것이다.

「대장간 합주곡」은 시의 사실감각 때문에 '박진감'의 울림이 절실하게 감동을 주며, 김창현 시조의 한 정상이라고 할 것이다.

대장간이란 풀무를 차려놓고 시우쇠를 다루어 온갖 쇠붙이 연장을 만들어 내는 곳이고, 이 일을 하는 사람을 대장장이라고 한다.

쇠를 달구어 연장을 만드는 과정이 '곤장형(棍杖形)' 또는 '문신(文身)' 등에 잘 나타나 있지만, "삶 꼭지 으스러지게 저려 / 가슴 폈던 내 울음"에서 이 시는 빛나고 있다. 한 연장이 만들어지기 위하여 처절한 고통이 있고, 급기야 참고 참았던 '내 울음'은 터지고야 말았던 것이나, 그것이 '가슴 폈던' 표현에서 너무나 당당하고도 강인한 객관성을 획득하고 있다.

또한 이 작품은 대장간에서 야공(冶工)에 의하여 하나의 작품이 만들어지듯이, 사람의 학문이나 도덕을 갈고 닦는 일과도 관련됨으로써 절차탁마(切磋琢磨)의 공정을 연상시킨다. 이 시의 주제의식이 여기 있었다.

다음은 김창현 시인의 사설시조를 보기로 한다.

> 박타령의 홍부가도
> 얌체족이 있었네.
>
> 남을 짓밟고 한탕 노리는 꾀쇠아비, 뺑덕어미, 박타령에서 홍부가 김부자의 매품을 팔기로 하고 선금 받은 돈으로 며칠 굶은 새끼들 밥 지어 먹이는 것을 엿듣고는 그 매품을 가로챈 자가 꾀쇠아비다. 공양미 삼백 석에 심청이가 팔려간 후 그 돈에 군침을 흘린 뺑덕어멈은 심봉사와 같이 살면서 갖은 아양으로 돈을 빼돌린다. 심봉사가 김장자에게 맡긴 몇 백 냥. 귀덕어미에게 맡긴 돈 몇 백냥 어디다 썼느냐고 애절복통하자 애가 서서 살구값 몇 백 냥, 떡 팥죽값 몇 백 냥 썼다고 거짓말하여 벌거숭이 만들어 놓고 뺑소니친다. 심봉사에게 공양미를 가로챈 얌체가 뺑덕어미다.
>
> 사랑병 입 마갯돈 후려쳐
>
> 잘 사는 얌체족 많아유.
>
> —「꾀쇠아비」(시조집『배흘림 햇살기둥』2003) 전문

앞에서 말한 바와 같이 김창현 시인은 사설시조에 상당한 심혈을 기

울이며, 사설시조집 『달동네 판소리여!』(2002)에는 71편의 사설시조가 수록되어 있다.

사설시조는 귀족문학인 평시조에 비해 소설식으로 길어지고, 가사투와 민요풍이 섞였으며, 대화가 많아진 양식이다. 이런 특성을 이어받고 있는 것이 역시 현대의 사설시조라 하겠으며, 김창현 사설시조의 경우는 거의가 중장에서 '사설'이 놓이고 또한 길어진다. 초장이 도입이라면, 중장은 본문이고, 종장은 결론의 양식을 밟고 있는 것이 그의 사설시조의 등식이라 할 수 있을 것이다.

여기 「꾀쇠아비」는 신재효의 판소리에 나오는 「박타령」의 '꾀쇠아비', 「심청가」의 '뺑덕어미' 등 고전문학에 나오는 이른바 '얌체족'을 작품화한 것이다. '얌체족'은 자신의 이익이라면, 사소한 것에도 전혀 염치가 없는 행동, 곧 남을 등쳐먹는 자라고 할 것이다.

이런 '얌체족'이 옛날에도 존재했음을 이 사설시조는 고발하고 있는 것이니, '악(惡)의 인간성'에 대한 고발은 문학의 오랜 주제의 하나인 것이다. 이 시는 글의 짜임새가 잡히고, 그 서술이 구체성을 획득하고 있다고 하겠다.

그는 사설시조집 『달동네 판소리여!』의 서문에서 "백제권에서는 최초라는 자부심과 부끄러움이 뒤범벅이 된 이백여 편에서 골라 아홉 번째 시조집을 엮는다"고 했다. 사설시조의 창작은 아직 일반화되지 않은 것이라 할 수 있을 것이다.

김창현 시인의 그의 시적 체질부터가 구수하고 서민적인 풍모라 하겠다. 그는 엇시조, 사설시조, 그리고 동시조의 영역에서도 장형시조를 쓰고 있거니와 그의 글 소재 역시 이 땅의 산하와 풍물, 고전의 세계에 이르기까지 한국적 정서를 대상으로 해서 그 구체적인 정감을 소화해

내고 있다. 말하자면 그는 우리와 친숙한 고유의 풍류를 선택하고 거기 정진하고 있는 시인이라고 할 수 있을 것이다.

—≪대전문학≫(2005년 여름호)

장덕천의 「자연법(自然法)」

들풀에게는
비바람의 아픔이 있다

아픔없는 생이 어디 있으랴
바다는
파도의 아픔으로
바위에 하얗게 부딪치고
조개는
상처의 아픔으로
진주를 키우는 법,

들풀에게는
세월의 슬픔이 있다
슬픔없는 생이 어디 있으랴
꽃들은 낙화의 슬픔으로
씨앗을 만들고
나무는 마디 마디의 슬픔으로
가지를 키우는 법,

제멋대로 살아가는 작은 들풀마저
아픔과 슬픔의 땅 속에 뿌리를 박듯

나도 이 지상의 모든
고통의 수액을 기꺼이 받아 마시고
나만의 열매와 씨앗으로 키운다.

— 제3시집 『수통골 돌밭』(문학아카데미, 1998)

장덕천(張德天, 1939~)은 대전에서 출생하여 대전상업고등학교를 거쳐 충남대학교 경영학과와 동 경영대학원을 졸업했다. 공무원과 회사원 생활을 거쳐 대전인켈판매(주)및 (주)홍명산업 대표이사 사장을 역임하였고, 현재는 (주)동곡 대표이사 사장이다. 실업가이면서 시 창작에 전념하고 있는 이색적인 시인이라 할 수 있다.

장덕천이 시인이 되고, 시에 전념하게 된 것은 교통사고라는 불행한 운명과 관련되어 있다. 그는 본래가 책을 좋아하고 성실하고 겸손한 성격의 소유자였다. 끈질긴 집중력의 정신도 남다른 바가 있었다. 장덕천은 한때 소설가가 되고 싶어 대학 2학년 때는 소를 오브제로 한 소설을 써 신춘문예에 두 번 도전하기도 했다. 40대 때 오토바이에 의한 교통사고는 그의 모든 것을 뒤바꿔 놓고 말았다. 그의 윤화는 뜻밖에도 근육마비인 불치병 루게릭으로 전이되었고, 몸을 지탱해 주는 척추에 이상이 생김으로써 그는 남의 힘을 빌리지 않으면 일어나거나 걸어다닐 수 없게 된 것이다. 높은 곳이나 계단 같은 곳은 사람이 업어야 이동할 수 있게 된 2급 장애인이 된 것이다.

오토바이 운전자는 실수를 저지르고도 뺑소니를 쳤다. 나중에 범인을 알게 되었지만, 장덕천은 법적인 책임을 추궁하지 않고 불문에 붙이고 만다. 죄는 밉지만 병원비 등 손해배상 등을 억지로 요구하기 어려운 판단을 하고, 스스로 자비에 의존하는 것이 옳을 듯 싶었다고 한다. 장덕천의 인간성과 그 그릇을 보여주는 바가 없지 않다.

장덕천은 전공이 경상계열이었지만, 잘 나가는 사업가로 기반이 튼튼했다. 특히 음악에 조예가 깊었고 아주 좋아 했다. 20년 가까이 인켈 전축 대리점을 하였다는 것은 단순한 사업가를 넘어선 전문성이 또한 있었던 것이다.

뿐만 아니라 장덕천은 『상인』(1989), 『대리점 경영의 실제』(1993), 수필집 『가을에 떠난 사람』(1992) 등의 저술을 내놓는다. 특히 『대리점 경영의 실제』는 "17년 동안의 인켈 대리점을 하면서 오디오 단일 품목으로 연 매출액 70억을 넘고, 대리점 관할지역 시장 점유율 70% 이상을 확보한 경영의 체험담"(김용재)이라고 한다.

장덕천이 문학으로 경도하기 시작한 것은, 교통사고로 사경을 넘나들며 고립과 좌절에 빠져 있을 때, 친구가 문병 오면서 가져다 준 ≪현대문학≫ 잡지였다. 그것을 읽으면서 문학에 대한 아련한 향수가 피어올랐고, 손발이 마비되면서 간단히 쓸 수 있는 시를 쓰기 시작했다고 한다.

그가 300여 편의 습작을 했을 때, 야석 박희선 선생을 만나게 된다. 김용재 이규식 박영규 교수들이 찾아 왔을 때는 시 몇 편을 보여 주게 되었는데, "시로 보면 초등학교 4학년 수준"(김용재)이란 말을 듣고 크게 깨닫는 바가 있었다. 문학이란 결코 개인적 소일거리 산물이 아니며, 체계있게 공부하지 않으면 안 되겠다는 깨달음이었다. 장덕천의 본격적인 시수업은 문학 아카데미 박제천 문학사숙을 다니면서 시작된다. 그는 남의 도움을 받아야 하는 불편한 몸을 이끌고, 승용차로 주2회의 강의를 받게 된다. 집요한 집념을 보였다. 하루도 빠지지 않는 1년간 개근의 기록을 세운다.

한번 다녀올 때마다 약 10만원 정도의 비용이 났다고 한다.

다음 글은 당시의 상황을 조금은 전해 주는 바가 있을 것이다.

> 1998년 7월, 강원도 춘천의 위도,『문학과 창작』. 문학아카데미가 주최한 숲속의 시인학교에서 장덕천 시인을 처음 만났다. 대충 공식행사가 끝나고 밤이 깊어가며, 몇몇 나이든 시인을 위해 마음을 써준 방에서 소주잔을 기울이면서 잡담들을 했다. 성찬경, 김광림 시인들이 자리를

> 같이 했다. 그때 문이 열리며 행사를 주관하는 젊은 시인들이 장덕천 씨를 인도해 왔다. 정확하게는, 운신이 자유롭지 않은 장덕천 씨와, 또 한 사람, 자동차 운전을 비롯해 몸이 불편한 장 시인을 손과 발처럼 돕는 신태수씨(申泰秀, 독실한 불교인이며 수필가)였다. 두어 병의 색다른 술과 안주를 들고 왔었다. 장 시인의 농토에서 거둔 오미자를 소주에 담가 묵힌 오미자술이었다. 밤이 늦도록까지 우리는 그 두 병의 술을 다 마시며 이런 저런 이야기를 나누었다.
>
> 자연스럽게 시에 대한 말들도 오고갔다. 장덕천씨는 불편한 몸을 가누고 한쪽에 앉아서 우리가 나누는 잡담이기도 하고 담론이기도 한 이야기들을 들었다. 그는 담론이고 잡담이고, 우리들의 말 사이에 전혀 끼어들려 하지 않으며 그저 듣기만 했다. 그의 듣는 태도가 퍽 진지하구나 하는 것을 나는 담론 사이에서 간혹 느꼈다. 남의(선배라면 선배인 다른 시인들) 말을 듣는 그의 표정이 마치 어떤 수업시간의 정직한 중학생의 표정처럼 보이기도 했다. 그때 그는 이미 60세였다.
>
> — 이홍우 「산으로의 길, 시에의 길」

위의 글은 장덕천 제4시집 『어둠은 아름답다』의 뒤에 실린 '해설'의 일부이다. 시를 공부하며 행사에 참가하는 장덕천의 근황을 알리고 있다.

장덕천은 문인으로서 사회적 진출을 하기보다는 자신을 구원하는 정신적 돌파구로써 시를 쓰기 시작한다. "저는 글 쓰는 것이 제 마음의 정화이며, 죽음과 싸우는 무기입니다. 시를 읽고 쓰는 것이 삶의 전부입니다"라고 말한다.

『문예한국』(1996)의 등단 절차나 문학 단체의 가입, 그리고 시집 발간의 일들은 본인의 뜻보다는 주변의 권고에 의하여 이루어진 것이 많았다. 『문예한국』의 당선소감은 당시 간병인이 대신 썼다고 한다.

장덕천의 등단에 안내를 해준 야석 박희선은 시집 『브람스의 자장가』 머릿글에서 "시인 장덕천, 그의 이같은 습작 노트에서 고른 작품 70여 편에 담긴 너무나 그다운 순수한 오리지날리티, 천진무구 동심의 소출이라고 말하기엔 아쉬움, 그다운 지향점이 분명하게 간직된 가락으로서 피어오르는 정서로서 그려지는 〈동그라미〉 그네 띠 매는 시악씨 마음 실가지……"라고 깊은 신뢰를 보인다.

『문예한국』의 등단과 함께 시집 『책장과 CD룸 사이』(오늘의 문학사, 1997. 10. 15), 『브람스의 자장가』(풀잎문학, 1997. 11. 15) 두 시집은 1개월 간격으로 거의 동시에 출간된다. 제3시집『수통골 돌밭』(1998), 제4시집『어둠은 아름답다』(2002)는 모두 문학아카데미에서 나온다.

장덕천은 또한 적지 않은 사재를 기울여 1998년 대청호변에 연꽃마을 글수랑놋다리집(대전광역시 동구 주산동 164—3)을 열었다.

일종의 시인의 집이라 할 수 있다. 시민의 정서함양과 휴식의 공간이 되고 있는데, 경내에는 연꽃들이 조성되고 많은 시인들의 시가 목판에 새겨져 전시되어 사람의 눈길을 끈다.

이상 살펴본 바와 같이 장덕천은 자신의 절망과 허무의 깊이를 헤치고 나온 시인이라고 할 수 있다. 그것은 바로 영혼의 노래에 값하는 것이라고 하겠다.

흔히 서정시의 본질을 근원으로 돌아가고자 하는 욕망, 신화적 세계에 대한 동경의 표현이라고 한다. 심령적인 것이 대상성에 깊이 파고들어서 그 대상성을 내면화하고자 하는 것은 곧 근원에의 동경에서 비롯되는 것으로 보는 것이다. 장덕천의 근원은 상처받지 않은 이전의 자신의 정신적 육체적 세계이며, 시의 마법을 통하여 창조적 희열에 이르는 것이다.

특히 그의 시는 이제 예술적 감수성과 감각인식의 기법이 어떤 궤적을 그리고 있음을 주목할 필요가 있을 것이다.

시 「자연법(自然法)」은 장덕천 시세계의 한 전범으로 이해된다. '자연'은 "사람이나 물질의 본디의 성질, 본성"이며, 곧 장덕천이 가장 돌아가고픈 근원의 세계인 것이다.

"들풀에게는/ 비바람의 아픔이 있다"(1연)로 시작되는 이 시는 "파도의 아픔(2연) → 낙화의 슬픔(3연)"으로 이어지고, 종연에 가서는 "고통의 수액을 기꺼이 받아 마시고/ 나만의 열매와 씨앗으로 키운다"로 끝난다. 말하자면 자연의 법칙 속에서 자신의 구원을 확신하며, 그 신화적 동경에 시심을 적시고 있다.

이 시는 비교적 평이한 독법으로 읽을 수 있는 작품이다. 어찌 보면 평이한 진실이 이 시의 매력이다. 험난한 인생의 항로를 거친 자가 터득한 우주관과 자연법칙이 아무 가식없이 진솔에 닿고 있기 때문이다.

이 시 이후의 것으로 보이는 같은 제목의 「자연법」이 제4시집에 실려있다. 봄을 맞이한 샘골, 온갖 식물들이 삶의 희열에 반짝이는 모습이 경이롭게 그려졌다. 고통이나 슬픔이 배제된 세계, 장덕천 시인의 또하나의 근원이 숨쉬는 곳이라고 하겠다. 다음에는 언어적 감각이 뛰어난 시를 보기로 한다.

> 누군가 밤새도록
> ㄱㄹ ㄱㄹ ㄱㄹ ㄱㄹ
> 허공에 못질을 한다
>
> 어둠과 함께 떼로 몰려오는
> 저 별빛처럼 쏟아져 내리는
> 남사당패 울화 같은
> 적막을 흔든다
>
> 여름밤, 내 불면의 머릿속으로
> ㄱㄹ ㄱㄹ ㄱㄹ ㄱㄹ ㄱㄹ ㄱㄹ ㄱㄹ ㄱㄹ
> 자음의 뾰족한 못들이 끝없이 박히고 있다.

―「못질 ―개구리」 전문 (제4시집 『어둠은 아름답다』)

시는 언어인 것이다. 청각이 응용된 이 시는 개구리 울음인 의성어 '개골개골'에서 'ㄱ' 'ㄹ'만을 추려낸 것이다. 말하자면 추려낸 자음, 그것이 못질하듯이 끝없이 불면의 머릿속으로 박히고 있다는 것이다. 이 시는 본래 「개구리 소리」로 첫 시집에 수록되어 있었는데, 'ㄱ·ㄹ'이 들어가고 훨씬 예리한 뜻을 더해서 개작이 이루어진 작품이다.

'남사당패 울화'는 이 시의 주제를 성공적으로 표현한 대목이다. '개구리의 떼울음' 그것이 '남사당패 울화'로 비유된 표현이다. '남사당'이란 원래 행실이 깨끗지 못하고 향락적인 노래와 춤, 때로는 몸도 팔며 천하게 노는 계집을 의미했다. 나중에는 남자들 중에서 사당계집처럼 떠돌아다니며 노래와 춤을 파는 사내들이었으니, 그들의 가슴엔 터질 듯 한 울화가 숨어 있었을 것이었다.

시인 장덕천의 '울화'가 개구리 울음소리로 날개를 달고, 독자들의 가슴에까지 닿는 것은 다름아닌 시의 문학성에 의해서였다.

한편 이 시는 한하운의 「개구리」를 연상시키는 바가 없지 않다.

가갸 거겨
고교 구규
그기 가

라랴 러려
로료 루류
르리 라

일체의 설명을 배제하고 개구리 울음소리를 한글의 '가갸' 줄과 '라랴' 줄로 완전히 의성화해 버렸다. 한쪽에서 '가갸' 하면, 다른 쪽에서는 '라랴' 하며 암수가 서로 화답하는 것이다. 천형의 시인 한하운의 독자성이 있는 시이지만, 장덕천의 「못질」도 충분히 독창성이 있고, 더 나아가

의미의 확산을 획득한다. 이 시의 끝행 "자음의 뾰족한 못들이 끝없이 박히고 있다"에 이르면, 가슴을 찌르는 듯한 통한을 느끼게 된다.

장덕천의 서정시는 탈속적인 정신주의에 의해서 처절한 승화를 하기도 한다.

① 어둠은 아름답다
참새 들새 잡새들의
너 잘났다 너 잘났다 시새움도
어둠 속에 가라앉는다
깔짐 지는 김씨 아저씨와
날품 매는 강씨 아줌마의 고달픔도
어둠이 감싸안는다

암내를 흔들어대는 어둠에
훌훌 옷을 벗는 알몸의 별들
동공을 채우는 벌레들의 발정 소리
달콤한 꿈을 엮는다

상처를 털어 내며
상처를 끌어안으며
어둠이 어둠을 보듬어 주는
어둠은 아름답다.

—『어둠은 아름답다』 전문 (제4시집 『어둠은 아름답다』)

② 가지 끝에 망설이던
화려한 생명
허공에 울부짖음 하나 떨어뜨리고
흙 한줌 베어 물며
격전지의 시체처럼 삭아 간다

가을처럼 슬프게 웃는 행복
그대가 남긴 것은

삶에 집요한 애증의 집착이었다

영혼의 가느다란 힘줄은 꿈틀거려도
지금은
그대가 겪은 고통과 슬픔도 괴롭힐 수 없는
한낱 낙엽인 것을
늦가을에
추락하는 절망은 아름답다
또 하나의 태어남을 위해
절망은 단단한 희망을 감싸안고 추락한다

바람에 기대어
끝없이 명멸하는
나목의 기도소리

흙을 만나 연옥의 껍질을 벗는
늦가을
추락하는 절망은 아름답다

―「추락하는 절망은 아름답다」 전문 (제4시집『어둠은 아름답다』)

시인이 순수시의 창공에서 어떤 가치관과 어떤 열정을 가지고 고민하게 되는가 하는 것은 위대한 발걸음의 시작이다. 할 수 있으면 접신(接神)의 영매(靈媒)를 갈망한다.

일찍이 도스토예프스키는 그의 소설 「카라마조프의 형제」에서 "신과 악마가 싸우고 있다. 그리고 그 싸움터야말로 인간의 마음이다"라고 했다.

오늘날 한국시는 언어 유희쪽으로 많이 기울고, 이른바 '대작'의 봉오리가 보이지 않는 원점에 오래 서있음을 본다. 시가 언어인 것은 기본인 것이요, '의미' 창조가 뒷받침되지 않으면, 공허한 염불 소리에 불과할 것이다. 시를 너무 쉽게 쓰고, 쉽게 발표하는 타성이 어느 때보다도 우리를 타락시키고 있는지도 모른다.

장덕천 시인의 시 ①, ②는 그 주제가 비슷하지만 역발상의 '의미 창조'가 섬세하고 비범한 바가 있다. 지옥과 죽음을 거쳐 나온 그의 심령세계가 펼치는 정신주의가 있기 때문이다.

장덕천의 시세계는 서민의식과 자연친화가 두드러진다. 장덕천에게는 천성적으로 지적 오만 같은 것은 보이지 않는다. 그는 중류계급 이하의 사람들, 곧 중소 상공업자, 샐러리맨, 노동자 등의 서민세계가 시의 정신영역을 형성한다. 장덕천 시인을 자연인식의 만유질서를 투시하며 친화적 자연 묘사와 만난다.

가령 시①「어둠은 아름답다」를 보면, 1연에서는 '참새 들새 잡새'가 나오고, "깔짐 지는 김씨 아저씨와/ 날품 파는 강씨 아줌마의 고달픔도" 등 어둠이 감싸 안는 대상들이 나온다. 여기의 '어둠'은 절망이 아니라 포용과 화해인 것이다.

2연은 "훌훌 옷을 벗는 알몸의 별들"로 밤의 사랑, 곧 에로티시즘을 보인다. 시가 난해하지 않으며, 서민의식에 있는 장덕천 시인은 누구나 친숙하고 가까울 수 있어, 많은 독자를 확보할 가능성이 있다.

장덕천의 자연친화는 의식적이다. 앞의 "훌훌 옷을 벗는 알몸의 별들"의 '별들' 같은 표현이다. 사실은 '알몸의 사람'인 것이다. '사람'이 '별'로, 이 한 낱말의 비유가 이 시 전체의 품격을 아주 바꿔놓은 것이다. 비유법 또는 테크닉의 효과이다.

시 ②「추락하는 절망은 아름답다」는 정서적 쾌락의 절정이라 할 수 있다. 앞의 '어둠은 아름답다'는 단선적인 사고의 아쉬움이 있지만, ②는 복합적인 사고력이 돋보인다.

이 시의 자연은 늦가을의 낙엽이다.

한밭 낙엽인 것을
늦가을에
추락하는 절망은 아름답다.
또 하나의 태어남을 위해
절망은 단단한 희망을 감싸안고 추락한다.

이 시의 주제연에 해당하는 3연이다. '추락하는 절망'이란 흔히 '패잔의 깊은 상처'로 인식되어 왔다. '낙엽'도 '종말 · 애상' 등의 뜻으로 많이 비유되어 왔다. 그러나 장덕천 시인을 낙엽을 '희망을 감싸안고 추락'하는 것으로 새로운 해석에 그의 시를 세운다. 이것은 시인 장덕천의 진경이며, 또한 그의 구원이 거기 있었던 것이다.

위의 ①, ②의 시는 장덕천의 시인적 풍향계이며 빛의 발견이다. 정신주의와 시적 테크닉이 성숙한 면모를 보인다. 공자의 사무사(思無邪)나, 시를 관조 달관 영혼 등의 정신적 정점에서 읽고, 시의 가치를 추구해온 전통적 미학의 본령이 여기 있다고 하겠다. 시는 다름아닌 도(道)였던 것이다.

—≪대전문학≫(2006년 겨울호)

홍순갑의 「섬강에서」

비가 내린다, 아름다운 곡선을 그리며
돌려지던 어머니의 물레바퀴
동그랗게 감기는 실타래 명주실
가느다란 빗줄기 감기면서 흐느끼다가
강건너 산마을 추녀 끝에 낭자히 잦아지느니,
겨울 빗속에 찾아오는 한 마리 산새도 없이
제 모습 강물 속살 깊이 드리워 두고
외톨이로 돌아앉은, 산은

북장단 어깨춤 난장판 깨어진 새금파리
신명난 무당 신내림 굿판
얽힘설킴 세상살이 드난살이
피난살이 시집살이 서러운 설움,
눈 감은 채 면벽(面壁) 천 년이라도
난 몰라 나는 몰라.

가느다란 빗줄기, 저 단애의 절벽 몇 그루 소나무와
솟아오른 바위 생각 깊은 자태, 사유의 모습은

물줄기 갈내이는 모래언덕 위
어릴적 소꼽동무, 강바람
하얀 손바닥 까부르며 아우성치는
갈대밭 꽃무리 물안개로 피어나서
보얗게 그려지는 빛 바랜 수묵화.

측량하지 말라, 수심 푸르른 섬강

보얀 빗줄기, 어머니 그리움 사랑

흐름 자취 없는 길
머물머물 구름따라 흐르다가
드리운 제 그림자 그리움의
빛깔, 수묵의 물안개로 드려 놓고

굽이굽이 돌아서 섬강 물줄기,
끝끝내 가야 할 먼— 여정
바다를 향한 꿈, 소망이던 사랑 어머니

섬강물 흐르고 흘러, 서해를 감돌아
지나해(支那海)를 거쳐 남태평양
적도의 뜨거운 햇살을 맨몸으로 인내하며
스스로 두터운 먹장구름을 일으켜서
바다를 뒤집을 폭풍우의 힘을 얻을 수 있다면

소스라쳐 몸부림치며 광뢰(狂雷)의 번개로 찢어진 뒤에
마침내, 휘어진 노랑부리 괭이섬 갈매기로
환생(還生)의 깃발을 올리리. 그리하여
창망한 바다 허무의 하늘을
날으리, 날으리.

구비진 섬강 하늘 땅 산마을, 지금은
강신(降神)의 시간, 모두가 적요(寂寥)한 비일 뿐이다.
— 1998년 ≪문예한국≫ 여름호

홍순갑(洪淳甲, 1949~)은 충남 연기에서 출생하여 조치원고등학교를 거쳐 충북대 농대 농학과를 졸업한다. ROTC로 군에 복무한 것이 계기가 되어 교련교사가 되며, 현재 대전 송촌고등학교에 있다. 고려대 및 충남대 교육대학원을 졸업했다.

홍순갑의 문학적 출발은 현재 주간으로 있는 호서문학회(회장 이진

우)가 그 탯줄이라고 해도 과언이 아닐 것이다. ≪문예한국≫(1998년 여름호)의 추천이 호서문학회의 김용재, 박희선이기도 하려니와, 무엇보다도 문학적 체질이나 작품의 순도면에서도 호서문학회와 관련이 있다고 하겠다. 특히 야석(也石) 박희선(朴喜宣, 1923~1998)과 운장(雲藏) 김대현(金大炫, 1920~2003)에 관한 홍순갑의 작품이나 언급이 있기도 하지만, 깊은 영향을 받았다고 볼 수 있을 것이다.

홍순갑은 시의 수사학이나 이미지보다는 시의 정신주의에서 출발한다. 이른바 현자(賢者)의 시를 지향했다고 할 수 있는데, 이는 그의 초기 시가 개인적 서정이나 체험은 거의 배제된 대자아(大自我)의 세계, 또는 범아일여(梵我一如)의 세계에 깃들어 있음을 뜻한다. 그의 시가 비로소 동양적 서정의 정취로 나아가 나름대로의 풍부한 사유의 메시지를 획득하며 언어적 율격미에 이르는 것은 제3시집 『조용히 빛나는 것은 붉다』(2005)에 와서부터라고 할 수 있다.

시 「섬강에서」는 「바람에 대하여」와 함께 ≪문예한국≫의 추천작품이다. 홍순갑은 「당선소감」에서 "어쩌다가 시를 쓰게 되었다. 불혹을 넘어 지명의 길에 막 들어선 시점에서 자신에게 묻는다. '나에게 시란 무엇이며, 무엇이어야 하는가?' 나는 이 물음에 내세울 만한 대답을 아직 준비하지 못하고 있다"고 말한다.

추천작품 2편은 모두 분량이 있고 정신적 사유의 문맥을 거느리고 있다. 「바람에 대하여」는 '하나~여덟'까지 소단락으로 이루어져 있는데, 이 구성 방식은 이후 첫 시집 『빛과 그림자에 대한 명상』(1998), 제2시집 『저 달을 보라』(2001)까지 긴 표현 양식이 되었다.

두 시집에는 박희선 선생에 대한 추모시 또는 헌시 등이 수록되어 있다. "야석(也石) 선생님은 시 이전에 나의 정신세계를 한 차원 높여 주고자 애쓰셨다. 불교학자이며, 시인이며, 돌에 대한 탁월한 식견을 가지고 있으며, 조국 산하를 누구보다 사랑하셨으며, 독립운동을 하신 분이며 …그러나 그보다도 나는 그 분의 정신세계의 깊이에 대해 외경의 심정을 금할 수가 없다. 지금은 고인이 되신 야석 선생님!"(첫시집 자서 「변명」) 등의 열정을 읽을 수 있다.

추천작품인 「섬강」에서는 원숙한 사유를 읽을 수 있다. 섬강(蟾江)은 어디인가? 강원도 횡성군 청일면과 갑천면에서 발원하여 횡성, 원주를 흘러 여주 약 15㎞ 지점에서 남한강의 상류에 합쳐지는 남한강의 한 지류이다. 그 사이에 금계천, 계천, 원주천 등의 지류를 합쳤고, 수운의 편은 적으나, 그 유역에 따라 횡성 원주 문막 등지에는 비교적 넓은 평야가 전개되어 있다.

「섬강에서」는 그 분량에 비하여 일정한 줄거리가 있는 시는 아니다. 일종의 단상(斷想)의 연속이지만, 비 오는 밤 어머니의 물레질(1연)로 시작하여 비오는 산마을의 적요(11연)로 끝난다.

굽이굽이 돌아서 섬강 물줄기,
끝끝내 가야 할 먼— 여정
바다를 향한 꿈, 소망이던 사랑 어머니

섬강물 흐르고 흘러, 서해를 감돌아
지나해(支那海)를 거쳐 남태평양
적도의 뜨거운 햇살을 맨몸으로 인내하며
스스로 두터운 먹장구름을 일으켜서
바다를 뒤집을 폭풍우의 힘을 얻을 수 있다면

— 8·9연

위의 표현은 섬세하면서도 질긴 서정의 끈을 광활한 시야로 열어 준다. 홍순갑의 서정세계가 편협되지 않음을 보이는 것이다. 그의 소망은 '환생(還生)의 깃발'(10연)에까지 이른다. 추천작품의 「심사평」에서는 "씨의 시의 경지는 신인의 수준을 넘어서, 중견의 경지를 바라보고 있다는 점에서 선자들은 확신을 가지고 씨를 시단의 일원으로 맞이하기로 하였다"(김용재 박희선)고 했다.

홍순갑은 "망망한 대해/ 거침없는 사유의 바다"(목어 · 7)에서, 그 관념적 요소에 오랜 기간을 취한 듯했다. 그러나 홍순갑은 시원한 환골탈태의 모습으로 새로이 등장하게 되는데, 사물의 인상과 영상을 세련된 언어적 간결미로 포착함으로써 추상적인 관념이 구체적으로 드러나게 된다.

볼온한 정신을 깨워
밤새 찾아 헤맨 언어의 씨알
가을처럼 농익어 터져 버린 하늘,

거기 내가 내다 버린 말들과
놓쳐 버린 말들이 무수히 떠돌아다니고
있다, 그걸 찾으러 떠난다

꼭 돌아올 것이다

— 서시 「시인의 말」

제3시집 『조용히 빛나는 것은 붉다』의 '서시'에서 볼 수 있는 것처럼 홍순갑은 이제 시의 문학성과 예술의식을 찾으러 떠나는 시인이 된다. 이 시집에는 64편의 시가 수록되어 있다.

① 껍질을 벗기고 벗겨 봐도
알맹이는 없다, 그러나
그 껍질 한 겹 한 겹은 얼마나 도타운가

내부 깊숙이 자신을 감추고
드러내지 않는 미덕이야말로
얼마나 곡진한 슬픔일 것인가

벗기고 벗겨도
내놓을 것 없음

실체의 실상이란 게
실로 허무란 것을
이렇듯 아리고 눈물겹게 배운다

—「나를 찾아 떠나는 여행 6」(양파) 전문

② 그대는 언제나 찻잔 속에
홀로 있습니다
시간의 숲을 지나
풀잎처럼 가볍게 흔들리다가도
이내 미동조차 없는
긴 침묵, 기다림 끝에
욕망의 껍질을 깨고 투명해진
그대 모습은
붉은 입술에 와 닿는
청자빛 하늘입니다

—「다향(茶香)」 전문

시에서 비범한 감각에 눈 뜨고 제기되는 문제들의 연원을 새롭게 해석해 내는 정밀한 해법의 능력 개발은, 뭐니 해도 창작의 핵심이다. 홍순갑의 이번 시집에는 언어적 감각이나 의미의 해법 등에서 수작들이 많지만, 여기서는 대중적인 측면을 고려한 2편을 뽑는다.

아무리 벗겨도 알맹이는 없는 양파를 통해서, 인생이란 역시 알맹이가 없는 '허무'란 것을 배운다는 그 해법은 지혜롭다. 양파는 땅속에 덩이로 된 비늘줄기가 마늘 모양으로 발달하여 공 모양을 이루지만, 그것은 아무리 벗겨내도 알맹이가 없는 꼴이 된다. 인생도 결국 죽음의 허무로 떨어지는 것이 아닌가.

"벗기고 벗겨도/ 내놓을 것 없음"(3연)의 평범한 문제에서 해법은 뜻밖에도 허무에까지 이른 것이다.

②는 후각인 '차의 향기'가 '청자빛 하늘'의 시각적 언어를 획득한다. 선비들의 기호품의 하나인 '다향'은 동서고금을 통해서 많은 사랑을 받아 왔다. 홍순갑은 "긴 침묵, 기다림 끝에/ 욕망의 껍질을 깨고 투명해진/ 그대 모습"으로 노래한다. '침묵의 향기'로 나아간 경지인 것이다.

선은 부처님의 마음이고(禪是佛心), 교는 부처님의 말씀이다(敎是佛語)라 하였는데, 홍순갑의 시의 진경은 그동안의 불어(佛語)에서 불심(佛心)으로 승화된 것이라고 하겠다. 시의 주요소는 정서이며, 사상은 어디까지나 종속적 요소인 것이다.

일찍이 괴테(Goethe)는 바이런(Byron)을 두고 "시인으로서는 천재지만 사상가로서는 어린애다"라고 한 유명한 말이 있다. 어쩌니 해도 시인은 사상가를 겸하는 것이 이상적이다. 사상(철학)은 연구와 사색을 통해서 얻어지며, 경험에 부딛칠 때 빛을 낸다. 홍순갑의 초기시는 이른바 정서보다는 사상 쪽이 짙었고, "그에게는 승방의 냄새가 물씬 풍겨 온다"(조미나)는 지적이 있기도 했다.

그러나 이제 홍순갑의 시는 누구보다도 사상(철학)을 보듬어 그것이 시의 깊이를 지니게 되는 유니크한 시세계를 형성한다. 「나를 찾아 떠나는 여행」에서 '26(끝없는 기다림)', '41(아내의 미소)'을 비롯하여 「양평사 선방」「대둔산방 풍경」「갑사 찻집에서」「토란줄기를 벗기면」「바람이 따라가고 있다」「공심산방 주인」「장지 풍경」「오래 된 길」 등 그의 수작들이 주목을 끄는 것은, 풍부한 사유가 뒷받침되어 있고, 언어적 매력이 또한 빛을 내기 때문이다. 그것은 이상과 현실의 새로운 창출처럼 신선한 것이 있다. 구체적인 사례 하나를 다음의 산문시에서 보기로 한다.

여름이 막 시작될 무렵 야석은 생각지도 않게 운장을 만났다 야석의 눈에 그렁한 것이 운장에게 번져 서로 말을 잇지 못했다

야석은 막걸리 한 주전자로 사나흘 밤을 홀로 지새우는 처지여서 여간 반가운 게 아니었다 먼저 온 대한민국 김관식도 한동안 반겼고 울보 박용래도 더없이 울면서 반겼었다 그러나 만만하기는 야석은 운장이었고 운장 역시 야석이었다

둘은 만나면 싸웠다

야석은 바람결에 흰머리 곱게 빗으며 달빛으로는 곱셈을 해서 비단강을 만들었고 달밤이면 지비(紙碑)를 수도 없이 세웠다가 허물었다

운장은 창가에 앉아 울지도 못하는 묵음(黙音)의 새만 날리다가 연꽃을 흠모한 나머지 야석의 비단강에 달을 빠뜨려 놓기도 했다

어떤 날 좌선하는 방석에 야석은 슬그머니 바늘을 꽂아 두었고 운장은 면벽하는 눈높이에 몰래 염소 똥을 하나 붙여 놓았다

야석이 졸다 이마에 염소 똥이 말라 붙자 이젠 부처가 되어 가는가 보다 좋아했는데, 운장이 돌아앉아 웃다가 바늘에 찔려 펄쩍펄쩍 뛰더란다

한가윗날 밤에는 비단강에 연꽃잎 띄워 놓고 사이좋게 뱃놀이를 나섰다

야석은 이물에 앉아 낚시를 드리웠고 운장은 고물에 앉아 노를 잡았다 야석은 휘영찬 보름달을 단번에 낚자는 것이었고, 운장은 조금이라도 더 달에 가까이 가려 자꾸만 노를 저어 물살을 일으켰다

북해(北海)쯤 도착했을 때 갑자기 달이 사라지자 까무러칠 듯 놀랐다 운장은 야석이 달을 건져 올린 줄 알았고 야석은 운장이 달을 삼켜 버린 줄 알았다

시퍼런 눈길이 맞부딪쳐 천둥 번개가 한참이나 요란했다 이윽고 구름 걷혀 훤한 달빛 돋아나자 서로 마주 보며 큰 소리로 웃어 제쳤는데, 그게 오로라가 되었다던가 어쨌던가…

소문은 끝없이 이어져 저자로 번졌다

— 「야석(也石)과 운장(雲藏)의 근황에 대한 소문」 전문

야석과 운장 두 분은 신앙에서나 문학에서나 그야말로 평생의 지기였다. 또 호서문학회의 정신적 지주였고, 문단적 위치 또한 비슷했다고 할 수 있다.

홍순갑의 이 시는 이미 작고한 두 분이 저승에서 만나는 일부터 시작된다. 첫머리 "여름이 막 시작될 무렵 야석은 생각지도 않게 운장을 만났다"가 그것이다.

이는 야석이 먼저 저승을 가 있었기 때문이다. 김관식(1934~1970), 박용래(1925~1980)도 등장하고 있는데, 이들은 야석과 함께 강경이 배출한 3대 시인이다.

야석과 운장의 서술은 설화적이다. 설화란 서사적 전기적 우화적 전승적인 요소를 갖는다. 두 분은 저승에서도 만나면 싸운다. 한가윗날 밤 비단강의 뱃놀이에서도 야석은 이물(배의 머리 부분)에 앉아 보름달을 낚고자 낚시를 드리웠고, 운장은 고물(배의 뒤쪽)에 앉아 노를 젓는다. 그들이 북해(北海)쯤 도착했을 때, 낚으려던 달이 갑자기 사라졌는 데도 "운장은 야석이 달을 건져올린 줄 알았고, 야석은 운장이 달을 삼켜버린 줄" 알게 된다.

이윽고 구름 걷히고 훤한 달빛 돋아나자 그들은 큰 소리로 웃게 되고, 그것이 오로라(공중에 나타나는 매우 아름다운 빛의 현상)가 되었다…는 것이 두 분의 '근황 소문'이라는 것이다. 시의 주석에서 지은이는 야석은 선종 계통으로 돈오(頓悟)를, 운장은 교종으로 점수(漸修)를 중시한 특징이 있다고 했다.

이 시는 홍순갑의 시적 재질을 엿보게 하기도 하고, 실험의식이니 하

여 여러 시론과 작품의 백가쟁명이 있지만, 전통적으로 구수한 시의 본령을 역시 어디인가를 보이기도 한다. 문학의 운치나 아름다움이란 게 바로 이런 것이 아니겠는가.

—≪대전문학≫(2006년 여름호)

황희순의 「새가 날아간 자리」

가랑잎 쌓인 산책길
새털 몇 잎 흩어져 있다.

그날, 콩마당질하던 해질녘, 아버지의 여자 때문에, 머리채 뒤잡혀 사립문 밖으로 끌려 나간 언니, 나뒹굴던 마당귀, 감나무 밑, 홍시 짓뭉개져 있던 거기, 한 움큼 뽑힌 머리카락, 콩깍지 밟듯 밟고 서 있던 아버지, 등뒤, 풀썩 쓰러지던 어머니, 그림자, 흰 고무신 한 짝 뒤집혀 있던, 그 자리,

간밤 새들에게
무슨 일이 있었던 것일까

—제3시집『새가 날아간 자리』(리토피아, 2006)

황희순(黃姬順, 1956~)은 충북 보은에서 출생하여 대전성모여자중고등학교를 졸업한다. 황희순은 처음 ≪오늘의문학≫(1993, 겨울호)에서 「강가에 서고픈 날」 「실향일기(失鄕日記)」 등의 작품으로 등단하며, 이어 첫 시집 『강가에 서고픈 날』(오늘의문학사, 1993)도 거의 같은 시기에 출간된다. 당시 ≪오늘의문학≫편집장으로 재직하면서였고, 제2시집 『나를 가둔 그리움』(1996)도 거기서 나온다.

황희순 시인은 대청호에 수몰된 충북 보은군 회남면 법수리가 고향이다. 그의 모교 법수초등학교도 수몰된다. 연작시 「실향일기」는 이에 대한 애틋한 사연을 이루고 있는 시편들이다. 연작시 「실향일기」는 첫

시집에 14편, 제2시집에 11편이 수록되어 있고 「수몰 이후」 같은 시는 사계절로 나누어 쓴 것인데 분량이 긴 편이다.

황희순은 이 시기 자기 작품에 대한 깊은 회의에 빠진다. 시의 소재와 언어, 특히 언어의 클리쉐(Cliche)에 빠져 있음을 자각하게 된다.

말하자면 낡은 글투나 기교를 버릇처럼 사용함으로써 단조로움과 불성실의 느낌을 주게 되는 일종의 매너리즘(mannerism)을 발견했다고 할 수 있을 것이다. 이는 우리 주변에 부지불식간에 넓게 퍼져있는 현상이기도 한 것으로 시의 타락 현상이라 할 수 있을 것이다.

역사적으로 보면, 우리나라의 양반시조가 그 화려한 맥락을 이어가지 못하고 사멸한 것은 이 매너리즘 때문으로 본다.

황희순은 새로운 출발을 선언하면서 ≪현대시학≫(1999, 10)에서 임강빈, 조영서의 추천을 받게 된다. 이때의 신작시는 「숫돌을 만지면」 「지금은 부재중」 「참취꽃」 「꿈, 그 풍경」 「한눈팔기」 등 5편이다. 심사위원의 「심사평」을 보이면 다음과 같다.

> 황희순 씨의 눈은 감성적이다. 그 눈은 맑고 잔잔하다. 서정의 물결이 일렁인다. 그리움 같은 인간 본연의 향수가 여울진다. 「숫돌을 만지면」에는 수몰민의 애틋함과 그늘이 드리워져있다. 〈막 갈아 놓은 칼처럼 스무 해가 더 지난 지금도 시퍼렇게 겨울밤을 벼리는 소리〉가 그러하다. 먼 아픔이 생생하다. 긴장감이 있다. 「한눈팔기」는 살그머니 미소롭게 한다. 「참취꽃」은 여성다운 아련한 마음이 서려 있고, 「지금은 부재중」은 부재의 그림자가 어른거린다. 좀 사설적인 게 흠이라면 흠, 앞으로는 시의 깊이와 무게를 더할 것을 기대한다.

황희순의 당선소감의 제목은 「자리를 고쳐 앉으며」이다. 새로운 시의 긴장이 그에게 있었다. 황희순의 등단은 '신인작품 공모'의 형식이 아니고, '신인발굴 작품'으로서 이미 등단 경력이 있는 처지를 예우한 측면을 보여 주었다.

그의 당선소감에는 가족의 불행한 사건이 비치기도 했다.

> 이렇듯 깨달은 옛사람들은 삶을 허깨비라 했다. 그런데 이 허깨비 같은 세상에 나는 왜 쓰잘데없는 슬픔에 갇혀 숨도 크게 쉬지 못하는 것일까. 어미보다 먼저 간 꽃 같은 딸, 이승도 저승도 아닌 무의식 세계에서 두 달을 견디다 간신히 살아난 아들….
>
> 나를 가둬버린 악몽의 지난 두 해, 돌아보면 진절머리가 난다.
>
> 잊고 싶은 것들이 너무나 많다.
>
> 내 가슴도 Delete 버튼이 있다면 얼마나 좋을까.
>
> 새로운 이 시작이 혹시 건강을 되찾아 줄지도 모른다는 생각이 든다. 시를 쓴다는 것은 제대로 살고 싶은 내면의 치열한 몸부림일지도 모르니까. 그리하여 이제부터 시(詩)를 쓰는 일밖에 못하는 사람이 되고 싶다.

이렇게 재출발을 다짐하고 나온 것이 제3시집 『새가 날아간 자리』(2006)이다. 그의 시는 일변해서 현대적 감각과 새로운 진경을 보여줌으로써 주목을 받기에 충분한 시집이었다. 긴장을 넘어선 전율의 언어가 흐르고 있기 때문이다.

시인 자신도 그것을 숨기지 않고 있다. 시집의 자서(自序)에서 황희순은 "9년째 멈춰있는 시계에 새 건전지를 끼웠다. 살아 움직인다. 시침 분침을 맞추며 지난 시간들을 들여다본다. 견디기 힘든 시간들이 시가 되었다. 숨구멍이 되었다."고 썼다. '새 건전지' '숨구멍' 등 그의 의식은 치열했다.

「시작(詩作)」이라는 시에서도 "둘은 사각의 링에 갇혔다./ 카운트 없는 이 비공개 스파링을/ 어떻게 탈출할 것인가/ 링 밖은 절벽이다"라고 읊는다. '링 밖은 절벽'이라는 구절은 어떤 절망적 압축을 보인다. 말하자면 황희순은 절망적으로 파괴되어 갔고 그리고 다시 구성되는 과정을 거치게 되는 것인데, 그때 그는 시의 상식성과 근대성으로부터 탈출을 감행할 수 있었다. 그가 여성이라는 본질도 이때 상당부분 극복된다.

참고로 우리나라에서 여성 문인들의 문단 데뷔가 양적으로 급속히 팽창하기 시작한 것은 대체로 1980년대 이후부터로 본다. 전국민의 교육수준 향상과 함께 경제 성장에 의한 삶의 질이 높아졌고 특히 주부들은 가사노동으로부터 해방될 수 있었다. 비단 문인사회뿐만 아니라 여성의 사회 진출은 각 방면으로 눈부신 바가 있다.

지금까지는 여성시인을 '여류시인' 또는 '여류시'로 일컬어져 왔다. '여류'란 그 나름의 특성을 지니고 있어 '남성시인'들과의 차별성이 있었다.

그러나 지금은 여성 문인이 숫적으로 많아졌을 뿐만 아니라, '여류시' '남성시'와 같은 통속적 구분이 불가능해졌다. 작품상으로 남성의 시인지 여성의 시인지를 구분하기가 너무 어려워진 것이다.

결국 '여류시인 · 여류시'란 용어는 거부감이나 저항감을 불러일으키게 되고, '여성시인 · 여성의 시'란 용어가 자리잡는다. 이는 '여성'이라는 성별 구분을 전제로 한 표현이다. 그러나 '여성시'라고 할 때는 문학적 특성상 여성적인 성격이 반영된 시를 가리키게 된다.

황희순의 시에서도 굳이 성적인 구분을 살펴볼 필요성을 느끼지 않는 경우가 너무 많다. 오늘날 많은 여성시인들이 이런 추세에 있고, 시의 사고와 구성 등에 있어 획기적인 변화를 보이고 있다.

「새가 날아간 자리」는 시집의 표제가 된 작품이다. 이 시는 생략과 비약, 그리고 구조적 시의 기법에서 시선을 모은다. "한 사람이 작가가 되는 것은 어떤 것을 말하기를 선택했기 때문이 아니라, 그것을 어떤 방법으로 말하기를 선택했기 때문이다"(장폴 샤르트르)고 할 만큼 문학에서 '어떤 방법'은 중요하다.

1연의 "가랑잎 쌓인 산책길/ 새털 몇 잎 흩어져 있다"이나, 3연의 "간밤, 새들에게/ 무슨 일이 있었던 것일까"의 '새'는 상징적인 위치에 있다. 상처받은 자아의 영상일 수도 있고, 짐짓 '본론'(2연)과의 대척적 위치에 배치한 '평화'상징의 상치효과를 노린 것일 수도 있다.

2연은 이 시의 '본론'인 것이지만, 산문시 형태를 취한다. 자세히 보면 구문상으로 생략과 생략을 거듭하고 있는데, 쉼표가 13번이나 찍혀 의미를 이어간다. 2연의 줄거리를 추리면 다음과 같이 될 것이다.

> 콩 마당질하던 날 아버지의 여자 때문에 언니는 머리채 잡혀 사립문 밖으로 끌려 나가고……(가족의 평화가 날아간 그 자리)……마당귀, 뭉개진 홍시, 뽑힌 머리카락, 서 있던 아버지, 쓰러지던 어머니, 그림자, 뒤집혀 있던 흰 고무신…… 그 자리.

매우 극적인 사건이 등장한 것이면서도 생략과 비약의 기법에 의하여 이 시는 그 존립을 과시한다. 일종의 장편시(掌篇詩)의 성격을 지닌 것이라고 하겠다. 이 시의 '아버지의 여자'는 산문시 「신세 조진 그 여자」에서 구체적으로 등장한다.

"열세 살 나는 아버지의 여자에게 맡겨졌다. 나는 그 여자를 기어들어가는 소리로 가끔 작은엄마라고 불렀다. 중앙시장에서 과일장사를 하던 그 여자는 밤에도 화장을 했다.……(중략)…… 그 해 겨울, 언니에게 머리끄덩이 뒤잡힌 그 여자는 팔삭둥이 이복동생을 낳았고, 나는 쫓겨났다. 쫓겨나며 다 엎질러진 채 아직도 세상을 쫓겨 다니고 있다"가 그것인데, 이 산문시도 어투나 기법면에서 긴장과 전율을 밟고 있다.

시집『새가 날아간 자리』는 깊은 마음의 상처가 곳곳에서 임리(淋漓)하는 시집이다. 평자들은 글도「상처의 현상학」(임영봉),「고통의 흔적」(박선영),「상처로 지은 언어의 집」(강원갑) 등의 제목을 보인다. 특히 시집의 제1부가 그러하다. 예를 들면「칼좀 줘 볼래요?」「뱀딸기 전설」「시간 우리기」「시들지 않는 꽃」「실, 끊을 수 없는」「산 자가 죽은 자에게」「가슴에 난 길」등이 그것이다.

그러나 정신적 힘이 황희순에게는 있었다. 결코 침몰하지 않았다. 또한 시는 본래 아름답고 행복한 감정을 이끌어 내야 하는 근원적 사명이 있었다. 황희순은 곡도의 시의 기법을 통하여 마(魔)의 터널을 빠져나오며, 인간적 성숙과 시의 숙련을 늦추지 않았다. 구원의 손길이 그에게 있었던 것이다.

> ① 긴 겨울밤, 할머니는 호롱불 아래 웅송그리고 앉아 뒤꿈치 굳은 살을 일삼아 도려냈다 기척없는 문밖을 이따금 내다보며 평생 등 돌리고 살다 간 할아버지를 도려냈다 아무리 도려내도 작은 신발에 담긴 할머니 발은 넘치고 또 넘쳤다 겨울이 가고 바닥이 다 닳은 흰 고무신 한 켤레를 남겼다 그날 담장 밑 사잣밥과 나란히 놓인 할머니의 찢어진 그릇에 얇은 내 生을 담아본 적 있다 바닥이 만져지는 삶을 신어본 적 있다
>
> 버려진 신발을 보면 뒤집어보고 싶다
> 그 그릇에 담겼던 발이 궁금해진다
>
> —「버려진 신발을 보면 뒤집어 보고 싶다」전문
>
> ② 민호는 논둑길을 막아서며 나를 못 가게 했다 큰소리로 우는 게 무기였다 울어야 길을 내주었다 그 애는 개구리를 잡아 도망가는 내 목덜미에 집어넣었다
> 肝에 문제가 생겼어 니가 내 첫사랑이었어
> 40년 전 그 애가 마지막인 듯 전화를 했다 첫사랑이라고 말하는 순간

미끈덩한 개구리가 귓속에서 툭 튀어나왔다

창밖에 목련이 지고 있었다 그 애가 궁금했다 아미 지금은 죽었을 거야 서늘한 그 애의 빈 자리를 상상하며 전화번호를 찬찬히 확인하며 눌렀다 멀쩡하게 전화를 받았다 살아있었다 좋아졌다고 했다. 빌어먹을!

새들이 살던 귓속에 요즘은 개구리가 산다

—「불행은 불행을 먹고 산다」 전문

위의 ①②는 주제와 형식이 거의 마술사처럼 자유자재로 현대적인 시의 기법을 구사하고 있다. 운율을 따지고 낱말을 저울질하는 근대적인 시풍이 아닌 것이다.

직관(直觀)인가 하면 역설(逆說)이다. 직관은 직각(直覺)이다. 판단·추리 등의 논리성에 얽매이지 않고 사물을 보거나, 듣는 즉시 직접 깨달아 진술하는 능력이다. ①②는 제목이 한 문장으로 되어 있는데, 모두 직관적 표현이라 할 수 있다. 논리적으로는 약간 의아한 감이 있겠지만, 통일을 이루는 직관에 의하여 시는 그 본질을 형성한다. 논리의 연속성에 근거한 과학이나 철학의 진술과는 다르게, 시의 독자적 인식방법에서는 초월적 사고와 긍정적 동의로 바꿔버린다.

역설(paradox)은 얼핏 보면 말이 안 되는 것 같지만, 그 속에 진리가 있게 하는 것이다. 처음에는 그 명백한 비논리성에 당혹을 느끼지만, 다시 생각해 보면 근본적으로 옳은 말이라는 수긍을 하게 된다. 의혹이 그 정반대의 수긍으로 급변하면서 우리는 쾌감을 느끼게 된다.

황희순의 시 ①②는 모두 직관과 역설의 기법이다. 직관과 역설은 시의 오랜 속성이지만 옛날에는 대개 극히 부분적으로 그것이 응용되었다. 가령 한용운의 「님의 침묵」에서는 주관을 극복한 역설로 "아아, 님은 갔지마는 나는 님을 보내지 아니하였습니다"라고 모순어법의 역설을 보게 된다. 그러나 김영랑의 「모란이 피기까지는」에서는 "찬란한 슬픔의 봄"이란 모순형용의 역설을 볼 수 있다.

현대시에서는 시의 전체적 발상부터가 구조적으로 역설과 직관을 취한다. 황희순의 시에서는 산문이 상당히 동원되고 있음을 주목할 필요가 있다. 시는 본래 압축미의 지향에서 명백히 운문의 장르임에도 서술과 나열의 언술인 산문의 응용은 어디까지나 운문의 확장이라는 데서 이해된다.

황희순의 ①②는 그 제목부터가 직관이자 모순어법의 역설에서 출발한다. "버려진 신발을 보면 뒤집어 보고 싶다" 또는 "불행은 불행을 먹고 산다" 등은 비논리적인 직관이요 당혹감을 느끼게 한다. "왜? 뒤집어 보고 싶게 되나?" 또는 "왜? 먹고 사는가?" 등의 의문이 뒤따르기 때문이다.

① 은 긴 겨울밤에 뒤꿈치 굳은살을 도려내는 할머니의 '원통한 삶'이다. 평생 등 돌리고 살다간 할아버지를 도려내는 역설이 있다. 그 할머니의 발이 신었던 흰 고무신 한 켤레, 장례 때 사잣밥과 나란히 놓였던 찢어진 그릇…… 그것은 파열된 인생이다. 그래서 버림받아 버려진 신발은 뒤집어보고 싶어진다. 그 신발의 주인공 모습이 궁금해지기 때문이다.

다 닳아빠진 신발을 '뒤집어보고 싶다'는 것은 역설이면서 충분히 시적 직관이 관통되어 있다. 그리고 산문이 응용된 그 효과를 간과해서는 안 될 것이다.

② 는 내가 버린 첫사랑 이야기인데, 전혀 이치에 맞지 않는 '개구리'가 3번이나 등장, 시적 직관을 타고 터뜨리며 역설을 확산시킨다. 이치에 맞지 않기 때문에 '난해시'라고도 하겠지만, 일종의 '낯설게하기'의

수법인 것이다.

"그 애는 개구리를 잡아 도망가는 내 목덜미에 집어 넣었다"는 '개구리'는 '연민의 정'이었다면 "첫사랑이라고 말하는 순간 미끈덩한 개구리가 귓속에서 툭 튀어나왔다"의 '개구리'는 상대방의 고백에 대한 나의 '경악'이었다. 마지막 "새들이 살던 귓속에 요즘은 개구리가 산다"의 '개구리'는 어찌할 수 없는 '연민의 정'이라 할 수 있을 것이다. 이처럼 이치에 안 맞는 '개구리'가 출몰하고 있는 데도 우리 정서의 화해는 매우 긍정적인 것이다.

어찌보면 오늘날 현대시는 통째로 가진술(假陳述) 또는 사이비(似而非) 진술이다. 자연 법칙상으로는 거짓이지만 시적으로는 참인 진술이다. 언어의 거짓말(가진술, 사이비)을 통하여 좋은 이미지를 창출해 내는 것인데, 현대시의 무정부적 사유가 여기 숨쉬고 있다고 하겠다.

황희순 시인은 인간적 불행과의 싸움에서 많이 힘들어 하는 모습을 도처에서 보이고 있다. 어떤 것은 자학과 자해에까지 빠져 있는 것을 보이기도 한다. 「벌레 먹다」「뱀딸기 전설」 등이 그것이다. 시집의 '해설'(임영봉)에서도 그 첫 문장이 "황희순의 세 번째 시집 『새가 날아간 자리』의 중심에는 '상처'가 자리잡고 있다. 이 상처를 다루고 있는 시인의 언어와 상상력에는 피가 묻어 있다"로 시작된다.

더 이상 아무것도 듣지도 보지도 말하지도 말라
귀 막고 입 막고 구멍이란 구멍은 다 막고
웃통 벗고 이를 앙다물며 묶고 또 묶고
혹시 깨어나더라도 다시는 이 세상에
발 디디지 말라, 손도 내밀지 말라
손 묶고 발 묶고, 묶고 또 묶고
땅속 깊이 묻고도 불안하여

꼭꼭 다져 밟고 또 밟고
울며불며 뗏장 덮고
소금도 뿌리고
뒤돌아보고
또 보고
보고
또

—「산 자가 죽은 자에게」 전문

'쐐기를 박다'의 '쐐기'는 물건들의 틈새에 박아 사개가 물러나지 못하게 하거나, 물건들의 틈새에 박아 그 사이를 벌리는데 쓰인다. 「산 자가 죽은 자에게」는 쐐기 모양의 형태시이기도 하고, 쇠나 대나무 따위로 가늘고 끝이 뾰족하게 만든 못을 형상화한 시라고 하겠다.

일종의 장송곡(葬送曲)인 이 시는 그 절절한 언어가 위에서부터 아래로 직입하는 형태를 시각화하고 있다. 쐐기를 박듯 또는 못을 박듯 한 치의 여유가 없이 사람의 가슴에 꽂히는 시다. 상처 받은 이의 절규인 것이다.

현대시는 고도의 예술적 언어 형식을 통하여 의식과 서정의 초월을 시도하며 울창한 시의 숲에서 호흡한다. 지금까지의 시가 대체로 정서의 직접적이고 유로적인 산물이었다면, 현대시는 갈수록 가파르고 극단적인 이미지 창출에 날카로운 촉수를 다하고 있다. 감각적이고 추상적인 양면은 현대시의 주요한 흐름이라고 할 수 있을 것이다.

황희순 시인의 활시위는 현대시의 정곡을 겨냥하면서도 많이 상처 받은 모정이 안타깝다. 파격적이면서도 균형잡힌 예지가 지탱해 주어야 그의 시를 더욱 무르익게 할 것이다.

—≪대전문학≫(2007년 여름호)

윤순정의 「계백의 달」

백중보름이라 했다
그런 날이면 어쩌다 붉은 달을 볼 수 있다 했다
나는 그 달을 가슴에 품었다
내 생에 처음으로 한 남자를 만나 품었던 뜨거운 가슴으로,
달이 울고 있었다.
붉게 멍든 가슴으로 울음 삼키고 있었다

아련한 등잔불 밑으로
다소곳이 아미 숙여 오는 밤이면
하, 조신하여 하얀 보름달 같았을 백제의 여인
깊고 아득한 눈빛으로 나신(裸身) 슬어 내리며
굵고 단단한 두 팔로 그녀의 부드러운 허리를 안을 때마다
이 뜨거움은 무엇이란 말이냐
사랑이란 대체 무엇이란 말이냐, 곰삭이며
젊은 계백은 되뇌었을 것이다.

칼을 받아라
나의 마지막 사랑이니라
여인은 울지 않았다, 허리를 곧게 펴고
계백의 깊은 눈속으로 빨려 들어가듯
그 큰 사랑이 황홀하여 목을 길게 늘였다.
늙으신 어머니와 아이들이 잠에서 깨이나고 있었나.
백사장 평화롭게 모시조개를 건져 올리던 아이들
백강 위로 짙은 안개 서서히 풀리며 햇살 드러나고 있었다

계백은 울지 않았다

백제불멸의 제단에 바쳐질 운명
운명에 앞서 이미 스스로 내일을 정각했던 계백
그는 아들을 베인 칼을 함부로 휘두르지 않았다.
투구를 들어올린 소년은 입술이 붉었다
끝내 되돌아 온 화랑의 용(勇)과 기(氣)를 죽일 수는 없었다
아비의 가슴으로 관창의 머리를 돌려 보냈다
죽이지 않는 것이 자극하지 않는 것임을 계백은 익히 알고 있었다

황산벌 불멸의 산화는 아직 끝나지 않았다
이제 시작일 뿐이다
세상의 그 어느 사랑이
목숨을 접수함으로 사랑을 완성한 계백의 사랑보다 더 고귀한 사랑 있으랴
하늘까지 뻗힌 장도의 날 끝에서 영원히 빛부실 휴머니즘이여,
21세기의 청명한 동편의 밤하늘에
피를 삼킨 붉은 달이 울고 있었다
계백의 달이었다

—시집 『계백의 달』(다래헌, 2005)

윤순정(尹順貞, 1958~)은 충남 부여에서 출생하였고 한국방송통신대 국문과 4년을 졸업했다. 현재 부여에서 '문화유산 해설사'로 일한다.

윤순정은 ≪자유문학≫(2000)에서 「'99, 4월의 등(藤)」「그곳, 빈집에 가고 싶다」「금동반가사유상의 변(辯)」「수리부엉이의 눈빛」「정림사지 심상(心象)」등 5편이 추천(박재능 신세훈 김명배)되어 문단에 오른다.

당시 「심사평」을 보이면 다음과 같다.

여성이지만, 남성시다운 건강하고 튼튼한 시어들로 구축해서 시를 쓰고 있었다.

다만 시행의 호흡과 운문의 음악성을 고려하는 데 좀 부족한 면이 보여 우려되지만, 그것도 본인이 추천자의 말대로 고쳐나가도록 노력해

보겠다는 의지가 역력히 보여(전화상으로 들려)또한 믿음이 간다.

아마 내 기억으로는, 부여땅에서 이런 튼실한 발상 시어법을 쓰는 여성 시인이 없었던 것으로 알고 있어 더욱 기쁘다.(신세훈)

윤순정은 그의 당선소감에서 "내게 있어 시는 성소이며, 고해성사(告解聖事)와 같은 것이다. 언제나 두드리면 열리는 곳, 뜨거운 눈물을 흘릴 수 있는 곳, 부끄러운 줄을 알면서도 발가벗어야 하는 곳, 진정한 화해를 이루기 위해선 자아(自我)의 거울을 비추며 투명하게 마주 보아야 하는 것, 그러나 함부로 두드릴 수 없는 문(門)……" 등의 문맥을 보인다.

「심사평」에서 "여성이지만 남성시다운 건강하고 튼튼한 시어"는 지금의 윤순정 시인을 지적하는데 매우 적절한 표현일 것이다. 그는 부여태생으로 백제문화에 대한 해박한 지식과 감성을 소유하고 있으며 그에 의하여 새로이 노래되고 있기 때문이다.

계백 장군에 대해서는 많이 알려진 것처럼 나 · 당 연합군이 백제를 침입했을 때, 결사대 5천명을 거느리고 출전한다. 그는 나라의 운명이 이미 기운 것을 직감하고 처자들을 적국의 노비가 되게 할 수는 없다 하여 자기 손으로 죽이고 출전하는 비장함을 보였다. 계백 장군은 황산벌에서 김유신의 군사 5만명과 대결, 전후 4회에 걸쳐 신라군의 공격을 막았다.

그러나 화랑 관창의 죽음으로써 사기가 오른 신라군의 총공격을 받고 장렬하게 전사한다.

윤순정의 「계백의 달」은 이러한 역사적 사실을 소재로 하여 시적인 서술을 이끌어 낸다. 그의 감성적인 인식은 여유있는 운치에까지 이르고 있다. 이 시의 내용을 추리면 다음과 같이 될 것이다.

1연 : 나는 뜨거운 가슴에 붉은 달을 품었다. 그 달은 울고 있었다.

2연 : 보름달 같은 백제의 여인을 젊은 계백은 사랑했을 것이다.

3연 : 출전에 앞서 계백은 참으로 사랑한 여인(아내)이기에 자기 손으로 죽음을 내린다.

4연 : 아들을 또한 베었기 때문에 계백은 아픈 아비의 가슴으로 관창의 머리를 돌려 보냈다.

5연 : 오늘도 피를 삼킨 계백의 달은 울고 있다.

이상에 본 바와 같이 붉은 '계백의 달'은 사랑하는 처자를 베고 출전한 계백의 '울고 있는 달'이자, 그것을 인식하고 있는 시인의 '뜨거운 달'이기도 한 것이다. 객관적인 역사적인 사실을 주관적으로 용해시킨 데서 이 시의 신선한 감동이 있다고 하겠다.

또한 이 시는 기(1연), 승(2, 3연), 전(4연), 결(5연)의 완숙한 솜씨가 배려되었고, 역사적 사실에 가리운 '인간 계백'이 햇볕을 받듯 투영된 작품이다. 이 시는 논산시 부적면 계백 장군 묘역 입구에 게시되어 오가는 사람들의 눈길을 끌고 있다.

이에서 서사적 요소와 서정적 요소의 결합은 시인의 기질과 직결된다고 할 수 있다. 윤순정의 "피를 삼킨 계백의 달"이란 이미지는 매우 참신한 시적 인식에 이른 것이며 시인적 역량을 또한 보여준 것이다.

참고로 같은 부여 출신의 신동엽의 작품들이 이 서사적 요소와 서정적 요소가 결합을 이룬 것이 주류를 이루고 있으며, 그의 장시나 서사시도 이에서 기인되고 있다고 할 것이다.

마음만 한없이 드넓은 여자
넓은 가슴 한복판에 징을 박는다, 박고

또 박는다 박을수록 연꽃같이 환하게 피어나는
여자의 얼굴

천년 세월 지나 두고두고 박힌
그리도 징한 천년여자의 넓은 가슴에서
정이 뽑히는 날
탑신(塔身)을 에오라치는 회한의 어휘들이
회오리되어 사라지는 날
떨그마니 홀로 선 그림자마저
아무런 감각 없이 처연히
서 있는 너

그 어둠의 나날에
새 기운의 구멍이 뚫리고
보이지 않는 빛이 투사하듯 수컷의 화살이 되어
궁창을 향하는 탑신
탑신을 받쳐 안은 마음만
한없이 드넓은 여자

—「정림사지(定林寺址) 심상(心象)」전문

윤순정은 '문화유산 해설사'로 일하고 있기도 하지만, 문화유산에 대한 작품이 아주 많은 편이다. 정림사지에 관한 것도 위의 「정림사지 심상」뿐 아니라, 「정림사지 5층석탑, 안개 비경(秘境)」「정림사지 석불좌상 심상」등이 있는데, 모두 좋은 수준을 유지하고 있다.

정림사는 백제의 멸망과 함께 소실되었다가 또 소실되는 운명을 겪었지만 고려에 와서 정림사라는 이름으로 중창된 것으로 본다. 여기에 5층석탑이 있는데, 이는 백제시대의 유일한 탑이고 아직 해체된 적이 없는 총각탑이다. 정림사지에 홀로 서 있는 이 탑은 높이가 10.2m이며, 탑의 1층 옥신(屋身)에는 의자왕 20년 나·당 연합군이 백제를 정벌한 기념으로 "대당평백제국비명(大唐平百濟國碑銘)"이라고 새긴 것이 있어 평제탑(平濟塔)이라는 이름도 있었다.

이 탑에 대한 윤순정 시인의 남다른 감회를 보면 다음과 같다. 특히 안개 내리는 날이나 비를 흠뻑 맞은 다음 날 아침 살짝 개인 후의 명암의 극적인 대비, 이른 봄 짙은 안개 서린 새벽의 비경은 누구에게나 주어질 수 없는 운명적 해후라고 했다.

> 나는 이 탑을 처음 만났을 때 별 맛없이 무덤덤하게 만났으나 날마다 바라보면 바라볼수록 과연 아름다움이란 무엇인가… 종일을 곰삭여보게 하는 것이었다. 내 생애 이렇게 인간의 線을 통해 神의 線으로 살아 움직이게 하는, 장중하고 엄위하며 힘이 있고 경쾌하고도 매력있는, 조선의 아버지같은 남자를 만나는 것이 소원이었으나, 날마다 이 탑을 바라볼 수 있는 곳에 살고 있음이 무한한 행운이었음을 알게 되었으니……
>
> …나는 이 탑처럼 침묵의 고고한 빛의 소리를 낳고 싶었던 한 때 있었다.

시 「정림사지 심상」은 등단 작품의 하나이기도 하다. '정림사지'에 가보면 웅장한 가람은 간 곳 없고 넓은 빈터만 보존되어 있는데, 한쪽에 5층석탑이 쓸쓸하게 서 있다.

그 빈터에서 느끼는 시인의 이미지가 "마음만 한없이 드넓은 여자"인 것이다. 역사와 현재의 공간의식이라 할 수 있다. 얼마나 많은 세월이 갔는가. 비어 있는 그 "넓은 가슴 한복판에 징을 박는다. 박고/ 또 박는다. 박을수록 연꽃같이 환하게 피어나는/ 여자의 얼굴"(1연)인 것이다.

패망과 오랜 세월의 풍상우로서 "탑신을 받쳐 안은 마음만/ 한없이 드넓은 여자"(4연)를 발견하게 되는 것은 윤순정의 몫이다. 역사의 애상이 씻겨갔듯 박힌 징도 얼마나 많이 뽑히며 사라져 갔을까. "드넓은 여자" 거기에 윤순정의 역사의식이 있다.

시 「정림사지 5층석탑, 안개 비경(秘境)」에서는 5층석탑이 "이제는 신이 된 몸"으로 또는 "검정 두루마기로 단장하신 멋쟁이 아버지"로 묘사된다. 그러면서 "날아서 사라질 수만 있다면, 아니/ 사라지지 않고 날 수만 있다면" 하고 승천 의지를 염원한다.

먼지와 바람과 눈비와 굉음(轟音)을 온몸으로 받아
삭아서 닳아져 가는 몸
닳아 삭아져 갈지언정
비뚤어지지도 스러지지도 않을
이제는 神이 된 몸

대낮에 투사(投射)되는 가슴으로는. 감히
바라 볼 수 없는 엄위함이
새벽이면 무아(無我)의 고요를 드리우고
백강의 짙은 안개를 불러 오는가,
천 년의 안개의(衣)를 걸치고
떠오를 듯 날아오를 듯한 저 옥개석들의 날개짓

—「정림사지 5층석탑 안개 비경」(2 · 3연)

시 「정림사지 석불좌상 심상」의 소재가 된 "정림사지 석불좌상"은 정림사지 강당터에 남아있는 석불좌상이다. 화재로 심한 마멸로 많이 훼손되어 있다. 오른쪽 팔과 왼쪽 무릎은 완전히 없어져 버렸고, 얼굴이나 이목구비가 형식적으로 표현되어 있다. 머리 부분은 심하게 파손되어 있는 것을 연자방아의 맷돌을 가공하여 얹은 것으로 보고 있다. 이 석불좌상도 고려시대에 절을 고쳐 지을 때 세운 본존불이었던 것으로 추정한다.

윤순정은 이 시에 "파불(破佛)의 의미"란 부제를 달고 있다. "나는 너를 바라보며/ 사유(思惟)보다 몸이 먼저임을 알게 되었다" 또는 "조산의 연자맷돌이/ 새로운 시대의 두상(頭上)으로 얹혀져/ 인간사(人間事) 수난의 표징처럼/ 사람의 얼굴이 되니/ 비로소 사유보다 몸이 먼저임을 알게 되었다"고 읊는다. 파손이 너무 심한 석불좌상의 모습은 신체적 조건(물질적 조건)이 먼저요, 사유의 조건(정신적 조건)은 그 다음이라는 이미지를 잡은 것이다.

윤순정의 시는 문화유산이라 하더라도 사실적 근거로부터 시의 형상화를 이끌고 있는 것이 특징이다. 시의 의미가 핵심으로 떠오를 때, 거기 건강한 상상력을 펼치며 한 편의 시를 완성한다. 그러면서 시적 초월과 서정적 조화가 시의 보편적 가치관으로 접근한다.

「정림사지 심상」에서의 "한없이 드넓은 여자", 「정림사지 5층석탑 안개 비경」에서의 "이제는 신이 된 몸" 또는 "멋쟁이 아버지", 「정림사지 석불좌상 심상」에서의 '사유'와 '몸'의 이미지 도출은 충분히 숙성된 언어인 것이다. 이 세 편의 시가 수준을 유지하고 있다 하는 것은 이런 배경에서 이해될 수 있을 것이다.

다음은 문화유산이 아닌 일반적인 상념을 다룬 시를 보기로 한다.

저기, 불끈
불끈 치솟는 혈맥을 보아
고물거리는 가지 끝
겨우내 움추렸던 손가락들이
안개꽃들과 수런거리는 이른 아침

한 남자가
한 여자를 위해
애써 견뎌 내는
물오름의 사정(射精)처럼
언제까지 참아 내려는지

곧 순 트이지 않으면
꿈틀거리는 동맥
터져버릴 것만 같은,
커다랗게 주변을 밝히고 선
저 늙은 목신(木身)

아름드리 느티는
동 트는 입춘의 햇살이
부끄러운 듯 마냥,
열 두어 살 소년의
쑥스러운 표정이다.

—「입춘(立春)」 전문

윤순정의 시에는 사적인 일이나 미의식은 거의 노출되지 않는다. 그의 관심은 "내용없는 아름다움"보다는 "의미있는 시의 충실"에 더 많이 쏠려 있다. 그의 시는 사실과 서정의 세계를 구사하며 보편적 가치의 '의미'에 무게를 둔다.

그는 거의 흔들림 없는 자기의 세계에 골몰하고 있다. "그의 시는 관념적인가 하면 사실적이고, 사실적인가 하면 서정성의 아늑한 은유를 뿜어내고 있다. 그의 언어의 직조는 삼베처럼 거칠다가도 어느새 명주처럼 곱게 짜여진다"(시집 해설 · 이근배)는 지적을 받고 있다.

오늘날 한국시는 이름을 가리면 누구 작품인지 알 수 없는 시들이 넘쳐나는 것으로 지적된다. 이름을 가리워도 누구의 작품인지 알 수 있어야만 시의 창조에 값하는 것이 아니겠는가. 더구나 2000년대에 들어서서는 낯선 화법과 종잡을 수 없는 파격에 의하여 시가 무슨 신기루의 야릇한 혼돈에 빠져 있다고 한다.

윤순정의 「입춘」은 봄을 맞는 대지의 맥박이 비교적 사실적으로 그려진다. 이 시의 독보적 표현은 충만되는 봄기운을 가리켜 "애써 견뎌

내는/ 물오름의 사정(射精)처럼”(2연)에서 찾을 수 있을 것이다. 시는 반드시 진주처럼 빛나는 구절이 있을수록 이른바 불켜진 등롱(燈籠)의 매력을 접하게 된다. 명시는 거의가 이런 조건이 충족되어 있다.

「입춘」은 ‘이른 아침’에서 ‘늙은 목신’을, 그리고 “열 두어살 소년의/ 쑥스러운 표정”으로 이미지를 전이시키면서 대지의 혈더이 내면적으로 표현되고 있다. 윤순정 시인은 출발이 좋은 편이었고, 이제부터 새로운 기대를 하게 된다고 하겠다.

—≪대전문학≫(2007년 여름호)

제3부 시집의 숲

성숙된 통찰과 정신주의의 지평

— 김기양(金基良)의 시세계

[1] 높은 정신주의의 지향

지천명에 이른 김기양 시인이 시선집을 낸다며 해설을 청한다. 문단도 엄연한 전문인 사회여서 전문성의 길을 함께 해보기로 했다. 나이가 많아야 40대려니 했는데, 50대라니 나이는 나 혼자 먹는 것이 아님을 느낀다.

김기양 시인은 ≪오늘의문학≫(1996) ≪문예사조≫(1997)에서 등단한 이래 4권의 시집을 낸다. 『보이지 않는 그리움』(1998), 『이 시간을 지키고 있다』(2004), 『젖은 눈빛도 반짝인다』(2007), 『녹지 않는 블랙커피처럼』(2007) 등이 그것이다.

이 시선집은 이미 발간된 4권의 시집에서 각각 15편씩 모두 60편을 선정하고, 신작시 24편을 추가해서 편집된다. 분량도 분량이지만, 시의 수준이 잡힌 유용한 시집이 될 것이다. 더구나 김기양 시인은 지금 높은 정신의 경지에 이르려는 치열한 노력을 보여준다.

인생길의 무상함을 알고
찾았던가

시시때때 갈구했던
백팔번뇌 고뇌를 안고

밤길을 나섰던가

굽이굽이 산 길 넘어
길디 긴 강을 건너

졸린 눈 비벼가며
상원사에 당도한다

가로등 없는 산기슭에
손전등 불빛 발길에 옮기며
숨가쁘게 보궁에 오르니
천지가 어둠에 묻히고
유유상종의 보살님들
허리 휘는 줄 모르고

문수보살 앞에 청법을 깨우치며
새벽별을 맞는다

—「새벽별」 전문

강원도 오대산에 있는 월정사의 말사인 상원사. 월정사에서 12㎞나 떨어져 있는데, 도중에는 오대산 사고(史庫)가 있다.

「새벽별」은 상원사를 찾아가는 과정이 매우 상징적이다. 손전등을 밝히며 어두운 밤길을 걸어 절에 이른다. 거기서 "문수보살 앞에 청법을 깨우치며 새벽별을 맞는다"로 되어 있기 때문이다. 험난한 탐구과정의 정신주의가 시사되고 있다고 하겠다.

시의 고덕(高德)을 정신주의에서 구한 것은 정지용이다. 그는 능력 있는 시인이라면, 관능감각 이상의 빛나는 정신주의를 향해 생득적으로 "마침내 그 생리를 밟고 일어서서 인간적 감격 내지 정신적 고양의 계단을 오르게 되는 것이 자연한 것이요, 필연한 것"이라고 했다.

김기양 시인이 찾아나선 정신주의는 우리 한국인에게 가장 많은 영향을 끼친 불교였다. 그는 이번 신작 시편에서 「허공에」 「눈물의 무게」 「눈썹달」 「새옹지마」 등 여러 편의 불교적 주제를 선보인다. 주지하는 바와 같이 불교는 이 세상의 온갖 번뇌를 버리고, 수행을 통해 깨달음으로써 부처의 경지를 지향한다. 현실의 물질주의와 상반되는 위치에 있다.

시 「그대 등뒤에 흐르는 눈물 1」 에서 보면, 김기양 시인의 모친도 독실한 불교 신자이다. 또한 무위사 상원사 해월사 은혜사 원효암 등의 사찰이 시에 등장한다.

> 한파의 침묵을 벗어 던지고 불면의 잔뿌리들도 제 갈 길을 찾아 나온다 나서면 금방인걸 천리 길도 아닌데. 짓눌린 그리움에 밤을 헤매는 추억들, 간혹 달님도 곁눈질하고 앙상한 가지도 흔들린다, 서녘에 걸려 있는 법당의 불경소리 해탈열반을 수행하지 못하고 시시각각 일어나는 마음의 미혹과 무명을 제거하지 못하고 고요에 싸인 법당에 앉아 백팔염주 돌리며 뜨거워진 눈에는 이슬이 흘러 내린다, 홀로서기에 두려움이 엄습해 오던 지난 날, 현실이 힘들어 헤매일 때 삼길산 해월사에 발을 디딘다.
>
> 따스한 일체무심(一切無心)을 일깨워
> 넘어가는 일몰에 눈썹달 품고
> 법당 문을 나선다
>
> —「눈썹달」 전문

이 시는 산문율을 기본으로 해서 시상의 전개가 결곡하면서도 매우 유연한 느낌을 준다. 현실이 힘들어 헤매게 되면, 번뇌를 씻고자 해월사의 법당에 들어가 마음의 평정을 다듬는다. 그리고는 "넘어가는 일몰의 눈썹달 품고 / 법당 문을 나선다"는 것인데, 정신주의의 한 절정을 그린 것이라고 하겠다.

이와 같은 정신주의는 종교적 미학의 신비주의와 합일을 본질로 한다. '눈썹달'이란 제목도 그러하지만, 이 시에서도 신비적인 감수성은 매우 잔잔한 바가 있다. 서정시가 종교적 미학으로 빠져들수록 서정시는 깊은 감성으로 나아가 내면의 깨달음과 자아회귀의 경지를 보이는 것이다. 불교의 선시(禪詩)는 바로 이런 경우를 일컫게 될 것이다.

제목 '눈썹달'은 함축적인 뜻을 준다. '반달'을 여성의 '머리빗'으로 비유한 것은 황진이의 한시에도 있고, 허영자의 현대시에도 나온다. 여기서는 누에나방의 눈썹에서 온 '아미'가 아름다운 미인의 눈썹을 이르듯이 '눈썹과 같은 반달'로 이해해도 될 것이다. '넘어가는 일몰에 눈썹달 품고'는 너무도 매혹적인 표현이다.

2 생명의 원천을 찾아서

김기양 시인의 초기시를 대표하는 「금강」은 개성적 생명력의 분출이 있고, 시상의 안정적 배치로 감동이 있다. 향토의 오랜 수면에서 깨어난 시혼의 외침이 있다. 또한 이 시는 한국수자원공사 문화제의 백일장에서 장원한 작품이기도 하다. 그의 장원은 이밖에도 한밭전국백일장의 장원이 더 있다.

김기양 시인의 고향은 충북 보은군 회남면 송포리로 대청댐에 수몰된 지역이다. 그는 초등학교 4학년 때부터 대전으로 나와 학교를 다녔지만, 중학교 3학년 때는 고향이 아예 용궁 속으로 침몰되고 만다.

금강은 가슴에
별을 가꾼다.
감청빛 인연으로

별이 흐르는 강물에
마음으론들 그대 하나,
그대 하나 사랑을 싣지 못하랴

천 년 아름다운 영혼으로,
흐름의 의미 전부를
후회없이 맡기고 가는 목선(木船)의 잔영,
물무늬 겹치는 추억의 흔들림

그 낭만의 물살에
검은 머리 감아 빗으면
가슴에 고이는 아주까리 빛 하늘
하늘에서 울려오는 종달새 울음소리

지난 발자취 속에서
허식은 진실이 되고
맑은 믿음에서 철철 넘치는
너와 나의 소망(所望)
눈빛만 보아도 어지럼증의 만남으로
지금 이 만남으로 강 구비구비 인사하며
인고의 세월을 낚아올린다.

아, 내쳐 흘러가는 숙명에
대청댐, 여기 영혼의 통로를 여노니
병(病)으로 친들
약(藥)으로 친들
그대 하나 사랑을 담지 못하랴.

—「금강」 전문

이 시는 금강에 대한 그의 시혼이 열정에 가득차 있으면서도 흥분은 가라앉은 지적 이미지로 시를 성취시킨다. "금강은 가슴에/ 별을 가꾼다"는 첫 구절부터가 이러한 표현이다. 그에게 금강은 새로운 향수와 원동력으로 작용하는 힘을 주었다.

시는 수필과 함께 1인칭 문학의 본령을 이루고, 시인의 내면세계는 시의 본질이기도 하다. 우리는 시를 통하여 시인의 내면을 읽게 되고 그 의식을 해석해 낸다. 더구나 시인에게 환경적 요건을 이루고 있는 향토의식과 가족관계 등 생태적 현상은 시인의 이해에 도움을 준다. 우리는 시를 읽는 것이 아니라 시인을 읽는 것이란 바로 이런 경우이다. 그러면서 그 정신의 질에 더 많이 관심을 갖게 된다.

김기양 시인은 「금강」의 성과를 정점으로 소시민 의식의 물결로 상당기간 자못 부영한다. 자연과 계절, 새로운 가족 구성, 부딪치는 생활양상 등이 그것인데, 그러면서 자신의 정신적 지주를 지키며 시를 고수해왔다.

가족관계에서는 어머니에 대한 상념이 여러 편의 시에서 발견된다. 대표적인 시편을 보기로 한다.

떨리는 눈빛을 보았습니다

지아비의 굴레로 헝클어진 청춘
시린 가슴 만지며 한 길로
고운 빛 일구어 놓으시고
모퉁이에서 눈물 흘리시는 당신을 보았습니다

산다는 것은
푸석한 먼지와도 같은 거
넋없이 흐르는 시간 같은 거
나이 들수록 자식 사랑 품안에 넣고 싶어
가닥가닥 상처 안고
좁은 어깨 들썩이던 당신

당신 그 사랑으로
에미가 되고 애비가 돼서도
오랜 그 사랑 덮어둔 채
세월 가는 줄 모르는 자식들
그 자식들 바라보며
깨진 유리조각 줍듯
주섬주섬 섬기는
속은 텅빈 당신

—「깨어진 유리조각—어머니 3」 전문

어머니에 대한 연작시는 8편이다. "굳세게 자식들을 키워주신 어머니"(어머니 1) "당신 없는 빈자리가 너무 큽니다"(어머니 2) "다시 볼 수 없는/ 다시 부를 수도 없는/ 당신은 나의 어머니"(어머니 4) 등의 애절한 사모곡을 볼 수 있다.

「아버지」란 시에서도 "이십여 년 전 세상 뜨신 아버지 생각이 난다// 산자락 바람도 휘청이고 있다" 등 육친의 정을 만나게 된다.

「깨어진 유리조각」의 작품적 성과는 '깨어진 유리조각'이란 비유의 극렬성 효과일 것이다. 일단 깨어진 유리는 가해성과 자학성의 양면적인 칼이 되기 때문이다. 이 나라 어머니들이 겪은 인고의 사람, 자식들에 대한 희생적인 사랑, 그리고 "그 자식을 바라보며/ 깨진 유리조각 줍듯/ 주섬주섬 섬기는/ 속은 텅빈 당신"(결구)에서 이 시는 감동을 준다. 가해성의 '깨진 유리조각'을 자학성의 희생을 감수하는 현대판 어머니의 모습이다.

불교의 법계연기설에 의하면 "티끌은 마음의 연(緣)이고, 마음은 티끌의 인(因)이어서 인연이 화합하여 아지랑이 같은 세상이 비로소 생겨난다"(법장)고 했다. 곧 마음이 일체의 사물을 만들고 또한 허문다. '아지랑이 같은 세상'에서 김기양 시인은 그의 시를 쓰며 세속적 삶과의 합일을 이루어낸다.

그리고 "겨자씨에 수미산이 들어가고 바닷물이 털구멍 하나에 들어간다"는 불교의 직관을 만난다.

3 삶의 현장으로 뛰어들다

먼 서산(대산읍) 지역을 승용차로 오가며 (주)성원푸드의 대표로 일하고 있다. 아파트 등 대형 공사장의 단체급식(도시락)을 도맡게 된 것이다. 가족과 사회 등 그의 시적 인식에서도 여러 징후가 일어나게 된다.

> 새벽 6시 하루의 게임이 시작된다
> 바다를 메운 매립장에
> 항타기 소리가
> 아지랑이를 깨운다
> 햇빛 아래 목수들의 망치소리가
> 뙤약볕에 몸을 달구고 있다
> 콘크리트가 바닥을 치고 있다
>
> 기초의 힘겨운 배려일까 형틀이 올라가면서 아파트의 틀이 잡힌다 한층한층 잡히는 건물 사이 깽폼이 외벽을 친다 하스리와 견출은 애무하듯이 곱게 어루만진다. 하루가 하루인지 한 달이 한 달인지, 숨을 쉬고 있는지 눈을 뜨고 있는지, 시간의 초점은 흐려지고, 달력은 한 장 한 장, 떨어져 나간다
>
> 아우성 속에 15층 건물이 서고
> 근로자들의 피와 땀이
> 둥지를 튼다
>
> —「공사장의 퍼즐」 전문

「공사장의 퍼즐」은 삶의 현장으로 뛰어든 김기양 시인이 뜻밖의 시

의 성취를 이룬 하나의 개가라 할 만하다. 경이의 눈으로 건설현장을 바라본 시인의 감수성이 투영되어 있음이다.

현재 문단에서 노동시로 분류되고 있는 시인은 박노해 백무산 김해화 김신용 등일 것이다. 이들은 노동현실을 사실적으로 묘사하고, 노동조건의 비인간성 등 사회적 노동문제가 주제로 뜬다. 노동시는 그들이 무엇보다도 노동자의 실체험을 바탕으로 쓰고 있다는 것을 강점으로 친다.

그러나 「공사장의 퍼즐」은 노동해방에 기초한 정치성이 아주 배제된 무목적성의 순수한 서정시이다. 15층 아파트가 이루어질 때까지 시의 긴장이 잡혀져 있고, 언어의 탄력이 살아 움직이는 듯한 진경을 보여 준다.

서정시가 현실성을 수용하고 좀더 뚜렷한 주제의식으로 나아갈 때, 시를 삶에 밀착시킨다는 중요한 의미를 지닌다. 다시 말하면 시 쓰는 일이란 세상을 진지하게 사는 일이며, 건강한 시의 요소로 보는 것이다.

이 시는 김기양 시인에게 어떤 전기가 왔음을 보이는 징표라고 할 수 있다. 지금까지의 시인의 사적 체험과 사유의 공간을 뛰어넘어 새로운 시의 확산을 보여주기 때문이다.

> 늦은 밤, 간간히 들리는 윗층 405호, 쿵쾅거리는 소리에 눈을 뜬다. 윗집 사내는 아내를 개 패듯이 팼고, 여자는 자지러지는 비명소리를 낸다.
>
> 내 심장도 겁에 질려 있다.
>
> 일 분이 멀다하고 고함소리는 온 동네를 불 밝히게 했고, 와장창창 돌격에 이어지는 여자의 울음소리.

당신들은 행복했을 터인데.

분명치 않은 것은 사랑의 배려가 식었기 때문은 아닐는지, 앰블런스 차가 도착되었고 다시금, 새벽은 앙큼하니 잠이 들었다.

—「당신들은 행복했었을 터인데」 전문

이 시는 사회의식으로 확산된 작품으로 가정폭력을 고발한다. 보도를 보면 남성의 폭력성은 아내도 있지만, 자녀들에 대한 폭력도 심각한 가정이 있는 듯하다.

앞의 「공사장의 퍼즐」이나 「당신들은 행복했을 터인데」는 모두 작품의 형성원리와 예술적 의도가 사실적 표현법의 접근을 기반으로 하고 있다. 박진감을 주는 요소도 언어적 율동과 함께 실제적 사실에 근거한 분방함에서 온다. "다시금 새벽은 앙큼하니 잠이 들었다"는 눈여겨 볼만한 곳이다. '앙큼하니'는 "엉뚱한 욕심을 품고 분수 밖의 짓을 하려는 태도가 있다"는 뜻으로, 여전히 불온한 분위기에 있음을 나타내고 있다.

오늘날 현대시는 넓은 의미의 사회성의 참여 없이는 갈수록 소아적인 틀에서 자승자박할 수밖에 없을 것이다. 문학이 사회적 체험을 해석하여 조직하며, 의미깊은 모습을 갖추도록 요구하고 있기 때문이다. 예술은 사회에 대한 반대의 입장을 통해서 사회적인 것이 된다는 역설의 미학을 주목한다.

김기양 시인은 자신의 사회적 체험과 시적 진실의 합일을 시에 조직하고 투영하여 나름의 진척을 보인다. 그것은 새로운 발견이기도 하리라. 결국 문학은 사회적 산물이다. 시의 언어는 아름답다는 기성관념도 급속히 퇴색된 지 오래다. 전근대적인 자연묘사나 고고한 고전적 운치도 한계에 부딪친다. 새로운 체험의 질료들이 물밀듯이 한국 시단에 이미 오래전에 상륙했음을 우리는 주목하지 않을 수 없다.

4 고고한 긍정의 허수아비

시는 숙련된 비유의 성과물이다. 일찍이 유치환은 그의 단장에서 "시인은 프리즘!/ 그의 예지를 통과함으로써 일체 사상(事象)은 그것이 내포한 다채로운 의미가 증거된다"고 했다. 또한 '예술'도 "석수가 만드는 것이 아니라/ 그 속에 감추어 둔 것을 깨뜨려 찾아내는 것이다"라고 했다.

김기양 시인의 시력이 15년인 것 같다. 근자에 그의 시가 불교의 신비주의적 서정성으로 몰입하고 있는 것은 하나의 구원이다. 한용운 서정주 조지훈 등 산맥들이 불교적 세계관과 선적 미학의 고봉을 이룬다. 그들은 불교적 세계관에 토대를 두고 있지만, 불교적인 요소가 시에 표면화되어 있지 않다. 가령 「국화 옆에서」(서정주), 「알 수 없어요」(한용운), 「승무」(조지훈) 등의 명시들을 보면 한결같이 불교의 윤회사상 같은 것이 녹아 있을 뿐 드러나지 않는다. '종교시'의 나락을 경계하고 예술성을 지향한 때문이다.

기독교의 정지용 김현승 김종삼 등의 경우에도 '종교시'의 나락은 뛰어넘어야 할 과제였다.

우리는 김기양 시인의 새로운 시적 안목에 주목한다. 그는 시적 대상에서 자신의 체험적 세계관과 인생관을 투영해 가는 미적 자율성을 진취시킨다. 그의 '프리즘'은 그의 예지를 통과하며, "감추어 둔 것을 깨뜨려 찾아내는" 궤도에 오른다.

나는 허수아비다
삼백육십오일 바람이 불어도

삼백육십오일 차갑게 쏟아 붓는 눈보라 속에도
등대지기 불을 밝히듯
희망의 닻을 내릴 수 없어
속내 드러내 보이지 않는
허수아비다

뭇 새들이 날아와
온 몸을 쪼아대도
메마른 돌밭에 목이 말라도
햇빛을
가슴에 안고 고고히 서 있다

아무도 어루만져 주는 이 없어
안개에 덮여 하얗게 사위어 가도
불만 없이 나날을 버틴다

가끔은 노래를 부르고
스스로 끌어안고 살아도
황혼녘, 외로움에
두 눈 부릅뜨고 해바라기 하는
나는 허수아비이다

—「나는 허수아비다」 전문

이 시는 '허수아비'의 이미지를 새롭게 바꾸어 놓은 작품이다. 지금까지 '허수아비'는 "쓸모가 없거나 실천이 없는 사람"을 비유하였고, 때문에 이를 '괴뢰·꼭두각시'라고 했다. 참새 따위를 오지 못하게 막대기와 짚 따위로 사람 모양을 만들어 논밭에 세운 허수아비, 그것이 이 시에서는 새로운 변형을 보인다.

이 시의 내용을 편의상 추려보면 다음과 같이 될 것이다.

제1연 : 365일 바람 불고 눈보라 치는 속에서도 희망을 버릴 수 없는

나는 허수아비다

제2연 : 새들이 쪼고 목이 말라도 나는 고고히 서 있다.

제3연 : 하얗게 사위어 가도 불만 없이 나날을 버틴다.

제4연 : 황혼녘 외로움에 두 눈 부릅뜨고 희망을 찾는 나는 허수아비다.

「나는 허수아비다」는 단순한 약자의 변호를 뛰어넘어 사회의식이 내뿜는 일종의 저항의 시라고 할 것이다. 지천명에 이른 시인의 삶의 결산이 숨어 있음이다. 그가 겪고 살아온 체험에서 얼마든지 매몰되기 쉬운 여건을 통찰한다. 비록 연약하고 사회적 위치 또한 미약한 것이 사실이지만, 그렇다고 결코 허수아비일 수는 없는 일이요, 타고난 엄연한 자유인임을 선언하고 있는 것이다. 오늘날 개인주의 발달에 입각한 놀라운 지혜의 소산일 수 있는 작품이다.

또한 이 시의 '나는 허수아비다'란 제목이나 본문의 역설적 표현임을 유념해야 할 것이다. 고도의 긍정과 부정 사이에 귀중한 자아발견의 주제를 볼 수 있을 것이다.

이상 시의 완성도가 높은 7편의 작품을 통하여 김기양 시인의 시세계를 살펴보았다. 주지하는 바와 같이 예술은 결국 대표작만이 남는 것이라 해도 과언이 아니다. 아무리 시를 많이 썼어도 대표작이 부상되지 않았을 때는 사람들의 기억에서 사라지게 된다.

가령 우리 문학사에서 보면 김상용(1902~1951) 같은 이는 시집 「망향」의 시 「남으로 창을 내겠소」 1편이 인구에 회자되어 지금도 많은 사람의 기억에 살아 있음을 본다.

세계의 명화집 같은 것을 보면 그 연면한 예술의 혼에 전율을 느낄 때가 있다. 물론 그것도 대표작들이다. 우연한 기회에 화선(畵仙)으로 일컬어지는 이당 김은호(1892~1979) 화백의 화집을 보고 깊은 감명을 받은 적이 있다. 인쇄매체인 시보다 훨씬 직접적인 감동인 것이다. 특히 이당은 장수하기도 했지만, 8순의 노경에도 개인전을 가졌다는 것을 보고 놀라움을 금할 수 없었다. 화력이 무려 70여년이었던 것이다.

김기양 시인은 조용한 자기 삶속에서 시인적 어떤 전환을 향하여 꾸준히 정진하며 예술의 혼과 시의 영험에 눈 떠 있다. 불교적 사상의 심취가 있는가 하면, 사회의식의 영역에서 대아(大我)의 빛이 번득인다. 그의 언어는 조직적이면서 투철한 것이 있다. 그는 세속의 잡동사니에 같이들 파묻혀 살며 그것을 즐기고 놀면서도 의연한 기품을 잃지 않는다. 그의 타고난 시인적 생명력이 거기 있었다.

— 김기양 시선집 『김기양의 허수아비』(오늘의 문학사, 2011년)

향토적 서정과 삶의 메시지

— 김종호의 시세계

[1] 토속적 언어의 지향

미래문화사로부터 우송된 순동(巡東) 김종호(金宗昊) 시인의 시는 100편이나 되는 적지 않은 분량이었다. 조금은 생소하고 당혹한 느낌을 받지 않을 수 없었다. 우리 문인들은 대개 각종 지면에서 낯을 익히게 되는데, 김종호씨는 초면이었고, 문단에 나온 것도 조금은 늦은 이른바 늦깎이 시인이었다. 그는 제주도의 토박이로서 현재도 고향을 지키고 있다.

김 시인은 「송림에 올라」, 「인동초」, 「김 노인의 길」 등 3편으로 ≪문예사조≫(2007년 5월호)의 추천으로 문단에 오른다. 그는 중등학교 미술교사에서 명예퇴직했다.

우리나라의 신인 추천제도는 ≪조선문단≫(1924)이 그 효시라고 할 수 있다. 3회 추천제도였다. 그 뒤 해방 후 ≪현대문학≫, ≪자유문학≫등에서 그 제도를 이어 신문사에서 시행하는 신춘문예 제도와 함께 쌍벽을 이루는 문단 등용문이 되었다.

3회의 추천제도는 ≪현대문학≫이 73년 7월부터 2회로, 다시 88년 7월부터는 1회로 바뀌어 내려온다. 단 한 번으로 현대의 속도에 맞춘 것이라 할 수 있다.

1980년대 이후부터 오늘에 이르기까지는 수많은 문예지의 난립 시대가 된다. 1회 추천에 의한 문단 데뷔가 급속히 팽창하게 되었는데, 특히 여성들의 문단 진출이 눈부시게 활발해졌다.

현재 많은 문인들이 등장하고 있지만 문단 생존율(등단 이후 5년간 제대로 작품 활동을 하는 비율)은 30% 이내인 것으로 나타나고 있다. 엄격한 훈련을 받고 나왔던 3회 추천시대와 비교해서 지금의 생존율은 더 떨어진다고 보아야 할 것이다.

김 시인의 시는 우선 분량면에서 안도와 기대를 주기에 충분했다. 말하자면 김 시인은 그 나름의 준비와 정진이 충분했다는 말이다. 특히 미술교사였던 그의 재질은 시에 와서 활발한 감수성으로 발전되었다고 보여진다.

말라르메는 언어를 직접적인 언어와 본질적 언어로 구분했다. 직접적인 언어는 일상생활의 의사소통을 위한 도구로서의 언어를 가리킨다. 본질적 언어는 주문(呪文)이나 시에 쓰이는 언어로 보았다.

'시인은 본질적 언어를 가능케 한다.'든가 '시는 민족의 근원적 언어다.'라고 한 것은 이런 맥락이다. 원초적 발생기의 언어로서 시가 존재한다는 것은 시의 본질적인 면과 감화적인 요소 등을 지적한 것일 것이다.

김 시인의 시는 자아(自我)로서의 회귀를 지향하면서 토속적인 세계로 가는 본질적 언어에 접근한다. 그의 시 제재는 고향의 자연환경과 삶의 애환이 주축을 이룬다. 그는 언어적 드로잉보다는 체험적 스토리의 아픈 호소로써 감동을 일으킨다.

1
숲은 바람의 집

홍부의 제비처럼 바다를 건너

꽃씨를 물고 달려온 봄바람은
생울타리를 덮은 개나리
일제히 일어나 자지러지게 웃고
교회 마당의 벚꽃은 흐드러져
마당 가득 하얀 만나를 내리고
윗새오름 철쭉은 붉게 피어나
한라산에 분홍꽃구름이 흐르고
숲으로 들어와서 바람은
흐뭇한 한낮을 흔들거리고 있네.

2
숲은 바람의 어머니

저 시베리아를 달려온
겨울바람은 흐느끼는 비창(悲愴)
하늘도 땅도 얼어붙고
죽음의 노래를 합창하는 요덕스토리
아이들은 미라, 눈만 남아 하늘을 보네

분단 반세기에 굳건한 이질의 철조망
남녘은 부조리와 갈등의 대지,
원형질의 탐욕에는 끝이 없는지
도도히 흐르는 검은 강물에는
찢어지는 본능의 신음소리가 흐른다
한바탕 미치고 싶은 바람은 숲에서
나무를 붙들고 잉잉 울고 있다.

—「숲은 바람의 집」 전문

이 시는 비교적 정제된 형식을 유지하면서 생명의 바람이 불어오는 숲을 노래하고 있지만(전반부), 후반부에 가서는 바람의 통곡으로 이어진다. 여기에서 '숲'의 이미지는 어떤 근원적 힘이 되기도 하고 평화를 가르치는 공간이 되고 있다.

'숲은 바람의 집'이요, 또한 '숲은 바람의 어머니'라는 이 주제의 설정은 매우 안정된 느낌을 준다. 그러면서 '나무를 붙들고 잉잉 울고 있다'(끝행)에서는 활성화된 울림을 준다.

김 시인은 토속적 언어로 원초적 자연과 인간의 근원을 찾고자 한다. 그의 토속어 지향에는 구수한 전통의 맛과 멋이 함께 숨쉬고 있으며, 독자에게는 모처럼 제주도의 영상을 떠오르게 하는 바가 있다.

2 제주도의 향토세계

김 시인은 체험적 요소의 부싯돌에서 빛을 내고 있다. 문학은 상상력에서 창조적 기능을 나타내지만 체험적 소재가 가미되면 내용의 통합적 전개에 분출력이 뛰어나게 된다.

김 시인은 그의 연륜이 스며든 체험세계를 뚫고 나가며, 그 자신의 '정신의 얼굴'을 찾고, 깨어있는 '혼의 소리'에 이르고자 한다. 특히 「옛집」, 「나의 아내」, 「슬픈 소풍」, 「좁은 문」, 「빚진 자」 등은 가족사(家族史)와 관련된 것으로 깊은 절규가 울리고 있다.

어느 시대건 시가 아름다운 한 송이 꽃이라는 서정시의 본령은 존중되고 옹호된다. 이는 예술적 언어미의 절정을 향한 개념이다. 시의 의미나 독자와의 대화폭보다는 시인의 정서에 일렁이는 자폐적(自閉的) 언어가 거기 있다. 김영랑, 정지용, 박목월, 김소월 등의 순수시가 이런 경향을 대표한다고 할 수 있다.

> 아름다운 것은 영원한 기쁨
> A thing of beauty is a joy forever

유미주의 구호가 되었던 키츠(John keats)의 이 시구는 우리 나라에서도 회자되었다. 김영랑의 『영랑시집』(1935)의 첫머리에도 실려 있다.

일찍이 북도에 소월(素月)이 있고, 남도에 영랑(永郎)이 있다고 일컬어질 만큼 순수시는 한국시사(韓國詩史)의 큰 산맥으로 자리 잡는다.

그러나 오늘날의 한국시는 이런 고전적 개념에서 멀어져 있고 오히려 고정관념의 비늘을 벗겨내는 이른바 '다르게 생각하기'의 열풍이 질주하고 있다. 일종의 혼란과 무질서가 없지 않다.

김 시인은 제주도를 지키며 제주도를 노래하는 전통적 시심으로, 둥지의 작은 새처럼 따뜻한 정감의 시를 빚어낸다. 그는 제주도의 뻐꾹새인지도 모른다.

겨울바다 건너온 봄
햇살이 눈꺼풀 무거운 한낮
뻐꾸기 하염없이 울고 있네

고내오름 중턱 늙은 그늘에
솔잎새에 한 줌 바람 이마에 시원하고
삼백 년 소나무 네 나이 몇이냐 물으니
내 줄곧 걸어온 길이 저만치 사소하다

적막하다, 한낮 산속의 고요
숲은 침묵으로 더욱 깊어지고
먼 뻐꾸기소리 남의 둥지에 놓고 온
제 새끼만 염치없이 부르고

그립다
고향 육십 년에
늙은 마누라 옆에 두고
웬 그리움이 저미어오는가

뻐꾹 뻐꾹 뻐꾹
고향에 살면서 고향이 그립다.

—「뻐꾸기 울고 있다」 전문

봄이 온 제주도에 뻐꾹새가 운다. 고내오름에는 바람이 시원하다. 이 시의 '내 줄곧 걸어온 길이 저만치 사소하다.' 또는 '고향에 살면서 고향이 그립다.' 등은 신선한 감동이다.

많은 사람들이 고향을 떠나 도시로 몰려 살지만, 김 시인은 아무리 오래 살아도 끝이 안 보이는 고향을 재발견한다. 그의 시적 고향과 영원이 거기 있다.

김 시인은 제주도에서 태어나 가난하고 암울했던 후진사회의 시대에서 성장한다. 더구나 6세 때 아버지를, 15세 때는 어머니를 잃는다. 그의 데뷔작품의 하나인 「인동초」에서 '그 독한 겨울을 인동초 너는/ 잎새 하나 놓지 못하고 견디었구나' 또는 '네 여린 꽃잎의 꿈으로/ 혹한의 겨울을 풀어낸 것이더냐'고 읊는다.

김 시인에게 과거의 추억은 모정(母情)에 대한 그리움이 절실하다. 회한의 눈물이 고향을 적시고 있다.

도시락 보자기를 허리춤에 동이고
목을 끌꺽대며 뛰어갔는데
그날은 웬일로
소풍 가는 아이들은 겨우 반수 남짓하였다.

해마다 돌아오는 어머니의 제일.
나는 그 일이 사무쳐서 가슴을 친다
그 날 결석한 아이들이 가슴을 친다
그렁그렁한 어머니의 눈물이 가슴을 친다

—「슬픈 소풍」에서

기다리고 기다리던 소풍날이 왔건만, 어머니께서는 지난 해의 대흉년에 이은 춘궁기여서 도시락을 싸줄 수 없다며 소풍을 가지 말라고 한다.

그러나 얼마나 울고 떼를 썼는지 안타깝게 생각한 바깥채 아주머니(집은 없지만 소문난 부자였다)가 보리밥을 가져다 싸준다. 그는 그것을 들고 간다. 그 철부지의 불효가 '가슴을 친다'로 반복되고 있다.

'육성의 울림'이랄 수 있는 이런 시는 인정세계가 나타내는 향토적 풍경이라고 하겠다.

3 삶의 위안과 카타르시스

김 시인은 언어의 예술성을 추구하는 쪽보다는 삶의 위안과 메시지로서의 경향이 우세한 편이다. 가령 표현의 구체성을 높인다든지, 정서환기의 개성적 신선감을 살리는 이미지의 본령은 관심이 적은 것처럼 보인다.

앞에서 본 바와 같이 김 시인은 '자신의 속'을 끊임없이 탐구하며 시를 쓴다. 성장지의 환경을 비롯하여 가족사, 그리고 기독교의 세계관 등 시적인 지성과 순수성에서 시를 빚는다.

자신의 성찰이 돋보이는 거기에는 울분도 있고, 회한과 그리움도 숨어 있다. 그는 몽상적 시인이기보다는 자신의 현실적 이야기가 더 많은 시인이다. 그에게 시인의식은 역시 중요한 가치관의 척도가 된다.

어떤 면에서 그는 예술의식이나 성찰의 감동을 포장하고 제시하기보다는 '자신의 속'을 털어내고 위안 받는 '한풀이의 미학'이 더 우세한 것이다. '한풀이'는 어느 누구도 그 강약은 있을지언정 이 범주를 벗어날 수는 없을 것이다. '쓴다'는 행위에는 누구에게나 '한풀이'가 있을 수 있기 때문이다.

카타르시스는 아리스토텔레스가 그의 ≪시학≫에서 비극을 정의하면서 쓴 말이지만 지금은 창작상의 문제로 넓게 쓰이는 용어에 속할 것이다. 감정의 불순한 부분을 정화(淨化)하거나, 종교상의 죄의 더러움을 씻어내는 등 '해방의 쾌감'에까지 이르고 있다.

그러나 김 시인은 자신의 속에 안주하여 파묻혀 있지는 않다. 그의 기질은 예술적 아름다움에서 자신을 카타르시스하며 시의 가치에 투철한 면을 보인다. 그의 데뷔 작품인 「송림에 올라」를 본다.

이른 아침
솔 울울한 숲에 오르면
나는
한 그루 고결한 소나무

두 손을 활짝 펴고
하늘을 우러르면
세포는 낱낱이 솔잎으로 열리고
큰 숨 한번에
가슴 가득 하늘이 들어온다

맑고 신선한
이 평화는
넓은 우주
어느 별에서
발원하는 것일까

높게
곧게
하늘 우러러
엄숙한 소나무

푸른 침묵의

기원은
저 하늘 끝 어느
소망의 별에 닿아 있는가.

—「송림에 올라」 전문

소나무를 소재로 한 이 시는 '고결한 소나무'가 '엄숙한 소나무'로 가고, 마침내 '푸른 침묵의 기원'에 이르는 청정한 소품이 된다.

소나무를 소재로 한 시나 그림은 매우 많은 편이다. 소나무에 대한 국민적 정서가 그 만큼 많다는 이야기다. 이 시의 '푸른 침묵'은 매우 뛰어난 비유다.

김 시인의 또하나 「소나무의 꿈」은 「송림에 올라」와는 다른 '직설적 화법'으로 완성도에 닿는다. 그의 '직설적 화법'은 앞에서 말한 '자신의 속'에서 나오는 것이다. 거기에는 '의미의 폭발'이 숨어 있음을 간과하기 어려울 것이다.

하늘을 날아가리라, 소나무는
저 독수리의 금빛 날개를 꿈꾸었으나
전문가의 가위는 그 꿈을 싹둑싹둑 잘라서
생존의 최소 조건으로 축소하고는
예술이라고 눈을 지그시 감는 거였다.

—「소나무의 꿈」 제3연

삶의 자유를 구가하려는 '소나무의 꿈'이 원예사의 무쇠가위에 의하여 여지없이 좌절되고, '생존의 최소 조건'에서 '예술'만이 남게 된다는 이야기다. 소나무 분재의 비련이다.

어찌보면 소나무 분재의 이야기를 통하여 김 시인의 시인적 뜻과 고민을 표출시킨 것이라고 보여진다.

사실 김종호의 시인적 기질은 끊임없이 '직설적 화법'의 유혹을 받고 있는지 모른다. 그러나 그것이 전부가 아니라는 고민을 그는 놓칠 수가 없다. '예술'과 '스토리'는 서로 상극되기도 하고, 조화되기도 하는 양면을 갖고 있기 때문이다.

4 눈 시린 한 편의 시

제주도에는 추사적거지(秋史謫居地)가 있다. 지나는 사람들의 발길을 잡는 이 곳에는 초가 5동과 연자마, 돌하르방 등이 보존되어 있고, 또 전시관도 있다.

조선 후기에 실학을 대표하는 인물이 정약용이라면, 문화 · 예술계를 대표하는 이는 단연 추사 김정희이다. 그의 고택은 충남 예산이지만 제주도로 귀양 가서 9년 동안 유배생활을 했다.

추사는 귀양살이의 어려움 속에서도 서체의 골격이 힘차고 필획의 울림이 강하게 느껴지는 '추사체'를 완성했고, 세한도(歲寒圖) 등 불후의 서화들을 남겼다. 그를 따른 제자가 3천 명에 달했다고 할 만큼 제자가 많았다. 그는 오늘날에도 계속 사람들의 입에 오르내리는 서예관을 남기고 있다.

> 가슴속에는 청고고아(淸高古雅)에 무르녹아 있어야 하며, 그것이 문자의 향기(文字香)와 서권의 기(書卷氣)에 무르녹아 손끝에서 피어나야 한다.

한자문화권의 3대 예술장르 또는 삼절(三絶)이라면 시(詩), 서(書), 화(畵)를 일컫는다. 삼절의 공통점은 조형적 아름다움을 극대화하는 데서 생명력을 빛내는 것이라 할 수 있다.

김 시인은 누구보다도 삼절에 살았고, 삼절의 뜻을 추구하는 예술인이다. 그의 시에도 나타나고 있다.

행복은
때때로 젖어오는 옛날
뜬금없이 떠오르는 미소
오랜 제자의 전화 한 통
무선으로 물 건너온 손녀
늙은 마누라 미인이라고, '하하하' 웃고
이끼 낀 우정, 한 잔의 대화로 시름 잊고

행복은 화선지에
꽃처럼 번지는 그리움 한 방울
눈물나는 파란 하늘
바람 따라가는 산책길
오순도순 벌레들의 놀라운 삶
먼 산 눈 시린 한편의 시
나의 길, 나의 노래
이 모든 것을 사랑하는 것
이 모든 것을 감사하는 것.

—「행복」 전문

김 시인은 화(畵)를 하면서 시(詩)를 쓰는 분이다. 19세기 추사선생의 고고한 모습을 연상시키는 바가 없지 않다. 유유자적하는 생활에서 '하하하' 웃기도 하고, 화선지에 '그리움 한 방울'을 떨어뜨린다.

'먼 산, 눈 시린 한 편의 시/ 나의 길, 나의 노래'를 사랑하며 또한 감사하는 데서 행복을 발견한다.

'먼 산, 눈 시린 한 편의 시'야말로 그가 절정의 언어로 꿈꾸는 시, 바로 그것이 아니겠는가.

한편의 시를 더 보기로 한다.

굴러다니다가
돌멩이가 되었다고 한다
굴러다니지 않으면
돌멩이가 아니라고 한다
구를 때마다 독은 오르고
속으로만 딴딴하게 웅크려서
폭탄처럼 부글부글 끓다가
채이면 발뿌리를 물고
튕길 때면 이마로 받아 넘겼다.

어느 날 숲으로 굴러온 돌멩이
아침마다 이슬을 담뿍 적시더니
제 성질 삭일 줄 알고
조용히 사는 법을 터득하였다
숲 속 깊은 침묵으로 오랜 세월을
흙 속으로 깊어지더니
나리꽃 사랑 하나 가슴에 품고
한 송이 나비처럼 팔락거리네.

—「돌멩이」 전문

돌은 제주도 삼다(三多) 중의 하나다. 여자가 많고, 돌이 많고, 바람이 많은 섬이라는 뜻에서 제주도를 삼다도(三多島)라고도 한다.

여기 '돌멩이'는 인간에게로 전이된 의인법의 수법으로 '인간' 그 자체가 되고 있다. 이 시의 발상은 '굴러다니다가 /돌멩이가 되었다고 한다'의 서두에서 묘를 얻는다. 굴러다니면서 독이 오르고, 이마로 받아 넘기면서 온갖 수모와 천대를 이겨낸다.

제2연에서는 '숲'에 들어와 비로소 '조용히 사는 법을 터득하였다'고 했다. 그리고는 오랜 세월 숲의 흙 속으로 깊어지며, 나리꽃 사랑을 품고, 마침내 나비처럼 팔락거린다는 것이다.

숙성된 돌멩이가 지고한 사랑의 경지, 인격적 완성에 이르는 것이다.

이 시에는 김 시인이 살아온 삶의 역정이 있고 그것을 뛰어넘어 예술의 세계에 눈 뜬 자아의 모습이 투영되었다고 할 수 있을 것이다. 하잘 것 없는 '돌멩이'가 '나비'에까지 이르는 과정이란 다름 아닌 정신적 고투의 내력이 아니겠는가. 시인의 삶이 거기 있음이다.

미당 서정주 선생은 인고를 통해 결정(結晶)된 중년 여성의 원숙미에 이르는 「국화 옆에서」로 국민적 명성을 얻었다. 그는 사후에 고향인 전북 고창의 질마재에 묻히었고, 고향에서는 30만 평에 300억 국화 송이를 전시하는 〈고창 국화 축제〉가 해마다 열린다. 시성(詩聖)의 명편은 이렇게 영향이 크다.

김 시인의 「돌멩이」는 제주도 향토시인다운 시정신이 노래된 현대시로서 뜻과 운율이 잘 정돈된 조화를 얻고 있다.

지금까지 살펴본 바와 같이 김 시인은 향토적 언어와 서정을 지향하여 순도 있는 서정시, 그리고 가족사와 기독교정신에 의한 시정신을 고양함으로써 비교적 의미 있는 시의 순결을 지켜낸다. 그의 혼은 제주도였다.

제주도의 야생마가 하늘과 바람과 푸른 들에서 뛰어놀 듯, 김종호의 시에는 땅과 사람의 냄새가 있으며, 때로는 운치있고, 때로는 짜게 하나의 정원을 가꾸어 낸다. 그는 제주도가 낳은 '제주도의 시인'이라고 할 수 있다.

— 김종호 시집 『뻐꾸기 울고 있다』(미래문화사, 2008)

영혼의 희열과 해방

— 박대순(朴大淳)의 시세계

1 시의 기법(技法)

시에서 묘사(描寫)와 서사(敍事)의 차이는 시의 탄력과 이해에 상당한 차이를 주는 경우가 있을 것이다. 묘사가 사물의 인상을 감각적으로 그리는 양식이라면, 서사는 스토리의 형태를 취한다. 서사의 대표는 소설인데, 시에서도 부분적으로 또는 전체적으로 상당한 응용력이 있을 수 있다.

박대순 시인의 시는 묘사보다는 서사에 있지 않나 하는 느낌은 그의 첫 시집 『갈꽃 줄기를 흔들며』(1996, 문경)를 읽고서였다. 그의 시가 서사를 선호했다기보다는 묘사적 표현을 별로 의식하지 않고 있다는 결과로 그런 인상을 받았는지도 모른다.

묘사란 사물이 지닌 성질, 사물이 우리의 감각에 만들어 주는 인상이 무엇인가를 나타낸다. 세부적 인식과 묘사가 철저할수록 대상을 실제로 보는 것보다 더욱 인상적이고 생생할 수가 있다. 시의 이미지도 결국 이의 표현 방법의 하나인 것이다.

제2시집 『바람이 머문 자리』(1998, 오늘의문학사)에 오면, 그의 시는 묘사의 세계로 활강(滑降)하게 되며, 주제의식도 뚜렷해진다. 첫시집은 제목이 없이 75편의 시가 "001 ~ 075"로 번호만 부여된 시집이다.

시의 제목이 하나도 없이 아라비아 숫자의 번호로만 된 시집이 흔한 것은 아니다. 인도 시성 타고르의 시집 『기탄잘리』가 유명하고, 우리 나라에서는 『영랑시집』(1935)이 아닌가 한다. 이 시집은 53편의 시가 제목 대신 번호로만 표시되어 있다.

지금 영랑의 시는 극히 일부를 제외하고는, 거의 시의 첫 행을 제목으로 하고 있다. 김영랑의 이런 형식의 선택은 아마도 그의 사행시(四行詩) 때문이 아닌가 한다.

박대순 시의 기법이 서사 쪽이 우세했다는 것은 그리스도교회의 목사라는 그의 하는 일과 관계가 있을지도 모른다. 목사는 교의를 해설하고 예배를 인도하며, 교회나 교구(敎區)의 관리 및 신자의 신앙지도 등의 일을 맡아 보는 교직이다. 그의 교직은 많은 이야기를 하게 되는 것이라고 하겠다.

서사는 이야기에 관한 진술이 아니라 이야기를 하는 것이다. 우리 눈앞에 펼쳐지는 사건에 관한 생각이나 직접성을 관심과 공감을 가지고 제시한다. 묘사도 직접성을 제시하지만, 그것의 의도는 행동 자체의 움직임이 아니라, 행동의 특징을 부여한다. 행동이나 행위는 서사의 몫인 것이다.

제2시집 『바람이 머문 자리』에는 서사의 요소가 강하고, 단락 표시의 번호가 부여된 시들이 있다. 「추억의 바다에서」, 「그리움」, 「몽유에서」, 「정거장」 등이 그것인데, 이 시에서는 예외없이 '이야기'가 있고, 쉽게 읽힐 수 있는 요소들이 녹아 있다고 할 수 있다.

다음은 제2시집에서 골라본 작품인데, 그의 서사적 기법이 응축된 것을 볼 수 있을 것이다.

> 온종일 어둠이 섞여 꽃잎으로 내리는데
> 둔산동의 눈은 흙 위에 앉지도 못하고

유성 변두리 버스 종점 지붕 위
공중에서 헤매다가
주검으로 서 있는 과수밭에 빠져들고 있다
둔산동에 내리는 눈은 그저,
스스로 벗어날 길 없는 원죄로 몸부림치다가
스며들지 못하고
저 혼자 가지 위에서 얼어 죽어간다

둔산동에 내리는 눈은 그저,
밤새도록 잠든 나뭇가지를 깨우다가
이른 아침이면 저 혼자 부동 자세로 있다가
변두리에 찾아든 햇살에도,
아무런 대꾸도 없이
풀죽은 배추밭에 떼로 엎어져
무, 배추와 허옇게 얼어 죽어 있다

보라, 저 혼자 입증할 수 있는 무게를 지니기 위해
얼어 죽은 둔산동의 눈을

—「둔산동의 눈」 전문

그의 서사가 도시에 내리는 눈의 그 비극성을 포착한다. 내리면서 녹는 도시의 눈, 특히 한밭의 신흥 번화가인 둔산에 내리는 눈은 "흙 위에 앉지도 못하고", "스스로 벗어날 길 없는 원죄로 몸부림치다가" 나뭇가지나 풀 죽은 배추밭에 떼로 얼어 죽어 있다는 것이다. 참신한 발상과 부드러운 표현을 획득하고 있다.

일찍이 우리 고장의 박용래(朴龍來)는 변두리 빈터의 눈을 노래한 「저녁눈」을 통하여 일체의 설명이 배제된 반복과 병렬의 극치를 보인 바 있었다. 박대순의 「둔산동의 눈」은 하늘 나라에서 내려오는 눈조차 짓밟히고, 잔인하게 폐허가 되는 문명의 포학성(暴虐性)을 고발하는 것이며, 그것은 그의 포용과 화해의 정신에서 비롯되는 것이라고 하겠다.

2 가난한 영혼을 위하여

제3시집 『축복이 되고 싶다』(2005, 오늘의문학사)는 앞서의 시집에 비하여 상당한 진경을 보이는 시집으로 평가할 수 있을 것이다.

제3부 「사랑서곡」은 연작시로 25편까지 나와 있다. 문학과 종교는 매우 밀접한 관계에 있는 것이지만, 그렇다고 그것이 동질의 것이라고는 할 수 없다. 모든 종교가 도덕을 그 전제로 한다면, 문학은 휴머니즘이 그 전제인 것이다. 인간성이나 인간다운 것 등의 휴머니티는 문학의 본령이라 해도 과언이 아닐 것이다.

앞에서 말한 바와 같이 박대순 시인은 성직에 봉사하고 있는 목사이다. 그는 한성신학대학을 졸업했고, 캘리포니아 신학대학원에서 신학석사 학위를 받았다. 그리고 대전대학에서는 문학박사 학위를 받았다. 그는 경직된 종교의식이 아니라, 보다 근원적인 신앙의 세계와 그 구원의식에서 시를 가꾼다.

일찍이 천재적 낭만파 시인 죤 키이츠(J. Keats, 1795~1821)는 예술지상주의를 모토로 "아름다운 것은 영원한 기쁨이다(A thing of beauty is a joy forever)"라고 했다. 이는 시가 도덕이나 계급, 어떤 지상(至上)의 권위를 누리며, 이데올로기의 시녀(侍女)로 놓인다는 견해와는 근본적으로 다른 것이다. 시는 창조된 한낱 '존재'일 뿐이라는 예술관인 것이다.

> ① 당신은 나를 질책했으니 그것으로 행복했을 것입니다. 연약한 그릇에 토기장이 사랑을 채우고 또 채우고 끝없이 생명을 불어넣습니다. 언제나 봄날이 되면 나의 가냘픈 허리를 꺾어다 피리를 만들곤 맘껏 불었습니다. 피리소리는 언덕과 골짜기를 돌고 돌아 새로운 노래로 돌아왔습니다. 그리고 끝도 없는 손길로 내 연약한 가슴 한쪽에 적시고 있습니다.

아! 당신 숨결은 말 없이 내 일상에 와 앉습니다. 시간은 여전히 흐르고 채워져야 할 자리는 당신 손길이 남길 원합니다.

—「사랑서곡 · 1」 전문

② 내가 목놓아 부르던 그대 이름은 아직도 대답이 없습니다. 자라며 만지던 악기는 보이지 않습니다. 시간은 멎지 않았고 언어들은 바로 놓이지 않았습니다. 오직 내 일상 속엔 소원에 소원이 숨어 있을 뿐입니다.

내가 부르던 그대, 그대가 좋아하던 꽃은 오늘도 피지 않았고 오직 거친 바람만 한숨 지며 지나칠 뿐입니다. 나는 그대의 얼굴도 보지 못했고, 그대의 목소리도 듣지 못했습니다. 오직 나는 내 집 앞, 길로부터 조용한 발걸음을 들었을 뿐입니다. 많은 시간을 밭을 일구는데 보냈지만 꽃밭엔 아직 꽃이 피지 않았고 나는 내 정원에 언젠가 꽃이 피리라 믿습니다. 나는 꽃이 필 희망 속에 천날 만날 살고 있습니다. 그러나 이 희망은 아직 이루어지지 않고 있습니다.

—「사랑서곡 · 9」 전문

① 의 '당신', ② 의 '그대'는 모두 시인이 동경하여 마지않는 절대자·영원자·애인으로서 곧 그리스도인 것이다. 구세주와 나와의 관계는 수직의 관계라기보다는 수평의 관계이며, 인간적인 교감을 다하고 있음을 본다. 그것은 영원한 성좌요 카멜레온이기도 하지만, 끊임없이 변형하며 심오한 성소(聖召)로 다가간다.

신을 찾으려는 인간성의 반응이 곧 종교요 문학이라고 한다. 박대순의 시에는 구도자(求道者)의 숨결과 속삭임, 그 가없는 호소가 있고, 애틋한 그리움으로 채워져 있다.

① 에서의 '피리소리' ② 에서의 '그대가 좋아하던 꽃'은 모두 나와 신과의 관계를 맺어 주는 매개체인 것인데, 환상적인 시의 형상화로 나타나고 있다. 여러 가지 사물로 변형되는 것은 이 때문이다.

연작시 「사랑서곡」은 모두 산문시로 되어 있다. 이것은 작품적 성과의 측면보다는 시정신의 측면에서 살펴본 것이다.

다음의 시는 주제의식이 선명하고 작시상으로 성공하고 있는 작품이라고 할 수 있을 것이다.

아무도 나를 이해하지 않을 때
조용조용 나를 찾아온 사람이 있었다.
아무도 나를 위해 용서하지 않을 때
묵묵히 무릎을 꿇고
나의 운명 앞에 기도하던 사람이 있었다.
내가 내 연약한 운명의 시간에 서성이다가
드디어 절망의 순간을 맞이했을 때
그는 가만히 내 곁에서 아픔이 된 사람이었다.
아무도 나의 시련을 감싸주지 않고
뿔뿔이 흩어진 별똥별처럼 흩어져 버렸을 때
그는 고요히 바다가 되어 나를 안아준 사람이었다.
아무도 용서하지 않는 자를 용서하는
기대하기 전에 이미 나를 사랑하고
사랑하기 전에 이미 나를 기다린 사람이 있었다

—「그대」 전문

「사랑서곡」이 감각적 요소의 '묘사적 기법'의 시였다면, 「그대」는 '이야기 기법'의 서사적 요소가 우세한 시이다. 이 시는 "사람이 있었다"가 3번, "사람이었다"가 2번 쓰이면서 시의 리듬과 균형을 살린다. 이 '사람'은 바로 '그대' 또는 '구세주'이며, 이로 인한 의미의 순도가 잡힌 시라고 할 수 있다.

또한 이 시에는 '이해하지 않을 때', '용서하지 않을 때', '절망의 순간을 맞이했을 때', '별똥별처럼 흩어져 버렸을 때' 등 '~때'가 4번 쓰이면서 의미의 구도를 잡는다. 이것은 모두 고독과 절망, 혼자만의 고뇌에 직면했을 때를 뜻하고 있는데, 그때마다 '사람'이 있어 구원을 받는다는 것이다. 숨어 있는 구세주라고 하겠다.

3 사랑의 신 큐피트(Cupid)

이 시집의 첫머리에는 「큐피트」라는 시가 있다. 로마 신화의 사랑의 신인데, 사랑과 미의 여신인 비너스의 아들이다. 그리스 신화의 에로스에 해당한다고 할 수 있다.

프슈케의 이야기에서는 에로스는 궁시(弓矢)를 가진 방자한 연애의 신으로 나온다. 그 황금의 화살에 찔리면 열렬한 연애를 느끼고, 연(鉛)의 화살에 맞으면 연애를 싫어하게 된다고 한다. 에로스가 어머니인 아프로디테의 노여움을 산 나머지 황금의 화살을 자기에게 잘못 쏘아 결국 프슈케를 아내로 맞이한다는 이야기가 있다.

플라톤은 '에로스'를 본래의 성적인 의미를 빼 버리고 철학의 용어로 썼고, 1920년 프로이드는 정신분석의 용어로 사용했다.

시 「큐피트」에서는 "과녁 끝에/ 그대를 올려놓았다/ '그대' 하고 부르면/ 그대의 사랑은 어디로 갈까" 하고, 과녁 끝에 놓여진 사랑에 대한 불안의식의 절정을 노래한다. 추상적인 면이 없지 않다.

연작시 「사랑타령조」, 「그리움」 등을 보면 의미의 맥락보다는 조금씩 추상적 흔적의 모습으로 유혹되곤 한다. 오늘날 일부의 시에서는 순수 추상화의 경향으로 빠져들고 있으며, 예술의 비인간화의 현상도 지적된다. 이는 추상충동이 일으킨 추상적 암호의 성격이 짙은 것이다. 시 「한 송이 꽃이 피었다」에는 그 말미에 "김춘수 님의 「호흡」을 본따서 쓰다"란 주가 붙어 있기도 하다.

김춘수의 이른바 '무의미시론'은 시학에서 이론적 성립이 가능하고, 그 독특한 기법에 관심이 없는 것은 아니지만, '뜻이 없는 시'가 과연 있을 수 있는 것인지는 지극히 상식적인 이야기라고 할 것이다.

김춘수의 명성을 가져온 대표작 「부다페스트에서의 소녀의 죽음」, 「꽃」, 「꽃을 위한 서시」, 「처용단장」 등은 모두 초기에 해당하는 작품들이었다. 절대적 이미지를 표방하는 '무의미시'의 한계는 숙고할 필요가 있을 것이다. 어떤 분이 그러한 시나 주장은 "김춘수 선생 한 분으로 족하다"는 뜻을 말한 것이 있었는데, 바로 이런 사정을 전한 것이라 할 수 있을 것이다.

박대순의 시에는 풋풋한 감성, 예리한 지성이 시의 매력을 준다고 할 수 있다.

나는 너에게
한여름밤 별빛이 되고 싶다

어느 아픔의 시간이거나
어스름 달빛이 내리는
이른 새벽이어도 괜찮다

재빠른 화살처럼 달려가
지극히 단조로운 일격으로
네 모든 것을 바꾸어 버리는
축복이 되고 싶다

가만가만 바라다보면
아이들 술래잡이 소꿉놀이처럼
늘상 보는 드라마 속에 나타나는
하나의 밤 햇살이고 싶다

슬픔이라든가
심지어 깊은 사랑이 되고 싶다
나는 너에게

가장 가까운 별빛이 되고 싶다.

—「별빛」 전문

매우 소박한 듯하면서도 울림이 있는 표현을 얻고 있다. 세속적 감정에 빠지지 않은 감성이 싱그럽고, 지적인 예리함이 또한 빛나고 있다. 영혼의 희열과 해방은 이런 의미적인 시의 마술적 통합적 힘에 의해서만 가능한 것이다.

이 시는 "별빛이 되고 싶다"가 처음과 끝에 배치되어 수미상관(首尾相關)의 형태를 잡았다. 그리고 그 안에는 "축복이 되고 싶다", "햇살이고 싶다", "사랑이 되고 싶다" 등이 개입되어 보조적인 역할을 한다. 단순한 나열인 것 같아도 시의 구조적 구실을 묶고 있다.

그의 「사랑하는 사람과 땅 끝에 서 보아라」에는 "출생과 죽음이라는 신비/ 그 속을 뛰놀게 되었으니/ 바다가 흰 이를 번득이는 동안"(종연)이라는 표현이 있다. 지혜가 번득인 여기에, 이 세상에 태어난 우리의 삶이 약동하는 것 같다. 여기의 '땅 끝'이란 사랑의 절정이기도 하고, 영원으로 가는 관문이기도 한 것이다. 영혼적인 삶의 길이 여기 있었다.

4 서민적인 시인의식

박대순 시인의 시집과 원고를 읽으면서 나를 놀라게 한 것이 있었다면 뜻밖에도 이병선(李炳鮮) 시인에 대한 것이라고 할 것이다. 첫 시집의 서문에서 "저승에 있는 나의 친구 이병선 시인을 그리워하며"에 언급된 '이병선'은 오래 잊어버렸던 내 기억을 확 끌어당기고 말았다. 시도 3편이나 되고 있었다.

① 한 잔 술을 비우고
李詩人이 가고 있는 것을 보았다.

아직 피어나지 않은
꽃망울 남겨둔 채
잠시 전당포에 맡긴 시간을 살다
그 날 따라 유달리 흰눈이 펑펑 쏟아졌는데
마지막 잔을 비우고

— 「007」에서

② 이병선 시인이 죽었습니다
기분 삼삼하게
서른 햇살에 깔려 죽었습니다
모르긴 해도 병선은 부지기수
그러나, 그러긴 해도
내 친구 병선은 단 하나뿐

이제 병선이와 만날 수 없습니다
아무렴 어떻게나
순대국밥집 순대로 홀짝이던
자명종 그림자처럼
자정에 이곳저곳을 어슬렁거리던
바보 멍텅구리인 단 하나의 친구가
햇살에 깔려 죽었습니다

— 「李詩人의 죽음」에서

③ 강가엔
언제나 바람이 불고 있었다
이병선의 눈가에는
먹다 남은
술병이 매달려 있었다
날이 어두워지자
아침에 떠난 시간이

노을로 앞서가고 있었다

— 「금강」에서

≪시도(詩圖)≫동인 이병선의 첫 시집 『원목(原木)』(1984)에 내가 '해설'을 써준 것이 벌써 20년이 넘어가 있었다. 이병선은 "대전에 제2의 박용래가 나타났다"고 할 만큼 이채로운 단형의 시로서 주목을 받았다. 그때 그는 군에서 제대를 하고, 복교한 신학대학 학생 신분이었다.

요절한 이병선의 친구 박대순, 박대순의 친구 이병선…….

나는 조금은 혼란스러웠다. 이병선 시인이 타계한 것도 전혀 모르고 있었던 나는, 어느 땐가 리헌석(李憲錫) 시인이 말해줘서 겨우 알았을 뿐이었다.

시인에게는 시인의식이 있다. 시인으로서의 사회적 문화적 정치적 관심은 물론이요, 그 의식의 이지와 감정과 의지 등 일체의 정신작용은 작품에 많은 영향을 끼치게 마련이다.

박대순의 이병선에 대한 우정은 지극하다. 또 문학과 신학의 길도 같았던 사이였다. 시인의 신변이 나온 시에서 우리는 시인이 세상을 보는 눈이나, 맑고 투명한 인간성까지도 읽을 수 있다. 박대순의 서민적인 시인의식도 여기 들어 있다고 하겠다.

만화에 나오는
목마등 잠든 망아지가 있다
만화박사 임청산이 있다

은행동엔 은행잎이 반쯤 지고
박희선이 마지막 남긴 말
'청동빛 시인'
김용재가 열매를 따고 있다

절룩이는 한낮 그루터기에 앉아
바이런 셸리 키이츠를 불러내며
노을빛에 젖고 있다

그 뒤를 한 남자가 가고 있다
수업 끝나기 전에.

—「수업 끝나기 전에」 전문

임청산(林靑山) 박희선(朴喜宣) 김용재(金容材) 등 이 지역의 인물이 나오고, 바이런, 셸리, 키이츠 등 영국의 낭만파 시인들이 등장한 이 시는 박대순 시인에게 어떤 영향을 준 이들이라 할 수 있다. 이 시는 종연 "그 뒤를 한 남자가 가고 있다/ 수업 끝나기 전에"서 시적인 응용을 얻는다. 제목 '수업 끝나기 전에'도 여기서 왔다.

'수업이 끝나기 전에 가는 남자'는 시인 자신일 수도 있고, 작중 화자일 수도 있지만, 요는 아직 공부가 끝나지 않은 후배 또는 후손이라는 연대의식이 개입된 표현이라고 볼 수 있을 것이다.

정리하건대, 박대순 시인은 현대인의 가난한 영혼을 위한 구도자(求道者)의 숨결과 속삭임으로써 깊이 있는 사랑의 정신을 노래하며, 분노나 갈등보다는 포용과 평화의 시정신으로써 영혼의 희열과 해방의 편에 선다. 그의 시에는 싱그러운 감성과 예리한 지성이 있고, 언어의 리듬과 균형에서 서사적 울림과 감동을 준다. 그는 우리의 친숙한 이웃의 목자(牧者)요, 또한 서정시의 절정에 닿고자 정진하는 시인이라고 할 수 있을 것이다. 그의 시에는 인간의 향기가 있다.

— 박대순 시집 『축복이 되고 싶다』(오늘의 문학사, 2005)

인동초의 꽃, 죽지 않는 인간정신

— 백명자의 시세계

1 만학도의 문단 데뷔

소선(小仙) 백명자(白明子) 시인을 내가 만나게 된 것은 대전문예대학에서였다. 2006년 3월 사단법인 문학사랑협의회에서 문을 연 대전문예대학은 지금도 계속하고 있지만, 매주 목요일 오후 6시부터 초보자·기성문인을 가리지 않고 모여 작품합평회를 갖고 저녁 식사 후에 헤어졌다. 그해 5월부터 빠지지 않고 열심히 나온 것이 백명자였다. 성격이 밝은 편이었고, 처음에는 작품이 너무 거칠었으나 날로 좋아져 갔다.

백명자는 1년 후인 2007년 3월에 건양대학교 문학영상학과에 입학한다. 이미 회갑에 들어선 나이였다. 주변의 놀라움은 컸다. 배움도 만학도였지만, 부군(김영우)이 뜻하지 않은 교통사고로 뇌병변중증 1급의 판정을 받고 지난 2년 동안 중환자실에 있다고 했다.

그러나 이런 가정적 환경을 뚫고 그는 그해 월간 ≪문학세계≫(7월호)와 계간 ≪문학사랑≫(겨울호)에서 시부문 신인상 데뷔의 추천을 받는다. 대전문예대학의 숨은 성취가 그에게 있었다.

≪문학세계≫의 추천작품은 「우리 엄니」「07학번 예순한 살 새내기」「간병일기 1」「간병일기 4」「봄꽃들」 등 5편이었고, 「심사평」(박곤걸, 정남채, 윤제철, 김경문)은 다음과 같다.

그는 오랜 습작기를 통하여 탄탄한 작품 세계를 조화롭게 열어가고 있다. 시를 많이 써본 솜씨임에 분명하다. 오랜 경륜을 통하여 시적 화자의 뿌리도 자리를 잡고 있다. 시의 맛과 멋을 감칠맛나고, 조화롭게 풀어가면서 생활상을 담담하게 노래하는 그 풍요로움이 눈길을 끈다.

그해 12월 첫 시집 『질경이의 기도』(오늘의문학사.2007)가 나온다. 회갑의 해에 대학 입학, 문단 데뷔, 시집 출간 등 기적과 같은 성취가 찾아온다. 그것도 저절로 이루어진 것이 아니라 온갖 역경을 딛고 일구어 낸 것이다. 대전문예대학도 논산 시외에서 다니며 밤늦게까지 고생했다.

생과 사를 회피하는
가파른 심호흡
식어지는 몸에 혈을 심는 기도

생살이 으깨져
조각난 뼈마디마다
산소 호흡기에 의지하는 맥박
바람결에 떨리는 문풍지처럼
들락거리는 숨결

애써 외면해 버린
영안실의 푯말이
멀어졌다 가까워지는 절규에
오그라드는 가슴

동공을 향해
번득이는 반사경
온몸 바쳐 드리는 기도
그 영혼에 눈물로
그려낸 무지개

—「간병일기 1—중환자실에서」 전문

이 작품은 ≪문학세계≫당선작에서는 「간병일기 4」로 되어 있는데, 여기선 첫 시집의 표기에 따라 「간병일기 1」로 한다. 「간병일기」는 연작시로 1에서 12번까지 있으며 모두 부군에 대한 간병의 기록이다.

이 시는 매우 절박한 상황을 표현하고 있음에도 비교적 차분한 냉정을 유지하고 있음으로써 시의 기틀이 흔들리지 않는다. 각 연은 전부 "기도 · 숨결 · 가슴 · 무지개" 등의 명사로 매듭을 짓는다. 이와 같은 기법은 시의 집중도를 높이고 시가 안정되는 잇점이 있게 된다.

종연의 마지막 "그 영혼에 눈물로/ 그려낸 무지개"의 '무지개'에 의하여 '중환자실에서'란 부제가 있음에도 시의 권능을 유지한다고 할 것이다.

시의 구조란 논리적 체계를 벗어나는 장르이기 때문에, 언어의 독특한 자율적 원리에 의하여 형성된다. 시에만 쓰이는 언어로서 언어의 독립성을 강조한 것도 오랜 전통을 지닌다. 백명자 시인은 그의 사적 체험을 녹이는 좁은 서정에서 나름의 절제와 조화가 있다. 감정을 억제해내는 시인의 이성과 연치가 스민 결과라고 할 수 있다.

열일곱 꽃댕기 풀어
시집온 새아씨
생솔 타는 연기에 숨어
눈물 흘린 시집살이

앞 냇가 얼음물에
쳐 내려도 쳐 내려도
쓸어내리지 못한
방망이질

해를 거듭한 지친 삶

가슴에만 묻으시다
여덟 송이 꽃 둥지 안에 옮겨 심으신
우리 엄니

아직도
내려줄 사랑이 넉넉하신
자투리 지지 않는 지덕으로

섬김의 뜻 나눔의 뜻으로
한 삶을 사신 골 깊은 얼굴
연지곤지 분첩 단장으로
잃어버린 엄니 얼굴
다시 찾은 날

—「우리 엄니 2 — 아흔 여섯번째 생신을 맞아」 전문

≪문학세계≫에서 앞의 「간병일기 1」 등과 함께 당선작의 하나인 「우리 엄니 2」는 친정어머니의 96회째 생신을 맞아 쓴 일종의 사모곡이다. 열일곱에 시집 와서(1연), 빨래 방망이질(2연), 8남매를 낳아 기르신 일(3연), 자투리가 아닌 더없이 큰 덕으로(4연), 골 깊은 얼굴이요, 잃어버린 엄니 얼굴을 아, 오늘은 "다시 찾은 날(생신)"이네(5연)로 이어진 것인데, 구성상에 고도의 복선이 있다. 곧 마지막 시행 "다시 찾은 날"로 어머니의 일생이 집약된 플롯이다.

백명자 시인의 모친에 대한 시는 「나의 어머니」「장독대를 보며」「어머니의 명상」「손마디」등 여러 편이다. 곡진한 효녀의 마음이 조화된 좋은 수준을 유지한다.

2 8남매의 낙엽, 인동초

백명자 시인은 5남3녀의 8남매 중 여섯번째의 출생으로 태어난다. 글

쓰는 일을 좋아했고 쓰는 일을 게을리하지 않았다. 그는 마침내 중학교와 고등학교의 검정고시를 거쳐 대학에 진학하게 되며, 문단에도 오른다. 어려운 환경을 이기고 인동초처럼 부활한 입지전적인 시인이다.

인동초는 겨우살이덩굴로서 산기슭 같은 데서 자생한다. 잎은 마주나고 긴 타원형이며 가장자리에 톱니가 있고 털이 있다. 5월에 향기 좋은 꽃이 피며, 가을에는 열매가 검게 익는다. 줄기와 잎은 인동(忍冬), 꽃은 금은화(金銀花)라고 하며 한방에서 약재로 쓴다. 백명자는 누구보다도 강인한 생명의지를 지닌 시인이었다.

작은 키로 구르다
잿불이 될 걸

지천으로 자라서
억세게 버둥대다

곡식을 위해 뽑혀 버린
머리채의 따가움

온몸을 다 주고도
돌아누울 자리 없어

부르르 떨다
서로 비빈 아우성

목숨 걸고 살아가는 것이
어찌 죄란 말인가.

—「잡초」 전문

「잡초」란 작품은 2편이 되는데, 여기선 첫 시집 것을 선택한다. 이 시의 비유는 요긴한 뜻을 깊이 있게 다룬다. 말하자면 "잡초 · 잿불 · 곡식 · 아우성 · 죄" 등의 시어가 은유의 뜻으로 쓰인 시적 변용을 보인다.

'잡초'가 '서민의식의 생명의지'라면, '잿불'은 아주 작은 서민이다. '곡식'은 일반적인 서민이요, '아우성'과 '죄'는 서민의 저항의지 또는 삶을 가리킨다.

백명자의 시의 어법은 한국 여인의 토속적인 삶속에서 건져 올리는 전통지향의 서정시이다. 전통은 과거의 것이면서 동시에 현재의 것이었다. 그가 보여주는 소박하지만 끈질긴 서민적 인생중심주의에 이 시는 지금까지 파묻혀있던 한국 여인의 혼을 끌어올린다. 그는 인동초의 자기 갱신에 의한 진실을 시에 점화시킨다.

그는 ≪문학사랑≫의 당선소감에서 자신을 오빠들에게 눌려서 조용히 내려앉은 '8남매의 낙엽'이라 했다. 본문을 보이면 다음과 같다.

> 어느 날 푸르던 가지 잎새들이 노오란 옷을 갈아입은 오솔길을 가다가 발치에 밟히는 은행잎 소리를 들었다. 이순이 가까이 되도록 배움의 끈을 놓을 수 없는 열정, 환갑에 이르러서야 꿈을 이루어 대학에 입학을 했다. 다른 희생을 위해 침묵하는 낙엽의 겸손함. "나 또한 8남매의 낙엽이었다." 오빠들에게 눌려서 조용히 내려앉는 낙엽이었다. …백명자의 새로운 시작이다.

다음은 「산이 주는 신약」이다. 시인은 드디어 자신이 인동초의 삶에 있음을 자각한다. 그것은 또한 산이 주는 신통한 효험의 약이라고 선언한다. 결코 좌절하지 않는 유연한 세계인식이 거기 있었다.

> 작은 가슴
> 순백의 시혼을 펼친
> 인동의 세월뿐이다.
>
> 서리 묻어

시린 바람 소리
절벽 끝 얼음 골짝
혼자선 달빛 아래
눈물 되어
한줄기 빛을 따라
어둠을 뚫는 여명

행로를 넘는 월동
인생의 절정에서
냉엄한 삼동의 역경
인동의 세월뿐이다.

시간과 자연이
겹겹이 둘러쳐진 산!
산!

차가운 칼끝을 가르는
겨울을 이긴 나무들
잘려져 세운 통속의 꿈은
내게 있어 산이 주는
인동의 신약이다.

—「산이 주는 신약」 전문

「산이 주는 신약」은 백명자 시인이 도달한 정신의 높이이며, 절정(絶頂)의 미학이다. '산이 주는 신약(神藥)'이란 제호부터가 그만의 세계에 대한 일종의 득도가 아닌가. 창작이란 누구도 도와줄 수 없거니와 또 누구에게도 속박될 수 없다. 자신의 내면으로부터의 부름에 충실할 따름인 것이다.

이 시는 5연이지만, 인동의 세월(1~3연), 시간과 자연 속의 산의 옹호(4연), 산이 주는 인동의 신약(5연)으로 요약된다. 대부분 사람들은 '인동의 세월'을 이기지 못하고 울부짖으며 좌절한다. 그러나 이 시인은 천지자연의 만물처럼 깊은 섭리에 스스로 도달하며, "차가운 칼끝을 가르는/ 겨울을 이긴 나무들"이 되고, "내게 있어 산이 주는/ 인동의 신약"이란 구원을 얻는다.

예술가란 자신만의 법칙을 가지고, 스스로 혼자가 되며, 혼자만의 예술에 이르는 길인 것이다.

[3] 시의 문학성을 찾아서

흔히 말하는 시의 문학성이란 무엇일까? 모든 생명체엔 살아가는 원리가 있듯이 시에도 원리와 관습이 있어 살아있는 시를 창작하게 된다. 생명체들이 독자적인 삶의 원리를 가진 것처럼, 시도 독립된 구조와 가치관이 있게 된다.

일찍이 아리스토텔레스는 뿔 달린 암사슴이란 세상에 실재하지 않으나, 그림만 잘 되었으면 좋은 그림이고, 뿔 때문에 그림으로서의 가치가 없어지는 것은 아니라고 했다. 예술이란 실재를 잘 모방하는데 있는 것이 아니라, 예술가의 창조적 가치가 더 중요하고 우선함을 가리킨 것일 것이다.

널리 알려진 것처럼 사상성과 예술성이 서로 등가(等價)의 조화를 이루어야 훌륭한 작품이고, "시는 사상을 장미의 향기처럼 직접 느끼게 하는 것"이라고 한 것은 T.S 엘리어트였다.

우리나라의 서정주와 정지용도 문학성이란 표현의 도에서 먼저 찾았고, 그 다음이 정신주의 곧 사상성이었다.

서정주는 '시의 기예(技藝)'를 들었다. 이를테면 시의 플롯, 이미지, 수사법, 리듬, 어휘, 표현 감각 등 '언어적 기예'에 의한 '작품'이 먼저 되어야 함을 뜻했다.

정지용은 언어와 표현의 아름다움에 대한 관심이 누구보다도 컸다. 이를테면 언어의 남용을 경계하였고 언어의 절제와 긴축에 대해서 신인들의 작품을 고를 때 누누이 강조했다. 정지용은 “언어는 시인을 만나서 비로소 혈행(血行)과 호흡과 체온을 얻어서 생활한다”고 했다.

고추의 매운 맛 무서운 줄 모르고
엿기름 단맛에 솔깃한 찹쌀밥
말 한 마디 못한 채
섞이고 뒤흔들어
체면 다 구겨져도
깊은 뜻 이루려고 참고 있을 뿐이다.

변함없는 항아리처럼
깊은 뜻 이루려고 참아내신 일생이라고
항아리가 내뿜는
고추장 향이 뜰안 가득하다.
어머니 손때 묻은 깊은 뜻 뿜어내는
가지런한 장독대 드리운 햇살
유난히 눈이 부시건만
오늘은 기척이 없으시다.

의료진이 다녀가도 눈을 감은 채
가끔씩 가늘한 숨만 쉬고 있을 뿐이다.
장독대를 가르키며
내 손을 꼭 잡으신다.

—「장독대를 보며」 전문

백명자 시인은 그의 체험적 인생관이 선홍처럼 물드는 시를 쓴다. 특히 예민한 감수성에 의한 표현법은 구어체의 시풍에서 무르익은 말의 분위기와 맛을 잡는다. 「장독대를 보며」는 고추장이 있는 장독대로, 그 장독대의 주인공인 어머니와의 플롯이 형성된다. 우리 식탁에서 빼

놓을 수 없는 고추장은 메줏가루에 질게 지은 밥이나 떡가루를 익혀 버무리고, 고춧가루와 소금을 넣어서 담근 매운 장이다. 한국 여인의 생활감정에서 고추장이나 장독대처럼 요긴한 것도 없을 것이다.

이 시의 예리한 맛은 그 깊이에서 온다. 말하자면 매운 고추장을 담고 익히는 과정을 보인 1연이나, 장독대와 어머니의 '깊은 뜻' '고추장 향' 등이 적시된 2연 등이 모두 사물의 표리가 함께 이루는 투명한 표현을 보인다. 시의 문학성이란 바로 이런 무르익은 '장미의 향기'를 만나는 것이 아니겠는가. "어머니 손때 묻은 깊은 뜻", 그러나 그 어머니는 이제 의료진이 다녀가야 하는 플롯 형성도 예사롭지가 않다.

시정신은 티끌 속에 살아도 티끌이 몸에 묻지 않는 고결성으로 인하여 그 문화적 책무를 지고 왔을 것이다. 고추장이나 장독대도 이제는 갈수록 사라져가는 사물이지만, 모처럼 시에 의하여 살아있는 뜻을 느끼게 한다.

1
곡예사 같은 어린 너
깎아지른 벽에 일생 건 갈퀴손
겁없이 오르다
시퍼렇게 멍이 든 곡진한 삶

시름을 벗어놓고
번뇌도 털어내는
한가위 보름달 그리워
구름도 비켜가라
재촉한다, 바람에게
2
하늘빛 궁금한 충전의 시간
제철을 만난 듯

손톱을 세워 움켜쥐고
화려한 외출을 시도한다.
끈질기게 오르다
삶의 무게 실감할 때
쉼표 하나 찍은 허무함
뼈에 사무치도록 아려온다.

서리 내린
어느 날
처절한 내리막길에 설 줄이야.

—「담쟁이」 전문

앞에서 본 「잡초」에서 백명자 시인은 "목숨 걸고 살아가는 것이/ 어찌 죄란 말인가"(종연) 하고 서민의 생명의지를 절규한다. 담이나 벼랑 등에 달라붙어 덩굴손으로 기어오르는 「담쟁이」에서는 무엇을 보았을까. "겁없이 오르다/ 시퍼렇게 멍이 든 곡진한 삶"이지만, '한가위 보름달'을 그리워하고 '화려한 외출'을 시도한다. 생명의지의 확장이라고 하겠다. 오우 헨리의 단편 「마지막 잎」(1905)도 담쟁이 잎이었다.

「담쟁이」는 단순한 사물의 시각적 처리에 대한 나름의 진전을 보이는 작품이다. 방법론적으로 그의 시가 진척된 것은 사물과 의미의 현대적 배합과 조화의 성취이다. 가령 '하늘빛 궁금한 충전의 시간' 또는 '쉼표 하나 찍은 허무함' 등은 주지적 현대 서정시의 무늬인 것이다.

오늘날 서정시 또는 순수시라는 협의의 개념은 상당한 타격을 받는 시기에 있고, 또 시인 스스로도 정리할 필요가 있을 것이다. 우리 주변엔 관습에 젖어 정서 음미의 좁은 서정에 갇혀 있는 시가 의외로 많은 편이다. 뜻은 우러나오지 않고 말장난에 떨어질 뿐이다.

「담쟁이」는 리듬감각이 배어있고 뜻의 절정을 생략법 또는 도치법의 활동에서 거둔다. "서리 내린/ 어느 날/ 처절한 내리막길에 설 줄이야"(종연)는 과감한 생략인데 극적인 효과가 높다.

시의 문학성에서 표현의 도는 여전히 유효하다. 처음 시상을 잡았을 때 첫구절을 못 잡은 시는 아예 쓰지 말 일이다. 다시 기회를 기다려야 한다. 발레리는 시의 첫구절은 신의 계시라고 했다.

시 「담쟁이」는 가볍게 시작해서 날카롭게 나아갔고, 현대적 서정의 옷을 입었어도 무겁지가 않다.

4 죽지 않는 인간정신

백명자 시인은 이제 질풍노도의 시기를 잠재우며, 여러 편의 수작을 정돈시켜 가는 놀라운 경지에 이른다. 성스러운 대지의 위대한 산출이 그에게 있었다. 여성 특유의 수용정신을 펼치며, 자아세계의 창조적 합일과 성숙이 있었음이다.

시성 정지용은 그의 「시와 언어」에서 "시신(詩神)이 거하는 궁전이 언어요, 이를 다시 방축하는 것도 언어다"라 하면서, 시와 언어의 '강생(降生)의 일치'를 들었다. 신이 예수로서 지상에 태어나는 강생처럼, 또는 부처가 중생을 구하려고 인간이 되어 임시로 세상에 나타나는 일처럼 시와 언어의 완전한 화신(化身) 일치를 말한 것이다.

어떤 대상이나 사상일지라도 그 추상적인 특질을 구체화하고 또는 유형화함으로써 시는 형상을 얻어 세상에 태어나는 것이다.

> 문패 없는
> 하늘 끝 바람의 집
> 커다란 나뭇가지
> 똑똑 두드리는 소리에

와락 문 열어 젖힌 여린 순
도망가는 바람소리를 듣는다.

바람이 흔들 때마다
어둠에 묻힌 별
반짝이며 깨어나고
아직도 꿈만 꾸는
여린 순을 깨운 바람아

삐죽삐죽 제 몸 내미는
여린 순이 꿈을 펼 때까지
번지 없는 바람.

내 꿈은 바람이다.
하늘과 땅 사이
뜻대로 오가는 내 꿈은 바람이다.

―「바람의 꿈」 전문

바람처럼 다양한 이미지를 갖고 있는 것도 없을 것 같다. 유동적인 그 속성은 세상의 모든 흥망과 성쇠의 원리에 짝지워질 수 있을 것이다. 「바람의 꿈」의 '바람' 역시 세상의 질풍노도이면서 또한 내가 되고픈 무소불위의 권능적 존재가 된다.

백명자의 수작들은 거의가 시의 리듬, 표현 감각, 시행 운용, 지적 무늬 등이 언어 시신의 깃이 사뿐히 내려앉은 시의 궁전을 방불케 한다.

앞에서도 잠깐 언급하였지만, 자연스러운 물이 흐르는 듯한 구어체에 녹아 있다. 음성으로 나타내는 말, 일상 회화에 쓰는 입 말투인 것이다. 어느 곳을 명사로 끝내고, 어느 곳은 어순을 바꾸며, 어느 곳은 음성어를 쓴다.

문패 없는
하늘 끝 바람의 집
커다란 나뭇가지
똑똑 두드리는 소리에
와락 문 열어젖힌 여린 손

「바람의 집」의 도입부(1연)인 여기 표현들은 명사로 끝난 곳(집·손), 음성어(똑똑), 의태어(와락) 등이 기능한다. 그런가 하면 "여린 순을 깨운 바람아"(2연)의 영탄법, "번지 없는 바람"(3연)의 명사로 끝내기, "내 꿈은 바람이다/ 하늘과 땅 사이/ 뜻대로 오가는 내 꿈은 바람이다"(종연) 등에서는 다시 1연 도입부의 호흡에 맞춘다.

극단적인 시의 왜곡, 정체불명의 언어 남발로 오늘날의 서정시 하면 많이 위축되었을 뿐만 아니라. 그 가치관도 조금은 퇴색했다. 그러나 백명자의 경우는 알게 모르게 시의 원천에서 시의 깊은 뜻을 헤아린다.

「바람의 꿈」의 '바람'은 시인의 넋이다. 그는 회갑이 되도록 "문패 없는/ 하늘 끝 바람의 집"(1연)에서 살았고, 그것은 "바람이 흔들 때마다/ 어둠에 묻힌 별"(2연)이었다. 어찌보면 너무 허황했던 그의 바람은 "번지 없는 바람"(3연)이었다. 고난어린 여인의 삶이 새롭게 승화된 사유의 깊이에는 성녀의 담백한 숨결이 깃들었다. 그의 넋이 부활하는 바람소리가 있었다.

헐떡이는 숨결도,
저녁노을 깃들면
저무는 하루

긴 목에 하얀 분 바른 이
회전의자 굴려 연회 베푼 자리,
포장 걷는 밤을 맞는다.

그 몸짓 그 음성
깊은 잠에 취한
옛 사람 되기 싫어
새 아침을 깨우신 이에게
감사의 기도를 드린다.

목마른 샘이 되어
한주일 정화기에 매달려
삶을 영위하는 이의 고통을 덜어주는
생명수가 되어 살게 하시고,
보지 못한 어린이의 빛이 되어 살게 하소서

소년의 잠자던 뇌세포가 되어 함성을 지를 땐
그녀의 창문이 흔들리는 소리가 되게 하시고,
골육과 근육의 섬유질, 신경으로
저는 다리를 걸을 수 있는
기쁨이 된다면

세상 유혹 따라 사는 동안 지은 죄
빨간 불사른 재를 남기면
들꽃들이 자라도록 바람에 뿌려주오!

먼 훗날 그들로 내가
영원히 죽지 않는 나로 살게 하소서.
—「죽지 않는 나로 살게 하소서 — 장기기증 예약을 마치고」 전문

이 시는 부제 「장기 기증 예약을 마치고」에서 보듯이, 백명자 시인의 죽지 않는 인간정신을 향한 또 하나의 숭고한 시정신이요, 시의 승리이다. 그는 착실한 기독교인요, 어둠 속의 희망을 보며 홀로 걸어온 정신주의의 시인이었다. 「죽지 않는 나로 살게 하소서」의 '죽지 않는 나'는 그의 신앙과 정신주의 바탕에서 나아가는 영원의 지표가 되었다.

시와 삶을 일치시킨 '장기 기증'은 인간적 가치를 사랑의 정신에 둔 때문이다. 사랑이 지니는 한없는 포용력과 넉넉한 동화력은 바다로 흘러간다. 어려운 시련에도 굽히지 않고 바다로 가는 인동초의 꽃이 거기 있었다. 세상의 모든 강은 바다에서 거대한 하나가 된다. 끝없는 그 수평선에 이르렀을 때, 시인의 시정신은 비로소 삶의 영원에 이를 수 있게 될 것이다.

이 시는 제2시집의 표제가 된 작품이다. 첫 시집 『질경이의 기도』가 온갖 풍파에서 구원을 간구한 것이었다면, 제2시집의 '죽지 않는 나'는 고난을 극복한 자의 사랑과 영원을 함께 펼친 것이 된다. 아무나 할 수 없는 '장기 기증'의 헌신과 정신이기에 옷깃을 여미게 한다.

백명자 시인은 '시인 성녀'라 해도 좋을 것이다. 성녀란 가톨릭에서 성인품(聖人品)에 오른 여성을 가리킨다. 그는 '시의 성녀'였기에 "생명수가 되어 살게 하시고/ 보지 못한 어린이의 빛이 되어 살게 하소서"(4연)라고 기도한다. 또한 "소년의 잠자던 뇌세포가 되어 함성을 지를 땐 / 그녀의 창문이 흔들리는 소리가 되게"(5연) 해달라고 소망한다. 시인은 "빨간 불사른 재"(6연)로 남아 들꽃이 자라도록 바람에 부려달라고 호소한다. 그것은 "영원히 죽지 않는 나"(종연)의 길이었다.

백명자는 누구보다도 속세에 파묻혀 있었음에도 분연히 그 어려움을 이기고, 정화수(井華水)와 같은 인동초의 시를 쓰는 시인이다. 그는 관능감각 이상으로 빛나는 인간적 감격과 정신적 고양의 시세계를 구어체의 특유한 리듬 질서에 표현한다. 시인은 마침내 자신이 장기 기증의 예약을 함으로써 영원히 죽지 않는 시정신의 세계와 일치시킨다. 우리 사회에 모처럼 '시인 성녀'의 탄생은 참으로 고귀하고 감동적인 일이 아닐 수 없다.

계룡산이 가까운 상공에 아주 가녀린 듯하면서도 청초한 푸른별이 하나 떴으면 한다.

— 백명자 시집 『죽지않는 나로 살게 하소서』(오늘의 문학사, 2012년)

모성적 대지의 사랑 풀이

— 서영자(徐榮子)의 시세계

1 평이한 시의 기법

소연(昭延) 서영자(徐榮子) 시인은 경남 하동에서 출생하였으며 경남, 대전에서 교편생활을 하였고, 자녀들도 모두 훌륭하게 성장한 모범적 가정을 이루고 있는 것으로 알고 있다.

1995년은 이 분에게 아주 특별한 해였던 듯하다. 그 해 ≪오늘의문학≫(1995, 봄)에서 시조 「세월, 그 강가에서」 「여름, 그 울림」 「빈 손으로」 「어머니」 「꿈, 그 영상」 등 5편으로 신인작품상 당선의 영예를 안고 뒤이어 ≪아동문예≫(1995, 5월호)에서 동시 「금붕어」 「텅 빈 학교」 「귀뚜라미」 등 3편으로 아동문예문학상을 받았으며, 다시 ≪현대시조≫(1995, 여름호)에서 시조 「낙엽」이 신인작품상에 당선되었다.

그리고 3년 후엔 첫 시조집 『물소리에 귀를 열고』(1998)를 발간한다.

이 화려한 문단 데뷔는 늦깎이 등단이라고는 하지만, 누구나 가질 수 있는 영예나 기회는 분명 아니다. 그의 자질과 오래 갈고 닦아온 집념의 의지가 숨어 있었다고 보아야 할 것이다.

> 시인! 여고시절부터 동경해 오던 꿈이었지만, 중년에 접어들어서까지 용기를 내지 못한 채 아까운 한 해가 또다시 기울어 가기를 몇 차례나 거듭했는지…….
>
> 당선 통지서를 받고 기쁨의 눈물인지 슬픔의 눈물인지 두려움과 망

설임의 눈물이 앞을 가렸다.

— 「당선소감」(오늘의 문학 · 1995, 봄호)

윗글은 「당선소감」 첫머리 부분이다. 오래 준비해 오고 갈망해 왔지만 기회가 없었다. 그 기회가 한꺼번에 터진 것이었다.

서영자의 시는 정형율인 시조이기도 하지만, 시의 기법은 대체로 "서영자의 시조는 쉽다…… 어려운 시가 좋은 것은 아니다. 같은 의미로 쉬운 시만이 좋은 것은 아니다. 서영자의 시는 쉬우면서도 그 속에 삶의 철학이 은은하게 녹아 있어 읽기에 편하다"고 한 '심사평'(오늘의문학·1995, 봄호)에 드러나 있듯이 평이한 시의 기법에 있다

≪현대시조≫의 '심사평'에서도 "무엇보다도 이 작품의 장점은 평범한 대상을 내용과 사상이 심화되어 있어, 구성이 단순하고 평범하지만, 읽을수록 감동을 주는 점이다"라고 했다.

시에서 기법은 매우 중요하다. 단순한 표현술이라는 차원을 넘어 바로 '예술성'과도 관련이 되기 때문이다. 언어는 원래 그 정상적 상태로는 비문학적인 것이다. 이런 말의 문학적 사용은 함축적, 효과적 사용을 목적으로 하는 것인데, 그래서 율격을 일러 일상어에 "조직적 폭력을 가한 것"이라고 하기도 한다.

시조의 정형적 형식은 물론이고 우리말의 울림까지 시인들이 어떻게 응용하고 있는가를 유의할 필요가 여기 있는 것이다.

시작도 끝도 없이
흘러만 가느냐.

머물다 갈 곳 찾아
떠도는 나그네 길.

태고의 신비함마저
잊었는 듯하구나.

오자 곧 가는 길이
정해진 순리인데

오로지 외길 인생
누구를 탓할까만

고달픈 여정이라면
동반자가 되어주마.

날개짓 쉴새없는
미련도 묻어두고

찬란했던 어제지만
돌아볼 여력 없어

망각의 울타리 속에
접어 두고 떠난다.

—「세월, 그 강가에서」 전문

≪오늘의문학≫의 당선작이다. 3연으로 된 이 시조는 누구나 이해할 수 있는 평이한 내용을 담고 있다. 무상한 세월을 바라보는 인간의 고즈넉한 비애가 잘 배어 있다고 할 것이다.

이와 같은 서영자 시인의 평이한 시의 기법은 그의 장점이기도 하면서 또한 단점이 된다는 양면성을 유의해 볼 필요가 있을 것이다. 평범과 비범의 간격은 특히나 시에서 예민한 것이라 할 수 있을 것이다.

시에서는 의미 전달의 요소도 중요하지만, '마술적인 주문(呪文)'의 효과에 의해 문학성이 좌우되는 면이 또한 있기 때문이다.

파도에 깎이고
갯바람에
할퀸 자국

제각각 깊은 상흔
아물 새 없어도

바다를 수반 삼아서
고즈넉이 앉은 수석.

해송과 어울어져
비경 이룬
기암괴석

망망대해 마주하고
침묵으로 지샌 세월

고독을 삼키고 섰는
외로운 돌섬 하나.

—「외딴 섬」 전문

「세월, 그 강가에서」가 원만한 '의미'의 융합을 높이 사서 당선작으로 뽑힌 것이라면, 2연으로 된 「외딴 섬」은 표현미가 완성됨으로써 문학성을 높이고 있는 것을 볼 수 있을 것이다. 서영자의 시세계가 평이한 시의 기법을 바탕으로 하고 있지만, 때에 따라서는 고도의 품격도 발휘하고 있다는 보기라 할 것이다. 그 나름의 시법을 터득하고 있음이다.

2 법열의 갈증을 찾아서

서영자의 시에서는 절이나 암자의 제목이 유난히 많이 눈에 띈다. 첫 시집에서는 칠불사 봉서사 쌍계사 제석사 등이 있고, 이번 시집에서는 직지사 안심사 신원사 법계사 개태사 등과 중국의 남쪽 하이난섬(해남도)에 위치한 절이란 남산사도 나온다. 아마도 20여 곳이 되지 않나 싶다.

그런가 하면 「인연에게」 「원광 선사」 「연등」 「염주」 등 불교의 신앙과 관계 깊은 작품도 적지 않게 볼 수 있다. 그의 불심은 바로 시심이라 해도 과언이 아닐 것이다.

Ⓐ
용솟음 치는 기운 활기찬 맥박소리
맑은 물 쏟아내며 산이 높아 깊어진 골
직지사 비로전 부처님 세상 풍파 잠재우네.

고요한 새벽 열어 청정도량 다듬으면
법고와 범종 울려 세상 귀를 열어놓고
부처님 말씀 펼쳐서 무명을 깨우네.

황악산 봉우리에 한 점 구름 쉬어가면
향으로 피어올라 산사 가득 메운 불심
스님의 목탁소리에 녹아 내린 백팔번뇌.

—「직지사」 전문

Ⓑ
모란 연꽃 어우러져
활짝 핀 문살 사이
법고 소리 은은하게 중생 번뇌 사르고
이끼 낀 기왓장 위엔 세월이 누워 있다.

한 줄기 바람은
구름 타고 찾아 들고
산새들 시름 잊고 날개를 접는데
불명산 걸린 낙조는 그리움을 태운다.

무명을 사르는
향촛대의 불꽃은
이승을 넘나드는 길목을 밝히고
합장한 스님 손끝엔 성불도가 열린다.

—「쌍계사」 전문

시인의 불심과 시심이 하나로 녹은 경지를 열고 있는 수작들이다. 시조가 갖고 있는 3장 6구의 정형물과 시조가 우리 고유의 시가로서 추구하고 있는 국어적 표현을 획득함으로써 독특한 시조의 맛과 멋을 내고 있다.

형식에 있어서도 Ⓐ는 평시조의 규격을 그대로 취한 반면에, Ⓑ에서는 유독 초장을 2행으로 나눔으로써 시의 도입부를 유연하게 돕는다.

Ⓐ에서는 제4구인 중장에서 시심의 활기가 있다. "산이 높아 깊어진 골"(1연), "세상 귀를 열어놓고"(2연), "산사 가득 메운 불심"(3연)이 그것인데, '직지사'라는 대상에 직면하여 형상화한 것이지만, 경직되거나 편벽하지가 않다. 종장의 표현도 나름의 법열이 깃들어 있다.

Ⓑ에서는 제6구인 종장에서 기량을 발휘한다. "세월이 누워 있다"(1연), "그리움을 태운다"(2연), "성불도가 열린다"(3연)가 그것이다. 시상을 응결시킨 뛰어난 표현미가 돋보이고 있는 것인데, 이것이 곧 시조의 진수(眞髓)라 해도 과언이 아닐 것이다.

시란 시인의 내면세계에서 탄생되는 것이기 때문에 시인의 내면에 형성되는 '의식'은 중요하다. 그것은 끊임없이 움직이는 의식의 흐름에 있지만, 시인의 의지에 의하여 독특하게 형성된 내면세계의 사상을 우리는 시의 경지, 곧 시경(詩境)이라 이른다.

동양의 시학에서는 오랜 세월을 두고 공자의 사무사(思無邪)의 경지가 대변되어 왔다고 할 수 있을 것이다. 그러나 서구의 근대시에 이르러서는 보들레르의 『악의 꽃』에서 보듯이 진선미의 반역에서부터 비롯되었다고 할 것이다.

그러나 시인 개인에게 시의 경지는 시의 생성과 성패를 결정짓는다. 가령 프랑스의 발레리는 수도자와 같은 지적 훈련과 정신편력을 거친 후에 비로소 그의 절대시에 이른 것으로 평가된다. 그의 지성과 정신이라는 두 가닥의 구조체계를 등가(等價)의 저울에 놓고 화해와 결합의 원리로 집약시킨다.

서영자 시인은 법열의 갈증에 목말라 하는 내면세계로 인하여 불교에 귀의해 간 것이라 할 수 있다. 법열이란 진리를 깨달았을 때와 같이 사무치게 되는 기쁨의 경지인 것이다. 곧 '사무사의 경지'라고 할 것이다.

위의 「직지사」나 「쌍계사」 등의 시도 단순히 그 절의 묘사가 아니요, 철저히 자신의 내면세계에 투영된 이미지로 직조되었으며, 그 주제 역시 고도의 정신적 법열의 표현에 있었던 것이다.

우리 나라에서는 불교에서 시를 응용해 오고 있는 사례가 아주 많은 편이라 할 것이다. 한용운 서정주 등의 대가를 비롯하여 지금도 많은 시인들이 창조적 성과를 불교에서 얻고 있다고 할 것이다.

3 자연친화적 시의 본류

서영자 시인의 시에서 절 다음으로 많이 나오는 것이 산 이름일 것이다. 절은 거의가 산에 위치한 것이므로 서영자 시의 고향은 역시 한국의 자연이라 할 것이다.

계룡산 식장산 지리산 황정산 구봉산 팔공산 연천봉 천주봉 등을 비롯하여 독도, 호주 관광 등 그의 발길을 매우 넓다. 「금강산 만물상 등산」은 그의 시에서는 드문 8연의 긴 분량으로 소화해 낸다. 놀라운 것은 남자도 아닌 여성의 몸으로 많은 산을 섭렵하거나 등반한 발자취인 것이다.

그는 한국의 국토와 자연, 그 속에서 고유 가락인 시조로서 그의 시심을 건져내고 있다.

「동백꽃」「보리밭에서」「파초의 여름」「소낙비」「낙조」「낮에 나온 반달」「겨울 산」「구절초」「숲의 나무처럼」「낚싯줄에 걸린 섬」 등 그에게는 한국인의 자연친화적 시의 본류가 흐른다. 어떤 것은 시조 형식에 다소곳 갇혀 있고, 어떤 것은 화려한 초월과 비상을 뽐낸다.

Ⓐ
한 무리 소슬바람
흰 구름 쓸고 가면
젊음을 태운 정열
한 줌의 낙엽 되어
무서리 내려앉으니
옷깃 여며 돌아서네.

싱그러움 자아내고
산천을 물들여서
향기롭고 아름다운
삶을 누린 나뭇잎도
끝내는 흙으로 돌아가
밑거름 되는 것을.

우주의 섭리 따라
순응하며 살다가
때 되면 미련없이
버릴 줄 아는 지혜
탐진치(貪嗔癡) 여의는 일도
저 숲과 같았으면…….

―「숲의 나무처럼」 전문

Ⓑ
한 줄기 섬광으로 허공을 갈라서
가슴속 묻힌 설움
폭우로 쏟아놓고

말못할
가슴앓이로
상채기를 남긴다.

귀에 익은 울부짖음 천지를 뒤흔들고
추스르지 못한 눈물
강물로 불어나도

고달픈
인생 고개가
훠이훠이 높구나.

—「소낙비」 전문

같은 시인의 작품이지만 Ⓐ와 Ⓑ의 차이는 적은 것이라고는 할 수 없을 것이다. 각기 특징이 선명하기 때문이다. Ⓐ는 삶과 죽음이 깊은 사색을 유도해 냈다면, Ⓑ에서는 화려한 이미지의 수사가 유혹한다.

Ⓐ에서는 한 줌 낙엽(1연), 흙으로 돌아가는 단풍잎(2연), 인간의 버릴 줄 아는 지혜(3연) 등으로 내용이 배치되어 있고, 그것은 제목 '숲의 나무처럼'에 하나로 통일된다. 특별한 표현미보다는 생사의 달관에 비중을 둔 작품이다.

3연에는 '탐진치(貪嗔癡)' 즉 '탐욕'과 '성냄'과 '어리석음'을 뜻하며 이 세 가지를 삼독(三毒)이라고도 하는데, 이를 극복하고자 한다. 서영자 시인은 저 자신뿐만 아니라, 세상 사람들 모두가 마음의 독(毒)인 삼독(三毒)을 버리고 살아가기를 간절히 바라고 있다는 점에서 이 시는 성공하고 있다.

그러나 Ⓑ에 오면 격렬한 시의 정서를 만난다. 형식도 초장은 1행으로 하되, 중장은 2행, 종장은 3행으로 배치해서 그 격렬성의 숨통을 터놓고 있다.

이 시의 눈길은 "고달픈/ 인생 고개가/ 휘이휘이 높구나"에 있다. 소낙비를 '인생고의 절정'으로 파악한 이미지인데, 의태어 '휘이휘이'가 눈에 띈다. 우리 말은 소리 흉내, 몸짓 흉내가 풍부하고, 시에서는 미치는 영향이 큰 것인데. 다만 안일하게 이용된 위험이 있는 것으로 본다. 이 시에서는 매우 독특한 효과를 내고 있다.

4 삶과 추억 속의 사랑 풀이

여성이 직업을 갖거나 자기 나름의 어떤 일을 한다는 것은 아직도 쉬운 일이 아닌 것으로 본다. 한 가정을 꾸리는 주부에게 아내와 어머니의 역할이 또한 만만치 않기 때문이다.

시가 삶의 현장을 깊숙이 내려갔을 때, 그 속악한 사정은 시의 성공이 그렇게 수월한 것이 아니다. 소설은 삶의 현장에서 무르익을 수 있지만, 시의 그릇은 같을 수가 없는 점일 것이다.

서영자 시인은 부모님에 대한 연작시, 섬진강 추억, 남편과 자녀에 대한 시, 지인들 또는 행사에 관한 작품들을 남기고 있다. 삶과 추억 속의 이런 시편은 처음부터 문학성과는 관계가 먼 일종의 '행사시'라 할 수 있다. 그러나 가능하면 억제하거나 기피하고픈 영역인 것이다.

그런가 하면, 성공한 사례도 없지 않다.

> 부모님 살아생전 효도하자 다짐해도
> 자신마저 가눌 수 없는 고달픈 삶에 눌려
> 까맣게 잊어버리고 지천명을 넘었네요.

인생의 해거름은 옷깃을 스쳐가고
살아온 자국에는 후회만 그득해도
부모님 크나큰 사랑 한시인들 잊으리까.

애가 타서 검은 숯된 가슴에 한을 묻고
추스르지 못한 정에 편치 못한 부모 마음
한 걱정 덜지 못한 불효 손발 닳게 비옵니다.

—「때늦은 후회」 전문

이 시가 현대인의 가슴에 감동을 주는 것은 그 진솔함이다. 다사다난한 삶을 살아야 하는 현대인의 생활은 효에 관한 마음은 있어도 실천할 겨를이 없이 지나가 버린다.

시조의 형식으로서 내용의 균형이 잘 잡혀 있고, 결구 "손발 닳게 비옵니다"는 과장법에 호소해서 충분히 효과를 발휘하고 있다. 현대판 효의 주제가 매우 현실적이라 할 수 있다.

우리는 '시정신'이니 '작가정신'이니 하는 말을 듣는다. 창작인이 자기 글 속에 핵심적으로 풀어 넣고자 하는 정신인데, 이런 정신적 의도를 갖고 있는 사람과 그렇지 않은 사람과는 큰 차이가 나지 않을 수가 없을 것이다.

시조작단의 오랜 과제는 '시조의 현대화'로 집약될 수 있을 것이다. 정도의 차이가 있을지 모르나 이 주제는 자유시에도 심각한 문제를 제기한 지 오래인 것이다.

'시조의 현대화'는 오늘날 매우 신랄한 바가 있지만, 기이하게도 이 논의는 1930년대의 이병기 정인섭 조남령 등의 시조 부흥론의 내용에서 크게 달라진 것이 없다는 점이다.

가령 정인섭이 제시한 다음 3개항의 혁신론(동아일보 · 1932. 2. 16)을 보기로 하자.

(1) 그 내용 좀 더 현대화의 감각으로 할 것

(2) 케케묵은 한자 숙어를 피할 일

(3) 부득이한 경우는 자수를 깨뜨려도 가함

이 3개항은 지금도 매우 유효한 내용이며, (1)의 '현대화'는 아직도 요원한 바가 있다고 할 것이다.

오늘날 시나 소설 등의 창작은 어떤 소질에 의해서 썼다기보다는 '눈뜬 의식'의 소산물임을 요구한다. 그 의식의 혁명에서만이 시의 근대성, 상식성, 정체성을 극복할 수 있다. 시조라는 정형시일수록 내면적으로는 더욱 치열한 돌파의지가 있어야 하고, 활달한 시정신이 가열되어야 할 일인 것이다.

서영자는 이 땅의 한 여성시인으로서 그의 시 전편에는 모성적인 대지가 숨쉬고 있으며, 거기서 끝없는 사랑의 풀이를 이끌어내고 있다. 불심에 귀의한 그는 인생론의 구원을 불교적 자비와 법열에서 구하고 있으며, 삼라만상의 자연과 삶의 이웃들에서는 그의 모성과 사랑의 빛을 발산한다. 그의 시가 부정과 절망보다는 언제나 긍정과 희망이 관류하고 있는 것은 이 때문이다.

현실적인 삶의 현장과 추억의 사랑 풀이에서도 그는 과욕적인 호사나 욕망보다는 진실과 정직을 추구하며 거기서 자신의 내면과 만난다. 순수하고도 건강한 삶의 옹호가 그에게 있다. 그는 누구보다도 경외(敬畏)의 인생관과 세계관을 추구하고 전통지향성의 시조시인이라 할 수 있다.

몸짓으로 그려낸
전생의 그리움은

잔잔한 파도 타고
수평선을 넘나드네

염원은
손끝 따라서
굽이쳐 흐른다.

남 몰래 묻어 둔
애달픈 사연이
아름다운 향기 되어
쏟아내는 정열인가

아픔이
녹아 내려서
빚어 낸 넋이여.

—「손 끝에 묻은 향기」 전문

「기공수련 · 2」라는 부제가 있는 이 시는 현생과 전생을 포용한 깊이를 안고 있는 염원(1연)을 노래하는가 하면, 애달픈 사연에서도 향기를 잃지 않는 품격의 아픔(2연)이 노래된다. 그의 시심에는 결코 얇지 않은, 헤아리기 어려울 정도로 이치가 그윽한 세계가 갖추어져 있음을 알 수 있을 것이다.

그는 인간적으로 겸손하면서도 또한 문학적으로 당당한 일면이 조용한 자기 승리를 향하고 있다고 하겠다.

— 서영자 시조집 『손끝에 묻은 향기』(오늘의 문학사, 2004년)

지성적 새싹들, 주지론의 수심

— 서원생(徐源生)의 시세계

1 계룡산 소년의 무위자연

서원생 시인을 내가 알게 된 것은 그리 오래 되었다고 할 수 없을 것이다. 한국시인협회 가입원서에 추천을 하게 되는 계기가 있었는데, 그때 그가 육군 소령 출신의 시인이고, 예비군 중대장인 동대장洞隊長으로서 한 지역에 살고 있음을 알았다. 직업적으로는 약간 생소한 감이 없지 않았다.

그러나 시집 『아름다운 길손』(2007), 『영혼에 녹아든 촛농』(2009)과 이번 제3시집 『존재의 파수꾼』(2012)에 이르기까지 그의 시는 33년이나 종사한 군대체험의 소재는 얼마 안 되었으며, 오히려 우리 전통적인 시대의 많은 사물들이 노래되고 있음을 보고 놀란다. 뜻밖에도 서원생은 옛 산골의 순수한 소년을 지금도 살고 있었다.

가령 첫 시집의 '차례'를 조금 보면 '감꽃 목걸이, 단풍, 다리, 가을비, 저녁놀, 가랑잎, 바늘과 실, 새, 쑥, 보름달, 잠, 새벽, 산소 잔디, 감나무, 고사리, 깨, 개나리, 채송화, 할미꽃……' 등이 그것인데, 이런 경향은 제2시집에 이어졌고, 이번 제3시집에서도 일정한 분량을 이룬다.

서원생 시인은 계룡산의 산지가 되는 충남 공주시 반포면 공암리 280번지에서 장남으로 태어난다. 지금도 고향에는 그의 부친께서 생존해 계시다.

모두들 아는 것처럼 계룡산은 상봉을 에워싼 쌀개봉 · 연천봉을 이은 능선의 꼴이 닭의 볏처럼 생겼고, 봉우리들이 이어지고 굽이치는 모습이 용처럼 생겼다 해서 계룡산이라 부르며, 천하의 명산으로 일컬어진다.

서원생의 고향인 반포면은 계룡산 동부의 산간 구릉지역에 위치한다. 장군봉 고청봉 국사봉이 가까이 지나거나 하며 일부는 달려와 금강에 발을 감춘다. 또한 대전광역시 유성구와 접한다. 동학사를 비롯하여 산림박물관 도자예술촌 등의 관광휴양지를 경내에 둔다.

서원생 시인의 태생적 환경은 계룡산이었다. 깊은 산골의 풍광과 정기, 하늘과 구름, 외딴집 등, 그 특유의 환경적 유전은 소년시절부터 문학에 대한 꿈을 키우고 있었다.

그는 공주시보다는 대전의 중앙초등학교, 대성중, 유성고교 등을 졸업한다. 그는 육군 3사관학교를 거쳐 장교로 임관된다. 또한 국비 민간위탁교육의 학부과정을 이수함으로써 기계공학과를 졸업, 공학사가 된다. 그의 초기시를 먼저 보기로 한다.

[A] 알알이 박힌
가을 열매

높아진 하늘을 타고 올라
긴 바지랑대 꼭대기에
높이 높이 매달려 있다

파란 하늘 그리워
멀리 떠난 임을 기다리며
목을 너무 느리어
고개가 땅으로 느리어졌다

하늘 머언 뒤쪽에

가을이 누렇게 영글어져 간다

―「조」 전문(첫시집에서)

[B] 산비탈을 내리 달아서
비탈진 언덕 기슭에 똬리 튼 오두막집
산 빛이 빈집을 지키고 있다

한 평 밭떼기에 심은 약초들이
인정이 고달픈 손길을 기다리면서
흐드러지게 피었다

검버섯이 유적같이 베인
무너진 돌담 사이로
솔바람이 무성의하게 훑으며 지나가고
폐허나 다름없는
처마 밑에 늘어진 망태기는 주인을 기다린 채
산사의 종 치듯 출렁인다

이 적막한 산골에서
유익한 벗 되어주는 독백의 일상들이
무색의 꽃처럼 일어서는
아지랑이로 승천하는 모습을 지켜보면서
오래전에 묻어 둔 색 바랜 그리움이
반 평 텃밭에 씨앗을 묻는다

억만년도 넘을
고생대 거미줄이 처마 끝에 그물을 치고
잠시도 달아날까 걱정되었던지
떠나려는 마음을 붙잡고
외딴섬에 가두어 놓으려고 애쓰고 있다

―「외딴집」 전문(제2시집에서)

[A]와 [B]의 「조」 「외딴집」은 모두 깊은 산골을 배경으로 하고 있다.

'조'는 포아풀과에 속하는 일년초로 키가 1m 이상이다. 9월에 줄기 끝에서 탐스러운 이삭이 나와 작은 꽃들이 많이 피고, 열매는 잘고 둥글며, 누렇다. "하늘이 머언 뒤쪽에/ 가을에 누렇게 영글어져 간다"(종연)는 시각적 표현이 눈길을 잡는다.

[B]의 「외딴집」은 산골에 외따로 떨어져 있는 집치고는 오랜 고독의 집이다. "똬리튼 오두막집, 약초, 돌담, 망태기, 텃밭, 거미줄, 외딴섬" 등의 시어에서 보듯이 자연의 한 부분이 된 삶의 모습이다. 「조」나 「외딴집」은 모두 현대인에게는 매우 이색적인 소재이고 작품적 성과도 또한 유효한 바가 있다.

일찍이 노자는 도(道)를 세계의 원시적 통일체로 잡는다. "도는 텅 비어 그것을 써도 항상 모자라지 않는다. 깊고 깊어 만물의 시조와 같다"고 했다. '도'는 공(空)이요, 무(無)이며, 그러므로 만물을 포용한다고 한 것은 장자였다.

계룡산 소년 서원생의 시세계는 이와 같은 노장(老莊)의 무정부적 사상의 근원에 닿아 있다. 사람의 힘을 들이지 않는 그대로의 자연, 곧 무위자연(無爲自然)과 무위이화(無爲而化)의 한 경지를 보이는 감이 있다. 얼마나 고적하고 또 고적한가. 하늘 아래 높이 매달려 홀로 영그는 '조'의 자연, 그리고 모든 문명의 역사도 아랑곳없이 넓고 넓은 자연의 품에 앉아서 잊는다는 좌망(坐忘)의 '외딴집'인 것이다. 무위(無爲)는 사람의 지혜나 힘을 더하지 않는 순수의 세계로 시정신의 한 경지인 것이다.

2 서정의 관습을 극복한 시세계

문학의 전통은 "항상 창조력의 원천이 되는 살아있는 정신형식"(조윤제)으로 정리된다. 그러나 전통과 반전통은 우리의 현대시를 격렬하게 움직여온 큰 흐름이라 할 수 있다.

전통이 동양적 한국적인 것이면서 리리시즘으로 요약되었고, 어느덧 '낡은 것'이란 개념으로 밀려난다. 반전통은 서구적인 주지주의를 가리키면서 모더니즘의 '새로운 것'의 개념으로 인정된다. 그러나 동양적인 서정성과 서구적인 현대성의 결합과 조화는 현대시의 가장 중요한 명제라 할 수 있다.

우리 주변에는 전통적인 정서의 관습에 젖어있는 시인도 있고, 그런가 하면 정체불명의 언어폭력으로 왜곡된 첨단을 자임하고 있는 시도 본다. 시의 난해성은 극복되어야 할 것이면서도, 섬광적이고 마력적인 표현법의 하나로 그 매력은 여전히 유효하다고 아니 할 수 없을 것이다.

서원생은 본래 '계룡산 소년'으로부터 출발한 시인이다. 그는 자연에서 시를 구하고, 자연에서 시의 리듬을 체질화하였으며, 그의 정신적 이상향도 거기 있었다. 많은 꽃들을 비롯하여 각종 동식물이 소재로 등장하게 된 것은 이 때문일 것이다.

그러나 이번 제3시집부터 서원생 시인은 전통시, 특히 자연 소재로부터 탈피하여, 주지론(主知論)의 깊은 수심(水深)으로 들어간다. 창작상의 끊임없는 자기 쇄신으로서 신대륙의 진입과 같은 것이라 할 수 있을 것이다.

주지론은 주정론(主情論)과 대립되는 개념이다. 시는 본래 주정론에서 출발한 오랜 전통을 가지고 있고, 오늘날에도 시라 하면 대부분 주정론을 떠올리는 경우가 적지 않다. 주정론은 지성보다는 감정적 체험을 중요시하고, 시의 플롯, 이미지, 직관성을 경시한다. 역사적으로 낭만주의의 화려한 온상을 곧 주정론의 꽃이라 할 수 있다.

서원생은 현대인의 주지적 관조력과 이성적 사고력에 의한 창작태도로 나아가 현대시의 면모를 갖추게 된다. 지성에 의한 신선한 시상의 정돈, 수사법의 다양화, 추상적 개념 도입, 플롯, 어휘 확산 등 현대감각을 응용하게 된다. 그의 시에 사상이 스며드는 물보라의 촉감이 묻기 시작하며 때로는 비의적(秘義的) 뜻을 더하게 되는 것은 이 때문이다.

"시는 역사보다 더욱 철학적이다"(아리스토텔레스)라고 한다면, 이는 현대의 역사와 정신, 그리고 삶의 진폭이 시에 담겨질 때, 비로소 가능한 것일 것이다.

호숫가에
안개꽃이 자욱이 피어오른다

화산이 일듯이
생성하는 무색의 연기
호수에 묻은 마음은
복사열에 뜨겁다

아직도 아침 잠에 취한
미지의 산새
꿈이 포르릉 날개 치며 솟구쳐
영혼 속을 빠져 나온다

어제까지만 해도 혼미한
내 속에 흐르는 강은
오늘처럼 영원히 가벼워져라

산속 깊은 잠에 취한
영멸永滅의 혼
내 떨어뜨리고 왔으니

행여, 돌아올 날
소실점, 우주 끝에서 다시 만나
인연의 해후를 하고 싶다

—「마음의 강」 전문

불가시적인 '마음의 세계'가 시각적으로 형상화된 작품이다. 그런데 '마음'은 호수에서 안개꽃으로 피어나며 미지의 산새처럼 영혼 속을 빠져나오기도 한다. 내 속에 흐르는 강이여, "오늘처럼 영원히 가벼워져라"(4연). 나는 영영 없어질 혼을 거기 떨어뜨리고 왔으니, 행여나 돌아오는 날이 있다면, 소실점 곧 우주의 끝에서 다시 만나 인연의 해후를 하고 싶다네.

이런 플롯이 있는 시로 이야기를 형성하는 줄거리가 있다. 영혼의 세계, 그것이 시적 운치를 충분히 살리면서 경이로움을 준다.

"호수, 미지의 산새, 강, 영멸의 혼, 소실점" 등 중요한 어휘만 추려봐도 사색적 깊이가 만만치 않은 작품이다.

"복사열(輻射熱), 영멸(永滅), 소실점(消失點)" 등의 어휘도 일상적인 것이 아니다. '복사열'은 방사열(放射熱), '소실점'은 소점(消點)이라고도 하는데, "투시한 평행직선군이 집중되어 한 점에 모인 점"으로 과학에서 온 용어인 셈이다. "계룡산 소년" 시대의 단조로운 시에 비하여 뛰어난 '주지론의 수심'을 느낄 수 있을 것이다.

이 밤 저 멀리
어둠을 밀어오는 소리로 가득한
아픔의 아우성
나 가까이서 사그러지다가
꼬리를 감추고 만다

무엇일까
저 성냄에서 비롯한
분을 삭이지 못하고 만들어내는
절규의 응어리는

광기로 독 올라
부딪치면 으스러지는
행동의 대반란
욕구의 소요가 진정되질 않는다

부수고 깨뜨리고 넘어뜨리는
새벽 바다의 지배자는
날카로운 송곳니로 물어뜯고 있다

아아! 마침내
야생의 숨겨진 속성이
고스란히 드러난 채로 분풀이를 하며
삼킬 듯 발광하고 있다

—「파도」 전문

파도를 통하여 절규하는 인간의 본성을 암시한다. 쉴새없이 몰아쳐 오는 거친 파도의 속성이란 사실 자연의 엄격한 기제(機制)의 방식에 따라 움직인다. 동물도 본능적 기제가 지배하는 것으로 본다.

그러나 인간은 기제보다는 이기심에 따라 움직이고 저항한다. 인간의 자유의 역사가 또한 거기 있었다.

「파도」는 이른바 활유법에 의한 비유로 생생한 느낌을 준다. 생명이 없는 사물을 마치 살아있는 것처럼 나타내는 수사법이다. 그러나 「파도」는 "아픔의 아우성 · 절규의 응어리 · 대반란 · 새벽 바다의 지배자 · 발광" 등의 시어에서 보듯이 자못 병든 욕망의 덩어리로 묘사된다.

이 세상의 먼 어느 한편에 인류를 위협하는 거대한 존재를 이 시는 묘파함으로써 하나의 경계를 삼고 싶었을지도 모른다. 그러나 그것이 곧 인간 자체의 위협적 적임을 제시하기도 하는 것이다.

③ 아름다운 기쁨을 찾아서

서원생 시인은 시집의 「시인의 말」에서 "한 편의 시를 만들어내기 위해선 스스로 녹아져야 한다는 것을 깨달은 적이 한두 번이 아니다."라고 쓰고 있다. 창작의 소산이 노력이냐 재능이냐는 논의는 지금도 관습적으로 있는 터이다. 노력은 기본이라고 할 때, 서원생의 경우는 아마도 후자쪽이 아닐까 싶다. 그의 재능은 환경과 선천적 요소의 영감일 것이다. 그는 이제 인생의 찬미라는 새로운 진경을 찾아낸다.

별이 고와 행복한 밤
마음만은 부자다

먹지 않아도 배부른
내 소유의 포만감이
하늘에 가득 차 있어 좋다

가난한 자나 부자나 평등한
수평의 관계가
맨 처음이나 지금이나
언제나 똑 같아서 편하다

내 안의 우주를 품고
행복한 하늘을 베개 삼아
끝도 없는 꿈을 꾼다

별과 나의 공존으로
캄캄한 어둠은 외롭지 않다

때론 미칠 것 같은 그리움도
별들의 반짝임으로
내 안의 행복에 사르르 녹는다

—「별과 행복」 전문

시가 어찌 언제까지나 한(恨)만을 울부짖고 절규할 수 있으랴. 「별과 행복」은 우리 시의 관습에서도 벗어나 시인의 세계관이 매우 긍정적인 메아리를 울린다. "별이 고와 행복한 밤/ 마음만은 부자다"(1연)의 도입부터가 범상하지 않은 직핍이다.

민족의 현안인 남북통일은 아직 달성되지 않았지만, 경제번영과 민주주의 신장을 쟁취한 현실 바탕이 이 시에는 있다. "행복한 밤, 포만감, 수평의 관계, 행복한 하늘, 공존, 행복에 녹는다" 등 주요 시구에서 보듯이 사회적 자아가 성취해 낸 일종의 사회참여의 시라고 해도 좋을 것이다.

서원생 시인의 지식이나 감수성은 그의 내면에서 새로이 숙성해 간다. 시적 무아의 경에서 창조적 자아가 빠르게 성숙하는 과정을 보이기 때문이다. 편협되지 아니한 시대적 호흡이 있고, 그것은 탈속된 평화경을 이끌어 내며 시의 문학성에 접근한다.

태곳 적부터 늘
산속이 품고 있는 푸르름 더불어
그 속에 묻혀 살면서
마치. 터줏대감처럼
이 산을 지키고 살고 있거늘

언제라도 늘 부르면
큰 산을 박차고 육중한 몸을 띄워서
한 바퀴 순찰을 돌다가

다시 온 자리로 되돌아오거늘

그러나 늘 바보처럼
한 자리 떠나질 못하고
청산에 환각된 채로 남아
산지기처럼
게으른 머슴으로 남아 있거늘

또 늘 그가 있던 곳은 언제나
남긴 발자취도 없이
산 그림자로, 때론
검은 어둠으로 늘 묻어 두거늘

—「꿩」 전문

꿩은 산중의 새에서는 눈에 띄는 새라고 할 것이다. 생김새와 크기가 닭과 비슷한데다가 특히 수컷은 장끼라고 하는 데, 목 위쪽에 녹색, 빨강, 검은 색의 털이 차례로 나 있어 매우 아름답다.

이 시에서는 "터줏대감 · 순찰 · 산지기" 등으로 꿩의 위상을 잡는다. 그러면서 "남긴 발자취도 없이/ 산 그림자로, 때론/ 검은 어둠으로 늘 묻어 두거늘"(종연)로 대자연의 섭리 속에서 사물의 깊이를 헤아린다. 「꿩」은 시인의 정서적 분신으로서 형상화되어 있다고 하겠다.

4연으로 된 이 시는 "있거늘, 오거늘, 두거늘"의 종지법에서 보듯이 '~거늘'의 종속적 연결어미로 리듬감각을 살린다. "사실이 이러하기에 그에 응하여"의 뜻인데, 매우 돋보이는 표현이라고 할 수 있다. 시인의 기능에서 간과할 수 없는 재능이라고 하겠다.

4 고고한 존재성의 성찰

아마도 문학의 주제로 근원적이고 깊이가 있는 것을 찾는다면, 인간의 존재와 죽음에 대한 인식이 될 것이다. 존재는 비존재(非存在), 즉 무(無)와 대치되는 개념으로서 궁극적인 진리와 밀접한 관련을 갖는다.

세계대전 이후 큰 반향을 일으켰던 실존주의 문학은 인간의 조건에 대한 탐구라고 할 수 있다. 절망을 넘어선 인간조건의 주체성을 회복시키고자 한 실존주의는 대자존재對自存在(자유인)와 즉자존재卽自存在(사물과 같은 것)로 설명되었고, 역사적 사실의 상대성과 형이상적인 절대성(인간의 실존적 조건)과의 통합을 제창한다. 사르트르, 카뮤, 말로 등은 무신론적 실존주의에서 출발한 작가들이었다.

많이 알려진 것처럼 서구에 비하여 철학적 지층이 얕은 우리나라에서 김춘수의 「꽃」「꽃을 위한 서시」는 언어로써 부재(不在)의 존재를 이끌어내고 점화해 준 '인식의 시'로 평가된다. 비재(非在)의 세계에서 생명을 획득하는 '이름'이라는 가교, '신부'로 나타난 비재의 대상과 꽃 등은 모두 존재론적 인간 탐구라고 할 수 있었다.

거기 늘
그 별자리, 머무는 것만으로도
평강이 둥지를 틀고
행복한 안주의 삶을 누릴 수 있으리

언제나 거기 늘
그 자리 있다는 생각만으로도
위안을 삼을 정도로
갈팡질팡
방향 잃고 가고 있는 영혼의
나침판이 될 수 있으리

때때로 거기 늘
이유도 없이 바라만 보고 있어도

튼튼한 울타리가 되사
소박한 꿈을 꾸다 지우고
또 새로운 꿈을 만들다 말고
다시 원점으로 와도
누가 나에게 꾸중은 할 수 없으리

그러나 거기 늘
한 점, 흑점으로만 남는다면
언젠가는 가치마저 잃고
무감각한 흙무덤으로 돌아가
부르는 자를 따라 가야만 하리

마침내 운명까지 소멸되고 마는

—「존재의 파수꾼」 전문

「존재의 파수꾼」은 제3시집의 표제가 된 작품이다. 이 시는 인간의 고고한 존재에 담담한 진술로서 자신을 성찰한다.

앞에서 말한 바와 같이 실존주의 문학이 인간의 구원을 '대자존재' 곧 '자유인'에서 찾았다면, 김춘수의 시는 비유법에 의한 매개체를 통하여 '존재'를 이끌어 낸다. 여기 「존재의 파수꾼」에서는 신(神)이 있는 '평강의 둥지'로서의 존재성에서 출발한다.

시인은 기독교인이다. 「시인의 말」에서 보면 "시인으로 세워주신 주님"께 감사를 드리고 있다.

5연으로 된 이 시를 정리해 보면, '안주의 삶'(1연)으로부터 '영혼의 나침판'(2연)으로 이어지고, 3연에 가서 '튼튼한 울타리'라는 종교적 신념이 표현된다. 무신적인 '즉자존재'가 아닌 것이다.

"소박한 꿈을 꾸다 지우고/ 또 새로운 꿈을 만들다 말고/ 다시 원점으로 와도"(3연)에서 보듯이 인간의 한계가 시지프스의 신화처럼 한낱 원점을 되풀이하는 존재라 할지라도 아무도 "나에게 꾸중은 할 수 없으리"라고 노래한다. 이 시는 절망이 거부된 실존을 원형으로 삼았고, 거기엔 종교적 신념이 뒷받침된 것이리라.

4연은 '죽음'이며, 단 1행의 5연은 존재의 소멸이다. '파수꾼'이란 어디까지나 인간을 수용하고 인간을 구원해주는 '신의 존재'를 가리킨 것이라고 하겠다. 시에 약간 중첩된 의미가 있지만, 인간 탐구에 접근한 시인의 주제의식을 높이 사게 한다.

시커먼 나무들이
우두커니 서서
가지마다 물방울 한 개씩 달고 있다

기체도 아닌
액체도 아닌 입자들이
조용한 공간으로 날아와서
끊임없이 입김을 토해내고 있다

뻥 뚫린 지구
수도 없는 점령군들이 자근자근
무주공간을 씹어 삼키고
하품에 취한 새벽이
기절한 채 깨어나질 못하고 있다

밤과 새벽의 간극 사이
자동차 불빛들이 엉거주춤
내 앞에 서서 검문을 받고 있다가
점멸 등불에 놀라
주변을 살피다가 도망가고 있다

잠깐 사이에도
순식간에 먹어치운

지구의 포식자를 앞에 두고
나 스스로 놀라
경건의 기도를 드리고 있다

저 새벽의 지배자 앞에
이토록 내가 작아진 적이 있는가!

—「새벽 안개」 전문

안개의 자연현상 앞에서 갑자기 위축되어지는 나의 존재감을 드러내고 있는 작품이다. 우리가 일상에서 겪는 안개란, 공기속의 수증기가 엉겨서 미세한 물방울이 되어 지표 가까이에 연기처럼 끼는 물리적 현상이다. 이 시에서 '점령군 · 포식자 · 지배자' 등의 시어는 자욱한 안개가 끼는 새벽의 모습이다.

이 시는 무엇보다도 그 선명한 표현법을 감상할 수 있게 한다. 상당히 구체적 비유법을 도모하고 있으며, 안개 내리는 상황의 원근 범위가 어떤 왕국과 같은 신비로운 연상을 일으킨다. 4연에서 점멸등(點滅燈) 즉, 깜박등이 등장하고, 자동차가 황망히 사라지는 현상도 인상적이라고 하겠다.

이 시의 결구는 작중 화자의 '기도'와 "이토록 내가 작아진 적"에 대한 탄식이 나온다. 안개라는 흔한 자연현상 앞에서도 인간은 얼마나 왜소한 존재인가. 일찍이 루소는 인간의 위대함은 자신이 비참하다는 것을 아는 점에서 위대하다고 하였고, 인간을 "세상에서 가장 연약한 갈대"로 비유한 것은 파스칼이었다.

5 건강한 파수꾼의 눈

서원생 시인의 군대생활은 동해안과 남해안의 근무가 많았다. 「소초에서」「거진항에서」「동해의 소나무」「철조망」「겨울바다」 등 군경험에서 나온 시를 쓰게 된다. 특히 동해안은 근무의 중심이 되는 곳이었고, 최전방 철책에서부터 부산 해운대까지는 안 가본 곳이 없을 정도였다.

어떤 때는 멀리 바다로 나가 그물을 걷어 올리면서 고기를 잡았고, 삼척이나 속초 등에서는 낚시를 즐길 기회도 있었다.

그러나 최전방 내륙 산간에 복무할 때는 적과 지근거리에 있어 죽을 고비도 있었는가 하면, 산밖에 보이지 않는 곳에서 자연과 인간만이 공존하는 삶의 뜻을 깊이 겪어야 했다. 우리의 남북 대치상황은 특수한 군대경험을 갖게 하였다. 어쩌면 숨어있는 '평화의 파수꾼'의 뜻이 있었을 것이다.

그가 글의 재능을 다듬고 본격적으로 문학수업에 뛰어들게 된 것은, 1995년 군에서 소령으로 전역하고, 이듬해 바로 예비군 중대장(동대장)에 취업되면서였다. 마음의 여유가 비로소 열리게 되고, 예비군 월간지 ≪향방저널≫에 글을 발표하면서였다.

그는 ≪한맥문학≫과 ≪문예사조≫의 시부분 신인상(2006), ≪문학사랑≫의 수필 신인상(2010) 등을 차례로 거친다.

≪문예시조≫에서 등단한 시는 「등촌(燈村)」「영산홍」「설등(雪燈)」 등 3편이다. '등촌'은 "외친 시골 골목길 구석진 곳에 비스듬히 전봇대에 걸려있는 백열등"이며, "산문적으로 풀어나간 글귀들과 함께 홀로 그 등불 아래 걸어나온 움직임을 시로 살려놓은 것이다. 시심의 발휘가 바로 그런 것"이란 「심사평」(김창직 김양수)이 있었다. 이때 그의 나이 47세였다. 그는 현재 데뷔 작품인 '등촌'을 그의 아호로 쓰고 있다.

그에 의하면 "가끔씩 내가 군복을 입고 글을 쓰니까 이방인처럼 보일 때가 있나 보다. 군인들과 예비군들, 교회에 책을 배포하면 이상한 눈초리로 보는 경향이 있다"고 했다.

[A] 어느 틈엔가
소나무 가지 위에 내려앉은
하얗게 부서지는 달빛 소나타
탐조등을 부은 것 같이 밝다

깎아지른 절벽 밑엔
하얀 이빨로 물어뜯고 있는
파도의 찌꺼기
분을 삭이듯이 포말로 부서지고 있다

하루 내내 일하고 나
피곤을 풀어놓은 밤바다의 변명도
수평선의 목선들을 보면 사치다

깜빡깜빡 졸고 있는 집어등의 눈가엔
빨갛게 눈이 충혈되어 있다
풍어의 기쁨보다는
한 시간이라도 집에 가고픈 마음일게다

속살을 숨기고 있는 바다 밑은
삶이 꿈틀거리는 어판장
생과 사의 두개의 접점의 힘이
팽팽하게 신경전을 벌이고 있다

적요한 해변의 풍경을 다스리고 있는
침묵의 불침번, 해안소초
평화의 파수꾼처럼
긴장과 고요를 동시에 생성하고 있다

—「소초(小哨)에서」 전문

[B] 한 서린 철사 줄 군데군데
빨갛게 스민 녹이
실향민들의 피를 쥐어짜 물든 듯한
아픔이 배어나
차마, 눈물이 핑 돌고 만다

한 혈육을 두 혈육으로
강제로 갈라놓은 겨레의 원흉들은
마침내, 땅속에 묻혀있기에
이 슬픔까지도 끝내
귀를 막고 있는 듯까지 하여
너무 쓰린 맘
심장 고동마저도 빨라지고 있다

분단의 현실에 선 채로
아무리 저쪽에서 부는 바람 맞아도 보고
이쪽에서 부는 바람 맞아도 보지만
별로 다른 느낌 없는데

아아! 피도 눈물도 보이지 않는가
무려, 60여 년 동안을
생각까지 미라로 보존했었나 보다

—「철조망」 전문

[A]와 [B]는 모두 군 경험에서 얻은 작품이다. 「소초(小哨)」가 군대에서 중요한 지점의 경계 임무를 맡은 소대 이하의 경계부대라면, 「철조망」은 남북한 완충지대의 군사 분계선에 쳐놓은 가시철 울타리를 가리킨다.

[A]가 경계부대인 만큼 불안과 긴장의 연속적 표정을 잡았고, [B]는 분단의 상징인 철조망을 통하여 통일에 대한 안타까운 염원을 담는다. 두 편이 모두 건강한 파수꾼의 눈으로 우리의 의식을 일깨운다.

주제가 분명한 소재일수록 대개는 주제의식이 흥분되거나 노출되기 쉽고, 격정과 비판이 심하게 되는 경우가 있지만, 서원생 시인은 지성적 플롯으로 안정감이 있고, 작품으로써 원만한 품위를 지키고 있다.

[A]는 동해안의 해안소초이다. 소초의 위치, 배경 등을 거쳐 바다 밑의 어족들 상황에까지 이른다. "침묵의 불침번, 해안소초/ 평화의 파수꾼처럼/ 긴장과 고요를 동시에 생성하고 있다"(종연)고 주제를 매듭짓는다.

"깜빡깜빡 졸고 있는 집어등"(4연)의 집어등(集魚燈)은 특수한 용어일 듯하다. 밤에 불빛을 보고 모여드는 어족을 잡기 위하여 켜는 등불이다.

[B]에서는 "한 서린 철사 줄 군데군데/ 빨갛게 스민 녹"(1연)을 실향민의 피를 쥐어 짜 물든 아픔의 상징으로, "무려 60여 년 동안을/ 생각까지 미라로 보존했었나 보다"(종연)에서의 통일에 대한 무관심한 정치행태를 '미라'로 비유한 것 등은 매우 적절한 표현법이라고 할 것이다.

민족의 가장 절실한 문제인 분단과 통일에 관한 작품은 의외로 많지 않은 것이 우리의 현실이다. 그만큼 주제를 소화하기 어려운 점이 있을 것이다.

서원생은 매우 왕성한 작품활동을 하고 있는 신진시인이다. 문단 데뷔 6년만에 제3시집이 상재된다. 앞으로도 3년에 한번씩은 시집을 내고 싶다고 한다.

지금까지 살펴본 것처럼 서원생 시인은 계룡산 소년의 무위자연에서 시적 평화경을 구현하며, 꽃을 비롯한 많은 자연물에서 자연미와 자연무상에 예술감각의 일치를 꾀하여 절정(絶頂)의 미학을 추구했다. 전통적인 전원시의 순결성이 거기 숨쉬고 있었다.

그러나 차츰 현대시의 주지론에 눈뜨면서 지금까지의 주정론을 벗어나 지성적 인식과 현실성의 전면에 나서는 작품을 선보인다. 그의 주지론의 수심은 깊었다. 내면적인 리얼리티를 포착하고 현대언어의 확충으로 현대인의 삶과 그 진목을 담아냈고, 서정성과 현대성의 접점의 효과가 뛰어났다.

그의 창조적인 시세계의 길이 거기 있었다. 그의 갈 길은 매우 뜻이 있고, 유망한 기대를 가지게 한다.

— 서원생 시집 『존재의 파수꾼』(문경출판사, 2012년)

영성(靈性)과 신성(神性)에 노닐다

— 양정자(梁貞子)의 시세계

1 시신(詩神)의 부활

양정자 시인은 1992년 ≪대전일보≫ 신춘문예를 통하여 문단에 첫 선을 보이게 된다. 당선작 「어른들은 정말 몰랐어요」는 약간 긴 편의 시이고, 「친구」는 언어가 극도로 억제된 단형시에 속한다. 심사위원은 박희선, 정의홍, 손종호 세 분이었는데 그 심사평을 보이면 다음과 같다.

> 양정자의 「어른들은 정말 몰랐어요」 외 1편은 신인으로서의 시적 역량뿐 아니라, 그 가능성을 충분히 보여주고 있다. 전혀 때묻지 않은 시적 체취, 시상의 활달한 전개와 표현의 재치, 그리고 동화적 발상법에 비해 결코 가볍지 않은 주제의식은 세 사람의 선자들로 하여금 합의에 이르게 하였다. 아울러 당선작에 굳이 「친구」편을 포함시켜 소개하는 것은 이 시인의 시적 자질을 보다 분명히 드러내기 위함이다.
>
> —「심사평」(대전일보. 1992.1.1)

이 심사평은 벌써 17년 전의 기록이긴 하지만, 양정자의 시에 대한 오늘날의 논의에서도 매우 유효한 진단을 보이고 있다.

양정자는 신춘문예 당선에 이어 다시 계간 ≪해동문학≫창간호(1993년 봄호)에서 「대관령의 눈으로」 「산장의 밤」 「내가 사랑하는 여자」 「길을 걸으며」 「신호등 앞에서」 등 5편으로 정태모 선생의 추천을 받는다. 작가적 역량이 고조된 도약의 시기라고 하겠다.

≪해동문학≫의 심사평을 보면 "수련기가 길지 않은 그를 위하여 좀 더 수련기간을 두고 싶었으나, 도전해 온 시가 수준작에 가까이 이르렀으므로 선자의 인색한 생각을 거두고 뽑아주는 바이니, 더욱 정진하여 대성하시기 바란다"고 했다. 그의 나이 34세 때의 일이다.

양정자의 시집은 그동안 두 권이 나왔다. 『햇살이 너무 좋아서』(1998), 『대청호는 대답하지 않는다』(2006) 등이 그것이다. 그러나 첫 시집이 출간되기 직전 교통사고를 당한 일이 있어 건강상 후유증이 있었고, 이래저래 고통과 시련의 시기가 되고 말았다. 한동안 작품 쓰는 일도 멈추어지게 되었다.

양정자 시인의 시신(詩神)이 부활하게 되는 계기는 아마도 한밭문학 아카데미(한밭도서관)에 참여하면서부터일 것이다. 그는 뜨거운 감자를 다시 품으면서 시의 고공을 향하여 꾸준히 정진했다. 어두운 삶의 심연과 존재의 허상을 씹으며 미의 서기(瑞氣)가 그에게로 왔다. 지독한 외로움과 좌절을 딛고, 결코 비켜서지 않았으며, 또한 굴하지도 않았다. 부활은 정신적 신념을 넘으며 구원의 손길을 주었다.

> 내 안을 들여다 보았다
>
> 내 안에는 플라톤, 하이데거, 베르그송, 헤르만 헷세, 니체, 라이너 마리아 릴케, 루살로메, 전혜린, 서정주, 이성선, 김승희, … 등이 살고 있었다
>
> 그들을 깎아내야 한다고
> 깎아내야 한다고
> 그래서 나만 남겨져야 한다고
> 애를 쓰던 시절이 있었다

내 안에 있는 플라톤, 하이데거, 베르그송, 헤르만 헷세, 니체, 라이너 마리아 릴케, 루살로메, 전혜린, 서정주, 이성선, 김승희… 등을

다 깎아내고 나니

슬픔에 젖은 그들은 달그락거리다가 어디론가 가버렸다

내 안에 남은 것은 아무 것도 없었다
그저 무였다
나는 백지가 되고 말았다

이데아도, 존재도, 실존도, 空도 자연도
아무 것도 아니었다
그저 무였다

내 안을 들여다 보았다

내 안에서는 "거기 누구 없소"라고 외치는 소리가 들렸다

—「거기 누구 없소」 전문

양정자 시인은 충남대학교 사학과를 졸업하고 동대학원에서 서양철학을 전공했다. 「거기 누구 없소」에는 철학자를 비롯하여 시인들의 이름이 나열되어 있는데, 그들은 모두 '내 안'에서 살며 나에게 영향을 주는 존재들이다. 그러면 나의 정체성은 무엇인가에 대한 심각한 의문을 던진다.

그 인물들이 지워지고 백지상태가 되었을 때 「거기 누구 없소」라고 객관화된 자신을 찾게 되는 이 시의 묘미는 시적인 스토리의 구성인 것이다. 한 지식인의 내면이 상상력과 원근법에 의하여 어떤 심리소설 이상의 지혜에 접근한다. 시인의 어떤 근황 설명보다도 탄력있는 '지적 유희'가 들어있다고 하겠다.

2 꽃잎처럼 피어나는 언어의 신전

철학이 학문의 여왕이라면 문학은 인간을 본질로 하는 언어의 집이다. 철학이 원칙이나 기본적 전제를 내세우며 예언적 능력까지 있다면, 문학은 인간 탐구, 인간 구원의 끝없는 주제의식이 있다.

양정자는 시인이다. 그는 문학의 스승을 철저하게 자신에게서 구한다. 자신의 사고와 경험, 이를테면 순탄했다고 할 수 없는 성장과정과 가족들, 그가 태어나 살고 있는 대전, 대청호에 수몰된 고향, 영국사, 식장산 등 그의 스승은 자신과 환경이다. 철학은 문학의 이념을 찍어주는 무늬일 뿐이었다.

일찍 여읜 아버지를 회상한 「아버지 제삿날」에서는 "빛바랜 사진 한 장/ 없이/ 육신마저/ 강물에 띄워/ 이름만 남기고 떠난 아버지/ 이름마저 세월에 묻히더니/ 고향마저 대청호에 묻혔습니다."하고 깊은 상실감에 젖는다.

양정자는 자기 연소를 스스로 겪으며 성장한 듯하다. 남이 나를 태우는 것이 아니라 자기 자신이 훨훨 타서 재가 되는 것이다. 그의 선천적 시인 기질이 거기 있었다. 〈대전일보〉의 당선작품이나 ≪해동문학≫의 추천작품에는 맑게 싹튼 인성의 조율과 승화가 있었기에 가능했다고 할 수 있다.

사적인 시의 주체가 감통(感通)을 받으며 총체적 깨달음이나 순수경험에 이르고 우주율로 가는 통각적 인식을 받는 것은 시인적 자질에 속할 것이다.

양정자의 시는 이미 인간과 사물의 근원적인 영성(靈性)과 신성(神性)에 깊은 관심을 투영해 온다. 첫 시집의 제호가 되어 있는 「햇살이 너무 좋아서」의 발상법은 일반인들에게는 '억지' 같은 느낌이 있을지 모른다.

그러나 시인의 인식에서는 경탄적 발상에 있음을 알 수 있다. 이와 비슷한 「접신(接神)」에서는 "육신을 가진/ 인간들아/ 그대들이 神이니라 // 그대들이/ 그대들만이/ 신전을 가진 神이니라"고 절규한다.

세속적 삶의 고통에서도 거의 때가 묻지 않는 순수성은 천부적이다. 때로는 '바보 성자'의 경지에서 그의 시는 출발되었고, 시인의 체질도 거기서 일가를 이룬 감이 있다. 어쩌면 타자본위의 아가페 사랑, 신의 사랑이라고 할 것이다.

시는 어쩌면 '백련(百煉)의 금'이라야 겨우 제 값을 하는 것인지 모른다. 양정자 시인의 언어의 신전에는 이제 꽃잎처럼 피어나는 시어들이 속속 들이차고 있기 때문이다.

제3시집의 제호가 되어있는 「쌀개봉에서」를 보기로 한다.

산은 높고 깊어서 내 사원(寺院)이 되었다

배낭 속에 경전 하나 넣고 산엘 오른다
동학사를 지나 관음봉을 지나 쌀개봉에 이르면
내 떠도는 청춘도 다소곳해져서
눈을 뜨고 귀를 밝히는 등 오감을 해방시킨 후
마침내 나도 벌레 소릴 듣는다
여치 소리 하나 귀에 넣고 사는 선승처럼

배낭 속에 넣고 간 경전이 무슨 소용이 있겠는가
저 해탈한 자연의 바다 속에서
나는 조용히 벌레 소리나 들을 일이다
세상 번뇌란 번뇌 모조리 다 깨어내
벌레 소리에 맞춰 스텝을 밟으며 춤을 추고 있다 나는
무명지 같은 세상에서 벗어나고자
여치 소리 하나 귀에 넣고 사는 선승의 마음처럼

산이 높고 깊은 쌀개봉, 내 사원엔
탈속한 벌레들이 산다 안개 밖에서 달이 살 듯이

벌레는 그 소리가 아름답다
우주의 날개를 비비는 그 소리가
한 때는 들리지 않았던 네 소리가
가까이 들리니 더욱 아름답다

―「쌀개봉에서」 전문

쌀개봉은 계룡산의 한 봉우리로 관음봉과 천황봉의 사이에 있다고 할 수 있다. 천황봉(845.1)은 계룡산의 주봉으로 가장 높은 산이다. 쌀개봉은 계룡산의 3대 사찰인 갑사, 신원사, 동학사의 삼각 구도 속에 들어 있어 명산의 천기(天氣)가 모인 곳이라 할 수 있을 것이다.

「쌀개봉에서」는 배낭 메고 등산에 나선 이의 쇄락한 심경이 표출된 작품이다. 세속에 찌든 심신이 파탈을 넘어 해탈에 이르는 표현미가 평이하면서 무리가 없다. 벌레들까지 탈속한 선경중의 선경인 것이다. 명산의 천기가 숨어있는 곳에서 적으나마 풀어내는 현대인의 호흡과 긴장이 일품인 것이다.

3 고공과 미궁의 만다라

양정자 시인의 작품에는 불교의 인연설, 윤회사상 등이 다분히 녹아 있다. 그런가하면 애니미즘(Animism)과 범신론(汎神論)도 엿볼 수 있을 것이다. 이런 배경이 인성과 신성으로 확대되고 고공으로 시의 울림을 흔든다.

일찍이 만해 한용운은 그의 명편들, 이를테면 「님의 침묵」 「알 수 없어요」 등에서 범신론적인 우주관과 동양적인 정적 자태의 숨길을 불어넣었고, 불교적 절대아에 대한 구도적 염원을 담았다. 만해의 명상적,

철학적, 신비적 경향은 여기서부터 비롯된 것이다.

양정자의 「나는 벚나무인가 배롱나무인가」「소녀와 산」「하늘의 눈을 가진 자」「지금 어머니는 외출중이다」「백지와 크레파스」「마당 넓은 집」「책방」「식장산에서」「선(禪)하라」등 좋은 시편에 스며있는 양정자의 시적 에너지와 정서적 숨결을 우리는 유념해 볼 필요가 있을 것이다. 차가운 이성적 과학의 세계가 아닌, 아니 오히려 그런 이치에서는 도저히 맞지 않을 듯한 동심적 서기가 떨고 있는 것인데, 때로는 시의 생살처럼 눈부신 시구로 다가온다.

양정자의 서정에는 신과 우주를 동일화하고, 신 가운데 우주를, 우주 가운데 신을 자연스럽게 받아드린다. 일체의 만유가 곧 신이여서 우주 밖에 신이 따로 있지 아니하다는 내용의 접근이다. 물활론(物活論)이니 감정이입이니 하는 시의 기법과 관련이 있다.

양정자 시인의 세속적 현실은 때로는 고공으로 때로는 미궁의 만다라에 이르며, 생명공동체의 세계관을 형성한다. 한 사례를 작품에서 보기로 한다.

한 계집아이 나뭇잎 속으로 들어가 연둣빛 잎새가 된다
한 사내아이도 따라 들어가 연둣빛 잎새가 된다
허공은 두 잎새를 받아주고 발 아랠 조용히 내려다 본다
산 아랫동네에는 하늘이 낮게 숨어 있고 구름이 떠 있다
그 옛날 이곳에서 연둣빛 잎새로 숨을 고르던 아버지
아직도 그 나무에는 아버지의 숨결이 전해오고 있다
삶에 매연이라도 끼는 날이 오면
숨어도 좋을 땅 하나 얻었다 아버지가 숨었던 잎새로
봄기운에 젖은 그도 나를 따라 숨는다
우리는 누군가 부르는 소리도 못들은 척 하면서
천개의 눈을 가진 신까지도 우릴 찾지 못하도록

저 잎새들을 좇아가야지 낡은 우리 몸을 버리고
숨어 있다는 것은 아름답다 하늘도 땅도 신도
고도에 서서
우린 사랑여행 떠난다고 멀리 뵈는 호수가로 간다고
잎새 두 잎 바람에 팔랑일 때마다 눈으로 소곤거린다
산 아랫동네에선 잎새 두 잎 그저 소잔등 같은 그림으로 보이겠다
노을이 머리 허연 두아이 등을 따뜻하게 감싸준다
허공은 말 없이 숨 고르기를 하고 있다

—「식장산에서」 전문

지명을 특히 '산'을 제목으로 하고 있는 점에서는 「쌀개봉에서」와 비슷하지만, 시의 내용과 서술은 많이 다른 바가 있다. 「쌀개봉에서」는 명산의 천도에 선 선경의 정서를 노래했지만, 「식장산에서」는 시인이 실제로 이웃에 있는 산의 품격을 읊고 있다. 독특한 운치가 주목되는 작품이다.

"한 계집아이 나뭇잎 속으로 들어가 연둣빛 잎새가 된다."는 첫 구절부터 이 시의 내용은 신화와 같은 세계로 독자를 이끌어 간다. 뒤따라 들어가는 '사내아이'와 '아버지의 숨결', '천개의 눈을 가진 신' 등 시의 내용은 전적으로 상징의 홑이불을 덮고 있다. 그러나 그 매혹적인 상상력과 숙성된 표현술에 의하여 매료되는 바가 없지 않을 것이다. 중간에 "숨어 있다는 것은 아름답다. 하늘도 땅도 신도 / 고도에 서서" 등의 표현, 그리고 두 번 나오는 '허공' 등.

문학에서의 '아름다움'이란 일종의 최면일지도 모른다. 「식장산에서」의 최면 효과도 적은 것이 아닐 것이다. 참신한 독창적 발상법에 의하여 인간과 자연이 한 혼에 젖는다. 만유신론(萬有神論)으로서 사람이 신이기도 하고, 신이 사람이기도 한 시적 정서인 것이다.

범신론적인 우주관에서 자유자재한 양정자의 시혼은 현대판 '시의

선녀'라고 해도 좋을 것이다.

4 꿈꾸는 시인의 길

"시인은 대낮의 몽상가"란 말이 있듯이 시인들은 정도의 차이는 있을지언정 궁극적으로 꿈에 사는 사람이다. 시인들의 감정에는 신화와 동화의 세계, 범신록적이고 불교적인 철학 등이 정리된 이론의 체계나 형식을 취하는 것은 아니지만, 정서적으로 소화하여 작품에 용해시킨다. 범신론의 경우, 서구에서는 괴테가 대표적인 시인으로 알려져 있다.

오늘날 한국시단은 어느 때보다도 혼란스럽고 불안정한 시대로 진단하는데 이견이 없어 보인다. 1990년대 중반을 넘어서면서 시에 대한 근본적인 가치관이나 비전이 크게 흔들린 것이다. 문예지의 수가 눈에 띄게 늘어났고 수준 미달의 작품이 양산되는 시대로 들어선다. 어떤 이는 프로시인과 아마추어 시인으로 시인 단체가 양분되어야 한다는 견해도 서슴없이 피력하는 것을 본다.

그러나 시가 고급한 감동의 비밀을 생산해야 하고, 끝없는 상상력의 찬란한 파동으로 정진해야 한다는 기본 개념은 조금도 퇴색하지 않았다고 보아야 한다. 시의 오랜 생명이 거기 있기 때문이다.

양정자 시인의 작품에서 한 성취가 이루어 내는 기쁨을 함께 하고 싶다. 시의 앨갱이가 바야흐로 석류처럼 여물어 터질 모습을 보여주기 때문이다.

마지막으로 두 편의 작품을 보기로 한다.

(A)
이제부터 책을 고르더라도

내 지문이 들어있는 것을 골라야겠다
여기서 지문이란
내 혼의 자취를 가리킨다
내가 적멸에 든 후
피렌체에서 태어난다는가
가령고개의 깁여우로 태어난다든가 같은
혼에 대한 정보를 입수해주는
그 곳에 가면
내 지문이 들어있는 책들도
가지런히 놓여 있어서
나는 내 혼의 지평을 넓혀주는 그곳이 좋다
책방은 사차원이 있는 보물집이다

—「책방」 전문

(B)
아버지 살아 생전
절집처럼 이른 새벽 마당을 돌며
도량석을 치셨다

그러면 울타리에 있는 꽃들이 일제히 일어나
정자세로 아침 불공을 드렸다
공손하게 고갤 숙이고

아버지 입 속에서도
꽃송이들이 뚝뚝뚝 떨어져
집안엔 온통 꽃송이들로 가득 찼다

나도 종종 새벽잠을 털고 일어나
지붕까지 내려온 아침별을 보거나
꽃송이 같은 식장산 불빛을 바라보다가도

문득 꽃송이 벙그는
아버지 입 속을 들여다보곤 하였는데
지금도 마당 넓고 꽃이 많은 집을 보면

아버지 염불하며 뜰을 돌던 소리가 들려온다

아버진 그 조그만 입으로 어둠을 쓸어내고 있었다

—「마당 넓은 집」 전문

인문 교양의 분야 가운데서 형식의 우위가 가장 확고한 것은 문학일 것이다.

문학 작품을 유기적인 개방체계로 보면서 형식주의 가치관이 자리 잡힌다. 그것은 곧 언어적 기능인 문학성을 뜻한다. 작품에서의 공동선 또는 아름다움도 거의 언어와의 밀접성에서 이해된다.

양정자의 작품이 인간의 근원적 영성이나 신성이 있다고 해서 그 관념에 의하여 문학성이 좌우되는 것은 아닐 것이다. 시에서 사상 또는 관념은 정서의 하위 개념이다.

위의 (A)(B)의 두 작품은 언어의 기능적 기술에서 손색이 없다. 리듬과 구성, 행의 처리, 시적 화자의 문체적 조건에 이르기까지 현대시의 품격과 질서에 적응한 완성된 구조를 이룬다. "지문→혼→사차원의 보물집=책방"이란 순서 역시 "책=진리(정보)"의 등식을 효과적으로 비유한 발상이다. 그러면서 "내가 적멸에 든 후"에 피렌체에 다시 태어난다든가 깁여우로 태어난다든가 등은 불교적 세계관에서 오고 있다.

(B)는 아버지 도량석(道場釋)에 울타리의 꽃들까지 가세하여 집안엔 온통 꽃송이들로 가득 찬다는 것이다. 양정자의 시에는 이를테면 이승과 저승, 인간과 신, 나와 타인 등의 한계가 없는 한 본질의 세계인 것이나. 시혼의 무장무애(無障無礙)한 경지라고 하겠다.

양정자의 시는 무르익은 언어의 맛을 적은 듯 지키고 있으며, 폭발의 지혜도 효과적으로 구사한다. 문학성이 세련되고 유연한 형식의 우위가 확보되어 있는데 여기에 정신적 자족자율(自足自律)이 깃을 치고 있다고 할 것이다.

시의 비밀은 참으로 끝이 없다. 인간의 체험과 심성적 단서는 물론 무궁무진한 정서적 범람의 강물을 건너 피안에 이르기도 한다. 이성적 언어 행위가 지나치면 시는 고사되기도 하고, 기호놀음에 빠지는 수도 있다. 그러나 비현실적인 듯한 정신의 지형도에서 새롭고 본격적인 서정시의 미학이 발효되는 수가 있다. 우리는 그것을 양정자 시인에게서 기대하고 싶다.

정리하건대, 양정자 시인은 미래가 더 많은 시인이다. 또한 그는 꿈꾸는 시인이다. 꿈을 꾸어도 깊은 꿈을 꾸는 시인이다. 정신적 빈곤으로 시의 고갈을 두려워하고 있는 수많은 시인 중에서 양정자는 일찍부터 넉넉한 서정에서 자신의 뭍이 있었으며, 시는 관념이 아니라 표현의 방법에 있음을 터득하고 지킨다.

그가 시의 근원적인 원형과 비전을 처연한 향기로 감싸안으며 고절(孤絶)한 자아와 어떤 대면을 표출할지는 전적으로 그의 몫이다. 그의 시는 전통적이면서 충분히 새롭다. 각박한 현실에서 시의 아름다움과 효용적 가치를 지니고 있는 양정자 시인은 시의 선녀요 요정이요, 또한 시의 대모라 해도 좋을 것이다.

— 양정자 시집 『쌀개봉에서』(오늘의 문학사, 2009년)

생산현장의 시학적 지평선

— 옥빈(玉賓)의 시세계

1. 시의 기법

옥빈 시인의 본명은 장영옥(張永玉)이다. 옥빈은 필명이며, 그의 명함을 보면 "Total Air Solution/ 한국기계, 대표 장영옥"으로 되어 있고, '옥빈'은 아주 작은 글씨로 나와 있다. 필요한 사람에게만 전해 주려는 의도일 것이다.

옥빈은 진잠중학교와 충남기계공고 기계과를 졸업하였고, 이른바 산업전사의 길에 투신한다. 대전 대화공단에 정착하기 전 대우조선 등 직장생활을 하면서 '섬시' '서정 3세대' 등의 동인활동을 한다.

≪문학세계≫(1993)에서 「서시」 「피아노 교습」 「슬픔을 위하여」 「다시 슬픔을 위하여」 「겨울 판화」 「겨울 노래」 등 6편으로 신인상 당선을 하게 되는 것은 28세 때였다. 그로부터 10년이 지나 첫 시집 『그대 가슴까지 붉게 물들이겠어요』(오늘의문학사, 2003)가 나온다.

추천작품들을 보면 「서시」는 5행의 단형 기도시 이고, 나머지 5편중 3편은 산문시이다. 옥빈 시인의 기법은 현재에도 산문율이 적지않은 편이고, 그는 신문 리듬을 밟고 시의 내공(內攻)으로 들어간다. 산문시일 때는 아무래도 응축과 전율이 느슨해지기 때문에 우리말에서는 시의 서사적인 표현법이 어떤 한계가 있는 것으로 지적된다.

우리의 문학사에서 산문시로서 명시의 반열에 오른 것은 많지 않음을 주목할 필요가 있다. "운문 없는 시구는 혼 없는 육체이다"(스위프트)란 말이 있듯이 특별한 경우가 아니면 산문시는 유의해야 할 점이 없지 않다.

시에서 감각적 표현은 서구 시론의 영향도 있곤 해서 시작법(詩作法)의 한 축을 형성한다. 이미지 또는 이미지들의 통합체인 이미저리에의 관심이 그것이다. 시각적 청각적 등 감각적 비유의 방법은 공감각적 표현에서 고도의 요지경을 구현하며, 역동적 이미지의 부각으로 일컬어진다. 김기림 김광균 정지용 서정주 박목월 등 우리 시의 주류를 이룬다.

그러나 한용운 김소월 등의 시에 이르면 감각적 표현보다는 시의 관념적 주제, 곧 테너(tenor)의 성취에 더 골몰한다. 김소월이 국민시인으로 추앙되고, 한용운이 사상적 절대 우위를 견지할 수 있었던 것은, 시의 기법이나 수사학을 뛰어넘은 그 주제의식의 성과라고 할 수 있다.

옥빈 시인은 감각적 표현보다는 관념적 주제의식이 훨씬 많은 편이며, 특히 '사랑'이란 추상어가 비교적 많이 쓰인 것을 볼 수 있다. 그는 자신의 삶과 의식의 내부에 더 관심했다고 할 수 있을 것이다.

누구나 조금씩은 울면서 산다.
그래서 하늘은 노을이 진다.
피멍이 든 하늘을
사람들은 황혼이라 부르고
새 한 마리 날아가는 하늘 밑으로
붉게 무너지는 우리들 사랑
저녁을 기다리는 사람들은
멍든 가슴풀이를 위하여
즐거운 합창 서너 곡.

빈 골목 어귀마다
음산한 슬픔이 배어있고
믿을 수 없는 사랑과
알 수 없는 시간
갑옷으로 치장한 거리를 거닐며
도시에서 죽어가는 자를 생각한다.
그러면
슬픔이 안개처럼 흐릿하다.

마을 어귀로 젖은 남자가 걸어간다.

—「슬픔을 위하여」 전문

「슬픔을 위하여」는 추천작품 중에서 눈에 띄는 작품이라 할 수 있을 것이다. 이 시의 '슬픔'은 우리들 모두의 슬픔이라 할 수 있는 것으로, 수사법상의 특별한 표현이나 기교는 없지만, "마을 어귀로 젖은 남자가 걸어간다"는 1행의 결미 배치로 시의 완성도가 이루어진다.

누가 무어라 해도 비범한 감각과 사상에 눈 뜬다는 것은 시의 요체라고 하겠다. 시는 예나 이제나 그 본질이 변하지는 않는다. 그러나 시대에 따라 표현의 방법은 변화되어 왔으며, 그에 의하여 시의 평가가 이루어진다. 시를 '언어'라고 한다거나, '표현'에서 경중을 따지는 것은 모두 이 때문이다. 사람의 세계관이나 인생관도 시대에 따라 달라지게 되어 있다.

옥빈의 「슬픔을 위하여」에서는 시의 만듦이라는 기술의 신선함을 느낄 수 있다.

2. 직업의식의 지평선에서

옥빈 시인의 시에 "업무일지"란 부제가 붙은 시가 32편에 이른다. 「

조국근대화의 기수, 업무일지 16」에는 "대부분이 가난이었던 시절/ 나는 조국근대화의 기수였네 // 닦고 조이고 기름칠했던 조국은/ 어디쯤 가고 있는 것일까"란 구절이 있다. 근로 기업인의 생산현장에서 일하는 옥빈 시인의 삶이 거기 있었다.

옥빈의 시를 읽으면서 체험이란 어쩌면 만만치 않은 주제가 떠오른다. 라이너 마리아 릴케는 "시는 체험이다"란 말을 남기고 있다.

옥빈이 그의 직업 현장을 바탕으로 시를 쓰는 것은 너무도 당연한 일일지도 모른다. 그러나 누구나 그렇게 되지는 않는다. 체험이 시로 가기까지에는 사람마다 다르고, 서정의 경지도 일치하지 않는다. 옥빈 시인의 작품을 보기로 한다.

(A)
볼트와 너트
이 세상에 어찌 이처럼 아름다운
완성된 짝이 있으랴

산과 골
그 깊지 않은 깊이로
흐르는 사랑

세상에 모든 만남을 위하여 준비된
아름다운 힘은
사랑이다.

—「볼트와 너트, 업무일지 3」 전문

(B)
흐르는 것은 운동이다

파이프에 나사를 내고 연결하는

기계의 심장마다 사랑처럼 뜨거운
혈관 하나를 심는다
이 관을 타고 흐를 수많은 유체(流體)들이
공장의 심장을 뛰게 할 때
무궁한 발전을 기원하는
우리의 노동은
좀 더 나은 내일의
역사를 쓰고자 하는 일이다
땀방울과 희망을 연결하며
수없이 오르내리던 사다리를 접는다
장갑으로 쓴 우리의 기록은
귀사의 일익번창하심을 소망하며 만든
그림문자
오늘 우리의 노동은
보이지 않는 힘이 실려있다

흐르는 것은 아름다운 싸움이다.

—「배관공사를 마치며, 업무일지 27」 전문

기계가 시의 주제나 소재가 될 수 있는가의 질문은 1930년대에 이미 시작되었고, 영국의 스펜더(Stephen Spender, 1909~)의 「급행열차」 등에 의하여 정평이 나있다고 할 수 있을 것이다. 기계란 곧 힘을 상징한다. 스펜더는 시대요구의 혁신사상과 그 힘의 상징으로서 이른바 '기계시'란 것을 썼다.

우리 나라에서는 김광림의 「풍경」 같은 시에서, '기중기'를 거인의 강력한 힘으로 다룬 것을 읽을 수 있다. 기중기는 수만 개의 힘을 들어 올리기도 하고, 건달 같은 자세로 벽에 부딪치기도 하며, 또 25톤 이상이나 되는 대형 전차에 대들기도 한다는 것을 묘사한다. 현대 문명의 위력이 맹위를 떨치고 있는 것이다.

김광림은 시의 언어적 구조미를 통해서 재래의 전통으로부터 주지적 서정시를 주창하였고, 시의 변용을 성취한 시인으로 평가된다.

옥빈은 그의 작업현장에서 시의 이삭을 줍는다. 특히 공업의 생산현장은 아직 일반화되지 않은 감이 있고, 특히 그가 하고 있는 구체적 물품 이용이 그러하다. 그의 시는 '업무일지'를 쓰듯 창작의 단서를 현장에서 건져올리고 있다.

(A)는 볼트와 너트의 조이는 조립에서 '완성된 짝'의 사랑을 노래한다. 이 시에는 남녀의 결합처럼 불가사의한 비의(秘義)를 깨닫는 탄성이 배어있다. "아름다운 힘은/ 사랑이다"라는 결구는 수나사(볼트)와 암나사(너트)의 단순한 조립을 떠나 인간세계로 확대된 의미인 것이다.

(B)에서는 물이나 가스 등 액체나 기체를 옮기기 위한 배관공사가 소재이지만 그 의미는 전혀 새로운 해석을 하고 있음이다. 해석은 곧 발명인 것이다. 일상의 사물에까지 생명을 불어넣은 생생한 서정시의 부활이기도 하다.

물이나 가스가 흐르게 하기 위한 배관공사, 그것은 흐르게 하기 위한 공사였다. "흐르는 것은 운동이다"를 첫구로 해서 "흐르는 것은 아름다운 싸움이다"라는 결구로 끝나고 있다. "우리의 노동은/ 좀 더 나은 내일의/ 역사를 쓰고자 하는 일이다"에서 보듯이 산업전사에게 흐르는 다부진 의지가 이 시의 주제라고 할 것이다.

3. 근로 서정시의 비상(飛翔)

옥빈의 시는 삼차원의 세계까지를 비상하며, 서민적이면서도 사유의 깊이와 높이가 범상치 않음을 볼 수 있다. 어떤 의미에서 그는 천성의 시인이다.

1

이차원의 너를 해독한다. 숨겨진 희망 속에 너의 형상과 구실 목적이 드러나기 시작하면서 너에게도 그리움과 기다림 같은 사랑의 크기와 색상이 묻어있어 보여지는 진실과 숨겨진 사랑을 점선과 실선으로 만들어 놓았구나. 어찌 보면 너의 이차원적 모습이란 약속으로 뭉쳐진 땅 위에 해방된 모습으로 남은 매트릭스, 공간과 시간이 더해진 차원에서 너는 해방되는 것일까

삼차원에 구속된 내가 압축되지 않는다.
진실하지 못한 사랑과
때 묻은 사상이 비틀거리고 있다.
내 노동의 하루는 신성했으나
인생은 고달프다.

2

너에게 숨겨진 비밀이란 삼차원 속에서 너의 목적이 희망이 되지 못할 때 보완되어야 할 부분이다. 너에게 좀더 견고한 사상을 표시한다는 것은 네가 해방 되어진 삼차원에서 많은 시간과 열정으로 수정되어질 때의 일이다 공간과 시간이 없는 차원에서 너는 오히려 자유다.

삼차원에 구속된 내가 압축되지 않는다.
진실한 사랑과
견고한 사상이 비틀거리고 있다.
내 노동의 하루는 고달팠으나
인생은 아름답다.

—「도면, 업무일지 21」 전문

이 시의 제목인 도면(圖面)은 우리 일상생활에서 더러 접할 수 있다. 사전 풀이에 의하면 "토목 · 건축 · 기계 · 따위의 구조 설계나 토지 · 임야 같은 것에 대하여 사물의 관계를 명확하게 용기화(用器畵)의 법칙으로 제도기를 써서 그린 과학적 그림" 곧 도본(圖本)이라 했다. 이 시의 공업용 도면에서는 다듬질의 정도 · 치수 · 열처리 · 재질 등이 주

로 기록되어진 것이라고 하겠다.

이 시는 "이차원의 너를 해독한다"로 시작해서 "삼차원에 구속된 내가 압축되지 않는다" 등이 나온다. 제1부에서는 "내 노동의 하루는 신성했으나/ 인생은 고달프다" 하였고, 제2부에서는 "내 노동의 하루는 고달팠으나/ 인생은 아름답다"의 대조적 의미구조를 보인다. 의미와 구조의 대조가 선명하고 공감도가 있다.

해독하는 이차원의 '도면'은 제품을 만들기 위한 설계이기 때문에 "숨겨진 희망" 또는 "숨겨진 사랑" 등 기대어린 이미지가 나온다. 일차 제품이 자연 형태 그대로의 원료를 가공해서 얻은 최초의 생산품인 만큼 '도면'은 이차원에 들어선 제품이다.

뛰어난 시구인 "삼차원에 구속된 내가 압축되지 않는다"는 내용은 '구속'과 '압축'의 어쩌면 상반된 개념을 통하여 일상적인 노동 속에 '침몰된 자아'를 효과적으로 표현한 것으로 보인다. 진실하지 못한 사랑과 진실한 사랑, 신성한 노동과 고달픈 노동 등 양극적 지평선으로 뻗치면서 근로인의 고민을 탄력적으로 표현한다. 근로 서정시의 주제가 여기 있다.

시 「도면」은 주지적 서정시라고 할 것이다. 전체적으로 시형식의 안정감을 살렸고, 내용은 심도있는 노동 인식의 긍정적 찬가인 것이다. 노동을 투시하는 시인의 맑은 눈이 숨어 있다고 하겠다.

다음에는 14편에 이르는 연작시 「연애편지」를 보기로 한다. 여기의 '연애'는 남녀간의 사랑을 뜻한 것이 아니라, 시인의 사물에 대한 정감을 표시한다고 해도 좋을 것이다.

부제에서 보듯이 "눈 · 폭설 · 우산 · 만두 · 도둑 · 독도" 등 여러 사물이 등장한다. 여기에서는 최근 화재로 불타버린 국보 제1호 「숭례문

」을 보기로 한다.

늘 그 자리에 그냥 그렇게 있을 줄 알았습니다.
오래도록 말없이 지켜주고 품어 안아 주었던 마음과 모진 삶과 더불어 했던 당신을 잊고 살아온 오늘
당신 쓰러진 후에야 마음 내어 보임을 용서하시길.
굳건한 모습으로 그냥 그렇게 남아있을 줄 알았습니다.
온갖 고난을 기품과 위용으로 지켜내었던 당신의 상처가 이리도 깊은데 늘 받기만 했던 마음으로 쓰러진 당신 손 잡아줄 용기가 나지 않는 오늘
당신을 잃은 후에야 눈물 보임을 용서하시길.

—「연애편지 14, 숭례문」 전문

숭례문에 대하여 사죄하고픈 시인의 심경이 경건하게 표출된 시로 형식이 잘 잡혀져 있다. 문화재의 화재 가운데 이번의 숭례문처럼 국민적 충격과 아쉬움을 확산시킨 경우도 드물 것이다. 역사적으로 전란을 겪으면서도 철옹성같이 끄떡없던 것이 무너지고 만 것이다. 이 시는 국민적 좌절과 실망감을 안으로 다스려 보인 순결의 미학을 선보이고 있음이다.

4. 문학의 뿌리를 찾아서

일찍이 니체(Nietzsche, 1844~1900)는 "신(神)은 죽었다"고 하였거니와, 지금 우리는 "시(詩)는 죽었다"고 선언해야 할지 모른다. 니체가 신의 사망에서 오히려 지상의 의의를 밝히고 초인의 이상을 설파했듯이, 지금 우리는 시학의 존립이 위태로운 시대에 살고 있기 때문이다.

지난 90년대에 가장 큰 것은 시의 장르 인식이나 가치 기준에 혼란을 겪으면서 시의 가치를 평가하는 '공준(公準)'이 무너진 것을 든다. 인생의 달관이니 자연에의 몰입이니 등 지금까지의 좋은 시에 대한 최소한

도의 공적 기준이 무너진 것이다. 미학적 논쟁에서도 재래적인 시의 규범은 거절되고 있다. 정체불명의 시가 나오고, 정체불명의 비평문체가 또한 등장해서 어리둥절하게 한다.

포스트모더니즘의 "다르게 생각하기"의 열풍은 80년대 해체시의 태풍이었다. 시의 창조적 열풍과 불온한 자존심을 이끌고 새로운 몸바꾸기의 미학을 요구한다. 그러나 내면화 과정을 거치지 못하였고, 전문가도 없는 혼란은 지금도 계속되고 있다.

옥빈 시인의 「봄, 고향에 가면 그녀가 있다」는 작품은 이 혼란한 시대에 문학의 뿌리를 다시 생각하게 한다. 이 시는 봄에 시작해서 일종의 연작시로 여름, 가을, 겨울 등으로 이어져 4편을 이룬다. 첫 번째인 「봄, 고향에 가면 그녀가 있다」를 보면 다음과 같다.

그녀에 대해 말할 수가 없었다
내 가슴을 헤집기 전에는

작고 초라했지만 밝고 맑은 그녀를
마음에 두리란 생각도 전혀 못했다
내가 그리움을 몰랐으므로

봄, 고향에 가면
보리밭 두렁을 따라 봄빛으로 서성이는
그녀를 볼 수 있다

소쿠리 가득 내 꿈을 간직했던
그녀의 노래를 들을 수 있다

고향에 가면
개나리 노란 브로치를 파는 그녀와
그녀를 사랑하는 그들을 만날 수 있다
고향에는 아직도

뒷산 붉은 소월의 진달래를 따던
그녀가 있다

—「봄, 고향에 가면 그녀가 있다」 전문

옥빈 시인에게 "새로운 몸바꾸기의 시학"은 객관적이고도 감각적인 표현으로서의 주지적 서정이라고 할 수 있을 것이다. 연작시 「업무일지」 「연애편지」를 거쳐 「봄, 고향에 가면 그녀가 있다」 등에 이르면, 뜻밖에도 맑고 청순한 시심의 비늘이 번쩍인다.

여기의 '고향'이나 '그녀'는 옥빈의 시신(詩神)의 고향이자 문학의 뿌리였던 것이니, 시의 고향과 뿌리로 회귀하면서 그의 서정은 건강한 율동의 맥박을 보여 준다.

그의 시는 우중충한 현대사회에서 접하기 어려운 아주 살가운 서정이 빛난다. 어쩌면 바람조차 살갗에 살강대는 듯한 간지러움이 있다. 그러나 시의 구성은 의외로 단단한 상징적인 틀에 서 있다.

여기의 '고향'은 옛 시골, 또는 전래 전통의 모습 그대로이다. 그러나 '그녀'는 내 애인만이 아닌, 많은 사람들의 애인, 자연의 애인으로도 확대되어 있다. 전통적으로 '애인'은 '사유화'였던 것이라면, 현대사회의 사랑받는 '애인'은 공유(共有)하는 개념으로 옥빈 시인은 설계한다. 이는 "새로운 몸바꾸기의 시학"으로서 이 시의 현대적 관점이라고 하겠다.

감각적 표현이 원용된 이 시의 '그녀'는 독특하고 또한 감동적이다. 몇 가지 예를 들어보기로 한다(밑줄은 필자)

· 보리밭 두렁을 따라 <u>봄빛으로 서성이는/ 그녀를 볼 수 있다</u>(봄)
· 고추밭 언덕길 옆 <u>산딸기 빨간/ 그녀의 젖꼭지를 볼 수 있다</u>(여름)
· 고향에 가면 그녀가 있다/ <u>나를 기다리지 않는</u>(여름)
· 사랑처럼 피어오르는 연기 속으로/ <u>그녀가 노을처럼 서 있다</u>(가을)

· 더 이상 군불을 때지 않는 그녀가/ 쌀밥 같은 눈을 쓸고있다(겨울)
· 바람처럼 그녀를 떠났던 추억들이/ 나뭇가지에 매달려 울고 있다(겨울)

끝으로 「흔들렸던 추억은 아름답다」를 보기로 한다. 때묻지 않은 시심이 메마른 현대인의 가슴을 적시며 따뜻한 위로를 던지는 바가 있다.

피안의 길로 떠나는 당신

추억을 나누는 잔들마다
당신 그림자 떠나지 못하고 있다
살아온 인생의 뒤안길에 남겨진 눈물은
당신 몫이 아니니
떠나는 길 서글프다 생각 말아요
당신 가슴에 남겨졌을 그리움과 사랑들
여기 다 모여 이별을 준비하는 새벽
눅눅한 아침 공기를 마신다
밤새 마신 그리움으로 흔들리는 풀잎
흔들리지 않기 위해 더욱 흔들렸던 날들
다시 돌아오기 위해
손만은 흔들지 말자던 당신에게
오늘은 손을 흔들어 주고 싶다.

흔들렸던 추억은 아름답다.

—「흔들렸던 추억은 아름답다」 전문

이별에 관한 시는 우리 국문학사에서 차지하고 있는 비중이 높은 편이다. 민요 「아리랑」부터가 이별의 노래이다. 고려가요 「가시리」, 한시이지만 정지상의 「송별(送別)」, 그리고 김소월의 「진달래꽃」 등이 모두 '별리(別離)의 정한(情恨)'으로 빛나고 있다. 그러나 지금은 '이별'이란 개념조차 모호한 시대가 된다.

옥빈의 「흔들렸던 추억은 아름답다」는 현대판 이별의 정한을 노래한 것이다. 제목의 '흔들렸던'은 '괴로웠던'의 뜻으로 읽어도 될 것이다. 이 시는 이별에 대한 상황전개가 감각적 표현과 추상적 표현을 교차시키고 있는 주지적 서술임을 유의할 필요가 있을 것이다.

가령 "추억을 나누는 잔들마다/ 당신 그림자 떠나지 못하고 있다"는 표현을 "이별주(추억을 나누는 잔)"와 "그리움(당신 그림자)"의 등식이다. 이를 "나 보기가 역겨워/ 가실 때에는/ 말없이 고이 보내 드리오리다"(진달래꽃)와 비교해 보면, 시의 기법이 얼마나 변화했는지를 알 수 있을 것이다. "다시 돌아오기 위해/ 손만은 흔들지 말자던 당신에게/ 오늘은 손을 흔들어 주고 싶다"는 표현도, 이를 모두 제목으로 아울러 "흔들렸던 추억은 아름답다"로 요약하고 있는데, 감정의 절제를 통한 시의 승화를 볼 수 있다.

옥빈은 스스로 시인의 길이란 먼 길을 선택해서 출발했다. 지금 그는 아직 멀리 간 길이 아닐 것이다. 그의 연작시 「업무일지」「연애편지」는 일반화되지 않은 공업 생산현장의 시학으로 또는 삶의 단편적 서정으로 자신의 체험적 미학을 성립시킴으로써 새로운 지평선으로 확대시켰고, 시적 성숙과 사유의 성과가 작품의 완성도를 높인다. 그의 시세계는 점차 서정시의 본령으로 나아가 감각적 표현의 심도 있는 정진을 보여준다. 체험의 불꽃이 강할수록 작품은 빛난다. 길을 가면서, 지칠 때는 돌베개를 하고 쉬면서 옥빈 시인이 가는 길에는 시의 절정이 유성처럼 흐르며, 우리를 놀라게 하기도 하고 또한 일깨우기도 할 것이다. 그는 매우 건강하고 슬기로운 시인이라고 하겠다.

— 옥빈 시집 『흔들렸던 추억은 아름답다』(오늘의 문학사, 2008년)

고전적 향기와 사실적 묘출(描出)

— 우제선(禹濟鮮)의 시세계

1 시조의 멋과 운치

노향(蘆香) 우제선(禹濟鮮) 시조시인을 내가 알게 된 것은 이번의 집필로 인해서이다. 그는 이른바 늦깎이 등단 시인이었다. 늦깎이라 하더라도 2003년 ≪시조문학≫봄호에서 시조 「동천(凍天)」이 추천되어 문단에 나왔으니, 그는 이때 모든 일에 법도를 넘지 않게 된다는 불유구(不踰矩)의 연령에 들어선 때였다.

그러나 그는 매우 건강하고 의욕에 차 있었다. 등단한 그 해에 첫 시조집 『갈대의 향기』(2003)를 내고 이어 제2시조집 『바람에 길을 물어』(2004)가 나왔으며, 이런 추세라면 매년 1권씩의 시조집이 상재되는 것이라고 하겠다. 그것은 오래 축적된 역량의 폭발과 같은 것이다.

시는 고도의 언어예술이다. 시에 사용되는 언어를 시어라고 하는데, 시에만 쓰이는 특수한 언어가 따로 만들어져 있는 것은 아니지만, '시어'라고 했을 때는 시에 동원되는 별개의 낱말이나 어구라는 뜻으로 다른 것들과 구별하여 쓰는 것을 의미한다. 고전주의 시대에는 흔히 시어(Poetic diction)라고 부르는 특수언어가 있었다. 우리 고시조에서 쓰인 '아희야' '어즈버' 같은 감탄사도 그런 예라고 할 것이다. 그러나 현대에 와서는 평범한 일상어가 시어의 주류를 이룬다.

우리의 시조는 한시처럼 엄격하지는 않아도 3장 6구의 형식과 3·4조의 음수율, 4음보의 율격이라는 정형률이다. 시조는 오랜 세월 고유의 율격을 지키면서 우리의 언어, 정신, 풍속 등을 담은 보편적 정서를 드러낸 우리 문학의 정수(精髓)라고 해도 과언이 아닐 것이다.

그러나 시조는 음주사종(音主詞從)의 가창적 요소가 퇴화하고, 문자 예술로서의 지위만을 이어 가면서 근대 자유시에 밀리게 된다. 시조의 근본적 고민이나 개혁이 여기서부터 비롯된 것이다. 정격(正格)과 생활시의 영역에서 사랑받아온 시조가 변신을 강요 받아야 하는 문화적 과정을 겪는 것이라고 하겠다.

이러한 시조미학의 역사적 배경과 형식적 장치는 사물과 인정을 대상으로 통합과 화해의 서정을 추구하며, 풀어지기 쉬운 현실감각을 긴장하게 하는 시적 매력에서 그 수사적 운용을 도모한다. 그러나 시조미학은 여전히 시의 근대성, 상식성, 정체성(停滯性)의 극복에서 자유로울 수 없게 되어 있다. 이는 자유시에서도 같은 과제인 것이다.

우제선 시인은 시조의 멋과 운치, 그리고 사실적인 시의 묘출(描出)에서 그의 작품을 빚는다. 그의 3·4조의 율격은 너무 옥죄여 숨이 막히기 쉽거나, 또는 반대로 너무 느슨해져서 풀어진다거나 하는 것에서, 효과적으로 벗어난, 언어적 완성도가 비교적 높은 편이라고 하겠다. 그에게는 천부적 언어감각이 있었다.

높고 낮은
세 봉우리
어우러 다정한데

연이은
산줄기가
용트림 꿈틀거려

치솟은
봉우리마다
영기(靈氣) 서려 흐른다.

천황봉(天皇峰)에
꽂은 철탑
쇠말처럼 흉물스러

깎아지른
관음봉(觀音峰)은
중생 건져 날아갈 듯

뻗어간
장군봉(將軍峰) 줄기
선녀의 치맛자락.

—「삼불봉(三佛峰)에 올라」 전문

계룡산의 삼불봉을 노래하고 있는 이 시는 시만이 가질 수 있는 경쾌한 터치의 한 가편(佳篇)이다. 말하자면 시조의 율격이 엄연한 데도 그것을 느낄 수 없을 만큼 멋과 운치가 리듬에 무르녹아 있는 셈이다. 자세히 보면 구별배행(句別俳行) 시조에서 앞의 구는 다시 3·4조로 나누어 놓고 있는 것인데, 시각적 배치 또한 자유롭고 시원스럽다.

어떤 대상을 예술적으로 그려낸다는 것은 시인적 능력의 기본이다. 특히 사물의 실제의 상태를 있는 그대로 그려내는 사실성(事實性)의 응용은 모든 문학창작의 기본이라 할 수 있다. 우제선의 미학은 이 능숙한 가락의 운용과 사실적 묘사에서 단연 돋보이는 바가 있다.

하나의 예를 더 들어보기로 한다.

그리워 가신 임이
피 토한 넋이런 듯

수줍어 오므리다
벌어지는 봉오린가

살며시 머금은 구슬
부서질 듯 영롱해.

—「꽃」 제2수

언어의 운용이 이쯤 되면 거의 예인(藝人)의 경지라 아니 할 수가 없다. 꽃을 노래한 시가 많이 있지만 "살며시 머금은 구슬 / 부서질 듯 영롱해"의 이런 표현에 온다면, 형식과 내용이 일치된 이른바 무기교의 기교에 다다른다고 하겠다.

2 사무사(思無邪)의 전통과 시정신

시조는 그 역사적 배경이 고전적 향기와 그 생명력에 의하여 전통적 특성에 이르렀고, 그 전통적 특성을 갱신하고 탈피하려는 노력이 곧 시조의 현대화였다. 이는 곧 감각의 현대화였으며, 감각은 언어만이 아니라 소재의 선택에서도 적용되어야 하는 과제였다.

오늘날 시조는 너무 안일한 자세에 빠진 듯한 느낌을 받는다. 이른바 시의 '낯설게 하기'도 시조에서는 매우 드물게 볼 수 있다.

우제선은 그 언어나 소재 모든 면에서 고전적 향기를 품고 있다. 시적 발상법과 어휘, 시의 표현 기교 등이 시조의 성동성에서 출발한다. 고유한 가락과 한국적 특성이 그의 시조를 탄생시키며 또한 부상하게 한다. 이는 그의 장점이자 또한 단점이 될 수도 있는 요소임을 유념해야 할 것이다.

시조문학이 우리의 소중한 유산이요, 민족문학이라는 안이한 자부심보다는, 예술적 지향과 감각이 절실히 요구되는 이 시대의 창작문학임을 우선해야 하기 때문이다. 우제선의 시세계는 우선 그 소재가 국토사랑, 겨레사랑이라고 불러도 좋을 영역에 집중되어 있다. 많은 명산대천이 나오며 멀리 외국관광에까지 뻗쳐 있고, 겨레사랑에서는 한국적인 풍물과 국토분단의 단장곡(斷腸曲)이 있다. 이런 현상은 이번 시집에까지 대체로 이어지고 있다. 이는 시조문학이 어떤 인생론이나 이념을 표방하기보다는 '생활시'의 영역에서 발전해 온 전통의 맥에서 이해된다. 시조문학이야말로 한국적인 풍토와 정신의 총본산이었던 것이다.

시조, 한시를 비롯하여 우리의 전통지향적인 시들은 자연과 인생에 대한 비범하고 원숙한 세계관이나 그 경외감(敬畏感)을 정신적 지주로 투영해 왔다. 사무사(思無邪)는 이의 집약된 표현이며, 시의 견고한 생명력이라고 할 수 있는 시의 항체(抗體)라고 할 수 있다. 우제선의 시정신에는 이 '사무사의 꽃'이 그의 미학을 떠받치고 있다.

하늘을 떠받들고 살아가는 아침 풀잎
은 구슬 대롱대롱 그 내음 향기로워
햇볕살 찬란한 숨결이 가슴 속에 파고 든다.

다복한 덤불 속에 자라 오른 연한 잎새
끈질긴 삶을 위해 별과 함께 속삭이고
이름은 몰라도 좋아 분수 따라 사는 몸.

밭 둔덕 연못가에 욕심 없이 사노라니
아무도 시샘하는 거리낌 아예 몰라
차라리 초라한 생애 영욕(榮辱) 버린 한 살이.

땅 디디고 자라는 풀 그 수가 얼마이랴

뜰 위에 옮겨져서 사랑 받아 좋지만
넓은 들 자유론 산에 내 멋대로 살련다.

—「잡초(雜草)」 전문

이 시의 관조와 달관은 아침 이슬(1연), 연한 잎새(2연), 지상의 풀(4연) 등에까지 미치고 있으며, 자신은 "영욕(榮辱)을 버린 한 살이"(3연)로 되어 있다. 삼라만상과 우주에 이르기까지 그 영혼적인 삶이 '사무사의 꽃'으로 빛나고 있다.

현대와 같은 물신주의와 다량화 사회에서 그것이 비록 시조문학의 고전적인 세계에서 뒷받침된 것이라 할지라도 소중한 정신 지향이 있다. 이는 자연과 친화한 서민의식의 한 극점이라 해도 과언이 아닐 것이다. 그의 「많이 가져 무엇하리」, 「아낌없이 베풀어라」 등에는 인생을 초탈한 자의 비범한 일면을 보인다.

일찍이 공자가 그의 시경(詩經)에 대해 말한 "시 3백편을 한 마디의 말로 그 전체의 뜻을 다한다면 시의 뜻에 간사함이 없음이다(詩三百篇一言而蔽之曰 思無邪)"고 한 이 사무사(思無邪)는 시의 진실성을 말한 것이다. 시의 순진무구(純眞無垢)함을 가리켜 곧 "마음의 지고지복(至高至福)의 순간의 기록"(셸리)과 일치한다. 우제선 시인의 시조는 이 고전정신을 그의 혈맥으로 하여 깊고 맑은 빛을 낸다고 할 수 있다.

맑은 이슬
머금고서
반짝이는 고운 살결

주저리
매달려서
알알이 부풀더니

내뿜는
진보라 향기
손 끝에 묻어 난다.

삼동(三冬)의
시린 아픔
여물어 씨가 되고

잘렸던
줄기 끝에
새순 돋아 열매 열어

쉼 없이
퍼 올린 땅심
속살을 살찌웠네.

—「포도」 전문

포도에 관한 시를 많이 접하지는 못했지만, 이 「포도」는 시조의 멋과 운치가 한껏 투영된 수작임에 틀림없다. "내뿜는/ 진보라 향기"(첫 수), "쉼없이/ 퍼 올린 땅심/ 속살을 살찌웠네"(둘째 수) 등의 표현은 그냥 순식간에 얻어진 언어가 아니었을 것이다. '땅심'은 "토지가 농작물을 자라게 할 수 있는 힘"으로 곧 지력(地力)인데, 흔히 쓰이는 낱말이 아니어서 용하게 찾아냈다는 생각이다. 조롱조롱 송이를 이루어 익는 포도의 이미지가 그 실제의 포도 이상으로 영롱하게 빛나는 작품이라고 하겠다.

3 국토사랑 · 겨레사랑의 정신

앞에서 잠깐 언급하였지만 우제선 시인의 시에는 국토사랑·겨레사랑이라 일컬을 수 있는 내용이나 주제가 비교적 많은 편이다. 한국의 자연과 역사, 한국적인 서정과 얼이 거기 여물어 있는 것이다.

그는 수많은 명산대천을 직접 찾고 시를 썼다. 대전 근교는 물론 멀리 외국관광까지 미쳤다. 첫 시조집 『갈대의 향기』의 제4부 '아름다움을 찾아서'에 20편, 제2시조집 『바람에 길을 물어』의 제4부 '자연과 예술'에 19편 등이 수록되어 있고, 이번 시집도 예외는 아니다.

근자에 여행이 생활화되어 있고, 이 여행의 발걸음은 세계를 누빈다고 할 수 있다. 한국인은 이른바 '세계화'를 표방하면서 여행의 세계화가 먼저 이루어졌는지도 모른다. 해외여행을 다녀온 것을 소재로 한 시나 시집도 한때 유행을 이루었다. 그러나 여행이 보편화된 때문인지 그 작품의 신선도나 성과는 거의 살아나지 못한 것으로 보아도 될 것이다.

우제선의 시집에서는 「청산이 오라 하니」 「상선암(上仙岩)」 「정이품송(正二品松)」 「탄금대」 「강」 「충주호의 단풍」 등에서 시의 완성도를 높이고 있다.

나는 여기서 그의 겨레사랑에 관한 시편들을 주목하고자 한다. 그는 이미 그러한 주제의 시로 추천을 받기도 했던 것이다.

된 바람 실려 오는
애 끓는 신음소리.

임 계신 북쪽 하늘
눈 아래 다가선다

닿을 듯 잡히지 않는
얼어붙은 동토여.

온 누리 다슨 바람
해묵은 얼음 녹아

물새가 고향 찾아
오가는 남북인데

바위도 오열하는 땅
무덤같은 산하여.

풀뿌리 끼니 잇는
인정도 말라붙어

눈 멀은 벙어리에
족쇄도 채웠다니

반 백년 찢기운 설음
하늘 또한 흐느껴

—「동천(凍天)」 전문

이 시는 단순한 겨울 하늘(凍天)이 아니라, 계절과 관계없이 얼어붙은 하늘(凍天)이다. '얼어붙은 동토', '위도 오열하는 땅', '눈 멀은 벙어리에/족쇠도 채웠다니' 등의 시구에서 보듯이 암흑의 장막에 홀로 갇혀 있는 북한에 대한 신랄한 고발의 시이다.

심사평에서도 "남북분단의 비애에 이산가족의 아픔과 북한의 참상과 부자유 혹형을 가슴 아파하는 민족의 통한을 '동천(凍天)'에 응결시킨 수작"이라 하였고, 시조의 소재로서는 매우 박진감 있는 긴장을 높이 사고 있다.

그의 겨레사랑의 시편을 첫 시조집 『갈대의 향기』 제3부 '한핏줄'에 12편이 있고, 이번 시집에서도 「비 내리는 금강산」「부치지 못한 편지」「조국은 하나」「땅굴」「휴전선」 등을 선보이고 있다. 시인이 시대의 아픔과 부조리에 눈 뜨고, 발상법의 전환을 꾀하는 것은 생동하는 시정신을 개척하는 길이기도 한 것이다.

우제선 시인의 데뷔작품이 「동천」이라는 점은 이 시인에 대한 기대에 시사하는 바가 있을 것이다. 잠자는 시혼을 일깨우고, 홀로 눈뜬 자의 길인 것이다.

힘겨이 뜨고 말려
티 없이 태어난 몸

새하얀 한지(韓紙) 올에
장인의 얼이 서려

그려진 글과 그림이
천 년 넘어 살아 간다.

―「천 년을 사는 나무」 제2수

이 시의 '천 년을 사는 나무'는 닥나무의 문화적 수명을 가리킨다. 닥나무는 뽕나무과의 낙엽 활엽 관목이다. 나무껍질의 섬유가 '한지'의 원료가 되는 것이니, 이 원료를 가지고 한국 고래의 제조법으로 뜬 종이가 한지인 것이다. 창호지 따위의 조선종이가 이것이다.

이 한지에 수많은 사람들이 글씨를 쓰고, 그림도 그리는데, 닥나무는 이로 인해 영원한 삶을 산다는 것이다.

시인의 재능에 으뜸으로 치는 것이 기지(機智)라고 한다. 시인의 천부적 재능으로는 여러 가지가 있어야 하겠지만, 어떤 소재나 주제를 앞에 두고 글을 구상하고 쓰는 능력은 기지가 으뜸으로 작용하게 되기 때문에 기지는 시인의 재능으로 빼놓을 수가 없다는 뜻이다.

이 「천 년을 사는 나무」 또한 닥나무를 천 년까지 내다보고 제목으로까지 잡은 것은 곧 시인의 재능으로 볼 만한 것이라고 하겠다. 이런 끝없는 재능에 의해서 시와 시인의 생명력은 고동치게 되며, 작품적 성과도 기대하게 하는 것이다.

4 영혼의 시를 위하여

일본에 하이쿠가 있다면 우리에게는 시조가 있다. 시조의 묘미는 여러 가지를 들 수 있겠지만, 한국인이라면 누구나 흥얼거려 볼 만한 우리말의 무궁한 멋이 들어있고, 또 사대부들이 즐겨 짓고 부르기도 한 서민사회의 호흡이 녹아 있다.

시인마다 개성이 있고 취향이 다른 것이 사실이지만, 현대시조는 갈수록 정신적 지향의 비전이 요구될 것이다. 비전은 시인의 관찰력, 상상력, 환상, 미래상 등을 포괄하는 개념이며, 거기엔 깊고 넓은 식견이 또한 있어야 한다는 점이다. 이는 오늘날 자유시에서도 더 가혹한 시련을 요구받고 있는 터인 것이다.

모든 시정신은 영혼에서 나오며 또 거기서 흩어진다. 영혼은 나의 자아개념이다. 자아개념이 절실하고 처절할수록 시는 살이 있는 생선처럼 튈 수도 있다. 나의 모든 경험과 인식, 그리고 언어적 예인감각이 모두 그 중심으로 모인다. 작품의 참신성, 사고의 심원성 등이 거기서 창조된다.

우제선의 시세계는 시인의 실제적인 연륜이 있는 만큼 인생론적인 주아성(主我性)의 세계가 있다. 그것은 곳곳에서 사금파리처럼 빛을 내기도 한다.

몇 겁(劫)의 윤회 끝에 나 또한 사람 된 몸
몇 생(生)을 선업(善業) 쌓아 피안(彼岸)에 다다를까
흐르는 강물에 누워 쌓인 고뇌(苦惱) 씻어 본다.

흐르는 물 멈추어도 세월은 흘러 간다
애써서 치장한들 몇 년이나 지탱하리
조락(凋落)에 남기고 갈 그림자 허(虛)한 영상(映像)인 것을.

찬란한 나뭇잎도 빛 바래면 그만인데
마지막 잎새처럼 아쉬워 떨고 있다
푸른 꿈 애써 잡으려 몸부림친 속(俗)된 나.

나 있으니 나무 있고 나 없으면 꽃 없나니
허무한 영고성쇠(榮枯盛衰) 부질없는 꿈이어라
푸른 산 흰 구름 안고 살 듯, 내 영혼 시(詩)에 담아.

—「내 영혼 詩에 담아」 전문

인생을 초탈하고 있는 우주관과 삼라만상, 그리고 자신에 대한 인식이 조촐하고도 긍정적이다. 그러나 고전적인 사고와 향기에 심취해 있는 이의 눈빛이다. 제4수는 주제를 살리고 있기도 하지만, "나 있으니 나무 있고 나 없으면 꽃 없나니"의 구절이 시선을 잡는다.

우제선의 시조는 작시상(作詩上) 그 나름의 기교와 안목을 익히고 있는 것 같다. 대부분 사람들은 시조의 종장은 서술형으로 끝나야 하는 것으로 인식하기 쉽다. 고시조에서도 '~하노라'가 많은 편이고, 현대시조에서 거의가 '~데' 또는 '~있다' 등의 서술형이 일반적 현상이라 할 수 있다.

그러나 그의 많은 시조는 이런 종치법을 초장이나 중장에서 구사하고 종장에는 생략되는 것을 보게 되는데, 이는 시의 세련도와 의미집중을 한층 높인다.

위의 시조 4수를 보면 첫수만 '씻어본다'로 되어 있고, 2~4수는 모두 생략된 형태인 것이다. 우리는 이 시를 단번에 읽어 내려가도 호흡이 중단되지 않고, 전체적인 균형과 통일을 잡을 수 있게 된다.

우제선 시인은 데뷔시 당선소감에서 "나 자신을 발견하지 못한 삶에 한없는 부끄러움을 느낀다"고 하였고, "단순한 감상의 껍질을 벗고 깊은 내면의 영혼을 표출하려고 애를 써본다. 끊임없이 싱그럽고 영롱한 언어를 다듬어 구슬처럼 엮어보고 싶다."는 진술이 있다.

시인의 이런 자각은 시인의식에 눈 뜨고 있는 자의 발언인 것이며, 지금까지 살펴본 것처럼 그의 시세계를 일구어온 그의 비전이기도 했던 것이다.

꽃바람
스쳐 가니
향내음 따라 일고

고운 물
이어 흘러
썩을 날이 정녕 없다.

이승에
티없이 머물다 가면
욕된 자국 남을 리야.

—「단상(斷想)」 전문

'꽃바람'(1연), '고운 물'(2연)이 자연의 사물이라면 3연은 우리 인생이다. 혼탁한 세상을 살아도 시인의 마음은 거울처럼 맑고 깊다. 3연은 종장인데, '이승에'를 따로 올려 독립해 놓고 있는 시의 배치를 보면, 시인의 운율감각이 이런 데서도 예사롭지가 않다.

우리는 시를 통해 그 시인의 삶과 정신을 읽을 수 있다. 우리가 서로 이웃해 사귀고 교류할 때와는 달리 여기에서는 순수한 인간의 속성과 그 질을 읽게 된다. 어쩌면 그것은 유구한 문화의 내면을 흘러가는 또 하나의 신화(神話)와 같은 물줄기라 해도 좋을 것이다.

우제선 시인은 늦깎이 문단 등단이라 해도 고희에 들어서서 했으니, 흔한 사례는 아니다. 그러나 기다렸다는 듯 그의 작품활동은 작품집을 매개체로 하여 덩달아 내놓아 세인들을 놀라게 하는 바가 있다. 그는 결코 갓 등단한 신인의 모습이 아니었던 것이다.

우제선의 시는 시조의 멋과 운치를 충분히 살려 쓰는 싱그러운 운율감각이 있으며, 정형률이라는 한계선을 거의 초탈한 경지에 이르고 있다. 그의 시는 음악적, 회화적, 의미적인 구성요소를 포용하면서 가락을 이끄는 호흡과 사실적 묘사를 바탕으로 한 서사적 묘출(描出)을 보인다.

그는 고전의식의 취향이 깊고 그 향기에 따라 시의 소재와 주제를 선택한다. 그리고 거기서 한국적인 풍물과 정신을 시조에 접목시킨다. '지게' '복조리' '마분지(馬糞紙)' 등 우리가 거의 잃어버린 생활 용품까지 작품으로 나온다. 그러나 그의 시심은 이런 소도구가 아니고, 청자와 백자, 겨레의 얼, 명산대천 등에서 정련(精鍊)을 보여 주었다.

그는 어쩌면 우리에게 조금 늦게 날아든 한 마리 두루미일지도 모른다. 몸빛은 새하얗고 머리위에 붉게 살이 드러난 단정(丹頂)의 두루미가 지금 막 그 울음을 토하고 있는 것인지도 모른다.

— 우제선 시조집 『솔바람 푸른소리』(오늘의 문학사, 2005년)

주부의 사회미학에 눈 뜨다

— 이사라의 시세계

1 시신(詩神), 부활하다.

이사라(李思羅) 시인의 본명은 하자(夏子)이다. 충북 옥천군 옥천읍 하계리 49번지에서 태어났다. 한국 문학사의 시성으로 일컬어지는 정지용 선생의 생가는 하계리 40번지로서 개울 하나를 사이 둔다 하였다. 정지용 선생의 생가는 복원되어 있으며, 정지용문학관, 정지용시비 등이 옥천에 자리잡고 있다.

이사라는 옥천여자고등학교의 학연으로 천안의 김명배 시인과는 사제지간이고, ≪자유문학≫에서 등단한 정상순 시인과는 선후배 사이가 된다. 일찍이 고등학교 때 「길」이라는 주제의 글로 충북 도내 백일장에서 최우수상을 받았던 일로 그를 아끼는 지인들의 끊임없는 입김이 있었다. 본인도 "평생을 문학이라는 좁은 문 앞에 서성이게 되었다. 나는 다수의 주부들처럼 평범하게 살고자 하였지만, 시에 대한 연민은 떨칠 수 없었다"고 당선소감(2008년 ≪창조문학≫봄호)에서 쓰고 있다.

이순을 훨씬 넘어선 늦깎이로 시나브로 동인에 합류했을 때, 이사라의 시적 발상법과 감각적 언어의 구사는 10년을 이미 공부한 사람처럼 빠르고 대담하게 풀어져 갔다. 천부적 재능이 있음이다. ≪호서문학≫과 ≪창조문학≫의 문예지를 차례로 데뷔하게 된 것은 결코 우연한 일이 아닐 것이다. 50년간 가슴에 숨어있던 시신(詩神)의 부활인 것이다.

이사라의 시는 모든 사물의 원형과 근원에 대한 발견으로 나아가 이미지의 형상화에 시인적 역량이 있었다. 이런 기초적인 과정은 누구에게나 있는 것이라 할 수 있지만, 누구나 만족한 경지에 드는 것은 아니다.

몇 가지 사례를 보기로 한다.

① 솔로몬의 잠언 가득 한 주머니

—「석류」에서

② 수취인의 주소도
이메일도 없는
편지

발신인의
붉은 낙관

—「낙엽」에서

③ 심연의 끝은 어디인가
나를 키우던 풍경 사라지고
폐정이 된 텅 빈 우물

낯선 얼굴 하나
일렁인다

—「우물」에서

여기의 「석류」 「낙엽」 「우물」은 우리 주변에서 흔히 볼 수 있는 사물이다. 이를 효과적인 표현에 이르기 위한 것이 원관념과 보조관념의 관계인 것이다.

①은 '석류'가 '솔로몬의 잠언'으로 은유된 경우이다. 석류는 보석의 집합물처럼 되어 있어 석류를 소재로 한 시도 꽤 있다고 할 수 있다.

앞에서 말한 정지용도 "한 겨울 지낸 석류 열매를 쪼기여/ 홍보석 같은 알을 한 알 두 알 맛보노니"(2연)라고 '홍보석'으로 비유한다. 이사라 시인의 '솔로몬의 잠언'은 이스라엘 지혜의 문학으로 일컬어지는 것을 선뜻 이끌어온 점에서 높은 격상을 보인다고 하겠다.

②는 '낙엽'이 '편지'와 '붉은 낙관' 등 현대적 안목이다. 시각적 표현이다.

③은 숨은 비유관계로 '우물'이 '폐정'에서 다시 '늙은 얼굴'로 전이됨으로써 여성의 '폐경'까지를 연상시키는 고급의 표현법에 이른다.

이와 같은 이미지의 형상화는 시의 기법상 중요한 것이긴 해도 그것이 곧 시의 전부일 수는 없는 일이다. 시의 진정한 뜻이나 가치는 시가 대안적 파격을 열어가는 데서 찾아진다.

시의 서정은 언제나 현재형에서 완성된다. 미래를 항하여 끊임없이 진전되어도 현재형에 그 진화가 끝나며, 과거의 궤적을 이어가도 그것 역시 현재형으로 온다. 인간의 희로애락을 노래한 수많은 서정시의 종점은 언제나 그 당대의 현재형이었다. 문학의 가치관을 동시대의 현재와 삶의 진폭에서 그 의미를 찾는 것은 이 때문이다. 그 현재형이 시공을 초월한 영원에 도달할수록 불후의 가치성은 높아진다.

이사라 시인의 작품도 오늘날의 현재형에서 출발하고 현재형으로 다시 온다. 이사라의 현재형은 전통이란 큰 자산을 착륙지로 한다. 시적 세계관의 근본 토대란 전통에 있다는 흔들릴 수 없는 원리가 있기 때문이다.

> 매운 바람 하늘을 가르는 날도
> 나무들 온기 감도는

산으로 간다

새들도 떠난 가지
적막이 조금 무겁다
말없이 다가가고 싶어
혼자 오른다

투박하고 거칠은 등이지만
가만히 기대어 나누는 말
하늘 닿은 가지 끝
깃발처럼 올라간다

의미 없는 생명이 있을까
계단이 되어주고 손잡아 주는
그 자리가 자연인 것을
옷 벗긴 성자의 모습으로
숙연히 어려운 계절을 보내고 있다

등에 실어 온 삶의 봇짐
빈 가지에 맡겨 두고 내려 온다

어느 조용한 오후
겨울 산

—「겨울 산」 전문

이사라 시인의 데뷔작품이기도 한 「겨울 산」은 시적인 기교나 말들이 가공점에서 존재하는 그런 시가 아니다. 사유의 밀도가 있고 범상치 않은 성찰과 구성력으로 시의 완성도가 있다. 겨울 산을 소재로 '나무들 온기' '옷벗긴 성자' 등 조용하면서도 의미있는 연륜이 배어 있다. 시력이 있는 한 시인이 탄생한 것이다.

[2] 「판도라의 상자」를 열다.

한국 시단은 1990년대에 와서 80년대와는 아주 다른 여러 징후들이 나타난다. 1987년 6월 항쟁 이후 민주화와 경제성장 등의 사회변화가 촉진되었거니와 문학에서는 여성시의 급부상을 들 수 있을 것이다.

긴 세월 동안 사회적으로 또는 역사적으로 여성은 부재상태에 있었다. 그러나 여성들은 시를 통해 현실의 중심으로 속속 도착한다.

대학의 문예창작과 신설, 다양한 문화센터에서의 시창작과 관련된 교양강좌, 수많은 문예지의 창간과 신인 배출의 확대 등에 힘입어 많은 신인들 속에 여성시인들이 쏟아져 나왔다. 급팽창한 대중문화의 문화권력이 다원화의 미학과 어우러졌다.

그리스 신화에 나오는 판도라는 제우스가 인간을 벌하기 위해 불의 신 헤파이스토스로 하여금 흙을 빚어 만들게 하였다는 인류 최초의 여성이다. 그러나 하늘에서 갖고 온 상자 뚜껑을 열었으므로 온갖 재앙의 씨가 튀어나왔고, 당황해서 뚜껑을 닫게 된다. 뒤에 남은 것은 오직 '희망'뿐이었다고 한다.

이사라 시인은 시적으로 '판도라의 상자'를 열고 여성과 여성적인 것을, 그리고 주부로서의 모든 인식을 찾아가는 '희망'에 몰두한다. '희망'의 '판도라의 상자'를 연 것이다. 그 '희망'이 어떤 면에서는 제우스(남성)와 판도라(여성)에게 부여한 금기를 뜻하는 방어장치이거나 또는 남성이 지배하는 세계를 바꾸려는 여성의 '희망'일지라도, 이사라의 희망 개봉은 획기적인 것이었다.

이사라는 시의 현재형을 통해서 인간의 어떤 정상을 보게 된다. 이사라 시인의 작품들은 주부의 따뜻하고 지혜로운 손길을 기다리며 봄풀처럼 대지를 덮었다. 신생의 아침이랄 수 있었다.

금년 추석 연휴는 5일이다.
연휴 첫날
둘째 아들 세 식구가 왔다
결혼 후 십년 넘어 낳은 첫딸은 스타다
스타의 용품을 한 차 가득 실어왔다.
— 지들 때는 가방 하나면 끝이었는데 —
둘째 날
결혼 일 년차 막내아들 내외가 왔다
해외 관광이라도 가는 양, 여행 가방을 끌고 왔다
— 어머님, 친정에서 드리라는 선물이에요 —
햇순처럼 윤기가 흐른다.
추석 전날
큰 아들네 다섯 식구가 왔다
삼남매를 낳은 업적으로 카리스마가 넘치는 장 손부
며느리들 왁작하니 주방이 뜨기 시작한다.
송편은 각자의 솜씨껏 만들어
누구의 작품인가 알 수 있었다.
— 칭찬은 넉넉하게 —
달은 일찍 떠올라 거실 풍경을 보고 있다
아들들은 노래방으로 가는데
거나한 아버지도 물색없이 따라갔다
"불효자는 웁니다"를 목이 터지게 부를 것이다
손자들은 컴퓨터 게임에 눈이 빠져 있고
며느리들 웃음소리 삼도화음으로 듣기 좋다
젖먹이를 들쳐 업고 마당으로 나섰다
— 언제까지 부대껴야 하는 겨 —
옹알이하는 손녀가 옴질옴질
등 뒤가 따뜻하다
온 몸 세포가 힘을 얻는다
내일이면
그들은 조금 더 친숙해진 날개짓으로
이 둥지를 떠날 것이다

더 높이 솟아 오른 달이
윙크를 한다

—「J씨네 추석」 전문

어찌 시가 난해한 기교만이 능사일 수 있겠는가. 이 시는 조금 긴 편이지만 지루하지 않게 읽힌다. 노련한 화술이 진솔에 닿아 있기 때문이다. 형식에 구속되지 않으면서 적절한 형식의 끈을 유지한 채 다복한 중산층의 한 가정을 드러낸다. 물질과 정신, 생활의 구체성, 긍정과 부정, 시어머니와 며느리 등 혈연들의 성숙한 지평이 있다. 담백한 맛의 감동과 매력이 이 시의 감흥이다.

이 시의 내용에서 알 수 있는 것처럼 이사라 시인은 부군 조상환(曺相煥)씨와 함께 슬하에 장성한 아들 셋을 두고 있다.

한국의 여성시는 모윤숙 노천명 등의 선구적인 시인을 거쳐 김남조 홍윤숙 허영자 등으로 이어진다. 1990년대 여성시인들은 다시 강은교 최승자 김승희 김혜순 등의 연속선상에 있다. 여성시들은 대체로 섬세하고 미시적 자기 표현에 절묘했고, 우리 문학사에서는 이미 황진이 시조에서 정평이 났다.

그러나 오늘날 일부 여성시는 '판도라의 상자'의 재앙을 연상하게 하는 새로운 시의 해체와 남성 못지않은 파괴적 광기의 열정을 보인다. 그곳을 남성으로부터 '억압받은 자의 귀환'이라고 보는 견해도 있다.

이사라의 시는 '여성'이라기보다는 '주부'의 인식과 생활적 자기 표현이라고 할 수 있을 것이다. '주부'란 이미 한 아내로서 또는 어머니로서 연륜과 책무가 배일 대로 배인 주춧돌과 같은 인격체의 개념인 것이다.

이사라의 시에 「어느 하루 서울에서」 「부자의 밥상」 「메주」 「모기장」 「식탁을 닦다」 「J씨네 추석」 등 많은 시편들이 남녀 간의 사랑이나 갈등을 벗어난 주부의 서정이 빚은 작품들이다. 오늘날 많은 여성시인들의 시를 분석한다면, 아마도 '주부의 시학'이라 할 만한 지평이 잡힐 것이다.

그만큼 주부시인들이 많고 작품의 질 면에서도 분석적 가치가 있을 것이다.

앞에서 말한 '판도라의 상자'의 '희망' 또한 주부시의 어떤 단서를 제공해 줄 수 있을지 모른다.

3 주부의 사회미학

오늘날 '시를 쓴다'고 하는 것은 '즉흥시' 정도의 고전적인 개념으로는 설명되지 않는다. 한 시인을 이해하기 위해서는 시인의 성별 직업 교육 출생지 등 배경적 요소와 사상 등 총체적 접근을 필요로 한다. 시는 상징, 비유, 생략, 비약 등 고도의 수사학을 매력으로 하는 직관의 언어인 때문이다.

우리의 신문학이 서구문학에서 이식되어 온 것이라고 하지만, 서구문학 이전에도 시조 가사 민요 한시 등 운문이라는 장르는 존재하여 왔다. 그 표현 형식도 거의 일정한 틀이 있었다. 이런 사정은 동서고금을 통하여 각 민족마다 비슷하리라고 본다. 시가 인류문화에 회자되어 온 배경인 것이다.

이사라 시인의 시에 대한 점화는 어디에서부터 시작되었을까? 또 그런 단서는 어떻게 접근해야 할까?

삼년 전 겨울
사십 년 만에
옛 스승님이 오셨습니다.

우리의 모교도 보고
정지용 생가를 보자고

옥천으로

선생님은 "여태 무얼 하고 살았어?"
하셨습니다.
불에 대인 부끄러움
뜨거웠습니다.

—「향수 고장의 파종」에서

이 시는 늦깎이 시인이 된 이사라의 심경적 변화를 밝힌 시라고 하겠다. 사십년만에 은사 김명배 시인을 만난다. "여태 무얼 하고 살았어?" 라고 질책 아닌 질책을 받는다. 기대를 많이 해주신 '은사의 질책'이란 결코 가벼운 것이라 할 수 없을 것이다.

"향수/ 그 큰 밭 한 귀퉁이 빌려/ 파종해야지"하고 이 시는 매듭을 짓는다. 이 시의 제목도 여기서 나온다.

정지용의 생가가 있는 옥천을 가보지 않은 사람은 이 시의 '향수 고장'이란 제호가 조금은 어려울 수 있으리라. 정지용의 대표시가 어찌 「향수」 한편 뿐인가. 그러나 옥천을 가보면 시비에도 「향수」 아파트 이름에도 '향수'가 쓰이고 있어 '향수 고장'이었다. 산문과는 아주 다른 시의 표현방법의 난해성 또는 지적인 매력이 시의 묘미라면 묘미인 셈이다.

이사라의 시는 주부의 사회미학으로 나아간다. 미학이란 본래 미적 사실을 대상으로 심리학적, 사회학적, 철학적으로 연구하는 학문이다. 여기에서는 미를 성립시키는 창조적 개념을 주부로서의 공동생활이나 직업적인 동질성 등에서 살펴보고자 한 것이다.

시가 새로워야 한다는 강박증에 시달리지 않는 시인은 없을 만큼 시는 끊임없이 시의 역사를 쇄신해 온다. 이사라의 '주부의 사회미학'도 그의 시적 존재를 확인해 볼 수 있는 개념이다.

이사라의 시는 앞에서 말한 바와 같이 '현재형의 시학'에서 출발한다. 주부로서 자신이 처한 시대감각, 생활상의 심리, 나아가 모든 것을 아울려는 사상의 현대화까지 이사라의 시는 신선한 기풍을 유지한다. 이사라의 시에 그만의 독특한 외래어, 현대어가 효과적으로 쓰이고 있음을 주목할 필요가 있을 것이다. 사례를 보기로 한다.(밑줄 필자)

① 남편은 달구어진 오븐에서
빵들을 꺼내고
진열대를 채우는
모닝 베이커리
갈색으로 부풀어 오른
빵 위에 흐르는 버터의 반짝임
간 밤 숙성이 빛난다.

―「오늘의 빵」에서

② 진작부터
엣센스가 필요한
언어의 피부에 갖게 된
엑기스

생소한 외래어 투성이
던져지는 새벽
미명을 밝혀 줄
한권

―「사전을 펴다」에서

③ 헤드업 스크린처럼
우주의 길
볼 수 있다면

차라리
새들을 따라가자

새들도 네비게이터가 있다니까

—「새들도 길이 있다」에서

①에서 "오븐, 모닝 베이커리, 버터" ②에서 "엣센스, 엑기스" 등은 주부의 생활용품과 관련이 있는 것들이다. ③은 일반 용어에서 온 것이라고 하겠다. 외래어 사용을 권장할 만한 것이라고 보진 않지만, 주부들의 생활용품을 비롯한 현대어는 시의 질과 품위를 결정하는 것이라고 본다면 애써 피할 이유 또한 없는 것이다. 이사라 시인은 외래어 현대어의 적절한 구사를 통하여 당대의 현대 감각을 활용하고 있음이다.

다음의 시는 이 시인의 시인적 기질과 자전적 자기 성찰을 보인다.

지금 후회되는 것은

너무 느리게 흐른다고
강물의 등을 떠밀어 버린 일이다
일몰의 시각에 나타나는
무지개 빛 물고기의 이름을 잊은 일이다
나는 아이였고
강은 넘치게 흐르고 있었다.
날카로운 외로움 빛이 되고
빛은 나를 베어 비늘이 되었다
철쭉이 지는 강 붉게 흐를 때
두루미가 다리 하나로도 먼 산을 보는
평화로운 강가에서
첫 아기를 낳는 사람이 되고 싶었다
따뜻하게 데워진 강물에 아기를 씻기고
강바닥에 내려앉은 작은 영혼들의 움직임을
보여주고 싶었다.

지금 후회되는 것은

첫 번에 주웠던 돌을
쉽게 버린 일이다
다시 찾고자 맨발로 헤매였지만
세월이 돌을 다듬어
저항은 없었으나 찾을 수 없었다
아침 안개에 묻혀
스러지는 아픔
물소리에 넋을 잃고
아직도 그곳에서 서성인다

삶의 절반을 가르고 흐르는
강,
건너기 전까지
시를 쓴다

―「강물에 시를 쓰다」 전문

이 첫 시집의 제호가 되고 있는 작품이다. 이 시 '강물'의 원관념은 '세상'이다. "지금 후회되는 것은"의 전제를 앞에 두고 전개된 진술은 다분히 서정적인 내용이면서 비유법에 의존한다. 그러면서 시인의 의지가 비교적 선명하다.

"첫 번에 주웠던 돌"은 그의 시였다. 그래서 "강/ 건너기 전까지/ 시를 쓴다"고 다짐한다. 앞부분에서 "첫 아기를 낳는 사람이 되고 싶었다 / 따뜻하게 데워진 강물에 아기를 씻기고" 등에서 두터운 모성적 화해에 감동하지 않을 수 없다.

시가 어찌 관념만을 능사로 하랴. 인간적 진실의 종은 울릴수록 문학성과 감동을 함께 한다. 「강물에 시를 쓰다」는 이사라 시인의 인생과 문학에 대한 고해성사의 시라고 해도 과언이 아니다. 사회미학적 투영이 잔잔하고 작품으로서의 규범도 잡혀져 있다.

4 끝없는 개성의 심화를 향하여

시학적 차원에서 도(道)는 시와 매우 밀접하며, 시 쓰기가 바로 도에 이르는 길로 본다. 정신적 가치와 미적 품격을 한 세계관에서 도야하는 것은 깊이 깨달은 경지가 아니면 안 되기 때문이다. 경우에 따라서는 시인이 아카데미즘에 이르는 것은 이런 경지의 추구가 가져온 결과일 것이다.

이사라 시인은 과거는 없고 미래가 있는 시인이라고 할 것이다. 첫시집이 갖는 막중한 의미가 여기 있다.

이사라 시인은 전통적 서정시에서 조화로운 자신의 미적 감수성을 발휘한다. 지금까지 매몰되어 온 정신적 광맥을 휘파람으로 불며, 서정시의 현대적 감각과 테크닉을 구사한다. 오색 영롱한 빛과 이상적 지평이 바야흐로 시마(詩魔)에 들린 듯 먼 길을 재촉한다. 특히 겸허한 주부로서의 자아실현으로 나아가 사회미학의 성취가 있다. 끝없는 개성의 심화가 기대되는 시인이다.

끝으로 이사라 시인의 소묘적 발상법을 보여주는 시 한 편을 들면서 끝내고자 한다. 여기 「칸나의 가을」은 ≪호서문학≫에서의 등단 작품이기도 하다. 참고가 되었으면 한다.

태양을 잉태한 꽃잎
빗물 한 방울
머물지 못하는 성깔
펄펄 끓는 신열
여름밤 뜬 눈이다

후조 떼 남으로 떠나던 날
각혈은 시작되고
태양을 연모한 커다란 몸
더욱 허전하다

저녁이면 꽃 거미
그리움 집을 엮고
새벽 이슬
추억으로 달린 구슬

하늘 멀어지고
구름마저 상처로 남은 가슴
된서리 내리는 밤
마지막 한 잎
눈감는 임종

—「칸나의 가을」 전문
— 이사라 시집 『강물에 시를 쓰다』(오늘의 문학사, 2009년)

심미적 감성과 초월적 기법

– 이영옥 시집 『길눈』에 대하여

1 조숙한 재능의 출발

이영옥(李英玉) 시인은 조숙한 재능으로부터 출발한다. 한밭전국백일장에서 학생부 장원(1985), 또한 일반부 장원(1990)을 차례로 거친다. 그리곤 계간 ≪해동문학≫창간호(1993)에서 「사물놀이」 외 7편의 작품으로 문단에 오른다. 이때 그의 나이가 25세였다.

그는 지금까지 『날마다 날고 싶다』(1998), 『아직도 부르고 싶은 이름』(2002), 『당신의 등이 보인다』(2003), 『가끔 불법주차를 하고 싶다』(2007) 등 4권의 시집을 펴낸다.

내가 이해하기로는 이영옥은 매우 총명한 바탕의 소유자이다. 그는 편집장으로서 대외 창구 역할도 맡고 있지만, 그와의 통화는 항상 아주 편하고 정확한 소통을 느끼게 한다. 그만큼 그는 귀가 밝고 보고 듣는 것에 대한 기억력이 좋은 편이다.

모든 예술은 삶의 인식으로부터 시작된다고 할 수 있다. 이영옥의 경우는 한 여성으로서 또는 한 주부로서의 삶으로부터 오는 인식이다. 그에게 시쓰기는 평범과 비범의 치열한 갈등이라고 해도 과언이 아닐 것이다. 삶의 인식이란 본래가 인간의 욕망으로부터 시작되기 때문이다.

이영옥의 평인지기(平人之氣)는 이른바 보통 사람들의 속세에 살면서 그것을 뛰어넘으려는 화평지인(和平之人)에서 영혼의 마당을 만나게 된다. 이러지 않고서는 시쓰기의 심미적인 진아(眞我)를 만날 수가 없다. 어떤 이는 이를 사람이나 물체로부터의 발기체, 곧 아우라(aura)를 만나야 하는 것으로 설명하기도 한다.

심미성과 윤리성은 미(美)와 선(善)으로서 서로 다른 가치이지만, 더 좋은 것에 대한 밀접한 지향을 공유한다. 또한 우주도, 자연도, 모든 존재가 제 모습인 실상을 회복할 때 가장 아름답게 빛난다. 인간과 인간정신도 예외가 아닌 것이다.

이영옥의 첫시집은 구김살 없는 인간정신의 발양을 일깨우며 우리에게 다가온다.

날마다 자라나는 사랑으로
그,
얽매임조차
희망이고 싶다.

품었던 꿈을
모두 껴안고도
가슴은 늘
새장 속의 산새가 된다.

채워도
채워도
모자라는 사랑
스스로 깨닫는 날,

헐벗은 욕망에서
몸을 일으켜
뜨거운 가슴으로
날마다 날고 싶다.

―「날마다 날고 싶다」 전문

첫시집의 제호가 된 시이기도 하고, 청순한 나이의 정신이 한껏 고조된 작품이다. 군더더기가 전혀 없는 구성에서 이영옥의 시인적 재능을 엿볼 수 있을 것이다.

현대시에 나타난 '새'의 이미지는 여러 가지로 나타나고 있는데, 이 시의 '새장 속의 산새'는 잠재의식의 파편으로 이해할 수 있을 것이다. 고난을 극복하고 비상하고픈 의지의 고양을 볼 수 있다.

훌륭한 시인이란 인식의 귀한 품격과 뛰어난 표현력에 다름 아닐 것이다. 통속에 함몰되거나 손상을 입게 된다면 심미적 감성에서는 자연 멀어지게 될 것이다. 감동의 아늑한 차이도 여기 있을 것이다.

이영옥의 시맥은 철저하게 그 자신이다. 부모와 형제들, 그리고 남편과 아이들 등 가족 또는 '당신'의 소재가 많고, 자신에 대한 내공이 또한 적지 않은 편이다. 그러나 지나치게 사적인 것은 공감대의 폭을 확립하려고 할 때, 상당히 제한되고 경계해야 할 부분이 있을 것이다.

이영옥의 시는 간결한 표현 속의 객관적 정감을 성립시킨다. 어느 것이나 짙은 대상을 걸러내는 감정의 절제가 있다. 제2시집 『아직도 부르고 싶은 이름』의 '자서'를 보면 "적어도/ 내가 흔들릴 때/ 기댈 수 있는 받침이 되고/ 소리가 되어준 자음과 모음/ 고맙다. 그리고/ 미안하다"고 시에 대한 각별한 뜻을 표현한다.

이영옥에게 시는 하나의 의지이자 또한 자신의 내면과 만나는 영활(靈活)의 원천이다. 때로는 절망하고 때로는 충만감을 체험하면서 이영옥은 시적 성취에 뿌리를 내린다. 이 시대 한 평인의 닭울음 소리가 새벽을 알리고 있었다.

2 형이상시(形而上詩)의 초월적 전율

제4시집 이후 6년만에 나온 이영옥의 제5시집 『길눈』에는 55편의 신작시가 수록되어 있다. 그의 시는 제4시집 『가끔 불법주차를 하고 싶다』에서부터 무게감이 더해지고, 시의 성숙을 느끼게 한다. 시의 진경이 그에 있음이다.

철학이나 과학과 마찬가지로 예술 또한 세계인식의 한 방식이다. 이영옥은 그의 연륜과 더불어 차츰 세계인식의 벽을 두드리며, 사유의 미로를 찾아나선다. 그에게는 항상 시라는 언어가 있었다. 그의 언어는 초월적 전율의 기법을 터득하며 창조의 실마리를 잡기 시작한다. 문학에는 어떤 깊은 곳에 닿으려 하거나 꿰뚫고 들어가려는 맥박이 있다. 초월은 주어진 삶의 부분성이나 범속성을 전체적이고 고양된 이념으로 극복되는 경우이다.

제4시집에서 먼저 2편의 작품을 보기로 한다.

A 태풍 나비가 급상한다는
저녁 하늘 속에는
하늘과 하늘을 갈라놓은
절정에 다다르지 못한 노을과
접지 못한
당신의 얼굴이 걸려있다
힘들어
더는 같이 가지 못하겠다고
잡은 손 놓으려니
그 손 잡기보다 힘들었다

끝내
회복하지 못할 처음과
눈먼 태풍의 바람

—「나비야 나비야」 전문

B 겨우내, 살아가는 일
자신 없음이
내 안을 들락거리더니
고개를 흔들며
아니라고
아니라고 해도
이곳에서 함께 했을
신혼과
아이들의 자람과
아버지의 고된 삶을 도배한
시간들이 달라붙어
탕이 나 있었다

가끔씩 무딘 가슴 언저리에
아프게 찍힌 발자국들이
그곳에 박혀
온통
곰팡이 꽃으로 피었다

—「벽」 전문

A가 태풍 '나비'의 급상과 이에 방황하는 시적 화자의 '눈 먼 태풍의 바람'으로 주지적 결합을 보인 것이라면 B는 삶에 대한 회의가 감각적으로 표현된다. B에서 '탕이 나 있었다'의 '탕'은 새롭게 쓴 시어이기도 하다. 장마 때 눅눅한 물체에 생기는 검푸른 곰팡이를 가리키는 방언이다. 한자어로는 매기(霉氣)가 된다.

오늘날에도 서정시는 줄곧 압도적인 위치에 있지만, 오래된 담수호(淡水湖)로 남아 있고, 대부분 전통시들이 옛 서정시의 문법에 의존하고 있는 것에 대한 논란은 적은 것이 아니다. 우선적으로 복고적이며 퇴영적인 답습이라는 인상을 지우기 어려운 것이다.

우리 주변의 박용래 시인만 하더라도 그가 "서정시의 원점에서 조금도 비껴서지 않고 일관되게 자신의 시세계를 전진시켜 나갔던 시인임을 부인할 길이 없다"(최동호 「平定의 詩學을 위하여」 1991)는 데서 찾는다.

그런가 하면 전통 서정시에 대해 "시대가 비속할수록 더욱 단단해지고 엄격해지려는 이들의 태도는 옹색한 구도자의 자세에 비유할 수 있을 것이다. 이들의 지독한 수세적(守勢的) 태도가 마침내 스스로의 발목마저 잡는 결과를 초래하지 않을까 우려된다"(이경수 「불온한 상상의 축제」 2004)는 논리도 보게 된다.

문학은 세계인식에 대한 새로운 해석을 끊임없이 해오는 데서 그 존재 이유를 찾는다. 그럼에도 불구하고 사진사의 자연 복사처럼 여전히 자연을 그리고 노래한다면 이 시대에 가장 뒤떨어진 시인으로 치부되기도 한다.

이영옥이 비교적 투명하고 감각적인 서정시에서 변화를 거듭하고 있는 것은 그의 총명과도 관계가 있을 것이다. 가령 위의 A B의 시를 보면, 결구에 가서 폭력적 결합으로써 기사회생시키는 기법을 응용한다.

"끝내/ 회복하지 못할 처음과/ 눈 먼 태풍의 바람"이나, "아프게 찍힌 발자국들이/ 그곳에 박혀/ 온통/ 곰팡이 꽃으로 피었다"는 표현은, 지적인 참신성을 보인다. 이는 앞의 진술 내용과의 어떤 유사성보다는 이질적이며 상반된 양극과의 결합을 빚은 데서 온 결과인 것이다.

영원한 자유의 길에 들고자
가는 길이 있어
여름내 파랗던 목숨들은
지나는 발자국 소리로 긴 잠을 재우고

산죽 몇 잎 들고 일어나
잠들지 않은 청청한 손을 내밀었지

하필, 콧등 시린 이 추운 날
문득 올려다본 해인사의 하늘에
참나무 가지 끝,
누가 탯줄을 놓았을까

출가의 길에 든 행자처럼
해인사 독경소리에 번뇌를 묻고
아스라이 매달린 겨우살이

지루하리만큼 황폐한 세상을 향해
꺼질 듯 꺼지지 않는 촉수를 세워
부처님의 진신眞身사리가
참나무 가지 끝에 똬리를 틀었을까

불경도 아닌 것이
성경도 아닌 것이
단지, 외줄로 연명한 목숨 하나가
일주문에 들고 있다

—「외줄타기」 전문

시집 『길눈』에는 특유의 대화체의 표현에다가 형식의 세련된 정돈 등 주목되는 작품들이 적지 않다. 특히 무엇보다도 문단의 일각에서 논의되고 있는 형이상시(形而上詩)의 기법 사례를 들 수 있을 것이다.

몇 년 전에 출범한 한국형이상시회는 문예지 《형이상시학》을 발간하면서 최규철 문덕수 박진환 신규호 홍문표 등에 의하여 주도된다. 형이상시학을 제3유형의 시로 제시한 것은 오늘날 서정시에 대한 불신과 혼란에 대한 하나의 자구책이라 할 수 있다.

서구에서는 이미 T.S엘리옷이 단테로부터 역사적 맥을 찾으며, "시는 사상을 장미의 향기처럼 직접 느끼게 하는 것"이란 유명한 말을 남겼다. 30년대 미국의 비평가인 J.C 랜섬도 사물시와 관념시를 비판하며, 바람직한 시로서 형이상시를 제시한 바 있다.

우리나라에서도 그동안 이론체계는 없었지만 형이상시는 얼마든지 찾을 수 있다. 김현승의 「절대신앙」「절대고독」「마음의 집」, 문덕수의 「꽃과 언어」, 박진환의 「가을 이미지」, 김춘수의 「모자를 쓰고」, 김종삼의 「나의 본적」, 박남수의 「아침 이미지」「손」, 최규철의 「연륜은 쌓아간다」, 허영자의 「얼음과 불꽃」 등을 들고 있다.

"형이상시인들은 이런 통합적 감수성을 통해서 서로 다른 외연과 내포를 결합시키고, 또한 유사성이 없는 엉뚱한 사물이나 개념들을 재치있고, 교묘하게 결합하여 뜻밖의 새로운 유사성을 발견하는 컨시트, 패러독스, 아이러니의 상반된 양면성을 아우르게 하여 새로운 진리를 찾는 능력을 가진다"(최규철 『21세기 형이상시학과 시론』 2013)고 한다.

그리고 지금까지의 전통시가 나무 줄기와 가지가 있는 것처럼 중심이 강한 수직형 시스템이었다면, 형이상시는 다지털시대의 파편화한 리좀형 시스템이라 했다. 고구마와 감자 등의 알뿌리와 같이 중심이 없고 논리적 질서가 약화된 수평형을 취한다고 했다.

이영옥의 「외줄타기」는 제목부터가 고행자의 행적과 의식이 연쇄적 수평형 진술을 보인다. 고독한 고행자의 혼의 이미지가 해인사 일주문에 들어서기까지의 과정이나 배열이 그동안 많이 익숙해진 전통적 서정시의 수직형 시스템이 아니다. 그것은 중심이나 논리적 질서가 이완된 수평형 리좀형이라고 할 수 있다.

앞에서 예시했던 작품 「날마다 날고 싶다」 는 중심이 강한 수직형이었다. 이 작품과 비교해 보면 양자의 차이를 금방 알 수 있을 것이다.

그뿐 아니라 「외줄타기」의 구성과 표현은 매우 당돌한 맥의 연속이기도 하다. "지나는 발자국 소리로 긴 잠을 재우고"(1연) "참나무 가지 끝/ 누가 탯줄을 놓았을까"(2연), "아스라이 매달린 겨우살이"(3연), "부처님의 진신 사리가/ 참나무 가지 끝에 똬리를 틀었을까"(4연), "단지, 외줄로 연명한 목숨 하나가/ 일주문에 들고 있다"(종연) 등을 살펴보면, 황당하기까지 한 폭력적 결합인 것이다.

그러나 복합적이고도 신선한 현대 서정시 전율을 접하게 된다. 초월적 전율은 예술적 상상력의 의미와 효과, 그리고 심미적 감성의 우월성에서 오는 감동인 것이다.

시의 모호성은 강조할 일은 아니지만, 명석성보다 오히려 훨씬 힘이 될 수 있다. 이는 시인이 추구하는 창조와 자유의 정신 때문이다.

3 정체성의 심화와 한글세대

이영옥의 시인적 능력은 그의 직관의 힘이 컸을 것이다. 특히 그는 편집장으로서 많은 남의 글을 읽으며 매만져야 하는 현장의 터득은 더욱 컸을 것이다.

과거의 서정시 패러다움을 보완하거나 새로운 것을 창조하기 위한 맹아(萌我)는 시인의 직관적 상상력, 바로 창조적 정신에서 싹이 튼다. 작가란 다르게 태어나는 것이 아니라 다르게 생각하는 사람으로 정의되는 것도 여기에 있다.

앞에서 말한 이영옥의 초월적 전율은 그의 작품을 일신시키며 신서정시를 부상시킨다. 그의 시집을 보면 시의 형식미도 훨씬 세련되어 있다. 시어가 때로는 박진감을 일으키고 폭력적 결합으로써 신선한 느낌을 유발한다. 구체적으로 몇 가지 사례를 보이면 다음과 같다.

A 가볍게 가볍게
제 무게를 내리고
건너야 만나는 열반의 강

— 「꽃누르미」(종연)

B 스스로를 옥죄어 오던
바닥을 딛고 일어서는
소멸하지 않는 신화의 간이역

— 「입춘 무렵」(제3연)

C 촘촘한 그물망에 갇혀
은빛으로 서러운
하노이 늙은 아버지의 비늘눈

— 「비늘눈」(종연)

D 보이는 것보다
보지 못한 세상이 너무 많은
초록으로 휘청대는 6월입니다.

— 「운동화」(종연)

A의 「꽃누르미」는 꽃의 수분을 제거하여 만든 꽃예술품인데, 그것이 충격적인 '열반의 강'으로 결합되었고, B의 「입춘무렵」에서는 새봄을 맞는 땅속 새싹들의 세계가 '신화의 간이역'으로 주지적 표현을 보인다.

C의 「비늘눈」은 "이국에 머문 아버지에게선/ 멸치 비린내가 났다"로 시작되는 시의 마지막 결구이다. '촘촘한 그물망' '하노이 늙은 아버지의 비늘눈' 등 충격적 결합의 신선한 느낌을 주는 작품이다.

D의 「운동화」는 지병으로 누우셨던 어머니가 일어나 아이들의 운

동화를 하얗게 빨아 놓으셨다는 소재를 다룬 작품이다. 그런데 '운동화에 찌든 오염'이니 '보지 못한 세상이 너무 많은/ 초록으로 휘청대는 6월입니다'의 대조법의 수사학과 그 발상은 상반된 개념의 결합에서 시의 전율을 일으킨다고 하겠다.

우리의 전통시는 알게 모르게 시의 문법이 형성되어 온다. 김소월 이육사 서정주 박재삼 등 그동안 우리에게 익숙한 시에는 일정한 시어의 선택범위라든가 구성 등에 어떤 틀이 있었다. 시간적 또는 공간적인 순서에 의한 원근법이라든가 시어의 배치, 언어 구성 등에도 보이지 않는 규율이 있었다.

이런 시의 문법을 혁명적으로 박탈할 수는 없겠지만, 그렇다고 그것을 답습하는 데만 골몰할 수가 없다. 좋은 시는 또한 좋은 형식을 요구하며, 너무 정체된 서정시는 그 표현방식에서부터 생명력을 잃게 되기 때문이다.

시조에서도 '틀을 내파(內波)시키는 아름다움'을 강조한다.

이영옥 시인은 한글세대의 시인이다. 그만큼 그의 시에는 한자어가 많이 구어체로 변하고 있다. 시는 지식보다는 예지요, 예지보다는 인간적 사색과 그 승화에서 정체성이 자리를 잡는다.

이영옥은 여성 특유의 미적 감각을 형상화하고 있는 것으로 자족하지 않는다. 그의 시를 보면 시의 구성이나 원근법의 적용에서도 매우 유연한 느낌으로 다가서는 것을 볼 수 있다. 이른바 신세대들의 세계라고 할 수 있다.

자지러질 듯 터진 벚꽃 길을 걷는다
밤새 누구의 손길이 드나들었길래
마른 촉수마다

일제히 벙글었을까

어김없이
봄은 오고가고
꽃은 피었다 지고
까맣게 잊었을 사랑이
뒤를 밟는 소리
돌아보면 아무도 없는 봄날 오후

기억할까,
콧잔등에 쏟아진 꽃비에 젖어
눈물을 보태던 사람,
한바탕
소통의 막힘에서 흔들렸던 우리,

기억하렴.
언제고 혼자가 아닌
함께 걷고 싶은 이 길을.

—「꽃비 내리고」 전문

이 「꽃비 내리고」는 재래 서정시의 스타일과는 많이 다른 품격이다. 만개한 벚꽃 길이 배경이지만 벚꽃에 대한 사실적 묘사는 사실상 생략되어 있다. 첫 행 "자지러질 듯 터진 벚꽃 길을 걷는다"로 도입부를 잡고 나머지 2연~4연이 모두 이 첫행으로 귀납되게 한 구성인 것이다. 그리고 흥분이나 감탄적 표현보다는 "뒤를 밟는 소리/ 돌아보면 아무도 없는 봄날 오후"(2연)로 뜻밖의 적막에 이른다. 이영옥의 대부분 시가 이런 스타일로 되어 있음은 한글세대인 신세대의 새 스타일일 수도 있을 것이다.

지금 우리는 공동체가 소멸한 시대, 여러 신들의 싸움터에서 사는 것이라고 지적된다. 민주주의가 발전할수록 개인주의의 창궐이라는 역풍의 신들의 싸움터인 것이다.

시의 심미적 감성은 이 시대의 한 피뢰침이기도 하고, 신들의 노여움을 해독시키는 청량제일 수도 있으리라. 시의 원리이자 능력인 것이 심미적 감성이다. 이영옥의 신세대 스타일의 감성은 문화적 사회적 경험의 총화에서 온 것이고 그것이 소중하게 읽혀야 하는 이유도 여기 있을 것이다.

이영옥의 시에는 많은 생명감이 넘치고 있다. 부정과 비관보다는 긍정적인 인생관과 희망을 노래하고자 한다. 홍도를 다녀와서 쓴 시에는 '섬섬(閃閃)의 섬'으로 섬광을 노래한다.

불과 4행시인 「곡우(穀雨)」에서는 "스무여드레 만에 내린 봄비/ 동티난 봄, 적시기엔/ 아버지의 땅은/ 목마르다"라고 대지적 갈증을 보인다. '곡우'는 청명과 입하의 사이로 4월 20일 경이니 그야말로 만물이 소리치며 일어나는 시기라고 하겠다. 우리는 이영옥의 시에서 이 시대의 시대정신이 스며들고 있음을 느낄 수 있다.

일찍이 독일의 릴케는 "일생에 10편의 좋은 시를 쓰기 어렵다"고 했다. 아무리 시를 많이 쓰고 시집을 냈어도 결국에 가서는 대표작인 명시만 남기 때문이다.

앞에서 소개한 바 있었던 최동호 교수는 "광적인 혼돈 속에 피상적 상투적 소모적 일회적 시의 배설에만 급급한다면, 우리는 이 시대의 병적 소용돌이에 휩쓸린 시들의 쓰레기더미만을 보게 될 것"이라고 했다.

이영옥은 조숙한 재능으로 출발한 시인이다. 그는 초기에 여성시의 평인의식과 평정의 시학으로 시의 정체성을 모색하였고, 자아실현의 자족감을 높인다. 그러나 낡고 고루한 전통적 서정시에 대한 치열한 정신요구를 자각하면서, 그의 시는 이질적이고 상반된 양극화의 이미지나 사상을 폭력적으로 결합하는 형이상시의 초월적 전율 기법을 터득해 낸다. 특히 제5시집 『길눈』은 그의 변신의 중요한 참고가 되는 시집이다. 뿐만 아니라 신세대다운 감각과 시의 운용에도 유연한 새 스타일을 선보이고 있다.

머지않아 우리 대전을 흐르는 대전천 갑천 유등천의 맑은 물에는 더 많은 백조가 날아들었으면 한다.

— 이영옥 시집 『길눈』(오늘의 문학사, 2013년)

떠오른 신서정(新抒情)의 수평선

— 이용주의 시세계

1 시의 기법

계간 ≪오늘의 문학≫(1998. 겨울호)에서 등단한 이용주(李庸珠) 시인의 작품은 「길」「우산 없는 비요일」「꽃과 노인」「고독」「홍안의 세레나데」 등 5편이다. 이 중 「홍안의 세레나데」를 제외한 나머지 4편이 모두 산문시이다. 말하자면 그는 산문시를 가지고 데뷔한 시인이라고 하겠다.

심사평을 보면 "이용주의 많은 작품 중에는 일반적 시형태와 산문적 시형태가 고르게 분포되어 있었다. 그 중 산문적 형태의 작품이 삶의 예지와 철학적 견성을 보여주고 있어 믿음직했다"고 산문시에 무게를 둔 언급을 보인다.

그러나 이용주의 첫 시집 『서랍 속 풍경』(오늘의 문학사. 2001)은 데뷔 3년 뒤에 나온 시집인데, 이 시집에 수록된 작품 72편 중에서 산문시는 데뷔 작품을 포함해서 10여 편에 불과하다. 이러한 사실은 이용주 시인의 체질이 산문시보다는 순수한 감정 체험을 표출하는 좁은 의미의 서정시에 있음을 뜻하는 것이라고 하겠다.

서정시는 자아의 내면에 들어온 체험을 현재의 시점에서 표현하며 대개가 짧은 형식의 운문이다. 서정시의 주아성(主我性)과 현재성은 예술적 특질이 풍부하게 되고, 순수시 또는 절대시의 개념도 여기서 비롯된다. 서정시는 음악과 밀접하게 결합하여 시의 리듬은 곧 시의 살아 있는 육체적 호흡이라고 할 수 있다. 일찍이 영국의 스위프트(Swift. J)가 「젊은 시인에의 충고」에서 "운문 없는 시구는 혼 없는 육체이다."라고 한 것은 이러한 맥락이라고 할 것이다.

그러나 오늘날 서정시는 간과하기 어려운 고질적 문제들을 안고 있음을 부인하기 어렵다. 수많은 서정시가 관습화된 기표들을 답습한 채 지루하고 전근대적인 서정을 재생산한다거나 자폐적인 상처의 고백 등으로 일관한다는 것이 그것이다. 이런 부정적 측면은 서정시의 오랜 역사만큼이나 계속 반복되어 온다.

그러면서도 서정시가 차지하는 주류로서의 위상이 변하지 않는 것은 서정시를 향유하는 독자층이 넓고 깊기 때문인 것이다.

이용주 시인은 서정의 깊은 경지를 찾아 나선다. 전통의 친숙함을 이끌고, 또 그것을 넘어서려는 방법론적 탐구가 그에게 있었다. 그의 첫 시집 표제가 된 작품을 보기로 한다.

마이마이를 켜고
잔잔한 클래식 손잡고
황량한 들판에 선
어깨 넓은 아저씨의 뒷모습
오늘도 어김없는 종착역의 시간
방 한가운데 놓인 빨간빛 지등은
더욱더 타오르고
한낮을 졸고 있는 귀여운 뽀삐*가
꿈길에 아른거린다.

냉기 서린 방안에서
서랍을 열었다.
아무도 없는 캄캄한 인정 속

갇혀 있는 두 자루 연필
지우개로 뒤엎다 보니
어릴 적 어머니 손길 속을 노닌다.

지금 서른 여섯
오빠는 말없이 떠나고
서랍 속에 갇힌 아기는
오늘도 목메이도록 울고 있다.
서랍 속 인형 된 나도
목청껏 울고 있다.

둥근 구슬 하나
저 혼자 달관하듯 구르다
아가 손에 쥐어진 예순여덟 모친
한을 달래듯
시간을 꼬깃꼬깃 접어
가슴에 새겨 놓은 아침
누군가의 흔적으로
서고는 반짝 빛나고 있다.

*저자의 강아지 이름

—「서랍 속 풍경」 전문

오늘날 사회 각 분야에서는 세련된 감각과 명품을 선보이는 고도의 품질시대라고 해도 좋을 것이다. 산업현장이나 우리의 생활도 많이 변했다. 이런 세상에 서정시가 "어디서 많이 본 듯한" 표현과 내용을 하고 있다면, 독자들이 외면할 것은 너무도 당연하다. 상투적인 시어들, 상식적인 내용들을 모두 진부한 문구들이라고 하는데 이런 진부한 문구, 상투적 문구들을 클리셰(Cliché)라고 한다.

「서랍 속 풍경」은 새로운 소재와 비유로써 신선한 느낌을 주는 바가 있다. 이용주의 시적 자아(自我)가 새롭게 눈 뜨고 있음을 보여 준다고 하겠다.

우선 '서랍 속 풍경'이란 소재가 특이하다. 현대인의 황량한 모습(1연)에 이어, "냉기 서린 방안에서/ 서랍을 열었다"에서 2연이 시작되고 있다. 거기엔 연필과 지우개가 "어릴 적 어머니 손길 속을 노닌다"며 어머니의 추억으로 들어간다.

3연에서는 서랍 속의 그 아이가 울고, 거기 나도 목청껏 울고 있다며 유년기의 서러운 아이를 거기서 발견한다. 놀라운 심리속의 추억이 등장한 것이다.

4연에서는 저 혼자 "달관하듯 구르"는 구슬이다. 68세의 모친과 그 "한을 달래듯" 서랍 속에서는 뜻밖에도 "누군가의 흔적으로/ 서고는 반짝 빛나고 있다"는 결구에 이른다.

서랍이란 본래가 책상 · 문갑 · 장롱 · 경대 등에 달려 빼었다 끼웠다 하게 된 뚜껑 없는 상자다. 항상 잠들어 있거나 숨어있는 서랍이 뜻밖의 모습으로 나타나 우리를 놀라게 한다. 뿐만 아니라 원숙한 표현이 또한 뒷받침된 작품이다.

「서랍 속 풍경」은 내 내면세계에 찍혀있는 한 장의 이미지였던 것이다. 그것이 생생하게 경이로움을 준다. 첫 시집에는 이 작품 외에 「피아노를 치며」「요즘 나는」「휴지통 2」등을 볼 수 있을 것이다.

2 전통 서정의 재해석

전통이란 관습 가운데서 역사적 배경을 가지며, 특히 높은 규범적 의지를 지니고 전하여 내려오는 것이기 때문에 존중된다. 시에서 전통은 '시의 본질'로 이해되는 요소가 있다.

이용주는 이 땅의 평범한 한 딸로 태어나 풀뿌리 서민의식을 숨쉬며 사는 본질과 전통을 체험한다. 영웅주의 시대는 가고 보통사람들의 삶에서 그의 시는 여문다. 우리가 배운 근대문화와 교과서의 시도 "시는 여전히 심오한 곳"에서 고결한 인생관, 자연미, 역사의식 등이 자못 귀족적인 풍취에 젖어 있다. 그러나 전통의 계승은 여전히 유효한 것임이 분명하다.

전통 서정과 서정시의 틀이 낡은 동일화에 머물러 있고, 되풀이 반복된다는 것은 여전히 문제시되어 온다. 끊임없는 시의 혁신, 또는 시의 반역을 도모하는 뿌리가 거기 있었다.

이용주의 시는 제2시집 『반전 튕기는 흐뭇한 하늘이 있다』(2009)에 와서 시의 수준이 고르게 잡히는 진경을 보여준다. 그의 시에는 전통 서정을 재해석해 내는 전율 같은 것이 있다. 여기 두 편의 시를 보기로 한다.

펑펑 터지는 셔터

하늘가에
Z선 반짝임

어두운 마음에
들어온 무법자

비수가 날아오듯
긴장의 고삐를 매다

X레이선 찍힌
조마조마한 가슴에
수치심을 들킨 하늘

—「번개」 전문

부엌 바닥에 붉게 타오르는
태양빛 내일

오랜 시간 땡감으로 있다
탈출하겠지.
서러운 현실
물렁이는 결 고운 존재로 타올라
누군가의 입속에서
사르르 녹아
꿈이 되겠지
언제나 뒤돌아 보면
이 계절의 끝에서
존재의 이유 알겠지
하늘이 쥐어준 천명

또옥 떨어질 것 같은
나의 새가 운다

—「홍시」 전문

여기의 '번개 · 홍시'는 전통적으로 흔한 소재에 속한다. 누구나 한번씩은 어디서 읽었거나 써 본 일도 있을 것이다. 흔해 빠진 사물이 전혀 다른 해석의 차원에서 우리의 시선을 사로잡는 바가 있을 것이다.

"펑펑 터지는 셔터"로 시작되는 「번개」는 그 이미지가 번개만큼이나 작렬하는 듯하다. '셔터 · Z선 · X레이선' 등의 외래어, '무법자 · 비수 · 수치심' 등의 섬광은 신세대다운 참신한 표현에 이른다. 「홍시」는 그 결구 "또옥 떨어질 것 같은/ 나의 새가 운다"에서 보듯이 '홍시'가 뜻밖의 '새'로 비약한다.

비유가 성립하기 위해서는 두 사물이 이질적이거나 유사성이 있어야 하고, 그럴수록 차원을 뛰어넘는 효과를 기대하게 된다. 통합적이고 마술적인 상상력에서 능히 휘어잡을 수 있게 되며, 특히 부정의식이 있을 때, 두 사물의 결합이 강렬하게 된다.

「번개」가 유사성에 의한 이미지의 효과를 내고 있다면, 「홍시」는 이질적 결합에 의하여 비유의 효과를 살리고 있다.

전통적인 것은 무조건 낡고 퇴폐적인 것으로 보기보다는 이에 대한 새로운 표현과 해석으로 가는 것은 시의 진정성을 개척하고 확대하는 일이다.

이용주는 그의 「언어의 연금술사」에서 이런 점을 스스로 노래한다. "쇠망치/ 육중한 힘에/ 눌려/ 한 마리/ 학이 될 테니/ 철학도 알고/사상도 이해하는/ 예술로 승화하는 넋/ 언어의 연금술사"가 그것이다. '쇠망치'와 '학'은 너무도 이질적인 두 대상이다. 그러나 '쇠망치'가 '학'이 되고 또는 '학'이 '쇠망치'가 될 수 있는 것이 현대시의 비유법이다. 시인의 앞에는 무궁무진한 비유의 바다가 출렁인다고 할 수 있다.

시인으로서의 기본기와 가능성은 무어니 해도 언어감각이라고 할 수 있다. 그것은 신(神)의 축복, 곧 재질일 수도 있다. 이용주는 누구보다도 언어적 성취도가 있으며, 그만큼 그의 가능성도 있을 것이다.

3 우수와 고독의 날개

시를 쓴다는 것은 자기 내면을 직시하고, 정신적 주제를 끝없이 사유(思惟)하며 그 이미지를 표현으로 옮겨오는 과정이라고 할 것이다. 시인의 체험과 현실인식은 역시 가장 큰 소재로 작용한다.

이용주 역시 일상적인 삶과 심성의 바닥에서 우수와 고독의 날개를 치며, 시인적 고민에서 자유롭지 못하다. 이용주의 시는 이 시대의 현실과 만나는 소시민의식에서 출발한다. 시인 자신의 진정성이 거기 있기 때문이다.

안개 낀 하루
목도리 돌돌 말은
한 움큼 추위가 버티고 있다.

굶주린 영혼들
갈 바를 몰라 괴성을 지르며
무한 경쟁 속으로 간다

이기적 눈빛으로
퇴색한 사랑만 계산한다
삶의 무게를 버거워하면서도
희망의 끈을 놓지 않는 군중들

위선에 가득 찬 도시는
때론 베일을 벗고파한다.

—「길을 걸으며」 전문

이용주의 현실감각을 비교적 선명하게 보여준다. 너무 비관하거나 비장하지도 않으며, 신세대다운 젊은 눈의 긍정적인 면을 보인다. "삶의 무게를 버거워하면서도/희망의 끈을 놓지 않는 군중들"(3연)이 자리잡고 있기 때문이다.

'삶의 무게'가 있긴 하지만 어차피 지고 가야 할 짐 정도의 인식이다. 절망과 좌절, 죽음과 비애가 곳곳에 많았던 지난 날 우리 시와 차이라면 차이라고 할 것이다. 이런 현상은 비단 이용주 시인만이 아니고 현재 우리 시단의 전체적인 경향이기도 할 것이다.

이용주는 거의 계산된 단형시의 시풍을 유지하며, 의미의 심연을 최대한 확보해 가는 시법을 보인다. 정서적 밀도와 창의적 모색은 이용주

시법의 기본이 되고 있다.

「길을 걸으며」는 현대사회에 대한 객관적 진단을 내리며, 경쟁사회의 선과 악, 정의와 불의 등의 윤리의식이 있다. 그러면서 난해한 환상에 빠지지 않고 쉽게 이해할 수 있는 작품이다.

이용주의 시편들, 예를 들면 「불량감자」 「반전」 「자화상」 「아웃사이더」 「반찬의 유혹」 「함정」 「거울」 등 적지 않은 작품들이 삶의 무게를 콘트롤하고 있다. 엄숙하거나 개탄하기보다는 현대인의 경묘성(輕妙性)에 입각한 시의 약동와 열광을 읽게 한다. 예를 들면 다음과 같은 것들이다.(밑줄 필자)

① 지하철 속으로
은하철도 999 하늘을 날 듯
황홀해진다

도시인은
지하 속 세계에서
무한 질주한다.

—「지하철 안에서」 에서

② 모질던 사람들 쓰러지고
승리의 깃발 펄럭인다.

참깨 쏟아지듯 하다

고비의 삶에
반전 튕기는
흐뭇한 하늘이 있다.

—「반전」 에서

③ 인생이란 것이
구운 연탄에서 오므라들고 있습니다.

세상은 언제나 도도하게 흐르고
그늘진 곳에 또 내가 있습니다.

―「자화상」에서

④ 빛나는 야경 속
쓸쓸함만 맴도는

바바리 코트깃 여며 입고
오방떡 봉지를 품은 채
집으로 가는 가을

첨탑 위 십자가
스산한 불빛을 남겨두며
마법 같은 시간 붙잡고
기도로 잡아보는 생

―「가을 소묘」에서

4 시의 구원을 향하여

시는 어떤 장르보다도 이른바 '대표작'에 의하여 일반의 문학적 성가와 관심이 달라진다고 하겠다. 정지용은 「향수」, 서정주는 「국화 옆에서」 등이 그것이다. 미당 서정주의 고향인 전북 고창은 이 대표작의 이미지로 해마다 성대한 국화 축제가 열리곤 하는데, 그 규모에 놀란다. 국화꽃으로 뒤덮인 고을이었던 것이다.

대표작은 누구나 쓰고 싶다고 창작되고 또 알려지는 것이 아닐 것이다. 오래 작품생활을 하다보면, 대표작이 탄생되는 것이라고 보아야 할 것이다. 작품에 대한 완성도가 높은 시인, 대중적 가치관과 언어감각이 뛰어난 시인들을 들 수 있을 것이다.

오늘날 급변하는 사회현실과 이에 따른 문학의 실험의식으로 상당한 혼란이 진행되고 있지만, 시의 구원을 향한 치열한 고삐로 보아야 할 것이다. 이용주의 시도 상당히 새로운 실험의지의 시로 보아야 할 것이다.

지금 시단에서는 거의가 산문시, 또는 장황하게 긴 시, 그래서 서술성이 강한 이야기 시가 많다고 해도 과언이 아니다. 그러나 이용주는 역으로 단행시에 승부를 걸고 있는데, 이는 현 시단에서 반시(反詩) 기풍의 실험인 것이다.

일반적으로 시는 뜻을 집중적으로 전달하려는 경향보다는 뜻을 환기시키고 자극하려는데 주안점을 두는 것이다. 시의 리듬은 바로 이런 기능의 역할인 것이다. 특히 단형시의 표현 기법은 절약과 생략, 암시와 비유의 절정은 향하여 간다.

겨울이 가는 소리에
화들짝 놀란 요놈
바람과 춤추더니

살갗에 닿은 햇살
어린 승냥이 어루만지며
풀 위에 앉아 봄을 어룬다

불혹의 고개
하이힐 스타카토 소리에
봄이 묻어난다

곰삭은 일상들
툭툭 털고 일어서서
마법의 피리소리에
동화되어
사차원 봄의 세계로 간다

—「봄날은」 전문

이용주의 시적 체질은 과거 문화의 틀과 형식의 답습보다는 그 나름의 신서정(新抒情)에 입각하고 있음을 인정해야 할 것이다. 정서와 지성의 결합이 있고, 특히 인식과 소재에 새로움이 피어나고 있기 때문이다. 「봄날은」의 배경은 햇살이 어린 승냥이를 어루만지는 봄이다. 승냥이의 등장은 다분히 의도적이다. 성질이 사납고 초식성의 동물을 잡아먹기도 하며, 때로는 가축을 해치기도 하는 것이 승냥이다. 봄의 햇살과 승냥이의 구도는 상징적이다. 시인 자신도 어느덧 40세의 「불혹의 고개」를 넘는다.

'마법의 피리소리'는 요술의 세계이다. '마법'도 의도된 표현이리라. 이 봄날 시적 자아는 승냥이를 어루만지는 봄, 또 불혹의 세계관을 거쳐 "마법의 피리소리에/ 동화되어/ 사차원 봄의 세계로 간다"는 것이다. 현란한 봄에 대한 이미지와 인간세계의 요지경과의 함축이 결합되어 있다. 봄에 대한 일반의 통념을 아예 배제한 주제의식이라고 하겠다.

인간세계에 대한 이용주의 시적 훈수는 시편 곳곳에 있다. 몇 가지 예를 들어 보기로 한다(밑줄 필자)

① 오늘은 어느 누가 죽고
어느 누가 태어났는가?

한 그루 사과나무 심는
별은 사라지는데

나는야 지구를 지키는
독수리 오형제

—「지구인」에서

② 넌 아니라고

눈물이 난다

힘든 생 한 가닥
희망마저 포기되고

마음이 아려 온다

주님 왜 내 맘에
그런 꿈 갖게 하셨나요!

—「울고 싶은」에서

③ 신이 부여한 함정
울렁이는 범선과 같이
삶의 방식 걷어치워
상처들은 곪고 있다

다람쥐 쳇바퀴
시의 타켓에 칼을 드리밀다
인생은 삼류
알 수 없이 억울함만 호소한다.

—「함정」에서

시를 읽는다는 것은 곧 시인의 내면을 읽는 것이다. 이용주의 인생과 세계관은 현대인의 불안과 투정, 좌절과 실망 등이라고 할 수 있을 것이다.

그러나 이용주 시인은 알게 모르게 그의 정신적 세계가 종교적 신념에 의하여 뒷받침되어 있다. 궁극적으로 그에게 지구의 종말이나 절망의식은 없다. 이번 제2시집의 표제인 『반전 튕기는 흐뭇한 하늘이 있다』에서는 아무리 고난이 닥친다 해도 '역전승'과 '반전'의 기회가 있음을 고무한다. 여기의 '흐뭇한 하늘'이야말로 신이 비치고 있는 '은총의 하늘'이라 해도 좋을 것이다.

이번 시집에서는 「호박마차를 타고 주님 계신 성전으로」 「울고 싶은

」「나의 형편 아시는 주」등 종교적 시편이 있다. 문학과 종교는 표현하려는 바는 다를 수 있어도 그 근원에 가서는 서로 만나게 된다. 세속을 초월하는 소요의 경지, 깊은 인간애의 계곡에 이르면 뜨거운 인간정신과 합류한다. 그러나 종교가 이성에서 온다면 시는 감성의 세계에서 빛을 낸다.

이용주는 내가 지켜보고 있는 젊은 시인 중의 한 사람이다. 그의 시인의식과 시의 방법론에 대한 자각을 높이 사고 있기 때문이다.

이용주 시에는 전통 정서에 기초한 미의식이 고무되어 있으며, 신선한 비유과 뛰어난 언어감각으로 그의 단형시의 모델을 성취시킨다. 그의 시에는 아련한 신서정의 수평선을 떠올리고 현대인의 우수와 고독을 그의 시적 체질로 소화해 내는 바가 있다. 이용주 시인에게는 더 많은 미래가 기다리고 있다고 하겠다.

— 이용주 시집 『반전 튕기는 흐뭇한 하늘이 있다』(오늘의 문학사, 2009년)

신앙인의 시적 진실과 감동

— 이창범의 시세계

(1)

성서에 '태초에 말씀이 있었다'고 하였거니와 이 '태초의 말씀'은 어떤 의미에 있어서 시가 지향하는 세계라 해도 과언이 아닐 것이다. 천지창조와 궁극의 뜻을 추구함에 있어서나 창조적 성격과 인간정신의 재구성 면에서 거기엔 시의 본령이 들어있기 때문이다.

이창범(李暢範) 시인은 그동안 『작은 소망이 한 줄기 빛으로』(1995), 『그리움이 담긴 노래』(1997), 『고향의 바람』(2002) 등 3권의 시집을 냈다. 그의 시는 이미 정평이 나있는 것처럼 하나님과 여호와를 섬기는 기독교인으로서 선명한 '태초의 말씀'이 있고, 그 세계 인식이 누구보다도 탄탄한 윤리적 기초 위에 서 있다. 그는 아슬아슬한 모럴 해저드(Moral Hazord)의 시대에 홀로 정신적 위기를 극복하려는 파수꾼의 목소리를 내고 있다.

제3시집 『고향의 바람』의 자서(自序)에서 그는 '항상 깨어있는 마음으로, 믿음 속에서, 시로 마음의 부자가 되겠다'는 시정신을 밝히고 있다. 여기의 '마음의 부자'는 제2시집 『그리움이 담긴 노래』의 '책머리에'에서 밝힌 '마음의 평화' 그것에 다름 아니다. 그는 일관되게 시에 의한 자기 구제의 정신적 지향을 보인다.

산문에서 기록문과 예술문으로 나눌 수 있듯이, 시에서도 시의 언어를 지시적 기능과 함축적 기능으로 설명한다. '지시'는 언어가 지닌 사전적 의미에 한정하지만, '함축'은 그 언어가 풍기는 분위기, 다의성, 상징적 의미 등을 포괄하는 예술적 개념이다. 두 기능은 외연(外延)과 내포(內包)이기도 한 관계이지만, 모든 언어에 내포의 기능이 있는 것은 아니다. 그러나 내포는 외연으로부터 비롯된다. 시는 함축적이고 내포적인 기능에 의하여 발산되며, 시의 비유, 상징, 반어, 역설 등이 모두 여기서 의도적 비약을 한다고 할 것이다.

가득 차 있는 듯해도
늘 허전하게 비어 있고

가득 채우고 채워도
늘 턱없이 모자라는
밑 빠진
항아리.

—「욕망」 전문

이 시는 '욕망은 밑 빠진 항아리'라는 등식을 담고 있는 은유(Metaphor)의 표현 기법에서 성공하고 있다. 끝없는 인간의 욕망, 채워도 채워도 끝이 없다. 은유는 서로 이질적인 원관념과 보조관념이 일체화되어 새로운 의미를 창출하는 것인데, 그것은 직관적 사고에 의해 이루어진다.

시란 무엇인가? 시는 왜 쓰는가? 이런 물음은 소박한 것 같으면서도 경우에 따라서는 시의 특성이나 본질 규명에 도움을 줄 수도 있다.

이창범 시인의 경우는 "시는 뜻을 서술하는 것이다 (詩言志)" (서경書經)라는 오랜 전통적 사고에서 출발하고 있다. 이는 "시는 미(美)의 운율적 창조"(포우)니, "시는 상상력과 정열의 언어"(해즐리트)니 하는 경우보다는 훨씬 전통 지향적인 것이며, 또한 그의 신앙적인 뜻과 정서가 함께 분출되고 있는 방향인 것이다.

종교와 문학, 신앙과 시, 이런 연관은 이미 밀접한 역사와 본질을 함께 하고 있는 터이다. 영적(靈的)인 은총에 대한 복종과 찬미, 자연과 인생에 대한 비범하고 원숙한 세계관 등은 모두 전통시의 오랜 영역이라 할 수 있다.

작은 불씨가 있습니다.
시인으로서 시인답게 살고
진실하고 숭흠(崇欽)스럽게

시인의 삶이 양파 같아
벗어도 벗어도 이 세상에
보탬이 되는 시인이 되고 싶습니다.

내겐 작은 소망이 있습니다.
젊은이든, 늙은이든, 남자든, 여자든
아픔을 달래주는 그런 시인이 되고 싶습니다.

작은 불씨가 있습니다.
기쁨, 사랑, 소망을 남겨주는
그런 시인이 되고 싶습니다.

―「작은 불씨」 전문

시인이 자기의 사명이 무엇인가를 밝히고 있는 작품이다. 이른바 시인의 사명을 천명하고 있는 것이다. '보탬이 되는 시인'(2연), '아픔을 달래주는 그런 시인'(3연), '기쁨, 사랑, 소망을 남겨주는 그런 시인'(4연)이 되고 싶다는 것이다. 그리스도에 대한 소망을 담은 시라고 하겠다. 제목 「작은 불씨」는 '작은 소망'의 뜻인데, 시적인 운치를 살리고 있다.

신앙인의 이런 경향은 시의 목적성이 되는 것으로, 이것이 과도할 경우에는 시의 예술성을 추구하는 순수시와는 어떤 간극을 갖기 쉽다. 따라서 이런 시는 목적시로 분류된다.

목적시는 일정한 이데올로기를 표현하는 것을 위주로 하였으며, 예술성보다는 사상을 중시했다. 우리 나라의 경우를 보면 1930년대의 시문학파의 시가 순수시에 속했다. 1920년대 중반에 일어나 약 10년간 문단을 풍미했던 신경향파의 시는 목적시의 대표적 사례였다.

(2)

시성(詩聖)으로 일컬어지는 정지용은 ≪가톨릭청년≫의 창간(1933)과 이의 편집고문을 맡으면서 「불사조」, 「다른 하늘」, 「또 하나의 다른 태양」, 「나무」, 「은혜」, 「별」, 「임종」등 종교시를 선보였는데, 가톨릭 신앙을 바탕으로 한 것이었다. 유려한 운율과 정결한 신앙정신이 합일되어 순수시로서의 손상을 조금도 입지 않는다.

이창범 시인은 처음부터 신앙시 쪽에서 출발했다. 그의 첫 시집 『작은 소망이 한 줄기 빛으로』를 보면 제1부 15편은 모두 「기도」로 되어 있다. 그의 시는 신앙시가 주류를 이루고 있으며, 이번 제4시집도 비슷한 경향에 있다고 할 수 있다.

신앙시는 신앙 그 자체에 목적을 두기 때문에 예술성의 시처럼 특별한 기교나 수사에 관심을 많이 두지 않는다. 시는 본래가 고도의 기교와 수사를 요하는 장르인데, 이를 소홀히 하게 되면 일반인이나 예술론 쪽에서는 공감하기 어려운 부분이 있게 된다. 그러나 앞에서 정지용의 종교시를 예로 든 것처럼, 이 땅의 많은 시인들은 그의 신앙을 자신의 시와 조화적인 절제를 보이는데 인색하지 않는다. 오히려 시의 깊이를 신앙의 은은한 빛깔로 더해 주고 있는 사례가 많음을 유념할 필요가 있다.

저는 생애에 참 고통이 많았어요.
잃은 것도 있으나 얻은 것이 더 많습니다.
저는 어릴 적 풀섶에 앉아 푸른 하늘을
바라보면서 많은 꿈을 갖고 고향을 떠나왔지요.

님이시여!
저도 이제
이순(耳順)답게 청명하게 살렵니다.

곤충은 슬퍼서 울지 않고
제 눈을 보호하기 위해 운다는 말을 듣고
저를 보호하기 위한 것이 아무것도 없으니
얼마나 슬펐는지 모릅니다.

미워해야 할 떨기들 너무 많지만
이제 스스로를 갈무리하는
미물들의 조용한 동태에서 본보기를 찾아내어
제 여생을 살아가야 하는가 봅니다.

더욱이나 님을 배반한 자들이 얼굴 가리고
웃고 있어도 허공을 헤매는 것뿐입니다.
남사스럽게 잘못되었어도 제 가슴을 덮고
밝은 햇살을 맞이하렵니다.

—「긴 밤」 전문

이 시인은 자기의 존재 의미나 세계의 이념을 모두 신앙으로 채우고, 신앙으로 살고 있지만, 그 속에는 여전히 인간적 고뇌와 방황이 또한 시로 떠오른다. 그만큼 그의 시에는 진솔한 내면의식이 눈 떠 있다.

시 「긴 밤」은 이순에 들어선 시인의 생애적 술회가 담담하면서도 진실한 감동을 준다. 거기엔 '님'을 추앙하여 따르고 높이 받드는 신앙인의 내면의식이 있기 때문이다. 그는 전북 고창군 해리면 나성리 대정동 11번지에서 출생했으며 경희대 법과를 졸업했다. 그리고 17년간 경찰공무원을 하다가 퇴직했고, 교회에서는 시온성가대 대장으로 활약한다. 평범한 한 생활인이 어느덧 이순에 들어선 것이다. 그는 성경과 시의 영혼적 삶과 수양에 평생을 두고 정진을 게을리 하지 않았다.

신앙인에게서 흔히 볼 수 있는 것처럼 이 시의 배경은 인생에 대한 긍정정신과 조용한 자기 투시인 바, 그것이 퍽 매력적이다. 노년에 접어든 한 생활인이 과거를 돌아보며 '밝은 햇살'을 맞을 준비를 하는 것이다. 삶을 아름답게 사는 모습을 그대로 보여주고 있다. 신앙과 관계된 그의 시가 갖고 있는 위치가 여기 있다고 할 것이다. 이 방면의 시를 한 편 더 들어보기로 한다.

그대 있음에
사유하고 사랑을 느끼며
나는 아무것도 아닌 것을 알고 있소.

외로움은 인간의 엄연한 권리인데
저만치 괴로움이 켜켜이 오는 것을
누가 막으리요.

상처를 싸매기 전
지독한 고통이 오고
분비작용을 하기엔 너무나 힘이 드오.

그대 있음에
작은 기도로
작은 행복을 느끼고 있소.

그대 있음에
돌아갈 본향이 있고
아쉬움 없는 삶을 살 수 있습니다.

그대 있음에
여건에 감사하며
승리의 기쁨이 넘치고 있답니다.

내가 주님께 내 허물을 고백합니다.

—「그대 있음에」 전문

이 시의 '그대'는 그리스도, 곧 구세주이며 성령(聖靈)을 뜻한다. 그것은 시인이 동경하여 마지않는 절대자, 영원자로서 시에서는 '님·당신·그대' 등의 대명사로 나타나며, 불교에서 말하는 열반의 세계, 피안의 경지, 생의 구경(究竟) 등과 일치한다. 한용운 시집 『님의 침묵』(1926)에는 '님'이 182번, '당신'이 260번 나온다는 조사 결과가 있다.

시는 언어의식이 가장 날카로운 문학 양식이긴 하지만, 그렇다고 의미 전달에 소홀하거나 그 비중이 경시될 수는 없는 일이다. 특히 동양문학에서는 시인의 시경(詩境)을 중시하였고, 시를 일종의 도(道)라고 일컬어져 오는 터이다. 자연과 인생에 대한 관조·달관의 경지, 속되지 아니한 정신적 진경의 시는 지금도 고도의 품격과 공감을 자랑한다고 할 수 있다.

특히 신앙시의 본류는 거의가 이런 정신적 진경과 함께 이해되는 것이다.

이 시는 나의 정신적 지주인 절대자가 있음으로써 내가 얼마나 평화스럽고 행복한가를 읊은 것이라고 할 것이다. '작은 행복'(4연), '돌아갈 본향'(5연), '승리의 기쁨'(6연) 등이 바로 그것이다.

(3)

이창범의 시세계는 주위 사람들에 대한 사랑과 그리움이 있고, 고향에 대한 향수도 짙은 편이다. 그는 자신을 과장하지도 않으며, 오히려 겸손한 신앙인의 위치를 지킨다.

시는 사물에 대한 인간의 감정을 표현하는 문학이다. 감정이란 사물에 대한 인간의 주관적 의식반응이라 할 수 있다. 그런데 감정 자체의 객관적 타당성이 아니요, 그것을 발생토록 한 감정 주체의 내적 진실이다. 시가 1인칭 현재시제 형식의 문학으로서 때로는 위력적인 것은 이 때문이다. 시는 감정에 호소하고 그만큼 때로는 폭발성이 강한 장르라 할 수 있다.

이창범은 그의 생활과 시를 일치시키고 있다. 그는 시를 통하여 자신의 신앙은 물론 가족과 이웃과 고향을 사랑한다. 때로는 기도하며 호소하고, 때로는 회상하며 눈물짓기도 하지만, 그의 삶과 정신은 평상심을 잃지 않는다. 그는 예술가로서의 삶보다는 신앙인으로서의 삶을 우선한다.

〈A〉 꽃마음 갖게 하소서.

그리하여 부족한 것은 십자가 뒤에 숨겨 주시고
잘했다 칭찬받게 하소서.

—「폿대를 향하여」 전문

〈B〉 끝없이 이어지는
시간을 딛고 달려
동구 앞에 이르면
어디론가 사라진 옛날
고향은 거기 없어도

뒤돌아 앞산이 멀어지고
낯선 골목길에 노을 비칠 때
눈자위에 살금대며 떠오르는 그림자.

—「고향은 늘」 전문

구약의 잠언(箴言)에 보면, 이 세상을 살아감에 있어서는 지혜와 명철을 얻은 자가 가장 복이 있고, 그것은 정금보다 낫고 진주보다 귀하다는 말이 있다. 단테는 그의「신곡」의 연옥편에서 "너의 근원을 생각하라. 너는 야수처럼 살도록 태어나지는 않았고, 덕과 지식을 추구하도록 태어났다"고 했다.

이창범 시인의 삶과 정신에는 지혜와 명철을 갈고 다듬으며, 그 정신적 삶을 추구해온 것을 볼 수 있다. 우리가 일상(세속)을 살면서도 안식(성소)의 삶을 귀히 여기고, 때로는 우러러 존경하는 것은 이 때문이다.

위의 시〈A〉는 아주 소박한 생활인의 지혜가 함축된 작품이다. 특별한 수사법이 구사된 것은 없지만 "꽃마음 갖게 하소서"의 1행을 독립시킴으로써 시적 묘미를 얻는다. 이 시에서 볼 수 있는 것처럼 그의 신앙은 지혜와 명철의 은혜를 구하는 생활인의 모습이다.

〈B〉는 너무도 간절한 향수가 어려 있는 작품이다. 그의 「탯줄」이란 시에는 "내가 탯줄 묻어둔/ 전북 고창군 해리면 나성리 대정동 11번지/ 가쁜 숨을 몰아쉬고 방갓재를 넘으면/ 동촌에서 불어오는 비린내 남실바람"이란 표현이 있다. 미당 서정주(1915~2000)의 고향은 고창군 부안면이었다. 미당의 생가에는 멀리 바다의 한 자락 해수가 들어와 출렁이고 있었다.

이창범 시인은 고향에 대한 향수를 통하여 자신의 근본과 뿌리를 더

없이 그리워하고 자기 존재에 대한 은혜를 되새긴다. 고향, 그것은 그의 탯줄이었던 것이다.

이 시는 고향을 찾아도 '어디론가 사라진 옛날'이고, "낯선 골목길에 노을 비칠 때/ 눈자위 살금대며 떠오르는 그림자"란 잃어버린 고향을 읊고 있다. 산업사회로 변해 버린 오늘날, 고향은 사실 지키기도 어렵고, 존속하는 뜻조차 잃어버린 시대가 되었다. 이 시는 '떠오르는 그림자'란 결구에서 회상과 생략의 뜻을 함께 얻는다.

이창범 시인은 그가 태어난 시대와 생활 속에서 그리스도의 신앙과 시를 얻었다. 그것은 그에게 삶과 철학의 깊이를 더해 주었다. "글은 모름지기 뜻을 얻어야 귀하다"란 말처럼 글이란 자신의 인생 속에서 신음하며 속살로 우러나와야 하는 것인데, 그는 과욕하지 않고 나름의 조촐한 뜻에 이르고 있다.

그가 얻은 진실, 그가 깨친 감동은 시 속에서 뛰며 숨쉬고 있고, 독자들과도 깊은 공감과 위안을 함께 하고 있다. 그의 삶과 철학은 시를 통하여 새로이 성숙하고 부활하며 예술의 빛으로 남을 것이다. 그의 승리가 여기에 있다.

> 쏟아지는 햇살이 너무 맑고 깨끗하다
> 눈이 부셔 눈조차 뜰 수 없다.
>
> 땅은 낮아서 하늘을 우러르고
> 하늘은 높아서 땅을 굽어보는가
>
> 쏟아지는 햇살이 너무 맑고 깨끗하다
> 눈이 부셔 눈조차 뜰 수 없다.
>
> —「은총」 전문

이 간결한 표현 속에는 한 시인이 도달한 정신의 길을 엿보게 한다. 깊은 은총이란 일종의 깨달음의 세계인 것이다. 그 깨달음이 이처럼 찬란한 것일진대, 얼마나 고결하고 숭고하며 갸륵한 것인가. 시는 옛부터 이와 같은 사무사(思無邪)의 경지를 시의 지선지미(至善至美)의 본령으로 하여 왔던 것이다.

— 이창범 시집 『서풍이 부는 날은』(미래문화사, 2005)

불교적 은유와 순수 서정의 격조미

— 이하순의 시세계

1. 새로운 시인의 탄생

서화(西華) 이하순(李夏順)의 생애에 경이로운 꽃봉오리가 터진 것은 아마도 2003년 이 분의 연세 68세 때가 아닌가 한다.

이 해 ≪문학 21≫5월호에 시 5편이, ≪문학세계≫5월호에서는 수필 「호박」이 각각 신인 당선의 영예를 안는다. 어떤 운명의 여신이 고희를 앞둔 서화에게 이토록 큰 영광과 소임을 한꺼번에 내렸을까.

서화는 슬하에 5남매를 둔 주부로서 이 땅의 평범한 삶을 살았다. 그러나 어려서부터 독서를 좋아하고, 배우는 일이 있으면 기를 쓰고 사양하지 않았다.

서화의 수필집 『하얀 종이』(수필과 비평사, 2006)에 의하면, "첫 아이 낳았을 때부터 일기처럼 글을 썼다"하였고, "젊은 혈기로 유서처럼 쓴다. 그렇게 계속 쓰면서 죽을 때 꼭 책 한 권을 남겨놓고 죽어야지 하고 맘먹는다."(37쪽)고 하였다.

서화는 불교대학을 다니며 사경(寫經)을 시작하게 되고, 대전대학교 사회교육원 수필창작반은 작가 도야의 기반이 된다. 그 뒤 시나브로 동인이 되면서 정상순(鄭祥順) 시인의 직접적인 시의 실기지도를 받게 된다.

남편의 사업 실패는 서화에게 "사흘만 집에서 있으면 속에서 불이 났다. 그 불을 억누르려고 붓"을 잡은 것이 사경이었다.

> 책상에 앉으면 언제든 금방 쓰게 해 놨다. 반야심경을 한 삼백번쯤 쓰니까 안 보고도 쓸 것 같고, 오백 번을 쓰니까 글씨가 조금 인물이 나고, 구백 번을 쓰니까 누구에게 보여도 될 정도다. 그렇게 붓으로 먹물을 찍어서 쓴 것이 약 열석 달, 날짜로 사백일 만에 끝냈다.
>
> —「자신과의 약속」에서

서화의 글은 불교계의 보현지 창간호에 발표가 되기도 하면서, 꾸준히 이어갔지만, 무엇보다도 자신의 정체성(正體性)에 대한 끊임없는 사유의 샘물이 배양된다. 둘째 따님을 사별하는 아픔도 겪는다. 그는 홀로 자신을 지켜야 했다.

> 이제 오늘에 이르러 청둥호박의 모습을 부러워한다. 아무리 생각해도 그만큼 완숙하지 못한 나이지만, 지금부터라도 내 빛깔을 내기 위해 살고 싶다. 뒤늦게 글을 쓰기 시작하는 것도 이 때문이다. 나의 모습이 넉넉하고 여유있게 하기 위해 남은 세월 부지런히 살고 싶다.
>
> — 수필 데뷔작「호박」끝부분

이 글은 자신을 '늙은 호박'으로 자처하면서 자신의 삶을 투영한다. 비범한 문재(文才)가 엿보인다고 할 수 있었다.

우리나라의 추천제도는 ≪조선문단≫(1924)에서 시작되었는데, 시의 경우 3회를 통과해야 문단 데뷔로 인정되었다. 지금과 같이 단 1회로 끝나게 된 것은 80년대 후반기부터였을 것이다.

3회 천료에서 1회 천료로 바뀐 것은 무엇보다도 문인의 양산을 이끌었고 그들의 '문단 생존율'에도 영향이 컸다. 3회 때도 생존율은 30%를 넘지 못한 것으로 보았으니, 지금은 이보다 훨씬 낮을 것으로 보아야 할 것이다.

3회 추천 때는 지도와 긴장의 채찍이 있었기 때문에 신인으로서의 추천작품이 곧 그 문인 평생의 대표작이 되는 경우가 적지 않았다. 가령 「묘지송」(박두진), 「승무」, 「봉황수」(조지훈), 「혼야婚夜」(이동주), 「장미」(송욱), 「봄비」(이수복) 등이 그것인데, 이 작품들은 오늘날 고전이 되어있다고 하겠다.

오늘날 1회의 추천제도는 문예지에 작품을 발표할 수 있다는 신인 자격의 '티켓' 이상의 뜻을 갖지 못한다. 문학적 역량의 실현은 이제부터인 것이다. 그러나 많은 '티켓'의 소유자들이 사실은 작품 발표도 제대로 못해 보고 '문단의 고아'로 방황하고 있다는 지적이 있다.

문단의 이런 사정은 일부 원고료 '시장의 붕괴'로까지 이어지고 있음을 간과할 수 없다.

2. 불교적 은유의 시

이하순 시인에게 불교적 소양은 그가 우주만물과 접하며, 시인의 시적 사유를 뒷받침하고 있다고 해도 될 것이다. 사실 그의 시에는 불교에서 온 소재들도 아주 많은 편이다.

우리나라의 시문학사에는 만해 한용운, 미당 서정주를 비롯한 많은 시인들이 불교적 세계관과 그 지혜에 의하여 좋은 작품을 창조한 내력이 적지 않다. 토속화된 불교에는 한국인의 혼이 깊이 숨어 있기 때문이다.

서화의 시에는 사찰이나 암자, 또는 불교적인 풍경들이 자주 있지만, 신앙적인 경도에서 벗어나, 불교적 은유가 시의 작품성을 살리고 있다. 그는 불교를 사랑하고 신앙하지만, 문학의 독자성을 또한 충분히 인식하고 있음이다.

시는 내포적(內包的)인 언어미학의 산물이다. 시의 언어는 과학적 설명의 진술이 아니라, 의미로 해석되는 것을 거부하며, 논리로써 증명되는 것도 초월하는 면이 있다. 시가 메타언어를 동원하고, 메타언어는 밖으로 드러나는 의미보다는 그 속에 숨은 비의(秘義)를 빌어 함축하며, 암시와 상징을 통해서 표현하고자 한다.

일기예보 듣고
파도 그림 보러 바다로 간다
새하얀 파도는 하늘까지 뛰고
하늘에 흰구름 팔 벌려 잡는다
짙푸른 바다를 사이에 두고

저 멀리 보일 듯 말 듯
생명 건 어선 하나
폭풍 자면 파도 자겠지
기다리다 노 잡은 거친 손

바람 잔 수평선
하늘이 열릴 때
지쳐서 돌아오는 배
배 안에는 흰 거품만 가득하다

파도에 생명 건 어부
산다는 것이 파도라고
거품이라고
한숨으로 깨달았다

—「파도를 보고」 전문

시는 환상적이고 비실용적인 감정에 의존한다. 「파도를 보고」의 '파도' '어부' '거품' 등은 모두 현실적 상황을 지시하기 보다는 다분히 비유적인 표현들이다. '파도'가 '고해(苦海)의 고통'이라면, '어부'는 '인간'이며, '거품'은 '허무한 삶'인 것이다.

제5연은 이 시의 주제연이다. "산다는 것이 거품이라고/ 파도 위해서 / 한숨으로 깨달았다"는 이 시의 값진 부분에 해당된다.

이 시는 색즉시공(色卽是空), 곧 이 세상에 존재하는 모든 형체(色)는 공(空)이라는 불교적 은유가 뒷받침한다. 사실 '파도'나 '거품'은 모두 일시적인 형체에 불과한 것이다.

다음과 같은 시도 있다.

힘없는 할아버지
네 발 지팡이 끌고 간다

하얀 머리가 춥고
다리가 흔들린다
구부린 할아버지 등에
보다 넓은 나뭇잎이 앉았다
짐이 되어 무겁다

바람은 잎을 날려 보내지 못하고
잎은 떠날 생각을 않는다
어디까지 걸어야 되나

을씨년스런 날씨, 눈이 내린다
쌓이는 눈의 무게
더 하면 어찌할까

춥고 무서운 세월 쌓인다

—「짐」 전문

「짐」에서 "보다 넓은 나뭇잎이 앉았다/ 짐이 되어 무겁다"(2연)는 표현은 누구나 할 수 있는 발상이 아닐 것이다. 노년의 할아버지와 낙엽은 인생무상의 한 극점에 이르렀다. '종말'에 대한 비애를 '짐(무게)'으로 본 것은 새로운 시적 감흥이 있다.

제행무상(諸行無常)은 만물이란 항상 유전하며 잠시라도 한 모양으로 머물지 않는다는 불교의 근본 사상의 하나인 것이다. 여기의 '짐'은 불교적 은유법을 응용하고 있다고 하겠다.

3. 아름다운 노년의 빛

일찍이 조지훈은 그의 『시의 원리』에서 "모든 시관(詩觀)은 그 시인의 우주관에서 비롯된다. 그러나 시인의 우주관은 이론의 기초 위에 구조되는 것이 아니라, 생명의 직관(直觀) 속에 체험되는 것이다"고 했다. 이 글의 '생명의 직관'이란 곧 시인 자신의 전인격적 체험에서만 스스로 체득할 수 있고, 또 최상의 작시법(作詩法)도 거기서 터득하게 된다. 이를 시의 태반(胎盤)이라고 할 것이다. '시의 태반'은 정련(精鍊)의 도가니인 동시에 저 자신 속에서 익어나는 사상, 곧 시정신을 표출하게 한다.

서화의 시와 수필을 보면, 늦깎이 글쟁이답지 않게 노련한 그 나름의 작문법에 있음을 본다. 천성적인 재질이 그에게 있음이다. 그의 글은 어느 것을 보아도 졸렬한 작품, 곧 태작(駄作)이란 게 별로 없다. 수필도 그러하지만, 시에서의 그의 화법(話法) 또한 수준을 유지한다.

> 자반고등어 한 손을 사면
> 네 토막을 내서 준다
>
> 세 토막은 냉동에 넣고
> 한 토막만 노릇노릇 구워서
> 어른 상에 놓는다

또 한 토막 꺼내어
구워서 자식을 먹인다

부엌데기는
먹기 싫은지 맛을 모르는지
안 먹는 걸로 한다

그리 살다가
곁에 식구 다 떠나고
혼자 고등어 먹는다

허전한 맛을 삼키고 있다

—「고등어 한 토막」 전문

「고등어 한 토막」은 물 흐르는 듯한 구어체의 평이한 가락이면서 시의 묘미를 충분히 살리고 있는 수작이다. 우리 가정에서 얼마든지 있는 감동이 배어 있다. "부엌데기는/ 먹기 싫은지 맛을 모르는지/ 안 먹는 걸로 한다"(4연)가 그러하다.

어떤 이는 '노예 근성'의 작태라고 오히려 폄훼할지도 모른다. 그러나 서정주의 「귀촉도」는 "은장도 푸른 날로 이냥 베어서/ 부질없는 이 머리털 엮어 드릴 걸"(2연)의 임을 위해서는 머리털을 베어내 '미투리' 삼아 드리겠다는 것을 노래한 바 있다.

최근 세계적인 인문지리 잡지 ≪내셔널 지오그래픽≫(2007년 11월호)에서는 경북 안동에서 발견된 미투리(짚신)가 사진과 함께 소개되었음이 우리 신문에 다시 보도되었다. 남편의 병이 깊어지자 아내는 저승 갈 때 신고 가라고 삼껍질과 자신의 머리카락으로 미투리를 삼아 무덤에 넣었던 것이며, 잡지에서는 '사랑의 머리카락'이란 제목으로 소개되었다고 전한다.

서화의 「고등어 한 토막」은 부군을 잃은 뒤 쓴 시로 알고 있다. 첫 행 "자반고등어 한 손을 사면"은 "소금에 절인 고등어 한 마리를 사면"의 뜻인데, '한 손'이란 함축적인 표현이 자연스럽다.

정성이 지극할수록 사람들은 감동을 받는다. 이 감동이 있기에 노년의 아름다움이 빛을 내고 있다.

일흔 살 고희는
전생으로 넘겼다

나는 한 살이다
한 살이기에 아무것도 모른다
봄이 오는지 꽃이 피는지
해가 뜨는지 어두워지는지
모른다

칠십 년 동안 끌어안은 일기장도
바다 건너 버리고
한 살로 살아야 된다

들어도 못들은 척 보고도 못 본 척
귀 막고 눈 감고 입 꼬리 달지 않고
한 살로 살리라

이런 나를 만드는데
칠십 년이 걸렸다
지나간 날들을 모른 체 하고
묵언의 성인(聖人)을 흉내 내본다

—「일흔 한 살」 전문

이러한 달관은 어디서 왔을까. 문학에 대한 열정이 고희를 뛰어 넘고자 한 것이다. 또한 "바다 건너 버리고/ 한 살로 살아야 된다"는 '한 살'

은 염치없이 장수하겠다는 뜻이 아니다. 비록 늦게 시작했지만, 남은 여생을 보람 있게 살겠다는 마음의 다짐인 것이다. 세속을 초월한 아름다운 노후의 노래라고 하겠다.

이 시 또한「고등어 한 토막」에서처럼 구수하고 평이한 시법이 우리의 살갗에 닿을 듯한 '의미 진술'을 보이고 있다.

4. 비범화(非凡化)의 개성

시의 가치적 조건은 개성의 독자성으로부터 출발한다. 무엇인가를 발견하고 새롭게 표현하려는 것은 시인의 기본이다. 비연속적 가치관, 곧 창조적 가치관을 추구하고, 시인을 가리켜 언어의 질서를 창조하는 사람이라고 하는 뜻이 여기 있다.

요즘의 시는 갈수록 '지능화'한다고 할 수 있다. 정서의 환기나 반응이 아니라, 이를 물화(物化)하는 감각적 제작을 시도한다. 일종의 '기술적 만듦'의 연찬이다. 여기에는 다시 추상적인 표현이 교차되는 입체적 방법으로 가는 것이다.

서화의 시에서는 대상에 대한 인식이 보다 구체적이면서 정신적인 성찰과 서정의 아늑한 지평선이 있다.

> 서산의 해가 두 뼘 남았다
> 넘어 가기 전에 잡으려고
> 속력을 다해 달린다
> 긴긴 해 좋은 세월 다 보내고
>
> 사람들은
> 잡을 수 없는 해를 포기한 듯
> 깊은 잠에 들고
> 나 혼자만이 시간을 잰다

햇길 한 뼘이면 몇 십리를 달리나
종착지 대전에 가면 해를 잡을까
흐려지는 눈망울을 치켜서 올려 봐도
끝내 해는 놓치고 말았다

셈만 하다가 놓친 인생
이제는 가로등이 되어
해 잡으러 간다

—「해 잡으러 간다」 전문

「해 잡으러 간다」는 이 시는 앞에서 본 「일흔 한 살」의 작품과 같은 연장선상에 있다고 하겠다. 두 작품이 모두 '깨어있는 혼(魂)'의 노래이기 때문이다. 얼마 남지 않은 여생이지만, '깨어있는 자'는 조금도 절망하지 않는다.

"셈만 하다가 놓친 인생/ 이제는 가로등이 되어/ 해 잡으로 간다"는 이 시의 종연은 시적인 상상력이 자못 비장한 바가 있다. 해는 지고 밤이 와도 '가로등'은 세상을 비춘다. 시적 화자의 분신인 것이다.

'해'의 원관념은 '희망'이다. 인생의 희망이 매일같이 뜨고 지는 것이건만 시적 화자는 "긴긴 해 좋은 세월 다 보내고" 마침내는 해를 놓치고 말았던 것이다. 그러나 어둠속의 '가로등'이 되어서라도 "희망을 잡으러 간다"는 것이다. 이 시의 정신적 승리가 여기 있다. 날마다 뜨는 해의 일상이 비범한 경이로움을 준다.

서화에게 '고희'라는 시간의 지렛대는 세속적인 '여생'이라는 한계를 초월하는 개념이다. 그는 오히려 시의 원천적 긴장과 작렬하는 힘을 여기서 얻고 있으며, 그의 시가 생동하는 '시신(詩神)의 고향'이 되어 있다. 서화의 문학이 퇴영과 좌초의 한계를 벗어나 이처럼 정신적 승화를 점화하는 점에 우리는 주목할 필요가 있을 것이다.

다음 시는 서화의 풍향을 다시 한 번 가늠할 수 있게 할 것이다.

산이 붉은 핏덩이를 출산한다

산의 힘이 저만이나 하니
커다란 핏덩이를 출산하고도
흔들림 없이 우뚝 섰다

핏덩이는 질긴 탯줄을 끊고
파란 하늘에 홀로 서 있다

천둥 번개에 놀라기도 하고
가끔은 일식이란 게 있지만
제 힘으로 헤쳐 나간다

저 멀리 인간 세상에서는
살아가기 힘들다고 나를 청한다
원하는 대로 들어 주고
아낌없이 쏟아준다

보고만 있는 저 산은
영원토록 침묵으로
날마다 출산한다

—「태양을 출산한 산」 전문

「태양을 출산한 산」은 대지의 모정에서 태양과 산의 모습이 새롭게 조명되고 있다. 지금까지 우리는 "날마다 해가 뜨고 진다"는 상식에 젖어 있었다. 그러나 그것은 "산이 붉은 핏덩이를 출산한다"(1행)로, 이른바 "시의 낯설게 하기(뒤집기)"의 표현을 보인다. 일상적인 평범을 뒤집고자 한 의도인 것이다.

"핏덩이는 질긴 탯줄을 끊고/ 파란 하늘에 홀로 서 있다"(3연)는 표현은 지금까지 우리 상식이 접할 수 있었던 것이 아니었다. 아마도 여성의 경험과 상상력에서만이 가능할 유추이다. 산(산모)이 주체가 되고, 태양(신생아)이 태어나는 관계 설정은 확실히 새로운 것이라 할 수 있다.

5연의 "살아가기 힘들다고 나를 청한다"의 '나'는 누구일까? 삼라만상을 비추고 있는 '태양'인 동시에 시적 화자가 또한 숨어있는 표현으로 볼 수 있을 것이다.

돌이켜 보면, 필자는 누구보다도 적지 않은 시간을 이하순 시인의 곁에서 그의 정진을 지켜본 이의 한 사람이다. 필자가 서화를 처음 만났을 때, 그는 이미 문단에 데뷔해 있었고, 그에 관계없이 시에 심취되어 있었다. 그리고 도(道)를 닦는 자세로 젊은이 못지않은 시의 진척이 있었다.

이는 단순히 노후의 위안물이 아니라, 그가 이미 불도에 귀의해서 정신적 진경을 성취하고 있었던 것이다.

이하순 시인은 겸손하고 소박하며 한 떨기 구절초와 같은 향기를 지닌 분이라고 할 수 있다. 그의 시는 이 땅의 순수서정을 바탕으로 해서 의미있는 격조미(格調美)를 노래한다. 이 시집은 전통적인 격식과 운치로 원숙한 사유의 편린을 번쩍인다. 특히 삶의 진솔에 흠뻑 젖어 있어 긍정정신의 깊은 무지개가 뒷받침하고 있다. 시의 비밀이 청초한 한 여인의 삶을 어떻게 꽃피워 냈는지를 보는 것은 우리의 기쁨이라고 할 것이다.

— 이하순 시집 『해 잡으러 간다』(문경출판사, 2008)

자연과 시의 신성(神性)을 찾아서

— 조봉제의 시세계

1. 심원(心園)이 심원을 부른다

조봉제(趙奉濟) 시인의 시는 주로 자연을 대상으로 한 내용이 상당히 많은 편이다. 그의 고향이 경남 함안이고, 경상대 농대를 나온 성장 과정과 무관하지 않을 것이다.

시에서 자연이란 어떤 것이었던가? 모더니즘에 이르러 외면된 면이 있지만, 자연은 전통적인 명제였고, 시는 자연의 모방이라는 시론도 익혀온 바와 같다. 그러나 같은 자연이라 해도 자연과 초자연으로 나누어 볼 때, 그 영역은 많이 다르게 된다.

일반적인 자연은 우리의 감각에 따라 인지되고 지각되는 실재의 영역이고, 초자연은 신들의 영역으로 신성 · 영성 · 영생의 가치가 들어서며, 도덕적 미학적 관점이 제기된다. 조봉제 시인은 지금까지 자연에서 소요했지만, 초자연의 세계로 지향하고 있다.

조봉제의 아호는 심원(心園)이다. 이 '마음의 동산'은 '자연의 동산'이기도 했다. 아호를 시적 화자의 대상을 호칭하는 대명사로 활용한 여러 시편들을 선보인다. 그 실례를 보기로 한다.

심원
양재천 물길 따라 갈대숲 길 걷다가
바람이 살랑살랑 꼬리 치면

나는 바람과 갈대숲에서 종종 섹스를 합니다

심원
잉태 소식이 있으면 더욱 고독해져
물가에 앉아 잉어 춤 살피다가
물소리 조산원에서 바람 닮은
바람 시를 낳기도 합니다

심원
자녀들은 제 부모 닮아
바람과 갈대 이미지
인물이 뭐 인물이라 할 수 있어야지
울음도 바람 소리 웃음도 바람 소리

심원
어느 날은 어미 따라가라고
바람 부는 강둑에 홀로 두기도 했는데
바람 맞아 시익 웃는 모습만은
정말 사랑스럽기도 해서
철없는 그를 그냥 버릴 수 없었습니다.

—「바람의 자녀들」 전문

조봉제 시인은 자연의 외적 묘사보다는 자연의 내면에 숨겨진 이미지의 탐구로서 재구성한 '자연의 시'에 골몰한다. 위의 「바람의 자녀들」 역시 미학적으로 해석하고 재구성한 내적 공간이다.

'바람과의 섹스'(1연), '바람 시 탄생'(2연), '부모 닮은 바람 소리'(3연), '철없는 바람 모습'(4연) 에서 보듯이 직관에 의한 상상력의 소산이다. 바람이 섹스의 상대이기도 하고, 내 '시'이기도 하며, '자녀들'이기도 한 것이다. 비현실적이고 불가시적이지만 상상에서는 가능한 세계인 것이다. 그러나 시의 미적 쾌감은 공상의 세계에서 그 기능을 더하게 된다.

제3시집 『하얀 시간』의 '축하의 말—시인 안아무'에 보면 "그는 바람과 친숙해서 바람이 불면 가만히 앉아 있지 못하고, 머리카락 휘날리고 휘젓고 다닌다. 한마디로 '바람신'이 들린 '조용한 바람 사람'이다."라고 해, 조봉제 시인이 얼마나 바람을 좋아하는가를 전한다. 아닌 게 아니라 그의 시에는 '바람'이 많이 나온다.

심원은 심원을 부른다. '당신'이라는 대상을 '심원'이라 부르며, 시의 기미를 잡는다. 시의 한 수법으로 활용한다. 그런가 하면 「호수의 밤」에서는 시의 주제를 포괄하기도 한다.

> 심원(心園)
> 갑시다 일어섭시다
> 호수가 안내하는 휴식의 나라로
> 별빛이 잠든 꿈의 침실로
> 잠든 물새들 깨지 않게
> 조용히 조용히 걸어갑시다
> 내일을 향해 손에 손잡고.
>
> —「호수의 밤」 제4연

목가적이고 평화 지향적인 주제를 전원에서 구하고 있는 대표적인 시라고 할 것이다.

제3시집의 제호가 된 「하얀 시간」이란 작품은, 절대 자유와 절대 가치의 개념을 색채 감각에서 잡은 표현이다. '시간'이란 본래 감각되지 않는 것인데, '하얀'이란 시각적 이미지를 부여한 것에 이 시의 매력이 있다.

2. 생태시의 경지

조봉제 시인이 생태시에 관심을 갖게 되는 것은 어쩌면 당연한 순서였다고 할 수 있다. 생태시란 생태의식을 일깨우고 생태를 보존하려는 의도로 쓰여진 시라고 할 것이다. 생태를 규명하는 시, 고발하는 시, 보존 또는 복원하려는 시, 그리고 생태의 이상을 노래하는 시 등이 모두 포함된다.

우리 시단에 생태 문제가 제기되고 생태 환경을 고발한 시가 본격적으로 나타난 것은 대체로 80년대 후반부터로 본다. 대표적인 시인들로는 이형기, 정현종, 문정희 등이며, 특히 이형기는 한 권의 시집 『죽지 않는 도시』(고려원, 1994) 를 낸 바 있다.

본격적인 생태시 이전에는 수많은 자연 예찬의 시가 우리 시사를 장식했다고 할 수 있다. 세칭 청록파의 시는 새로운 자연을 통한 생명의 리듬과 생명의 고향을 추구한다. 동서고금을 통해서 자연의 생명과 이상을 노래한 시는 여전히 시의 아낌없는 주제였다.

가랑이 큰 상수리나무
만도 넘는 가지에 새 손을 펴서
2000년 4월 21일
중랑천 잉어 떼 보듬듯
북한산 삼천리골에 날 뉘어 놓고
허준 선생 혜민서 일 보듯 한다

숨은 고르게 쉬는지
맥박도 고른지
팔뚝을 들어 서울 생활 건강을 진맥한다

광화문 아황산가스 전광판은
수없이 지나는 차들에
며칠이면 신경이 마비되는지
일본 놈들이 하던 생체 실험을 하고 있다

빛으로 들어선 거리 광화문

은행나무들은 황달이 난 노랑 눈으로
빌딩의 수를 세다가 헷갈리는지
신경질이다
경복궁 나무들은
근엄한 조선의 임금님 헛웃음을
하루 종일 대신 웃고 있다.

키 큰 나무는 키 작은 나무들을 데리고
충무로로 청계천으로 을지로로
끼니도 거른 채 삼천리 계곡 드나드는데
12시가 지난 한낮
천도 넘는 사람이 내 옆에 누워 있다.

—「북한산의 어느 하루」 전문

「북한산의 어느 하루」는 자연 훼손이나, 환경 파괴, 환경오염 등에 대한 문제의식을 드러낸다. 북한산은 서울 북방의 근교에서 최고봉의 엄연한 위용을 갖추고 있는 삼각산이다. 여기의 북한산은 훼손되지 아니한 자연의 보고인 것이다.

북한산에서 작중 화자인 '나'는 상수리나무 밑에 누워 서울의 생태 건강을 진단한다. 이러한 시적 픽션은 거시적인 문제 제기에 효과적일 수 있을 것이다. 결구 '12시가 지난 한낮/ 천도 넘는 사람이 내 옆에 누워 있다.'에서는 운치있는 공감도를 확산한다고 할 것이다.

생태시에는 생태의 이상을 노래한 일부의 자연 시가 높은 자연 관조의 형태로 시적 성취도를 보인다. 이성선은 그 대표적인 한 시인일 것이다. 강원도의 자연과 인간이 하나되는 그의 신념은 우주적인 질서 안에서 생태학의 원리가 추구하는 이상이기도 했다.

「북한산 산비둘기」에서는 산비둘기들의 '공해 대책회의'가 나온다.

노을이 물든다
옹기종기 북한산 산비둘기
공해 대책 회의한다
하늘 색깔이 검붉고 속이 메스꺼우면
높은 산 위로 올라가야 해
아스팔트 위 팝콘은 먹지 마라
암으로 죽게 된다
서울 사람들은
먹는 물에 똥오줌, 독약 섞어 마신단다
개소리해도 모른 척하고
모르는 사람 따르지 마라, 유괴당한다
저들이 만든 노을의
핏빛 같은 스모그 무섭지 않니

작은 비둘기들은
참 이해가 안 된다는 눈치로
고개 갸우뚱거리며
어미의 다음 얘기를 청하고 있다.

—「북한산 산비둘기」 전문

「북한산 산비둘기」는 서울의 심각한 환경 오염을 고발한다. '산비둘기의 대책 회의'로 되어 있지만, 우리 인간세계와 직접적으로 연결될 수 있는 경고성 내용이다. 사람과 함께 사는 '도시의 비둘기'가 흔하게 많은 현실이기에 뜻이 있을 것이다.

우리 시단에서 생태 환경을 고발한 시는 새로운 영역이긴 하지만, 아직 그 문학성이 뚜렷하다고는 할 수 없을 것이다. 하지만 그 존재 자체로 충분히 뜻이 있는 것이라고 하겠다.

3. 미학적 가치관과 문학성

오늘날 한국 시를 들여다보면 혼란스럽고 황폐한 느낌을 주는 바가 없지 않을 것이다. 그러나 문화의 중심이요 예술의 핵으로서 시가 지닌 생명적 요소가 퇴색했다고 할 수는 없을 것이다.

이 시대의 어둠과 질곡을 넘어가는 길목에서 서정시의 문학성은 매우 약하고 위태로운 존재이긴 하지만, 창조 정신을 일깨우며 여전히 유혹과 매력의 불꽃을 반짝인다.

초봄에 돋는 풀잎 하나 잎새 하나
옹달샘에 솟는 물 한 모금
흙, 바람, 햇빛으로 빚은 한 톨 곡식들
모두가 순한 목숨들입니다

이들의 복은 풍우(風雨)가 알 뿐
신우대 솟아 울을 둘러 주면
열린 쪽이 사립문입니다.

들찔레 새순처럼 연한 목숨이라도
눈비 이겨내는 풋풋한 야성
이성은 순수하여 창공처럼 푸르고
불의의 총칼 앞에서는 들불로 일어설 줄 압니다

눈 감아 보면
조국의 산야
그대들 피 얼룩지지 않는 곳 없지만
두려워하지 않는 것은 맨발 맨주먹의 힘
나의 욕망을 위해서는 절대 일어나지 않았습니다

짓밟히고 뜯겨도
인내하며 의지하며 살아가는
황무지의 후끈한
숨결입니다.

—「민초들의 숨결」 전문

우리의 현대사에서 '민중' 또는 '민초' 에 대한 관심은 높았고, 지금도 계속된다고 할 것이다. 80년대 신군부의 쿠데타, 광주민주화운동 등 32년간이나 이어진 군사정권과 군사 문화의 위풍 앞에서 정치적 변혁을 열망하던 시대를 업고 민중시, 민중문학은 그 반역의 싹이 텄다. 그러나 민중시, 민중문학은 한 시대의 문제의식 또는 실험성은 높았어도 작품성과의 논의는 별개로 남아있다.

조봉제 시인의 「민초들의 숨결」은 그 취향이나 기법에서 80년대 이 땅의 민중시와는 다른 차원에서 접근한다. 우선 대상에 대한 주제의식이 정중동(靜中動)의 관조로 나아가 매우 차분한 진실성이 높음을 들 수 있다. 가령 '순한 목숨들 · 복 · 사립문 · 들불 · 맨발 맨주먹의 힘 · 황무지의 후끈한 숨결' 등 주요 어휘만 보아도 '민초들'의 본질에 대한 이미지 연결이 감동적이다. 특별히 꾸미거나 짜 맞춘 것 없이 작품성이 녹아 있음이다. 그러면서 '~입니다' 등의 경어체에 시의 리듬이 한결 부드러운 효과를 준다.

'민초'는 순수한 우리말의 맛을 내는 '백성'이다. '국민'이 정치적 권력의 뜻이 있다면, '백성 · 민초'는 정치 이전의 산야에 펴져 자연의 일부가 된 '사람들'의 개념이다. 이러한 원관념이 '한 톨 곡식들, 순한 목숨들'(1연)이 되었고, '이들의 복은 풍우(風雨)가 알 뿐, 열린 쪽이 사립문'(2연) 등의 표현을 얻는다.

그렇지만 '풋풋한 야성, 불의의 총칼 앞에서는 들불로'(3연) 항쟁의 불길이 타오름을 나타낸다. 예로부터 민족이나 국가의 위기 앞에서 분연히 일어선 것은 무명의 그들이었다. 위기 앞에서의 애국심은 지배층이나 귀족들보다는 오히려 '민초들의 숨결'이 훨씬 강렬했다.

임진왜란 때의 의병봉기의 주력은 모두 민초들이었다. 일제에 의한

강제합병이 된 후 우리의 민중은 의병투쟁, 국채보상운동 등을 전개한다. 그러나 문벌 양반은 가문의 안위만 생각했고, 나라가 망하는 순간까지도 민중을 수탈하는 자들이 많았다. '나의 욕망을 위해서는 절대 일어나지 않았습니다'(4연) 라는 구절은 이들의 정의가 어디서 비롯되고 있는가를 밝힌다.

우리 시단에서 비슷한 주제의 시로는 김수영의 「풀」을 들 수 있을 것이다. '풀(민초)'과 '바람(압력)'의 대립 구도로 이 시는 반복과 열거의 평이한 수법이다. 그러나 이 시를 민중시 또는 참여시로 규정하기에는 상상력이 너무 옹색하다는 평가가 제기되고 있다.

시의 미학적 가치관은 작품의 문학성과 유기적인 관련이 있다. 서정시는 내면의 심화, 곧 뛰어난 정신을 생명으로 한다. 시의 이러한 진정성이 시의 가치 척도이며 문학성의 조화로운 꽃이 될 수 있다.

초경에 놀란 산처녀
춤추는 떨기 떨기

두근두근 아리는 가슴
바람 등불 달고서

산새에도 부끄러워
볼 붉히고 피었다.

—「진달래꽃」 전문

이 시는 단형이지만 미학적 가치관과 문학성이 구사된 작품이라고 할 수 있다. 연분홍 진달래꽃이 '초경에 놀란 산처녀'로 은유되었기 때문이다. 시의 역발상(逆發想)이 가져온 하나의 '경악'이 있다.

4. 자연과 시의 신성(神性)

조봉제 시인은 '시인의 말'에서 "원초적 신비의 자연에 의지하고, 자연과 하나가 되어 허용하고자 합니다. 또한 만물의 영장으로서 사랑의 깊이를 더해 신성을 얻어 나가고자 함이 하얀 시간 속을 사는 나의 시심이며 나의 인생"이라고 말한다.

오늘같이 각박한 시대에 '신성(神性)'은 너무 어려운 말인지도 모른다. '신성'은 신의 성격, 또는 신의 속성에서 비롯된 말이다. 오랜 세월에 걸쳐 많은 사람들이 절대적으로 믿고 있는 마음, 또는 정신을 뜻하는 것이라고 하겠다. 포근하게 의지하고픈 신화(神話)의 심성을 염두에 두어도 좋을 것이다.

어떤 시인이든 창작을 지향하는 '자기 세계'가 있고, 그것이 독창적이고 작품성과가 높을수록 작품의 감동과 감화도 깊어지게 된다. 한용운에게는 불타와 조국이 함께 한 '임'이 있었고, 서정주에게는 '시의 영원주의'라는 포기하기 어려운 마력이 있었다. '시의 신성'이란 바로 이런 정신적 작용을 뜻하는 것이라고 하겠다.

조봉제 시인의 '신성'은 '원초적 신비의 자연'에서, 이제는 '시의 신성' 쪽으로 뜻을 더해 간다. 그의 시가 나름의 전율에 떨고 있기 때문이다.

(A)
그젯날 초여름 날은
하늘공원의 억새풀이 청마를 타고
쉬임 없이 산등성을 달리고 있었습니다
콧등에 내뿜던 숨이 흰 구름이 되었나요
천둥으로 호령하여 거센 비바람 내리게 했던
삼족오(三足烏) 기세 높던 임들이 심신을 단련했나 봐요

오늘은 가을

맨몸으로 버티어 온 초원의 거친 날이 지나서
저마다 억새꽃 승리의 깃발 펄럭이네요
푸른 하늘에 영혼을 달래는가 봐요
흰 갈기 날리는 수만 마리 야생 백마 떼를 보고 있습니다.

—「억새밭에서」 전문

(B)
바람은 미친 듯이
트인 공간 쪽으로 몰려다닌다
고집 세고 힘 좋은 키 큰 빌딩에 부딪쳐서는
넘어질 듯 휘청거리다가
다시 일어서서 쫓기듯 나는 듯 뛰어다닌다
큰 빗자루의 혀를 빌려서
담배꽁초며 휴지며 가래침까지 쓸어 핥아
후미진 곳으로 모은다

사람의 눈으로는 볼 수 없는
성자의 오른손이 눈 깜박할 사이에
지나간다
봄 햇빛에 유난히 눈이 부신다.

—「그림자의 손길」 전문

조봉제 시인은 자기의 시가 지니는 개인의식과 정서적 자족감으로부터 탈출하여, 한 시대의 고민과 진정성, 또는 사물과 자연의 활성적인 해석의 예각이 두드러지고 있다. 시의 눈이 새로 트이고 활발한 사고력이 증진될 때, 어떤 이는 이를 '시의 개안(開眼)' 이라 하였고, 어떤 이는 '시의 시력(視力)' 운운하는 것을 본다.

백담사의 만해문학관에서는 한용운의 시집 『님의 침묵』의 시를 가리켜 '시의 득도(得道)'라고 한 것을 본 바 있다.

조봉제 시인은 이번 시집이 제4시집으로, 오래전 『용설란』(1963), 『무변』(1964) 을 낸 바 있으며, 이를 "맨몸으로 가출하면서 모두 바람에 날려 보냈다고 한다." (축하의 말—시인 안아무) 는 말이 있다. 이로써 보면 그는 일찍부터 시 창작을 했고, 20세 전후에 시집을 낸 약관의 시인이기도 했다.

위의(A), (B) 두 시편은 조 시인의 작품이 '시의 개안'을 향한 시력의 회복에 있음을 말하고 싶다. 다듬어진 그의 작품들은 이미 원숙한 호흡과 기품을 보이고 있기 때문이다. 시의 발상과 시의 표현이 막힌 데 없이 스스로 통제하며 확산의 기능을 하고 있다. 어쩌면 '시의 신성'이 살아 움직이는 형세라고 하겠다.

(A)의 소재가 된 '하늘공원의 억새풀'은 역동성을 울리며 고구려의 기상을 나타내는 '삼족오'에 까지 이른다. '청마'(1연) 는 '수만 마리 야생 백마 떼'(2연) 로 이어진다. 산에 들에 절로 나는 억새들의 줄기찬 생명력이 늠름한 이미지로 빚어진 것이다.

(B)의 시는 '바람'이다. 그것도 대도시의 빌딩 숲의 바람인데, 그것이 뜻밖에도 쓰레기 청소부가 된다. 기존 이미지인 '심술궂은 바람'이 '성자의 오른손'이었고, 그것은 「그림자의 손길」이란 제목이 되었다. 시의 변형이 놀라운 것이다. '봄 햇빛에 유난히 눈이 부신다.'는 결구 처리가 관조적이다.

조봉제 시인은 지금까지 미학적 상상력으로 전통 지향적인 시를 썼다. 이제 그의 시심은 새로운 감수성으로 눈 떠 있고, '시의 시력'을 가다듬으며 '시의 신성'으로 접근한다.

'시의 신성'은 끊임없는 자기 응답의 세계인 것이다. 그는 앞으로도 계속 이상을 지향하는 가치관과 세상 속으로의 달관을 향하여 정진하는 미래의 시인일 것이다.

— 조봉제 시집 『민초들의 숨결』(미래문화사, 2010)

향내나는 숲속의 시인들

조남익 시론집

발 행 일 | 2013년 3월 29일
지 은 이 | 조남익
발 행 인 | 李憲錫
발 행 처 | 오늘의문학사
출판등록 | 제55호(1993년 6월 23일)

주　　소 | 대전광역시 동구 삼성1동 125-6 한밭오피스텔 401호
전화번호 | (042)624-2980
팩시밀리 | (042)628-2983
홈페이지 | http://www.lito77.co.kr(홈페이지)
전자우편 | hs2980@hanmail.net

공 급 처 | 한국출판협동조합
주문전화 | (070)7119-1741~2
팩시밀리 | (031)944-8234~6

ISBN 978-89-5669-550-1
값 20,000원

* 이 책은 (재)대전문화재단, 한국문화예술위원회에서 사업비 일부를 지원받았습니다.